U0839978

图书在版编目(CIP)数据

汉字古音手册:增订重排本/郭錫良編著.—北京:商務印書館,2010(2022.8重印)
ISBN 978-7-100-06598-6

Ⅰ.漢… Ⅱ.郭… Ⅲ.漢字—語音—古代—手册
Ⅳ.H113-62

中國版本圖書館CIP數據核字(2009)第035591號

HÀNZÌ GǓYĪN SHǑUCÈ

漢字古音手册

增訂重排本

郭錫良　編著

徐寒玉　參訂

商務印書館出版
(北京王府井大街36號　郵政編碼100710)
商務印書館發行
北京通州皇家印刷廠印刷
ISBN 978-7-100-06598-6

2010年8月第1版　　開本850×1168 1/32
2022年8月北京第6次印刷　　印張18¼

定價:95.00元

漢字古音手册

增訂重排本

郭錫良　編著
徐寒玉　參訂

商務印書館
创于1897 The Commercial Press

漢字古音手冊序

研究漢語，需要懂古音；研究古代漢語，更需要懂古音。清代乾嘉學派在語文學上有巨大的成就，主要原因是得力於清代古音學。段王之學，其精髓在古音。王念孫在《說文解字注序》中，贊揚段玉裁"於古音之條理，察之精，剖之密"，說段玉裁這樣做，"訓詁之道大明，訓詁聲音明而小學明。"段玉裁於《說文》每一個字下面都注明古音在第幾部，這就說明古音的重要性。

最近三年來，為了研究工作的需要，我常常查閱《康熙字典》，發現《康熙字典》音讀錯誤之多，到了驚人的地步。例如"上"字條說："唐韻時掌切，《集韻》、《韻會》、《正韻》是掌切，並商上聲。""上"是濁母字，"商"是清母字，

"上"怎能是"滴"的上聲呢？這種荒唐的謬誤不是个别的，而是幾千處。目前我正在寫一部《康熙字典音讀訂誤》。因此我想到，編寫漢語字典要不要注上古音。

最近幾年來，各種字典、辭書正在編寫，有人建議注上古音。這件事的困難是，古音系統還沒有定論，古音擬測更沒有定論，我們不便根據某一家的古音学说的古音系統和擬測放進一部字典裏。但如果另寫一部書，像郭錫良現在寫的這一部《漢字古音手冊》，那將是很有用處的。因為這不是"典"，而是參考資料。不過，這應該說是必讀的參考資料。因為各家的古音学说雖不盡相同，畢竟有價值的幾家也只是大同小異。這一部書的參考價值還是很大的。因此，我樂意給它作序。

王力 1982，6，5。

增訂本前言

1961年我參加王力先生主編的《古代漢語》教材的編寫工作，作爲“通論”部分的三個執筆人之一，音韻部分的通論和附録分歸我負責。音韻附録有《上古韻部及常用字歸部表》、《上古聲母常用字歸類表》，我根據王力先生的《漢語史稿》(上册)的上古音系統分别給每個表收集了兩千多個例字。1981年修訂《古代漢語》教材時又分别增加到五千多個例字。在此基礎上我編寫了《漢字古音手册》，收字7479個，8011個音(據北大中文系2003級中文信息處理專業學生統計)；1982年完稿，1986年由北京大學出版社出版。

一

漢字是世界上最古老的文字之一，也是唯一從古至今一直使用、不斷發展、並仍保有强大生命力的一種文字。它的歷史應在五千年以上，從體系已經相當完備的甲骨文算起也已有了三千多年。漢字是一種表意兼表音的意音文字，一般被稱作表意文字。人們很容易覺察到，每個漢字一般都是一個形、音、義的統一體；也就是説，一個漢字既標誌漢語中的一個音節，也表示漢語中的一個意義(詞義或語素義)。象形字、指事字、會意字是純粹的表意字，作爲語言的載體，自然附上了所表意義的語音。至於占百分之八十、九十以上的形聲字雖然是部分表意（義符），部分表音（聲符）；然而表音的聲符仍然採用的是表意符號，因而它只起標音作用而不能真正表音。正因爲如此，漢語語音的發展變化，並不能像拼音文字一樣，從記録漢語的漢字中得到直接的、具體的信息；其結果是造成了語音變化不易被覺察，也帶來了漢字古音研究的艱巨性。

我們知道，春秋戰國時期的名實之爭和聲訓（如《孟子・滕文公上》："庠者，養也。校者，教也。"）已經涉及語音問題，漢代的直音、讀如、讀若以及《説文解字》的聲符分析、《釋名》的聲訓討論，都是有關語音的探討。東漢的反切注音和魏晉的韻書編撰更是我國語音分析的重大進步；劉熙在《釋名》中説："古者曰'車'，聲如'居'，言行所以居人也；今曰'車'，聲近'舍'。"已經注意到古今音的異同。但是，到了南北朝時期，人們在讀《詩經》的時候，雖然覺察到有些地方不押韻，却没有從古今音異的角度來解決問題，而是提出了叶句的觀念（如南朝・梁・沈重《毛詩音》在《邶風・燕燕》"遠送于南"之下注云："叶句，宜乃林反。"），發展爲唐宋間的叶韻説和"古人韻緩"説。宋人吳棫採叶韻説作《毛詩補音》，對叶韻資料作了一次大規模的系統整理，爲建立古韻系統進行了初步嘗試；又承唐人"古人韻緩"説作《韻補》，從《廣韻》出發，提出"古通某"、"古轉聲通某"、"古通某或轉入某"等古韻通轉條例，把《廣韻》今音歸併成九類，成爲古韻歸部的濫觴。鄭庠寫《古音辨》，也把《廣韻》今音歸併成六部，更是把古韻極度簡單化了。總之，無論叶韻説，還是"古人韻緩"説，都是建立在對古音錯誤認識的基礎之上的，是缺乏歷史發展觀點和系統觀點的。

明代陳第作《毛詩古音考》，考證《詩經》的押韻，確認所謂叶音,其實就是古人的本音,并非隨意改讀;明確提出了:“蓋時有古今,地有南北,字有更革,音有轉移,亦勢所必至。”(《自序》)徹底批判了唐宋以來的叶韻説,爲古音研究走上正道廓清了障礙。至於古音學真正的奠基人則是明末清初開樸學風氣之先的大學者顧炎武。他在總結前人經驗的基礎上,積三十年之功,寫成了《音學五書》。他以《詩經》用韻爲主,其他經書韻語作旁證,經過考證、辨析,把古韻分成十部。顧炎武的古音研究與宋人相比有兩大特點:(一)不是簡單歸併《廣韻》,而是能“離析唐韻”。也就是説,能够把《廣韻》中的一個韻分成兩類或三類,歸入古韻中的不同韻部。例如,把《廣韻》中的五支韻的字離析爲二,一半歸古韻第二部(脂部),一半歸古韻第六部(歌部);把《廣韻》中的九麻韻的字也離析爲二,一半歸古韻第三部(魚部),一半歸古韻第六部(歌部);把《廣韻》中的入聲一屋韻的字離析爲三,一部分歸古韻第二部(脂部),一部分歸古韻第三部(魚部),一部分歸古韻第五部(宵部)。有分有合,以《詩經》用韻爲準,擺脱後代韻書的束縛,形成有規律的對應。(二)改變自《切韻》以來將入聲韻配陽聲韻的做法,而將入聲字配陰聲(“緝葉”等韻仍配陽聲“侵覃”等),歸入古韻陰聲韻部,揭示了古韻的本來面貌。這説明顧炎武既有正確的理論認識,又能本着樸學求真務實的科學精神,充分佔有材料,進行長期的認真分析研究,才真正把古韻分部引上了系統化、科學化的道路,爲古韻研究奠定了堅實基礎。

其後清代兩百多年,不少傑出的古音學家都是在顧炎武開闢的道路上繼續前進,不斷作出新的貢獻。江永著《古韻標準》,分古韻(平、上、去)爲十三部:從顧氏的第三部(魚部)分出侯部字,從顧氏的第五部(宵部)分出幽部字,合成一部(列第十一部),從顧氏的

第四部(真部)分出一個元部(列第五部),從顧氏的第十部(侵部)分出一個添(談)部(列第十三部);另分入聲爲八部,主張“數韻共一入”。江永批評顧氏“考古之功多,審音之功淺”,在古韻研究中更重視審音,也更關注諧聲在分部中的作用。

段玉裁前後花了十五年寫成《六書音均表》,分古韻爲十七部。段氏的分部最受稱道的是他把顧炎武、江永的第二部(脂部)分成之、脂、支三部(段氏列第一部、第十五部、第十六部)。戴震對此稱讚道:“余聞而偉其所學之精,好古有灼見卓識。”段氏還把江永的第十一部分成侯部(段氏列第四部)和幽部(段氏列第三部),並把江永的第四部(真部)分爲真部(段氏列第十二部)和文部(段氏列第十三部)。不但分部比顧炎武、江永精進;更值得提出的是:段氏明確提出“同諧聲者必同部”,把依據諧聲劃分古韻作爲與依據詩文用韻劃分古韻同等重要的原則之一,第一個作出了古韻分部諧聲表,爲充實、完善古韻的研究方法作出了重要貢獻。段氏還擺脱《廣韻》206 韻始“東”終“乏”的束縛,根據合韻的情況來排列古韻分部的次序,顯示了段氏對古韻十七部關係遠近的認識。

戴震晚年作《聲類表》,將古韻分爲九類二十五部。他雖然是段玉裁的老師,但是學術活動不限於小學,而是廣通史地、哲學、天文、數學,因此,撰寫古音著作却在段氏之後。他的《聲類表》繼承了老師江永的學説,也吸收了學生段玉裁的研究成果。他採用了江永幽侯不分、真文不分的主張,只吸收了段氏之、脂、支三分的意見,又從段氏的脂部(十五部)分出一個靄部(包括《廣韻》的“祭、泰、夬、廢”)。這表現了考古非其所長,他的成績是在審音方面。值得指出的是:戴氏發展了江永入聲韻另作處理的做法,乾脆讓入聲韻脱離陰聲韻、陽聲韻獨立成部,實現了陽聲韻、陰聲韻、入聲韻三分的格局，爲古韻研究的審音派奠定了基礎。他還全用影母字給自己所定的二十五部命名，也表現了他能從音理的角度來考慮問題。戴震晚年的學生孔廣森著《詩聲類》，分古韻爲十八部，陰聲、陽聲各九部。孔氏的貢獻是發展了戴震的對轉觀念，明確提出了陰陽對轉學説。

王念孫著《古韻譜》，江有誥著《音學十書》，都分古韻爲二十一部。兩人都比段氏多緝部、葉部和祭部，王念孫還多一個至（質）部（段氏列第十五（脂）部），江有誥還多一個中（冬）部（段氏列第九（東）部）。段玉裁稱讚江有誥"集音學之成，於前此五家皆有匡補之功"（《詩經韻讀・序》）；王國維盛讚王念孫、江有誥的古音學，"不數傳而遂臻其極也"（《周代金石文韻讀序》）。應該承認，王念孫、江有誥的古韻分部確實是清代古音研究的最高成就。

至於清代上古聲母和上古聲調的研究，應該説，遠不如上古韻部的研究受到廣泛關注和重視。上古聲母可以提出來的研究成果，只有錢大昕的"古無輕唇音"、"古無舌上音"和"古人多舌音"等説；戴震《聲類表》把上古聲母分爲二十紐，但是未經考證，只是憑個人心目中的音理而作出的一種推測。上古聲調的研究更少，各家看法多異。顧炎武、江永主張"古人四聲一貫"，段玉裁認爲"古無去聲"，王念孫、江有誥主張"古有四聲"；至於孔廣森認爲"古無入聲"，顯然是憑個人方音的誤判。

二

辛亥革命後，傳統音韻學仍有一定發展。章炳麟著《國故論衡》、《文始》，繼承、發揚清代的小學傳統。在韻部方面，他採取王念孫的二十一部説，加上江有誥的中部，又從脂部分出一個隊部，定古韻爲二十三部。在聲母方面，他採取錢大昕古聲母的研究成果，又寫成《古音娘日二紐歸泥説》，定古聲母爲二十一紐。他還是重視古韻二十三部的音值描述第一人，努力用漢字去描寫它。因此，章氏曾被人們目爲集清代古音學之集大成者。章氏的弟子黄侃從《廣韻》出發來考證古音：定“古本紐”爲十九個，除舌音和齒音的合併同章氏的意見不一致外，還將章氏的群母併入溪母、邪母併入心母。定“古本韻”爲三十二韻，由於曷末、歌戈是開合分韻，需要開合相併，於是合爲先秦古韻二十八部；實際上是從章氏的二十三部中再分出入聲五部來，貫徹了戴震陰、陽、入三分的審音原則。黄氏還把大部分去聲字歸到入聲韻裏，這也是正確的。在這裏，章、黄師徒之間的區别是考古與審音之别了。王力先生早年是考古派，他著《上古韻母系統研究》，在章氏脂、隊(王改稱物部)分部的啓示下，又提出了脂、微分部的主張，並贊同章氏晚年的看法，把冬部併入侵部，仍是二十三部。脂、微分部的意義在於解決了以-n、-t作韻尾的脂、質、真，微、物、文，歌、月、元等韻部三聲相配的配搭系統，無疑對古韻分部是有貢獻的。在聲母研究方面，還有曾運乾的《喻母古讀考》等。

但是，“五四”以後，《馬氏文通》開啓的語言學西學東漸的進程發展迅速，古音研究不再滿足於古韻分部、古聲母考證方面，而是接受了現代語言學的理論、方法和標音工具，另開生面，積極探索上古的聲母、韻母系統，並構擬出它的具體音值。

瑞典漢學家高本漢(Bernhard Karlgren)是這方面的先行者。他1909—1912年到中國調查漢語方言二十四個點；然後根據古代的韻書、韻圖和現代漢語方言以及日、朝、越諸語言中漢語借詞譯音等資料三十三種，花了十多年，用法文撰寫了《中國音韻學研究》（*Études sur la Phonologie Chinoise*，從 1915—1926 年分四册出版）。這是第一部全面構擬漢語中古音系（《切韻》音系）的巨著，也是採取歷史比較法的觀念和方法的漢語音韻學的奠基之作。1923 年高本漢還出版了《漢字與漢日分析字典》（*Analytic Dictionary of Chinese and Sino-Japanese*），這是他吸收清人古韻研究成果，根據自己構擬的《切韻》音系來上推上古音系（《詩經》音系）的古音著作。1954 年又出版了《中上古漢語音韻綱要》（*Compendium of Phonetics in Ancient and Archaic Chinese*），正如他自己在《引言》裏所説的："這部著作的目的并不是要提出漢語歷史音韻學領域的新理論和新結果，而僅僅是要對中古、上古音系的構擬做一個總結。"（1 頁）

1923 年汪榮寶發表了《歌戈魚虞模古讀考》，討論用對音材料來考察古音，引發了古音學上的第一次大辯論。章炳麟堅決反對汪榮寶的主張，唐鉞、錢玄同、林語堂則贊同汪並對汪有所補充或修正。上個世紀二十年代末高本漢同德國人西門·華德（Walter Simon）發生了有關韻尾輔音構擬的爭論，三十年代初又同林語堂、李方桂發生了有關主要元音構擬的辯論。1936 年王力先生出版《中國音韻學》（五十年代改名《漢語音韻學》），比較詳細地介紹了高本漢有關漢語中古音系和上古音系的構擬學説，1940 年商務印書館出版了由趙元任、羅常培、李方桂合譯的《中國音韻學研究》的漢譯本。因此，從二十世紀三十年代以後，新出版的漢語音韻學著作大都離不開高本漢的影響。二十世紀四十年代董同龢先生的《上古音韻表稿》（1945）和陸志韋先生的《古音説略》（1947）就對高本漢的上古音系構擬有不少批評和修改。五十年代王力先生的

《漢語史稿》(上册)和七十年代李方桂先生的《上古音研究》更從多方面改變了高本漢的構擬思路,在構擬體系上有了很大區别。

三

首先我們要討論韻尾的構擬問題。我國傳統音韻學把上古韻部分爲陰陽入三聲,如何看待陰聲韻和入聲韻的關係,歷來存在很大分歧。

高本漢在構擬上古韻部時,除歌部、魚部、侯部外,把其他陰聲韻部都擬成了閉口音節。早期他吸收清人研究成果,把古韻分爲二十六部(參看王力《漢語音韻學》373—382 頁),其中二十一部與章炳麟一致,魚鐸分立和侯屋分立跟黄侃一致,只有從歌部分出的瑞部是他獨有的。陰入未分立的韻部,如之部、幽部、宵部、支部,他把其中的陰聲韻擬成同入聲韻尾-k 相對應的-g;陰入已分立的韻部,如谷部(屋部)、鐸部、祭部(月部)、至部(質部)、没部(物部),他把其中的去聲韻擬成同入聲韻尾-k、-t 相對應的-g、-d;又把押韻、諧聲同-n 尾陽聲韻有聯繫的陰聲韻瑞部(歌部的一部分)、脂部擬成-r 尾;還把-p 尾入聲韻緝部、葉部的去聲字擬成-b 尾。在後期的《中上古漢語音韻綱要》中分成三十五部,只是把陰入未分立的四個韻部分立,再把陰入已分立的五個韻部進行去入切分,就成了三十五部,擬音體系上并無變化。西門·華德在《關於上古漢語輔音韻尾的重建》中更把所有陰聲韻部都擬成了輔音韻尾,造成了“古無開口音節”的局面(參看王力《上古漢語入聲和陰聲的分野及收音》,215 頁)在董同龢先生那裏,除歌部外的陰聲韻部都有-g、-d、-b 韻尾,“只有歌部是没有韻尾的”(《漢語音韻學》270 頁)。

陸志韋先生更是連歌部也收-d,認爲“到了漢朝歌部字才變爲開音節”(《古音説略》94 頁)。李方桂先生也全部擬成閉口音節,他同意高本漢,把歌部擬成-r(《上古音研究》35 頁)。

王力先生在《漢語史稿》中批評了高本漢把陰聲韻擬成輔音韻尾的做法,他説:“於是只剩下侯部和魚歌的一部分是以元音收尾的韻,即所謂‘開音節’。世界上没有任何一種語言的開音節是像這樣貧乏的。”(64 頁)在《上古漢語入聲和陰聲的分野及收音》中,王力先生做了更細緻、深入的批評,他指出:“-g、-d 學説破壞了陰陽入三分的傳統學説,”(223 頁)“韻尾-g、-d 的學説破壞了‘平上爲一類,去入爲一類’的傳統學説。”(230 頁)並論證了“漢語韻尾-p、-t、-k 是唯閉音,不但現代閩粵等方言如此,中古和上古也莫不如此。”“漢語閉口音節的清尾-p、-t、-k 由於是唯閉音(不破裂),所以不可能有濁尾-b、-d、-g 和它們對立”(247 頁)。因此,王力先生在《漢語史稿》中貫徹陰陽入三分的傳統觀點,把陰聲韻部都擬成了開口音節,取消了-g、-d、-b、-r 等輔音韻尾(61—63 頁)。王力先生的做法無疑是正確的。

王力先生不但對陰聲韻擬成閉口音節作了有力批駁,還指出:中國傳統音韻學對待陰聲和入聲的關係有考古派和審音派兩種看法。“在考古派看來,陰聲和入聲的分野并不十分清楚,特别是對於之幽宵侯魚支六部,入聲只當做一種聲調看待,不作爲帶有-k尾看待。”“在審音派看來,陰聲和入聲的分野特别清楚,因爲在他們眼光中,陰聲是開口音節,入聲是閉口音節。二十年前我傾向於考古派,目前我傾向於審音派。”(211 頁)然後他引用了錢玄同1934 年的論文《古韻二十八部音讀的假定》所列的擬音表和他自己《漢語史稿》中的十一類二十九部的擬音表作了對照,並作出結論説:“儘管我所擬測的主要元音和錢氏頗有出入,但在陰聲擬測爲開口音節,入聲擬測爲閉口音節這一觀點上,我和錢氏是完全一致的。”(212 頁)王先生的這一分析很能説明問題。高本漢把陰聲韻擬成閉口音節,從某種意義上説,是他没有跟上審音派分部的結果,正如上文所指出的,他的古音分部還處在章黄之間。至於董同龢先生的《上古音韻表稿》、陸志韋先生的《古音説略》和李方桂先生的《上古音研究》更都是從考古派的二十二部出發來考察古韻的。也就是説,他們對“平上爲一類,去入爲一類”的學説没有認真遵守。對陰聲和入聲的分野没有弄清楚,其結果是人爲地擴大了陰聲和入聲之間的糾葛。下面我們從詩文押韻和諧聲系統兩方面來論證這個問題。

先從詩文押韻來討論。例如段玉裁《六書音均表》四第一部(之部):

該部段氏列有韻段 265 個(平聲 43 次,上聲 123 次,入聲 99 次)。其中入聲韻段中有去入通押 11 次(如,《小雅·采薇》五章押“翼服戒(怪韻)棘”;《小雅·正月》九章押“輻載(代韻)意(志韻)”);有平去入通押 2 次,平入通押 2 次(《大雅·靈臺》押“亟來(咍韻)囿(宥韻)伏”;《大雅·常武》六章押“塞來(咍韻)”);上聲韻段中有上去入通押 1 次(《大雅·蕩》五章押“式(職韻)止晦”);去入通押 2 次(《大雅·生民》三章押“字翼(職韻)”;《大雅·崧高》二章押“事式(職韻)”)。

以上陰入通押共 18 次,占之部總韻段 265 次的 7%弱。如果貫徹“平上爲一類,去入爲一類”的原則,也就是把之部和職部分開來;那麼,入聲韻段中的去入通押的 11 次就是職部,應該減去,陰入通押只剩 7 次,比例不到 3%。

再如段玉裁《六書音均表》四第十六部(支部):

該部段氏列有韻段 26 個(平聲 9 次,入聲 17 次)。其中平聲韻段中没有瓜葛,只在入聲韻段中有平入通押一次(《魏風·葛屨》二章押"提(齊韻)辟揥刺");有上入通押 3 次(《大雅·韓奕》一章押"解(蟹韻)易辟",《魯頌·閟宫》三章押"解帝",《商頌·殷武》三章押"辟績辟適解")。三次通押的上聲字都是"解"。陰入通押共 4 次,占支部總韻段 26 次的 15.4%弱。這個比例較高,但是,正如王力先生曾經指出的:"其實'解'字在上古可能是入聲字","'解'字如果算入聲,比重就很小了。"(228 頁)還不到 4%。

前人把"解"字算做陰聲韻,是因爲它在中古屬上聲蟹韻。我們查《廣韻》就知道,"解"字在《廣韻》中有多個反切,是多音多義字。(1)去聲卦韻:古隘切,"解,除也";(2)去聲胡懈切,"解,曲解,亦縣名";(3)上聲蟹韻:胡買切,"解,曉也";(4)上聲蟹韻:佳買切,"解,講也,説也,脱也,散也。"從"解"得聲的字,也分在蟹、卦兩韻之中。應該知道,古韻歸部的參考因素有三:一是古詩文的押韻材料,二是諧聲系統,三是《切韻》對應規律。從諧聲系統和《切韻》對應規律來看,"解"字歸支部或錫部都可以;但是從詩文押韻材料來看,是不宜歸入支部的。在《六書音均表》中,不僅《詩經》押韻"解"字只同入聲字押,"群經韻表"中也是同入聲字押(《楚辭·九章·悲回風》押"解締")。而且,先秦"解"及解聲字入韻的僅此四次。歸部參考三因素的首要因素就是詩文押韻,這説明,上古"解"及解聲字歸入錫部,理由是很充分的。因此,我們在上個世紀八十年代編寫《漢字古音手册》時,就把解聲字歸入了錫部。它們本屬錫部長入,後來丢掉韻尾-k,變爲去聲;再進一步,"解"字的某些義項及某些得聲字又轉成了上聲。這就是"解"字上去兩讀和從"解"得聲的字上去兩分的緣由。

現在再從諧聲方面來討論。以《説文通訓定聲》頤部第五(之部)爲例:

朱駿聲在頤部收聲符 88 個,共轄同聲符字 653 個。前 52 個聲符轄 501 字;後面 36 個聲符,被稱做"頤之革分部",轄字 152 個。

前 52 個聲符多平聲字和上聲字,同入聲發生關係的聲符只有 10 個("而、來、意、異、啻、之、子、亥、又、不"等)。而聲 10 字,平聲 9 個,入聲 1 個作"恧",而聲應歸之部,"恧"字却在職部。因爲漢語語音發展規律,一般是丟掉輔音韻尾而不是增加;正如詩文押韻可以有陰入通押的特例,諧聲當然也不排除陰入通諧的特例。來聲 11 字,平聲 7 個,去聲 3 個,入聲 1 個;來聲應歸入之部,但是入聲字"勑"却應在職部。意聲 9 字,去入各 4 個,只有一個"噫"字是平聲,且有去入又讀,平聲是後起現象,意聲應歸職部。異聲 10 字,去聲 3 個,入聲 6 個,上聲 1 個是廙,上聲是後起現象,異聲應歸職部。啻聲有 7 個字,中古 1 個在置韻,6 個在職韻,上古歸職部更沒有問題。之聲 28 字,平聲 11 個,上聲 10 個,去聲 4 個,入聲 2 個(特、持),陽聲韻 1 個(等)。之聲應歸之部,但是"特""持"應屬職部;"等"在《廣韻》中除等韻的都肯切外,還有海韻中的多改切,上古應屬之部(顧炎武用很多例證證明"等"原屬陰聲,轉入陽聲是在南北朝)。子聲 18 字,上聲 7 個,去聲 4 個,入聲只有 1 個嶷),子聲應歸之部,嶷字却在職部。亥聲 21 字,平聲 14 個,上聲 1 個,去聲 3 個(有的又讀入聲),入聲 3 個。宜採取平上歸之部,去入歸職部的兩分辦法。又聲 28 字,平聲 5 個,上聲 10 個,去聲 12 個,入聲 1 個(郁),又聲應歸之部,入聲字"郁"在職部。不聲 41

字，平聲 23 個，上聲 12 個，去聲 1 個，入聲 3 個（踣、�、否）；不聲應歸之部，三個入聲字在職部（否音義無考）。“意、異、啻”三個聲符應分屬“頤之革分部”，朱駿聲處理不當。除去這三個聲符，其他七個聲符所轄字中只有 12 個入聲字（其中還有可疑字），無論從聲符或所轄字來看，陰入相通的成分都是相當小的（52：6；501：12）。

頤之革分部（職部）36 個聲符，所轄字大都比較少，只有聲符本身而下無所轄字的就有 10 個，有兩三個字的聲符也有 12 個。從所轄字中古的聲調歸屬來考察，全在入聲的聲符有 28 個，共轄字 73 個；去入兩屬的聲符有 8 個，共轄字 79 個，其中入聲字 63 個，去聲字 16 個。從審音派來看，無論是全屬入聲，還是分屬去入的聲符，所轄字無疑都應歸入職部（個別字或應轉質部或緝部，不在這裏討論）。但是從考古派來看，他們把去聲字歸屬陰聲韻，那麽在這裏陰入諧聲同符的數量就很大了。這是人爲地擴大了陰入諧聲同符的數量至少 79 個，加上前面“意、異、帝”三個聲符所轄字 26 個，高達一百多個（12：117），占了頤部全部字的六分之一以上。這樣一來，陰入自然不能分爲兩部。經過上面分析，朱氏的處理其實在理論方法上存在失誤，後人不問究竟，把去聲字都歸入陰聲，這是錯上加錯。

再看《説文通訓定聲》解部第十一（支部）。朱駿聲在解部收聲符 42 個，共轄字 419 個。前 25 個聲符，轄字 310 個，後 15 個聲符，被稱做“解之益分部”（錫部），轄字 109 個。

前 25 個聲符，多平聲、上聲字。不與入聲發生關係的聲符 15 個，含有入聲字的聲符 10 個。有入聲字的聲符中，朿聲比較特别，共 43 字，去聲 14 個，入聲 28 個，上聲 1 個；按説朿聲字應歸入錫部，上聲一字是後來轉去的。可是朱駿聲因爲一個上聲字，不把朿

聲列入“解之益分部”,這是考古派立場的表現。還有“派、畫”兩個聲符,所轄字去入兩屬,也應列入“解之益分部”。其他 7 個含有入聲字的聲符,共轄入聲字 12 個。至於解之益分部收聲符 15 個,只有入聲字的聲符有 10 個,共轄字 40 個;所轄字分屬去入的聲符有 4 個,共轄字 67 個。分屬上入的糸聲 2 字,“糸”字入聲,莫狄切,在錫部。所轄字“縈”,《説文》以爲“從惢糸聲”,段玉裁認爲是會意字,“惢亦聲,如壘切”。從段玉裁,壘聲在支部。糸聲無所轄字。那麽,按審音派的觀點,陰入兩分爲支部和錫部,陰入同諧的入聲字只有 12 個,占支部和錫部的所轄字的比例也就不到 3%(12∶419)。

上面我們從詩韻和諧聲兩方面論證了陰聲韻之、支同入聲韻職、錫四部可以明顯切分開來的事實,其他陰入相配的韻部,情況也大致相似。我們曾在《也談上古韻尾的構擬問題》中,根據王力先生的《詩經韻讀》全面討論了陰、陽、入三類韻通押和合押的情況,對-k 尾六個韻部的陰、入通押作了一個統計表(前一數字爲陰、入兩部總押韻數,後一數字爲陰、入通押數):

之職	283∶17	占 6.1% 弱	
幽覺	157∶ 5	占 3.2% 弱	
宵藥	77∶ 7	占 9.1% 弱	
侯屋	61∶ 3	占 4.9% 弱	
魚鐸	212∶16	占 7.6% 弱	
支錫	25∶ 1	占 4%	(342 頁)

-t 尾入聲韻質部、物部和陰聲韻脂部、微部也有五次通押,還有一次歌、錫通押。總之,從陰、陽、入三分的觀點來看,詩韻陰、入通押的比例最大也不會達到十分之一,諧聲也是如此。因此,在我

們看來，未從審音出發，人爲地擴大了陰、入通押的現象，是某些學者主張把陰聲韻構擬成濁塞音韻尾的原因之一。再一個原因就是沿襲高本漢過分强調韻尾在押韻中的作用，硬性認定閉口韻不能同開口韻相押，對此我們在《也談》一文中也提出了反對意見，指出："不僅上古有陰入通押的情況，中古也還有。""不僅漢語的詩歌中有陰入通押的不完全韻，俄語的詩歌中也有'僅只元音相合'的'不完整的韻脚'。"（343 頁）還應該指出：如果唯閉音的塞音入聲韻不能同主要元音相同的陰聲韻相押，那麼，塞音韻尾相差很大的入聲韻難道却可以相押嗎？《詩經・小雅・六月》押"服、熾、急、國"，《大雅・思齊》押"式、入"，都是職、緝合韻（急、入在緝部），這是-ək 同-əp 押；《大雅・常武》押"業、作"，是葉、鐸合韻，是-ap 同-ak押。唯閉音的入聲韻同主要元音相同的陰聲韻相押，難道會比-k、-p 兩種入聲韻相押還不和諧、不合理嗎？恐怕没有這種道理。很明顯，職、緝合韻，葉、鐸合韻是主要元音在起作用。因此，我們贊同王力先生的意見，上古只有一套唯閉音的塞音韻尾，没有兩套爆破的塞音韻尾，陰聲韻是元音收尾的開音節。其實，李方桂先生對上古音有清、濁對立的兩套塞音韻尾的主張是缺乏自信的，他說："我們實在没有什麼很好的證據去解決他。"又說："陰聲韻就是跟入聲相配爲一類的平上去聲的字。""現在我們既然承認上古有聲調，那我們只需要標調類而不必分辨這種輔音是清是濁了。"（33 頁）這説明，李先生不但承認證據不足，還對陰、入兩聲的關係認識有偏頗。他没有分清"平上爲一類，去入爲一類"，錯誤地把屬於入聲韻的去聲字混入了陰聲韻。而且他也無法實現他所説的"只需要標調類而不必分辨這種輔音是清是濁"的主張。

四

下面我們要討論主要元音和介音、輔音的構擬。先談主要元音的構擬。分歧主要是：一部是一個主要元音呢，還是一部有多個主要元音？

高本漢一部是擬多個主要元音的。例如第十九部（之部入聲）、二十部（之部平上去聲）、二十一部（蒸部）三個部的主要元音都是一等作[ə]，二等作[æ]，三等有[ə]，還有[û]（《中上古漢語音韻綱要》172—184頁）。其他各部的主要元音也都是按等呼不同而有差異的。這顯然是參照中古音的等呼來構擬上古韻母系統的。一部多個主要元音必然造成整個元音系統的複雜化，高本漢的擬音系統主要元音有十四個。

王力先生則從三十年代所寫的《上古韻母系統研究》中就提出了一個韻部只有一個主要元音的主張，在《漢語史稿》中作了進一步論證，他說："高本漢把上古韻部看做和中古韻攝相似的東西，那也是不合理的。例如《詩經·關雎》以'采''友'爲韻，高本漢把它們擬成[ts'əg]，[gi̯ŭg]，我們古代的詩人用韻會不會這樣不諧和呢？《邶風·擊鼓》以'手''老'爲韻，高本漢把它們擬成[ɕi̯ôg]，[lôg]，爲什麼'友'字不能和讀音較近的'手'字押韻，反而經常和讀音較遠的'采'字等押韻呢？應該肯定：《詩經》的用韻是十分和諧的，因此，它的韻脚是嚴格的，決不是高本漢所構擬的那樣。"（64頁）在《漢語史稿》十一類二十九部中的第一類"之部、職部、蒸部"三個部的主要元音就都是只擬一個[ə]，其他各部也都只擬一個主要元音，同類韻部的主要元音都相同（61—63頁）。這同高本漢的構擬形成了鮮明對立。八十年代王力先生寫《詩經韻讀》以後，韻部的構擬有些修改（一律改用國際音標），幽覺由-əu，-əuk 改成了-u，-uk，宵藥由-au，-auk 改成了-o，-ok，侯屋東由-o，-ok，-oŋ 改成了-ɔ，-ɔk，-ɔŋ，魚鐸陽由-ɑ，-ɑk，-ɑŋ 改成了-a，-ak，-aŋ，歌部由-a 改成了-ai；但是一個韻部只擬一個主要元音，同類韻部的主要元音相同的原則却未變。在這裏，王先生修改了具體擬音，這是爲了擬音系統的整齊、平衡；至於它是否更適合先秦雅言的語音實際，則是没有論證的。

董同龢、陸志韋先生是採取一部多主要元音的方式，比高本漢弄得更複雜；只有李方桂先生跟王力先生意見一致。李先生也早在《切韻 â 的來源》中就提出了一個韻部一個主要元音的看法，他説："我覺得押韻的字他的主要元音是最重要的，韻尾還在其次。現在韻尾雖有些相似，元音差得太多，押韻是不可能的。"又在《上古音研究》中説："研究上古的元音系統的時候我們也有一個嚴格的假設，就是上古同一個韻部的字一定只有一種主要元音。"（27頁）並批評高本漢的元音系統"e 跟 ĕ 可以押韻，â，a，ă 可以押韻，ə，ɛ，ŭ 可以押韻等。如果《詩經》的韻是天籟，絶不會有這樣不自然的韻。"（28 頁）一部一個元音自然就減少了主要元音的數目，王先生的擬音系統是六個元音，李先生更只有四個元音。

至於介音系統的構擬，高本漢是以他"構擬的中古韻類爲基礎"向上推的；因此，上古的介音系統構擬與中古的介音系統是一致的。一、二等没有介音，三等有介音-j-，四等有介音-i-，合口有介音-w-。只有董同龢先生遵循他的這個辦法。王力先生由於一部只擬一個主要元音，失去了高本漢把主要元音不同作爲一等韻和二等韻區别標誌的手段，於是採取了有無介音來作爲一、二等的區别標誌,給二等韻也擬了一個較鬆的元音作介音,開口二等寫做-e-,合口二等寫做-o-。陸志韋先生和李方桂先生更是别開生面。陸先生二等、四等都無介音,三等却有兩個介音;李方桂先生《上古音研究》認爲:"在三等韻母裏出現的介音 j","對上古聲母的影響是顎化作用","二等韻裏在上古時代應當有一個使舌尖音捲舌化的介音 r","上古音系統裏只需要這兩個介音"。又説:"上古時代没有合口介音",中古的合口介音"大部分是從圓脣舌根音來的,一部分是後起的"。還説:"高本漢所擬的四等的介音 i 是個元音,他對於聲母不發生任何影響","因此我們不把他當作介音"。(21—23 頁)還有人從漢藏諸語言的比較研究出發,推斷上古漢語完全没有介音。有關介音系統的各種觀點都還缺乏堅實可靠的論據,但從整個擬音系統比較來看,我們認爲,當以王説爲優。

現在談到上古聲調的處理,高本漢在《中上古漢語音韻綱要》中没有直接討論,實際上他是以中古的四聲來上推的。李方桂先生《上古音研究》就明確是這樣做的,他説:"如果我們認爲上古漢語是有聲調的,而且大體調類與中古四聲相合的,那麼我們只要承認一套鼻音韻尾跟一套塞音韻尾就够了,不必在塞音韻尾中再分清濁,塞擦等。"又説:"古韻學家往往把古韻分爲三類:陰陽入三類,其實陰聲韻就是跟入聲相配爲一個韻部的平上去聲的字。"(33 頁)這種認識,顯然會把陰聲韻和入聲韻的界限搞混了。王力先生則是贊同"段玉裁的説法,古音平上爲一類,去入爲一類";特别是他在段玉裁説法的基礎上,提出了上古入聲韻有兩個聲調(長入、短入)的觀點,是他的上古音系統的亮點之一。他説:"先秦的聲調除了特定的音高爲其特徵外,分爲舒促兩大類,但又細分爲長短。""促聲不論長短,我們一律稱爲入聲。促而長的聲調就是長入,促而短的聲調就是短入。”(《漢語史稿》65 頁)有了“平上爲一類,去入爲一類”和“長入、短入”的觀念,陰聲韻和入聲韻的分野就十分清楚了,而且只要一套塞音韻尾的觀點也自然得到了解決。

最後,我們要談到聲母的擬音問題。高本漢的上古音聲母系統有單輔音聲母 34 個(據李方桂《上古音研究》12 頁,聶鴻音《中上古漢語音韻綱要》103 頁漏列曉母 x),他還根據諧聲中異類聲母相諧(特别是來母字常跟舌根音、唇音等相諧)的材料,提出上古漢語有一系列的複輔音,如 * kl-、* pl-、* tl-、* sl-、* sn-、* xm-等。王力先生《漢語史稿》的上古聲母雖然是單輔音聲母 32 個,但是却與高本漢的單輔音 34 個的系統有很大不同。他批評高本漢“把餘母(喻四)硬分爲兩類,以爲一類是 d,另一類是 z”。指出這樣分開是有困難的,必然顧此失彼。又批評高本漢“把莊初牀山各分兩類,以爲一類在上古是 ts,ts‘,dz‘,s(併入精清從心),另一類是 tʂ,tʂ‘,dʐ‘,ʂ”。指出這樣分類的標準是“取巧的辦法是缺乏科學性的”。更尖鋭地批評了高本漢“把餘母一部分字的上古音擬成 d 之後,這 d 是不送氣的濁音,他就虚構幾個不送氣的濁音來相搭配。他把雲母的上古音擬成 g,禪母的上古音擬成 ȡ,邪母的上古音擬成 dz,來造成整齊的局面。這種推論完全是主觀的。”(68 頁)對於高本漢的上古有複輔音的説法,王先生也是不表贊同的,這是王先生上古聲母系統有别於高本漢的顯著特點之一。他説:“他(按,指高本漢)在上古聲母系統中擬測出一系列的複輔音,那也是根據諧聲來揣測的。例如‘各’聲有‘路’,他就猜想上古有複輔音 kl- 和 gl-。”“他不知道諧聲偏旁在聲母方面變化多端,這樣去發現,複輔音就太多了。”(68 頁)

李方桂先生《上古音研究》對高本漢的單輔音系統也提出了批

評和很大修改。李氏的上古單輔音聲母是 30 個。他一方面大量歸併高本漢的舌齒音,由 22 個歸併成 11 個;另方面又擴張喉牙音,由 7 個擴張爲 14 個,設立了一套圓唇舌根音。他認爲上古無合口,"似乎有一套圓唇舌根音","這些聲母也就是中古的大部分的合口的來源"(16—17 頁)。這應該算李氏上古聲母系統的一個特色。至於高本漢的複輔音,李氏倒是贊同的。他不但對"來母字常跟舌根音及唇音互相諧聲的例子","仍然採用高本漢的説法"(24 頁),還就心母字、審母字與舌根音等非舌尖塞擦音互相諧聲的例子,提出了"也該有 st-,sk-等複聲母,這個 s 可以算是一個詞頭",因爲"與漢語有關係的藏語就很明顯的有個 s-詞頭"(25 頁)。

上古有無複輔音是一個長期爭論的問題,雖然林語堂早在 1924 年就發表了《古有複輔音説》,從四個方面探討了上古的複輔音問題:(1)尋求俗語中保存的複輔音遺跡(孔,窟窿;團,突欒,團欒);(2)從漢字讀音、假借等現象推測;(3)從諧聲現象推測;(4)由印度支那系語言比較研究中探討。但是林説只提出了初步假設,缺乏堅實證據。八十年代以後不少人爭談古有複輔音,材料還是諧聲、假借、異文、漢藏同源詞等,并無新發現。有人甚至拿周秦以後的這種材料,來論述殷商時代的複輔音系統,被人批評濫用後代材料,却還自以爲是。在這個問題上,王先生不但没有聽從"衆議",而是更加堅持原來的否定意見。其實,李方桂先生對自己的這一主張,也并非堅信不疑的。他一再强調:"上古時期的複聲母問題十分的複雜,其中有許多現象一直到現在我們仍然没有滿意的解決方法。"(24 頁)有些複輔音論者却咄咄逼人,無端指責王力先生。其實,有無複輔音,不是諧聲材料所能論定的。正如我在《歷史音韻學研究中的幾個問題》中所指出的:"如果按照高本漢的辦法，在諧聲字中一律貫徹下去，就會得出嚴學宭先生在《周秦古音結構體系》(稿)中那樣的結論，二合複輔音 140 個，三合複輔音 64 個，四合複輔音 4 個，出現了 xmk-、xknd-、xsdl-等一些奇特的複輔音。"(《論集》450 頁)這樣行嗎？至於某些人所用的漢藏"同源詞"，更不能成爲上古複輔音弄假成真的證據。我早就指出過，張琨先生對漢藏語系的劃分抱存疑的態度，他明確地説："究竟有没有藏緬語族？在我心裹還是一個大問題。"(230 頁)現在《李方桂先生口述史》出版了，很明顯，到了晚年，他同樣也抱着懷疑態度，他說："這些語言是否有系屬關係至今還是問題。"(104 頁)我在去年發表的《漢藏諸語言比較研究芻議》中，也從考古成果和"語言類型的角度否定了漢語與藏緬語同源的論斷"(1 頁)。試問：拿系屬尚未確定、靠音義比附所定下的漢藏"同源詞"，能作爲論證古有複輔音的證據嗎？

總之，漢語古音研究從系統分類到古音擬測，是一個重大發展。高本漢《中國音韻學研究》(1915—1926 年)的中古音系擬測大致被後人採納。他 1925 年以後的上古音系擬測則不斷被修改、更新，但是構擬的原則、方法和總的格局則仍被人們遵循。正如王力先生 1982 年爲本《手册》初版所寫的《序》中所指出的："古音系統還没有定論，古音擬測更没有定論"，但是"各家的古音學説雖不盡相同，畢竟有價值的幾家也只是大同小異。"八十年代以前有價值而又影響最大的上古音擬測系統，無疑是高本漢、王力和李方桂三家；在這三家中，我們認爲，又應以王力先生的上古音擬測更爲穩妥一些。白保羅(保羅・本尼迪克特)的《漢藏語概論》(1972 年)出版後，某些人撇開詩韻、諧聲，主要"依靠異讀、不規則變化、假借和零碎而不可靠的漢藏語資料"來構擬漢語上古音系，出現了所謂"六元音系統"。在二十一世紀初葉古音研究的大爭論中,它竟然被梅祖麟捧爲"主流音韻學",遭到了我們的嚴厲批駁。我指出:這種做法"固然不可能符合詩文押韻的實際,也必然要打亂諧聲系統。"因此,"這個'上古六元音系統'的古音體系既是建立在沙灘上,又是自相矛盾的。"(498—499頁)現在我們看到,《李方桂先生口述史》批評白保羅的《漢藏語概論》,靠"使用所有的詞典,從中抽出許多辭彙來",從而猜測同源詞,搞漢藏諸語言的比較和構擬,認爲這種方法是"讓人誤入歧途","所有此類構擬純屬胡鬧"。又批評某些人把白保羅的著作奉作"聖經,這太可悲了"(93—95頁)。很顯然,李方桂先生"所有此類構擬純屬胡鬧"的批評,比我的論述更加直率和中肯。

五

回顧《漢字古音手册》的編寫過程,正如我前面所指出的,是同我參加《古代漢語》教材的編寫有聯繫的。具體來説,要追索到"文革"後期。那是1972年招收了工農兵學員以後,古代漢語也復課了,需要教材。我是古代漢語教學小組組長,於是組織組内教師在王力先生主編的《古代漢語》教材的基礎上,删繁就簡,編了一套教材應急。1975年,開始主持教研室的古代漢語教材的編寫工作,時常想到怎樣幫助讀者把古音弄清楚,又受到丁聲樹先生的《古今字音對照手册》的啓發,萌發了編寫《漢字古音手册》的念頭。於是利用業餘時間先整理六十年代編寫《古代漢語》附録時所收集的材料,開始作編寫前的逐字卡片,同時不斷補充新材料。至七十年代末積累了五千多張卡片,打算正式編寫《手册》。這時我已經招了研究生，要開幾門課，還主持一部《古代漢語》教材的編寫工作，並有校外的兼職，肩上的擔子非常重。因此，正式動手編寫後，發現工作量很大，困難不少，首先就是没有時間；其次是缺乏參考資料。學校經過十年動亂，中文系的資料室已經不存在；校圖書館也遭到嚴重破壞，很一般的資料都找不到了。要是没有拙荆徐寒玉的全力支援，編寫工作很難進展，至少完稿時間要推後五年以上。她參加了後期的資料收集工作、通檢的編寫以及全稿的核對和謄寫工作。

《手册》稿本曾送請了一師審閲，並承他賜序。北京大學出版社爲《手册》的排印出版作了很大努力，責任編輯王世厚先生認真負責；他們花了四年時間，使《手册》在當時出版條件相當困難的情况下保證了較好質量。《手册》出版後，得到學界同仁、友好和讀者的肯定；印刷了一萬五千册，幾年之間即告售罄。從九十年代起，有不少讀者和友好不斷提出重印建議，出版社也發出過要求，我都没有同意。因爲這時我對"古音手册"有了新認識，對《手册》當時限於編寫條件，未能完成預定的編寫設想，有了新的考慮，總希望修訂以後再重印。直到 2001 年我退休後出國探親才着手增訂；在國外半年多，初步增收了一千多字。回國後陷入了古音研究的爭論之中，各種活動也不少，《漢字古音手册》的增訂總是擺在第二位。時作時輟，2007 年才完成增訂初稿；承商務印書館允將初稿先行排印出來，方便我再次從頭審定修改。這些年來，我和拙荆成了海南候鳥群體的成員，南飛過冬，避開了一些應酬，對審閲《手册》增訂稿有一定保證。經過兩輪南飛北返，總算又通讀了一遍；儘管還有一些問題難作決定，也只好暫取一説。

增訂本比初版增收單字四千四百多個，單字總數在一萬一千七百字左右。初版只收秦漢以前古籍中的常用字。增訂本首先把《説文解字》中的九千多字全收了，再根據《王力古漢語字典》、《漢語大字典》中凡東漢以前有用例的字也都收了。同時又把初版所收的東漢以後才有用例的後起字删去了，大約兩百個左右。其中有的是《説文》新附字，有的是當時憑感覺誤收的；有的更是根據當時的一種錯誤認識，以爲要從語言的角度來考慮。在《例言》中説什麽："東漢以後的字不收，但後起的分化字、異體字能記録秦漢以前語言中已有的詞者也收録了一些，如'花'（華）'剩'（賸）。"其實，這是盲目地陷入了打亂先秦諧聲系統的泥坑。還有，魯魚亥豕，雖然發現一些，但是當時要作一次稍微徹底的校改，也不容易做到。這是我不同意重印的主要原因。其次是《手册》對音義結合的處理情況早就引起了我自己的不滿意。漢字的形音義是密不可分的，注古音需明古義；多音多義字，音義必須對號入座。《手册》編寫的七八十年代，只有舊《辭源》、《辭海》，要做到音義對號入座是很困難的。我雖然注意到了這一點，却對不少多音字，只能顧音不管義。這是當時編寫中的一個缺陷，關係到音切的選擇和古今音的定位。這次增訂，我們首先考慮的就是增補東漢前已有的漢字，同時要解決誤收的後起字，並修訂其他訛誤；其次就是要解決音義的結合問題。我們主要參考《王力古漢語字典》和《漢語大字典》確定需要增補的漢字和每個字的音義關係。凡多音字，必註明釋義；後起音義，一律不收。至於擬音系統，仍然按初版決定，採取《漢語史稿》的體系作了"一些補充或調整"，不按王先生八十年代以後韻部擬音的修改方案進行改動。

在"梅郭之爭"的激烈階段，有人在網上對《手册》進行了批評，幫我校出了一些錯誤，在這裏，我首先是要表示感謝。但是不少人批評我爲什麼不採取王先生八十年代以後的意見，這就有些强人所難了。因爲我的《手册》1982 年 3 月就定稿付排了；王先生的新意見我没有掌握，甚至還没有看過，怎麼採取呢？在排印過程中，就因爲聽王先生比較滿意地談到過日母擬音的改動問題，於是草率地在排印中改動了《手册》的中古日母擬音，現在還得改回來。另有一條比較集中的批評意見是侯部三等的開合問題。《手册》按《漢語史稿》擬成了合口三等，批評意見是：爲什麼不隨王先生晚年的意見擬成開口？這種批評我當然無法在當時做到，就是現在也還難以接受。我在《手册》的《凡例》中曾提到："侯部、屋部、東部都增補了開口三等。"在正文中侯部增補了"郰騶晝縐驟鍪"等十個字，它們中古分佈在尤韻和宥韻的六個小紐中，有舌齒音，還有脣音，增補本又增加了六個字。中古"尤有宥"是開口三等，它與原擬合口三等的虞韻是三等開合口的對立。東部、屋部增補的開口三等字雖然少一些，但是系統的對應是很清楚的。這種系統性的三等開合口對立難道可以輕易地不管嗎？總不能把虞韻字擬成開口三等，却把尤韻字擬成合口三等吧？我相信如果王先生看了這些材料，對我的處理方式，大概是不會提出責備的。

再有一條尖鋭意見是喻三、喻四的處理問題。我在《手册》中確實改動了《漢語史稿》的意見。王先生認爲《切韻》時代喻三、喻四没有合流；我却接受了李方桂先生的看法"到了隋唐的時候顯然喻三已經與匣母分離而近乎喻四了"（7 頁），進而認爲已經合流。有人認爲我是"歪曲、篡改"王先生的學術觀點，這種批評恐怕有點武斷吧。我們知道，王先生從來都不要求自己的學生一定要遵守他的觀點，而是鼓勵學生經過研究提出自己的新看法。但是，經過考慮，在增訂本中我還是改正過來，改用王先生没有合流的意見。

因爲喻三同匣母在《切韻》時代已經分離的證據仍然不足；而且改成没有合流，想要表達喻母、匣母的發展變化，也照樣可以做到。

下面我們要談到增補本作出的一個重大改動，這就是-p尾韻的處理問題。王先生把入聲韻分成長入、短入，但是不包括-p尾韻。《手册》初版本曾考慮-p尾韻也分長短入，但没有實行。增補本經過反復考慮，最後終於決定把王先生的長入、短入的主張擴展到-p尾入聲韻。大家都知道，高本漢、李方桂都認爲緝部、葉部的去聲字原來是-b尾，上古早期有-b、-p的對立。李先生説："諧聲系統所保存殘餘的*-b的痕跡表示諧聲系統所代表的時期要比《詩經》押韻系統早一點，至少一部分諧聲系統是較早的。"（43頁）王先生也曾在《漢語史稿》中指出："'納'從内聲，'内'字本身又可以讀'納'，可見'内''納'上古音相近，甚至在更古的時候凡從'内'聲的字都收-p。"（90頁）從諧聲系列來考慮，-p尾韻無疑應分長短入；從詩文押韻系列來考慮，就出現了意見分歧。段玉裁《六書音均表》四（"詩韻譜"）列有"蒞、位、内"三字與物部押韻的詩四首：《小雅·采芑》押"蒞、率"；《大雅·假樂》押"位、塈"；《大雅·蕩》押"類、懟、對、内"；《大雅·抑》押"寐、内"。江有誥就不贊同《采芑》一首的韻例，王先生也認爲非韻。剩下三首押韻材料就成了段玉裁將位聲、内聲定作第十五部的聲符的主要根據。應該説，這一根據是不充分的。先説位聲，段玉裁據《説文》，認定"位"字是會意字，因此"立、位"不同聲；所以立聲在第七部（緝部），而位聲却在第十五部（微部）。可是段氏在《説文》"位"字下注云："故書'位'作'立'，古文《春秋》：'公即位'爲'公即立'。古者立位同字，蓋古音十五部與八部多合韻。"其實這裏用古音多合韻，是不解決問題的。再説内聲，《廣韻》："内，奴對切"，在去聲祭韻；一切從内得聲的去聲字,如"芮、枘、蚋"等,《廣韻》而銳切,祭韻,列入十五部,當然無可指責。但是,從内得聲的入聲字,如"納、衲、魶"等,《廣韻》奴答切或奴盍切,合韻或盍韻,也列入十五部,這就很不妥了。王力先生把内聲列物部,在緝部另列納聲、軜聲,爲段説補了一個明顯漏洞,却没有真正解決問題。所以才會有"'内'字本身又可以讀'納'","在更古的時候凡從'内'得聲的字都收-p"的説明。高本漢、李方桂都把"立位"、"内納"處理爲同聲,這是符合古文字發展的,認爲它們同屬-p尾入聲韻也是符合古音實際的(高、李在具體的諧聲分析中有誤,這裏不討論)。王力先生在這個問題上,採取了尊重傳統的謹慎態度;我們覺得從整個上古音系統和諧聲系統來考慮,還是以改動爲妥。上面所舉"位、内"押韻的三首詩,既可以看作-p尾韻異化爲-t尾韻的證據,也未嘗不可以認爲是緝、物合韻的材料。

總之,《手册》的編寫和增訂是根據了一師的古音系統和擬音體系進行的,至於古音系統和擬音體系内部的一些補充或調整以及具體字的歸部、擬音,則是編寫者個人的認識,與了一師無關。增訂工作越到後來,看的材料越多,發現的問題也越多,越難下結論。正如了一師指出的:"古音系統没有定論,古音擬測更没有定論。"這本《手册》"不是'典',而是參考資料。"我牢記先生的這些指示,鼓起勇氣,完成了這份增訂稿。拖了許多年,才向關注本《手册》的友好和讀者遞上一份遲交的答卷,在此深表歉意。

最後,我要感謝商務印書館熱情允諾出版《漢字古音手册》(增訂本),感謝責任編輯何宛屏編審認真負責,保證了增訂本的出版質量。我還要感謝學界同仁、友好和廣大讀者對《手册》增訂工作的關注和鼓勵。《手册》的增訂工作拖了近十年,雖然我已經盡了很大努力;但是在體力、目力日衰的情況下,考慮不周,訛誤欠妥之處肯定不少,祈請方家、讀者不吝指教,以便重印時改正。

郭錫良 2009 年 1 月 30 日
於海口燕燕居成初稿
5 月初改定於北京燕園

主要參考著作:

許慎《説文解字》(中華書局,1963)
段玉裁《説文解字注》(世界書局,1936;又上海古籍出版社,1981)
朱駿聲《説文通訓定聲》(袖珍本;又中華書局,1984)
周祖謨《廣韻校本》(中華書局,1960)
沈兼士主編《廣韻聲系》(文字改革出版社,1960)
王力《漢語史稿》上册(修訂本)(中華書局,1980)
丁聲樹《古今字音對照手册》(科學出版社,1958;又中華書局,1981)
(以上爲初版本和增訂本共同主要參考著作)
王力主編《王力古漢語字典》(中華書局,2000)
漢語大字典編委會《漢語大字典》(湖北辭書出版社、四川辭書出版社,1985;縮印本,1992)
高本漢《中國音韻學研究》(趙元任、羅常培、李方桂譯,商務印書館,1940,又1995)
高本漢《中上古漢語音韻綱要》(聶鴻音譯,齊魯書社,1987)
王力《漢語音韻學》(中華書局,1956;《王力文集》四,山東教育出版社,1986)
王力《詩經韻讀》(《王力文集》六,山東教育出版社,1986)
王力《清代古音學》(《王力文集》十二,山東教育出版社,1990)
王力《上古韻母系統研究》(《王力文集》十七,山東教育出版社,1989)
王力《上古漢語入聲和陰聲的分野及收音》(《王力文集》十七,山東教育出版社,1989)
李方桂《上古音研究》(商務印書館,1980)
李方桂《切韻 â 的來源》(《歷史語言研究所集刊》三本一分册,1931)

李方桂《李方桂先生口述史》(清華大學出版社,2003)

陸志韋《古音説略》(《燕京學報》,1947);又《陸志韋語言學著作集》(中華書局,1985)

董同龢《上古音韻表稿》(重印本,1967)

林語堂《古有複輔音説》(《晨報》六週年紀念增刊,1924,《語言學論叢》,開明書店,1933)

郭錫良《也談上古韻尾的構擬問題》(載《漢語史論集》(增補本),商務印書館,2005)

郭錫良《歷史音韻學研究中的幾個問題》(同上)

郭錫良《音韻問題答梅祖麟》(同上)

郭錫良《漢藏諸語言比較研究芻議》(載《中國語言學》第一輯,山東教育出版社,2008)

陳復華、何九盈《古韻通曉》(中國社會科學出版社,1987)

例　　言

一　這本手册收古代漢字一萬一千六七百個。每字後面列出其上古和中古的音韻地位,並加注擬音,以供學習、研究古代漢語、漢語史、漢語音韻、文字學、訓詁學、文學史、古代史和漢藏諸語言比較研究等社會科學各學科的同志作參考。

二　本手册收字範圍爲秦漢以前古籍中所用的漢字,包括《説文解字》所收的九千多字及《王力古漢語字典》、《漢語大字典》中有東漢以前用例的字。

三　字頭前標注今音,採用漢語拼音方案注音。排列次序按今音的韻母分部,同韻的字按聲母排列。韻母的次序見目録,聲母的次序是:

ø(零聲母)			
g	k	h	
j	q	x	
zh	ch	sh	r
z	c	s	
d	t	n	l
b	p	m	f

聲母相同的依聲調次序排列。聲調的次序是:陰、陽、上、去。

四　今音聲、韻、調全同的字列於同一個音的後面,再按古音的異同分條。上古音和中古音都相同時列爲一條,上古或中古任一時期有差異者即分開排列。先按上古韻部的次序(見《例言》5頁)排列,韻部相同,再依次按等呼、聲調、聲母排列。

五　古音的注法是:第一行列舉上古的聲母和韻部,後注擬音。第二行列舉《廣韻》的反切;空一格注明中古的聲母、韻類、開合口、等、聲調、韻攝;然後再注擬音。例如:

há　陽　蝦(蛤蟆)　　(古)匣魚　　ɣeɑ

　　　　　　　　(廣)胡加切　匣麻開二平假　ɣa

就是説"蝦"(蛤蟆)這個字在上古屬匣母、魚部,前以"(古)"字標明爲上古音,[ɣeɑ]是它的上古擬音。第二行説明這個字在《廣韻》中的反切是"胡加切",前以"(廣)"字標明;它中古的音韻地位是匣母、麻韻、開口、二等、平聲,在假攝,[ɣa]是它的中古擬音。《廣韻》未收的字,採用《集韻》。個别字不見於《廣韻》《集韻》則採取徐鉉本《説文解字》或《玉篇》中的反切,前注"(説)"字或"(玉)"字,以資識别。少數語音變化特殊的字,加注《廣韻》的又音,以幫助對古音變化的瞭解,前注"(又)"字。今音保留一些有歷史根據的舊讀,在所收舊讀字的右上角加*號,如 xia 音所收的洽*(見 15 頁),bò 音下所收的播*(見 38 頁)。

六　有些字在《説文》《廣韻》中的寫法與現在通行的寫法不一致,我們以見於《説文》《廣韻》的字作爲字頭,後注今字或加注詞語。例如:樝(楂);鰕(蝦);蝦(蛤蟆)。"樝""鰕"是見於《説文》《廣韻》的字體,"楂""蝦"是現在通行的字體;"蝦"在《説文》《廣韻》中本是"蛤蟆"的用字,今念 há,收在 há 音之下,加注"(蛤蟆)",説明以古字古音爲準。一字多音時,大都注明其意義和用法;漢魏以後産生的意義的讀音,則一般不收録。

七 本手册擬音採取通用的國際音標，下附《輔音表》和《元音圖》(引自王力先生的《漢語音韻學》)，以供參考：

輔 音 表

發音方法＼發音部位			上唇	上齒	齒	前齒齦	後齒齦	齦顎間	齦顎間	硬顎	硬軟顎間	軟顎	喉
			下唇		舌尖			舌尖及面	舌面		舌根		
			雙唇音	齒唇音	齒音		齒上音	顎齦音	顎音	舌面音	舌根音	小舌音	
塞音	清	不吐氣	p		t		t		ȶ	c	k	q	ʔ
塞音	清	吐氣	p‘		t‘		t‘		ȶ‘	c‘	k‘	q‘	ʔh
塞音	濁	不吐氣	b		d		ɖ		ȡ	ɟ	g	ɢ	
塞音	濁	吐氣	b‘		d‘		ɖ‘		ȡ‘	ɟ‘	g‘	ɢ‘	
塞擦音	清	不吐氣		pf	tθ	ts	tʂ	tʃ	tɕ				
塞擦音	清	吐氣		pf‘	tθ‘	ts‘	tʂ‘	tʃ‘	tɕ‘		kx		
塞擦音	濁	不吐氣		bv	dð	dz	dʐ	dʒ	dʑ				
塞擦音	濁	吐氣		bv‘	dð‘	dz‘	dʐ‘	dʒ‘	dʑ‘				
鼻音		濁	m	ɱ		n	ɳ		ȵ	ɲ	ŋ	ɴ	
邊音		濁				l	ɭ			ʎ			
滾音		濁				r						ʀ	
閃音		濁				ɾ	ɽ						
摩擦音	清	不吐氣	ɸ	f	θ	s ɬ(邊)	ʂ	ʃ	ɕ	ç	x	χ	h
摩擦音	清	吐氣		f‘		s‘							
摩擦音		濁	β	v	ð	z ɮ(邊)	ʐ	ʒ	ʑ	j	ɣ	ʁ	ɦ
無擦通音及半元音		清	ʍ，ɥ̊										
無擦通音及半元音		濁	w，ɥ {ŭ y̆}	ʋ			ɹ			j(ɥ) {ĭ，ỹ}	(w)		

元音圖

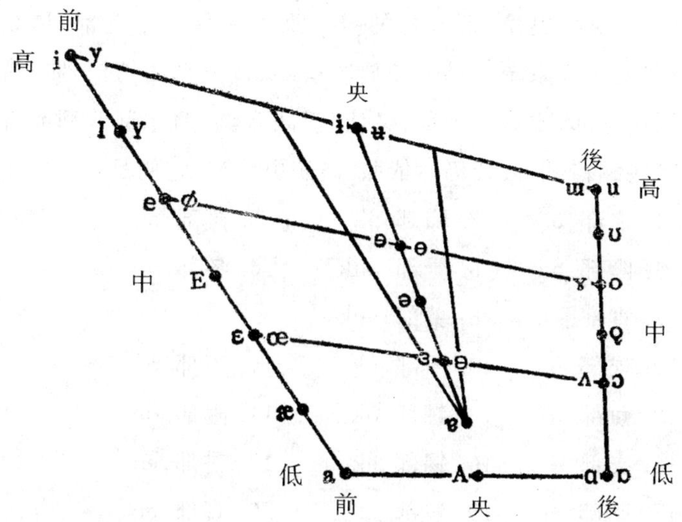

八　本手册的古音系統和擬音採用王力先生《漢語史稿》上册修訂本的意見。上古音的韻類和擬音，經了一師同意，有某些補充或調整。

(1)《漢語史稿》把上古聲母分爲六類三十二母，它們是：

喉音：見 k　溪 kʻ　羣 gʻ　疑 ŋ

曉 x　匣 ɣ　影 0

舌頭音：端 t　透 tʻ　餘 d　定 dʻ　泥 n　來 l

舌上音：章 ȶ　昌 ȶʻ　船 ȡʻ　書 ɕ　禪 ʑ　日 ȵ

齒頭音：精 ts　清 tsʻ　從 dzʻ　心 s　邪 z

正齒音：莊 tʃ　初 tʃʻ　崇 dʒʻ　山 ʃ

脣　音：幫 p　滂 pʻ　並 bʻ　明 m

本手册把餘母的擬音依王力先生八十年代以後的意見改爲 ʎ，是

與 ȵ 部位相當的邊音。全濁聲母没有吐氣不吐氣的對立，依王力先生八十年代以後的意見，一律改爲不吐氣。

(2)《漢語史稿》把上古的韻分爲十一類二十九部，這是《詩經》時代的韻部系統。爲了便於瞭解冬、侵分部的情况，將侵部的合口標作冬部，成爲三十部；又依《漢語音韻》將寒部改稱元部，次序也有些調整，但擬音仍然依照《漢語史稿》。它們是：

1. 之部 ə	2. 職部 ək	3. 蒸部 əŋ
4. 幽部 əu	5. 覺部 əuk	6. 冬部 əm
7. 宵部 au	8. 藥部 auk	
9. 侯部 o	10. 屋部 ok	11. 東部 oŋ
12. 魚部 ɑ	13. 鐸部 ɑk	14. 陽部 ɑŋ
15. 支部 e	16. 錫部 ek	17. 耕部 eŋ
18. 脂部 ei	19. 質部 et	20. 真部 en
21. 微部 əi	22. 物部 ət	23. 文部 ən
24. 歌部 a	25. 月部 at	26. 元部 an
	27. 緝部 əp	28. 侵部 əm
	29. 葉部 ap	30. 談部 am

《漢語史稿》對上古韻部採用了等呼的觀點，擬音是：

開口一等：無韻頭。	開口二等：-e-
開口三等：-ĭ-	開口四等：-i-
合口一等：-u-	合口二等：-o-
合口三等：-ĭw-	合口四等：-iw-

入聲韻分長入、短入；擬音時長入在主要元音上加“-”，短入在主要元音上加“˘”。例如：ə̄k（職部長入）、ə̆k（職部短入）。王力先生八十年代以後對上古韻部的擬音有些更改，即：幽部 u，覺部 uk，宵

部 o，藥部 ok，侯部 ɔ，屋部 ɔk，東部 ɔŋ，魚部 a，鐸部 ak，陽部 aŋ，歌部 ai。本手册没有照改，讀者如果採用王力先生的新觀點時，可以自己改寫。

(3)《漢語史稿》把中古聲母分爲五類三十五母，它們是：

喉音：	影 ∅	餘 j	曉 x	匣 ɣ		
牙音：	見 k	溪 k‘	羣 g‘	疑 ŋ		
舌音：	端 t	透 t‘	定 d‘	泥 n	來 l	
	知 ȶ	徹 ȶ‘	澄 ȡ‘			
齒音：	精 ts	清 ts‘	從 dz‘	心 s	邪 z	
	莊 tʃ	初 tʃ‘	崇 dʒ‘	山 ʃ		
	章 tɕ	昌 tɕ‘	船 dʑ‘	書 ɕ	禪 ʑ	日 nʑ
脣音：	幫 p	滂 p‘	並 b‘	明 m		

爲了便於瞭解餘母（喻四）和匣母的發展，本手册將匣母分爲匣母和雲母（喻三），擬音仍從《漢語史稿》都作 ɣ。全濁聲母同上古一樣，一律改爲不吐氣。

(4)《漢語史稿》把《廣韻》的二百零六韻分成六十一個韻類，一百四十一個韻母（原書作九十一個韻母，據韻表實際情況校改）。它們是：

通	1. 東董送	uŋ，ĭuŋ	屋	uk，ĭuk
	2. 冬〇宋	uoŋ	沃	uok
	3. 鍾腫用	ĭwoŋ	燭	ĭwok
江	4. 江講絳	ɔŋ	覺	ɔk
止	5. 支紙寘	ĭe，ĭwe		
	6. 脂旨至	i，wi		
	7. 之止志	ĭə		

	8.	微尾未	ĭəi,ĭwəi		
遇	9.	魚語御	ĭo		
	10.	虞麌遇	ĭu		
	11.	模姥暮	u		
蟹	12.	齊薺霽	iei,iwei		
	13.	○○祭	ĭɛi,ĭwɛi		
	14.	○○泰	ɑi,uɑi		
	15.	佳蟹卦	ai,wai		
	16.	皆駭怪	ɐi,wɐi		
	17.	○○夬	æi,wæi		
	18.	灰賄隊	uɒi		
	19.	咍海代	ɒi		
	20.	○○廢	ĭɐi,ĭwɐi		
臻	21.	真軫震	ĭĕn,ĭwĕn	質	ĭĕt,ĭwĕt
	22.	諄準稕	ĭuĕn	術	ĭuĕt
	23.	臻○○	ĭen	櫛	ĭet
	24.	文吻問	ĭuən	物	ĭuət
	25.	欣隱焮	ĭən	迄	ĭət
（山）	26.	元阮願	ĭɐn,ĭwɐn	月	ĭɐt,ĭwɐt
	27.	魂混慁	uən	没	uət
	28.	痕很恨	ən	○	
山	29.	寒旱翰	ɑn	曷	ɑt
	30.	桓緩换	uɑn	末	uɑt
	31.	删潸諫	an,wan	鎋	at,wat
	32.	山産襇	æn,wæn	黠	æt,wæt

	33. 先銑霰	ien,iwen	屑	iet,iwet
	34. 仙獮線	ĭɛn,ĭwɛn	薛	ĭɛt,ĭwɛt
效	35. 蕭篠嘯	ieu		
	36. 宵小笑	ĭɛu		
	37. 肴巧效	au		
	38. 豪皓號	ɑu		
果	39. 哥哿箇	ɑ		
	40. 戈果過	uɑ,ĭɑ,ĭuɑ		
假	41. 麻馬禡	a,ĭa,wa		
宕	42. 陽養漾	ĭaŋ,ĭwaŋ	藥	ĭak,ĭwak
	43. 唐蕩宕	ɑŋ,uɑŋ	鐸	ɑk,uɑk
梗	44. 庚梗映	ɐŋ,ĭɐŋ,wɐŋ,ĭwɐŋ	陌	ɐk,ĭɐk,wɐk,—
	45. 耕耿諍	æŋ,wæŋ	麥	æk,wæk
	46. 清靜勁	ĭɛŋ,ĭwɛŋ	昔	ĭɛk,ĭwɛk
	47. 青迥徑	ieŋ,iweŋ	錫	iek,iwek
曾	48. 蒸拯證	ĭəŋ,—	職	ĭək,ĭwək
	49. 登等嶝	əŋ,uəŋ	德	ək,uək
流	50. 尤有宥	ĭəu		
	51. 侯厚候	əu		
	52. 幽黝幼	iəu		
深	53. 侵寑沁	ĭĕm	緝	ĭĕp
咸	54. 覃感勘	ɒm	合	ɒp
	55. 談敢闞	ɑm	盍	ɑp
	56. 鹽琰豔	ĭɛm	葉	ĭɛp
	57. 添忝㮇	iem	帖	iep
	58. 咸豏陷	ɐm	洽	ɐp

59. 銜檻鑑 am　　　　　狎 ap

60. 嚴儼釅 iɐm　　　　　業 iɐp

61. 凡范梵 iwɐm　　　　乏 iwɐp

本手册只根據《廣韻》把38類“皓號”兩韻改稱“晧号”，又加上了十六攝的名稱。

(5) 關於上古音系本手册對《漢語史稿》主要作了以下一些補充或調整：

(甲) 之部、職部、蒸部都增補了開口二等和合口二等。之部字如駭豺埋怪，職部字如韄戒馘，蒸部字如橙噌輣宏。

(乙) 侯部、屋部、東部都增補了開口三等；侯部字如聚鄒鍪晝縐，屋部字如漱鏉噣，東部字如充梳崧。

(丙) 微部、物部增補了開口四等(絺郗概暨)、合口四等(委衰茁颰)；物部、文部增補了合口二等(顡鞊鰥綸)；文部將《廣韻》諄韻的字全歸合口四等，而以仙韻的舌齒字代替諄韻的舌齒字與文韻的喉唇字相配，列爲合口三等。

(丁) 歌部增補了合口四等，如揣綮；月部增補了長入合口四等，如慧嘒。

(戊) 本手册增訂本將王力先生長入、短入主張擴展到-p尾入聲韻，把立聲、内聲、執聲、盍聲、夾聲等的去聲字由原來歸物部(位内)質部(莅摯)和月部(蓋瘞)改歸緝部和葉部。

郭錫良

1982年3月於北京燕園成初版稿

2008年11月於海口燕燕居成增訂本修訂稿

校 補 記

《漢字古音手册》(增訂本)去年八月出版,爲了及早校訂,只印了三千册。今年二月責編通知我,已經需要重印,於是擠時間審閲一遍。除盡力校改遺誤外,重點考察了《手册》對《説文》一萬多字(540 部,9353 文,重 1163)的收録情況,酌情增補了一百五十多個字。例如:"羑、亷、劁、霅、茷、鱻、辿、辻、音、朙"等。同時改定了十多個字的上古韻部,如"敝、蔽、鄨"由微部改爲物部,"竅、鬏、鬆、蔽"由物部改爲月部,"呶、怓"由魚部改爲宵部,"胤、酳、濬、睿、茜"等由真部改爲文部;還有"顡、黿、軏"等改選反切,改定今音;"癹、蒯"等改定今音。《部首檢字》是由商務印書館出版部門幫助用電腦編輯的,難免有些遺誤,也作了必要校訂。總之,《手册》(增訂本)的編著雖然不敢草率從事;但是由於能力、水平所限,訛誤欠妥之處,定然還會不少。懇請方家、讀者和友好,不吝賜教,以便隨時改正。

郭錫良 2011 年 5 月 28 日

於北京海淀藍旗營

增訂重排本說明

我從 2015 年以來，以《漢字古音手册》(增訂本)為基礎，進行了《漢字古音表稿》的編寫。2018 年初《表稿》完稿，承《文獻語言學》輯刊作為專輯(第八輯)，由中華書局在八月出版。

在《手册》的"增訂本前言"中，我曾指出："《手册》的編寫和增訂是根據了一師的古音系統和擬音體系進行的"，只在"古音系統和擬音體系内部"做了"一些補充或調整"(27 頁)，在"例言"中列舉了五項(9 頁)。在《表稿》的編寫過程中，對這些韻部又增加了一些補充、調整，在"例言"中列舉了四項(7—8 頁)。更重要的是對收-p、-m 的閉口韻的系統問題提出了新的看法。

我在《表稿・例言》中說："自孔廣森認為上古東冬分韻，到嚴可均把冬部並入侵部，得到章炳麟和王力先生的肯定，音韻學界大都贊同。"(6 頁)《史稿》還指出："冬部字到公元前一世紀仍收-m 尾"；"-m 尾合口呼變為-ŋ 尾，是由於異化作用"。即"由於韻頭 u 和韻尾-m 都需要唇的作用(o 和ĭw 同樣要圓唇)，所以-m 尾容易變為-ŋ 尾(或-n 尾)。這樣，冬和侵就分家了。"(《王力文集》九卷 130 頁)這從理論上解決了侵部合口的發展變化問題。

既然閉口韻侵部合口有此異化現象，那麼，同是閉口韻談部合口又如何呢?《史稿》列舉中古"談銜咸鹽嚴添凡"七韻，前六韻上古列開口，只有凡韻列合口三等。因此，補充說："談部的情況複雜，和葉部的情况相同。可能上古談部實際上有兩類：一類是 am，在中古是談銜鹽添；另一類是 ɐm，在中古是咸嚴凡。”這實際上是同意了黄侃《談添盍帖分四部説》（130 頁），有待研究；但是《手册》遵循《史稿》的作法，只增補了覃韻（重疊一等）的 27 字。在《表稿》的編寫過程中，當談部《字表》一稿出來後，我們認真進行了比較、分析，得出談部合口也有異化現象，不過，“談部合口異化的結果，不是變了韻尾，而是變了韻頭”。因此，“將談部的覃咸嚴韻的字由開口改為合口。這樣，談部大量的重疊（59 字）消失了。”（《表稿·例言》7 頁）

不但談部有此異化現象，與談部相應的葉部、緝部也有此異化現象，《表稿》按談部的辦法處理，上古也增加了合口部分。

《表稿》還增補了《説文》中個别的漏收字（虋）或異體字（叡），删去了幾個後起字（梭飼），對《手册》收字的歸部更有不少修改。總的來看，《表稿》對《手册》涉及的改動面相當廣泛。這就促成了我們根據《表稿》對《手册》進行了一次較大的修訂。

郭錫良 2018 年 10 月 12 日

於北京海淀藍旗營

目　　録

ɑ（丫）韻

ā	陰	阿(阿衡,阿瞞)		(古)影歌	a
			(廣)烏何切	影歌開一平果	ɑ
há	陽	蝦(蛤蟆)		(古)匣魚	ɣeɑ
			(廣)胡加切	匣麻開二平假	ɣa
zhā	陰	奓(張開)觰		(古)端魚	teɑ
			(廣)陟加切	知麻開二平假	ȶa
		譇		(古)端魚	teɑ
			(集)陟加切	知麻開二平假	ȶa
		樝(楂)柤齇(齒不正)皻担			
				(古)莊魚	tʃeɑ
			(廣)側加切	莊麻開二平假	tʃa
		摣戱齟(齒不正)皶		(古)莊魚	tʃeɑ
			(集)莊加切	莊麻開二平假	tʃa
		奓(厚唇貌)		(古)端歌	tea
			(廣)敕加切	知麻開二平假	ȶa
		哳		(古)端月	teăt
			(廣)陟鎋切	知鎋開二入山	ȶat
zhá	陽	札蚻		(古)莊月	tʃeăt
			(廣)側八切	莊黠開二入山	tʃæt

		蠿		(古)莊月	tʃeăt
			(集)側八切	莊黠開二入山	tʃæt
		喋(唼喋)霅(霅霅,雷電貌)			
				(古)定葉	deăp
			(廣)丈甲切	澄狎開二入咸	ȡɐp
zhǎ	上	鲊(鮺的俗字)		(古)莊歌	tʃea
			(廣)側下切	莊馬開二上假	tʃa
		鮺羨		(古)莊歌	tʃea
			(集)側下切	莊馬開二上假	tʃa
zhà	去	吒咤		(古)端鐸	teɑ̄k
			(廣)陟駕切	知禡開二去假	ȶa
		詐		(古)莊鐸	tʃeɑ̄k
			(廣)側駕切	莊禡開二去假	tʃa
		乍褡蜡(祭名)詐		(古)崇鐸	dʒeɑ̄k
			(廣)鋤駕切	崇禡開二去假	dʒa
		咋(暫)		(古)崇鐸	dʒeɑ̄k
			(集)助駕切	崇禡開二去假	dʒa
		栅(栅欄)		(古)初錫	tʃʻĕk
			(廣)楚革切	初麥開二入梗	tʃʻæk
		溠		(古)莊歌	tʃea
			(廣)側駕切	莊禡開二去假	tʃa
chā	陰	叉杈差(差錯)艖		(古)初歌	tʃʻea
			(廣)初牙切	初麻開二平假	tʃʻa
		扠		(古)初歌	tʃʻea
			(集)初加切	初麻開二平假	tʃʻa

		扱(插)	(古)初緝		tʃʻeəp
			(廣)楚洽切	初洽開二入咸	tʃʻɐp
		插臿𩐪鍤㛼	(古)初葉		tʃʻeăp
			(廣)楚洽切	初洽開二入咸	tʃʻɐp
chá	陽	䟕荼(茶)秅(數量名)秺(秺)			
			(古)定魚		deɑ
			(廣)宅加切	澄麻開二平假	ȡa
		秺(同“秅”)	(古)端魚		teɑ
			(集)陟加切	知麻開二平假	ȶa
		苴(枯草)	(古)崇魚		dʒeɑ
			(廣)鉏加切	崇麻開二平假	dʒa
		槎	(古)崇歌		dʒea
			(廣)鉏加切	崇麻開二平假	dʒa
		察詧	(古)初月		tʃʻeăt
			(廣)初八切	初黠開二入山	tʃʻæt
chà	去	奼(姹)	(古)端鐸		teāk
			(廣)陟駕切	知禡開二去假	ȶa
			(集)丑亞切	徹禡開二去假	ȶʻa
		詫侘	(古)透鐸		tʻeāk
			(廣)丑亞切	徹禡開二去假	ȶʻa
		姹	(古)透鐸		tʻeāk
			(集)丑下切	徹馬開二上假	ȶʻa
shā	陰	鯊(吹沙小魚)魦沙桬紗砂			
			(古)山歌		ʃea
			(廣)所加切	山麻開二平假	ʃa

		莎(莎雞,蟲名)	(古)心歌		sua
			(廣)蘇禾切	心戈合一平果	suɑ
			(集)師加切	山麻開二平假	ʃa
		殺(㮨)煞蔱榝	(古)山月		ʃeăt
			(廣)所八切	山黠開二入山	ʃæt
shà	去	嗄	(古)山魚		ʃeɑ
			(廣)所嫁切	山禡開二去假	ʃa
		歃篓箑萐	(古)山葉		ʃeăp
			(廣)山洽切	山洽開二入咸	ʃɐp
		翣啑翜	(古)山葉		ʃoăp
			(廣)所甲切	山狎開二入咸	ʃap
zā	陰	帀(匝)噆(口含)	(古)精緝		tsəp
			(廣)子答切	精合開一入咸	tsɒp
		唼(魚吃食)	(古)精葉		tsuăp
			(集)作答切	精合開一入咸	tsɒp
zá	陽	巀囋(多言)囐	(古)從月		dzăt
			(廣)才割切	從曷開一入山	dzɑt
		雜(襍)磼雥	(古)從緝		dzəp
			(廣)徂合切	從合開一入咸	dzɒp
		襍	(古)從緝		dzəp
			(集)昨合切	從合開一入咸	dzɒp
sǎ	上	灑(洒水)	(古)山支		ʃĭe
			(廣)砂下切	山馬開二上假	ʃa
		洒(古文"灑")	(古)山支		ʃe
			(廣)所賣切	山卦開二去蟹	ʃai

sà	去	摋榝		(古)心月	sǎt
			(廣)桑割切	心曷開一入山	sɑt
		溨(瀎溨)		(古)心月	sǎt
			(集)桑割切	心曷開一入山	sɑt
		趿颯靸馺霅(雨下貌)卅			
				(古)心緝	sə̆p
			(廣)蘇合切	心合開一入咸	sɒp
dā	陰	答(答應)荅𦈢		(古)端緝	tə̆p
			(廣)都合切	端合開一入咸	tɒp
dá	陽	怛[illegible]妲炟[illegible]狚笪靼		(古)端月	tǎt
			(廣)當割切	端曷開一入山	tɑt
		達(通)		(古)定月	dǎt
			(廣)唐割切	定曷開一入山	dɑt
		达(通)		(古)定月	dǎt
			(集)陁葛切	定曷開一入山	dɑt
		答(回答)		(古)端緝	tə̆p
			(廣)都合切	端合開一入咸	tɒp
dà	去	大		(古)定月	dāt
			(廣)徒蓋切	定泰開一去蟹	dɑi
tā	陰	佗(非我,别的)他它		(古)透歌	tʻa
			(廣)託何切	透歌開一平果	tʻɑ
tǎ	上	獺		(古)透月	tʻǎt
			(廣)他達切	透曷開一入山	tʻɑt
tà	去	闥[illegible]撻屮羍(小羊)達(挑達)			
				(古)透月	tʻǎt

(廣)他達切 透曷開一入山 tʻɑt

鞜嚃錔踏鞳漯濕(水名)謺佮

(古)透緝 tʻə̆p

(廣)他合切 透合開一入咸 tʻɒp

嗒 (古)透緝 tʻə̆p

(廣)吐盍切 透盍開一入咸 tʻɑp

蹹沓(黷)䑙 (古)透緝 tʻə̆p

(集)託合切 透合開一入咸 tʻɒp

沓(合)誻遝揞涾龖讋樤碏譂遝眔

(古)定緝 də̆p

(廣)徒合切 定合開一入咸 dɒp

榻鰨猲毾 (古)透葉 tʻăp

(廣)吐盍切 透盍開一入咸 tʻɑp

蹋躢闒譶䡘 (古)定葉 dăp

(廣)徒盍切 定盍開一入咸 dɑp

ná 陽 拏(牽)挐 (古)泥魚 neɑ

(廣)女加切 泥麻開二平假 na

秅(烏秅,國名) (古)泥魚 neɑ

(集)女加切 泥麻開二平假 na

nà 去 貀 (古)泥物 neăt

(廣)女滑切 泥黠開二入山 næt

魶 (古)泥緝① nuə̆p

(廣)奴盍切 泥盍開一入咸 nɑp

納軜軜 (古)泥緝 nuə̆p

---

① 内聲、立聲字依《漢語史稿》上古列合口,下同。

			(廣)奴答切	泥合開一入咸	nɒp
		内(納)魶	(古)泥緝		nuǎp
			(集)諾答切	泥合開一入咸	nɒp
lā	陰	拉庢	(古)來緝		luǎp
			(廣)盧合切	來合開一入咸	lɒp
		柆	(古)來緝		luǎp
			(集)落合切	來合開一入咸	lɒp
		擸摺(拉折)	(古)來葉		luǎp
			(廣)盧合切	來合開一入咸	lɒp
		邋	(古)來葉		lǎp
			(廣)盧盍切	來盍開一入咸	lɑp
là	去	剌瘌揦翋瓎楋	(古)來月		lǎt
			(廣)盧達切	來曷開一入山	lɑt
		臘臈("臘"俗字)鑞蠟	(古)來葉		lǎp
			(廣)盧盍切	來盍開一入咸	lɑp
bā	陰	巴鈀(兵車)豝芭	(古)幫魚		peɑ
			(廣)伯加切	幫麻開二平假	pa
		八馴	(古)幫質		pět
			(廣)博拔切	幫黠開二入山	pæt
		捌(農具名)	(古)幫月		peǎt
			(廣)百鎋切	幫鎋開二入山	pat
		柭	(古)幫月		peǎt
			(集)布拔切	幫黠開二入山	pæt
bá	陽	拔(擢也)	(古)並月		beǎt
			(廣)蒲八切	並黠開二入山	bæt
		跋魃废軷炦癹妭犮胈坺茇(草根)			

				(古)並月	buăt
			(廣)蒲撥切	並末合一入山	buɑt
bǎ	上	把		(古)幫魚	peɑ
			(廣)博下切	幫馬開二上假	pa
		䶕		(古)幫魚	peɑ
			(集)補下切	幫馬開二上假	pa
bà	去	弝靶(轡革)		(古)幫魚	peɑ
			(廣)必駕切	幫禡開二去假	pa
		䢁		(古)並支	be
			(廣)傍下切	並馬開二上假	ba
		霸(與"王"相對)灞		(古)幫鐸	beāk
			(廣)必駕切	幫禡開二去假	pa
		罷(止)矲		(古)並歌	bea
			(廣)薄蟹切	並蟹開二上蟹	bai
pā	陰	葩鈀(箭鏃)蚆		(古)滂魚	p‘eɑ
			(廣)普巴切	滂麻開二平假	p‘a
		皅		(古)滂魚	p‘eɑ
			(説)普巴切	滂麻開二平假	p‘a
pá	陽	杷		(古)並魚	beɑ
			(廣)蒲巴切	並麻開二平假	ba
pà	去	帊(帕)		(古)滂魚	p‘eɑ
			(廣)普駕切	滂禡開二去假	p‘a
		汃(砏汃)		(古)滂質	p‘uĕt
			(集)普八切	滂黠合二入山	p‘wæt
má	陽	麻摩		(古)明歌	mea
			(廣)莫霞切	明麻開二平假	ma

		蟆		(古)明魚	meɑ
			(廣)莫霞切	明麻開二平假	ma
mǎ	上	馬鄢		(古)明魚	meɑ
			(廣)莫下切	明馬開二上假	ma
mà	去	禡瘍罵傌		(古)明魚	meɑ
			(廣)莫駕切	明禡開二去假	ma
		貉(通"禡",祭名)		(古)明魚	meɑ
			(集)莫駕切	明禡開二去假	ma
		鬕		(古)明鐸	meɑk
			(廣)莫駕切	明禡開二去假	ma
fā	陰	發		(古)幫月	pĭwăt
			(廣)方伐切	幫月合三入山	pĭwɐt
fá	陽	伐筏栰罰閥橃瞂茷(草葉多)藅			
				(古)並月	bĭwăt
			(廣)房越切	並月合三入山	bĭwɐt
		傠吠		(古)並月	bĭwăt
			(集)房越切	並月合三入山	bĭwɐt
		汎(汎淁)		(古)並緝	bĭwəp
			(集)扶法切	並乏合三入咸	bĭwɐp
		乏姂		(古)並葉	bĭwăp
			(廣)房法切	並乏合三入咸	bĭwɐp
fǎ	上	法灋		(古)幫葉	pĭwăp
			(廣)方乏切	幫乏合三入咸	pĭwɐp
fà	去	髮		(古)幫月	pĭwăt
			(廣)方伐切	幫月合三入山	pĭwat

ia（丨丫）韻

yā	陰	鴉鵶剄		（古）影魚	eɑ
			（廣）於加切	影麻開二平假	a
		雅（烏鴉）啞（啞啞）		（古）影魚	eɑ
			（集）於加切	影麻開二平假	a
		壓窨閘（開閉）		（古）影葉	eăp
			（廣）烏甲切	影狎開二入咸	ap
		厭（厭伏）		（古）影葉	ĭăp
			（廣）於葉切	影葉開三入咸	ĭɛp
yá	陽	牙衙（古地名）芽		（古）疑魚	ŋeɑ
			（廣）五加切	疑麻開二平假	ŋa
		邪（瑯邪，郡名）琊		（古）餘魚	ʎiɑ
			（廣）以遮切	餘麻開三平假	jĭa
		崖涯厓		（古）疑支	ŋe
			（廣）五佳切	疑佳開二平蟹	ŋai
		啀睚		（古）疑支	ŋe
			（集）宜佳切	疑佳開二平蟹	ŋai
		犽（鳥也）		（古）疑歌	ŋea
			（説）五加切	疑麻開二平假	ŋa
yǎ	上	雅（雅俗）疋（正）庌		（古）疑魚	ŋeɑ

			(廣)五下切	疑馬開二上假	ŋa
		啞(口不能言)	(古)影魚		eɑ
			(廣)烏下切	影馬開二上假	a
yà	去	襾(覆也)	(古)影魚		eɑ
			(廣)衣嫁切	影禡開二去假	a
		迓訝	(古)疑魚		ŋeɑ
			(廣)吾駕切	疑禡開二去假	ŋa
		御(迓)牙(車輞)	(古)疑魚		ŋeɑ
			(集)魚駕切	疑禡開二去假	ŋa
		亞晋(瘖)啞(歎詞)	(古)影鐸		eāk
			(廣)衣嫁切	影禡開二去假	a
		齾	(古)疑月		ŋeăt
			(集)牛轄切	疑鎋開二入山	ŋat
		軋揠𧳜猰窫	(古)影月		eăt
			(廣)烏黠切	影黠開二入山	æt
		閼	(古)影月		eăt
			(廣)乙鎋切	影鎋開二入山	at
		輵	(古)影月		eăt
			(集)乙轄切	影鎋開二入山	at
		乙	(古)影月		eăt
			(集)乙黠切	影黠開二入山	æt
		浥(窪)	(古)影緝		eəp
			(廣)烏洽切	影洽開二入咸	ɐp
		圔	(古)影葉		eăp
			(廣)烏洽切	影洽開二入咸	ɐp

jiā	陰	家葭麚豭猳椵		(古)見魚	keɑ
			(廣)古牙切	見麻開二平假	ka
		佳		(古)見支	ke
			(廣)古膎切	見佳開二平蟹	kai
		嘉加笳痂駕枷迦茄(荷莖)珈			
				(古)見歌	kea
			(廣)古牙切	見麻開二平假	ka
		耞		(古)見歌	kea
			(集)居牙切	見麻開二平假	ka
		夾		(古)見葉	koăp
			(廣)古洽切	見洽開二入咸	kɐp
		浹(周遍)		(古)精葉	tsiăp
			(廣)子協切	精帖開四入咸	tsiep
jiá	陽	戛		(古)見質	kĕt
			(廣)古黠切	見黠開二入山	kæt
		拮(戛)		(古)見質	kĕt
			(集)訖黠切	見黠開二入山	kæt
		扴忦契硈		(古)見月	keăt
			(廣)古黠切	見黠開二入山	kæt
		鸛		(古)見月	keăt
			(廣)古鎋切	見鎋開二入山	kat
		揳挈		(古)見月	keăt
			(集)訖黠切	見黠開二入山	kæt
		鞈帢跲袷		(古)見緝	keəp
			(廣)古洽切	見洽開二入咸	kɐp

		郟鞅		(古)見葉	koǎp
			(廣)古洽切	見洽開二入咸	kɐp
		頰鋏梜莢蛺唊		(古)見葉	kiǎp
			(廣)古協切	見帖開四入咸	kiep
		䛏		(古)見葉	kiǎp
			(集)吉協切	見帖開四入咸	kiep
jiǎ	上	檟榎瘕假叚賈(姓)斝瘕椵			
				(古)見魚	keɑ
			(廣)古疋切	見馬開二上假	ka
		假(至)		(古)見魚	keɑ
			(集)舉下切	見馬開二上假	ka
		甲胛㕅		(古)見葉	keăp
			(廣)古狎切	見狎開二入咸	kap
jià	去	稼嫁價假幏賈(價格)		(古)見魚	keɑ
			(廣)古訝切	見禡開二去假	ka
		駕架		(古)見歌	kea
			(廣)古訝切	見禡開二去假	ka
qià	去	髂		(古)溪鐸	k'eɑ̄k
			(廣)枯駕切	溪禡開二去假	k'a
		擖扴硈		(古)溪月	k'eăt
			(廣)恪八切	溪黠開二入山	k'æt
		楬(樂器)		(古)溪月	k'eăt
			(廣)枯鎋切	溪鎋開二入山	k'at
		洽(和洽)		(古)匣緝	ɣeəp
			(廣)侯夾切	匣洽開二入咸	ɣɐp

		𦚔		(古)溪緝	kʻeəp
			(廣)苦洽切	溪洽開二入咸	kʻɐp
xiā	陰	鰕(蝦)		(古)匣魚	ɣeɑ
			(廣)胡加切	匣麻開二平假	ɣa
		呀(谺呀)谺颬		(古)曉魚	xeɑ
			(廣)許加切	曉麻開二平假	xa
		䖶蝦(鰕)		(古)曉魚	xeɑ
			(集)虛加切	曉麻開二平假	xa
		呷		(古)曉葉	xeăp
			(廣)呼甲切	曉狎開二入咸	xap
xiá	陽	遐鍜霞瑕騢蝦鰕赮		(古)匣魚	ɣeɑ
			(廣)胡加切	匣麻開二平假	ɣa
		叚		(古)匣魚	ɣeɑ
			(集)何加切	匣麻開二平假	ɣa
		暇		(古)匣魚	ɣeɑ
			(廣)胡駕切	匣禡開二去假	ɣa
		黠		(古)匣質	ɣĕt
			(廣)胡八切	匣黠開二入山	ɣæt
		齰		(古)匣質	ɣĕt
			(廣)胡瞎切	匣鎋開二入山	ɣat
		齛		(古)匣物	ɣeət
			(廣)胡八切	匣黠開二入山	ɣæt
		鎋搴轄轄瑋		(古)匣月	ɣeăt
			(廣)胡瞎切	匣鎋開二入山	ɣat
		搳		(古)匣月	ɣeăt

			(集)下瞎切　匣鎋開二入山	ɣat
		洽*(和洽)祫	(古)匣緝	ɣeəp
			(廣)侯夾切　匣洽開二入咸	ɣɐp
		狹陜陿峽硤	(古)匣葉	ɣoăp
			(廣)侯夾切　匣洽開二入咸	ɣɐp
		狎柙匣	(古)匣葉	ɣeăp
			(廣)胡甲切　匣狎開二入咸	ɣap
		挾俠	(古)匣葉	ɣiăp
			(廣)胡頰切　匣帖開四入咸	ɣiep
xiǎ	上	閜	(古)曉歌	xea
			(廣)許下切　曉馬開二上假	xa
xià	去	下(下面)夏(華夏)廈	(古)匣魚	ɣeɑ
			(廣)胡雅切　匣馬開二上假	ɣa
		夏(夏季)下(下降)苄(草)		
			(古)匣魚	ɣeɑ
			(廣)胡駕切　匣禡開二去假	ɣa
		罅唬(虎聲)罅	(古)曉魚	xeɑ
			(廣)呼訝切　曉禡開二去假	xa
		暇*	(古)匣魚	ɣeɑ
			(廣)胡駕切　匣禡開二去假	ɣa

* 所收字右上角加*者是今音的舊讀,下同。

ua（ㄨㄚ）韻

wā	陰	窊	(古)影魚		oɑ
			(廣)烏瓜切	影麻合二平假	wa
		窳(同"窊")汙(地坑)	(古)影魚		oɑ
			(集)烏瓜切	影麻合二平假	wa
		哇洼(深池)窪	(古)影支		ue
			(廣)烏瓜切	影麻合二平假	wa
		溎	(古)影支		ue
			(説)屋瓜切	影麻合二平假	wa
		蛙鼃	(古)影支		ue
			(廣)烏媧切	影佳合二平蟹	wai
		哾(哾嘔)	(古)影支		ue
			(集)於佳切	影佳合二平蟹	wai
		歆穵(挖)	(古)影物		oǝ̆t
			(廣)烏八切	影黠合二入山	wæt
		媧(女媧)	(古)見歌		koa
			(廣)古蛙切	見佳合二平蟹	kwai
wá	陽	娃(貌美)	(古)影支		ue
			(廣)於佳切	影佳合二平蟹	wai
wǎ	上	瓦(已燒土器,屋瓦)	(古)疑歌		ŋoa

			(廣)五寡切	疑馬合二上假	ŋwa
wà	去	瓦(動詞,鋪瓦)	(古)疑歌		ŋoa
			(廣)五化切	疑禡合二去假	ŋwa
		韈韤襪	(古)明月		mĭwăt
			(廣)望發切	明月合三入山	mĭwɐt
		絉(襪)	(古)明月		mĭmăt
			(集)勿發切	明月合三入山	mĭwɐt
		嗢	(古)影物		uət
			(廣)烏没切	影没合一入臻	uət
		聉⿰耳闕	(古)疑物		ŋoət
			(廣)五滑切	疑黠合二入山	ŋwæt
guā	陰	瓜	(古)見魚		koɑ
			(廣)古華切	見麻合二平假	kwa
		劀	(古)見質		kuĕt
			(廣)古滑切	見黠合二入山	kwæt
		騧緺蝸*(蝸牛)	(古)見歌		koa
			(廣)古華切	見麻合二平假	kwa
		苦䯏髺	(古)見月		kuăt
			(廣)古活切	見末合一入山	kuɑt
		刮鴰	(古)見月		koăt
			(廣)古頒切	見鎋合二入山	kwat
guǎ	上	寡	(古)見魚		koɑ
			(廣)古瓦切	見馬合二上假	kwa
		冎(剮)	(古)見歌		koa
			(廣)古瓦切	見馬合二上假	kwa

guà	去	諣(詿)		(古)見支	kue
			(廣)古賣切	見卦合二去蟹	kwai
		卦挂掛罣詿		(古)見魚	koɑ
			(廣)古罵切	見禡合二去假	kwa
		絓		(古)匣支	ɣue
			(廣)胡卦切	匣卦合二去蟹	ɣwai
kuā	陰	誇夸姱侉		(古)溪魚	k'oɑ
			(廣)苦瓜切	溪麻合二平假	k'wa
		侉		(古)溪魚	k'oɑ
			(集)苦瓜切	溪麻合二平假	k'wa
kuà	去	跨胯		(古)溪魚	k'oɑ
			(廣)苦化切	溪禡合二去假	k'wa
		㐄		(古)溪歌	k'oa
			(廣)苦瓦切	溪馬合二上假	k'wa
huā	陰	華("花"本字)		(古)曉魚	xoɑ
			(廣)呼瓜切	曉麻合二平假	xwa
		竵*("歪"本字)		(古)曉支	xue
			(廣)火媧切	曉佳合二平蟹	xwai
huá	陽	華(光華)驊鏵鋘		(古)匣魚	ɣoɑ
			(廣)户花切	匣麻合二平假	ɣwa
		芣(鋘)		(古)匣魚	ɣoɑ
			(集)胡瓜切	匣麻合二平假	ɣwa
		譁		(古)曉魚	xoɑ
			(廣)呼瓜切	曉麻合二平假	xwa
		欻		(古)匣質	ɣuĕt

			(廣)	户八切	匣黠合二入山	ɣwæt
		滑猾螖蝟	(古)	匣物		ɣoə̆t
			(廣)	户八切	匣黠合二入山	ɣwæt
huà	去	摦崋(山名,姓)華(同"崋")				
			(古)	匣魚		ɣoɑ
			(廣)	胡化切	匣禡合二去假	ɣwa
		家	(古)	匣魚		ɣoɑ
			(廣)	胡瓦切	匣馬合二上假	ɣwa
		鱯	(古)	匣鐸		ɣoāk
			(廣)	胡化切	匣禡合二去假	ɣwa
		鮭觟	(古)	匣支		ɣue
			(廣)	胡瓦切	匣馬合二上假	ɣwa
		畫繣	(古)	匣錫		ɣuēk
			(廣)	胡卦切	匣卦合二去假	ɣwai
		劃嫿	(古)	匣錫		ɣwĕk
			(廣)	胡麥切	匣麥合二入梗	ɣwæk
		稞(淨穀)[illegible]巩	(古)	匣歌		ɣoa
			(廣)	胡瓦切	匣馬合二上假	ɣoɑ
		化匕諣傀魤	(古)	曉歌		xoa
			(廣)	呼霸切	曉禡合二去假	xwa
		話	(古)	匣月		ɣoāt
			(廣)	下快切	匣夬合二去蟹	ɣwæi
		咶	(古)	匣月		ɣoăt
			(廣)	下刮切	匣鎋合二入山	ɣwat
zhuā	陰	檛簻[illegible]	(古)	端歌		toa

			（廣）陟瓜切	知麻合二平假	ȶwa
		髽	（古）莊歌		tʃoa
			（廣）莊華切	莊麻合二平假	tʃwa
		篡	（古）初月		tʃ'oăt
			（廣）初刮切	初鎋合二入山	tʃ'wat
shuā	陰	刷（打掃乾淨）	（古）山月		ʃĭwăt
			（廣）所劣切	山薛合三入山	ʃĭwɛt
			（又）數刮切	山鎋合二入山	ʃwat
		㕞（拭也）	（古）山月		ʃĭwăt
			（廣）所劣切	山薛合三入山	ʃĭwɛt

e（ㄜ）韻

ē	陰	阿（大陵）屙痾*（又作“疴”）婀娿			
				（古）影歌	a
			（廣）烏何切	影歌開一平果	ɑ
		盫		（古）影葉	ăp
			（廣）安盍切	影盍開一入咸	ɑp
é	陽	額頟詻		（古）疑鐸	ŋeăk
			（廣）五陌切	疑陌開二入梗	ŋɐk
		莪哦娥峩（峨）鵝俄蛾睋涐誐硪			
				（古）疑歌	ŋa
			（廣）五何切	疑歌開一平果	ŋɑ
		訛譌吪鈋囮		（古）疑歌	ŋua
			（廣）五禾切	疑戈合一平果	ŋuɑ
ě	上	閜		（古）影歌	a
			（廣）烏可切	影哿開一上果	ɑ
è	去	惡（善惡）堊蝁		（古）影鐸	ăk
			（廣）烏各切	影鐸開一入宕	ɑk
		咢愕鄂諤剄蚅遌蕚鍔崿鶚噩堮			
				（古）疑鐸	ŋăk
			（廣）五各切	疑鐸開一入宕	ŋɑk

遻咢鶚		(古)疑鐸	ŋăk
	(集)逆各切	疑鐸開一入宕	ŋɑk
啞(笑聲)		(古)影鐸	ăk
	(廣)於革切	影麥開二入梗	æk
戹厄搤扼(扼)軛阸(阨)呝蚅鈪			
		(古)影錫	ĕk
	(廣)於革切	影麥開二入梗	æk
阨搹扼		(古)影錫	ĕk
	(集)乙革切	影麥開二入梗	æk
餓		(古)疑歌	ŋa
	(廣)五个切	疑箇開一去果	ŋɑ
遏鰨頞堨(土堰)閼(阻塞)			
		(古)影月	ăt
	(廣)烏葛切	影曷開一入山	ɑt
嶭屵櫱不咢歺(歹,去肉殘骨)			
		(古)疑月	ŋăt
	(廣)五割切	疑曷開一入山	ŋɑt
吿(咢)		(古)疑月	ŋăt
	(集)牙葛切	疑曷開一入山	ŋɑt
姶鞥		(古)影緝	ə̆p
	(廣)烏合切	影合開一入咸	ɒp
鞥		(古)影葉	uăp
	(廣)烏合切	影合開一入咸	ɒp
礏		(古)疑葉	ŋuăp
	(廣)五合切	疑合開一入咸	ŋɒp

		瘂	(古)影葉		ăp
			(廣)安盍切	影盍開一入咸	ɑp
gē	陰	胳	(古)見鐸		kăk
			(廣)古落切	見鐸開一入宕	kɑk
		歌謌牁滒哥䮖	(古)見歌		ka
			(廣)古俄切	見歌開一平果	kɑ
		戈	(古)見歌		kua
			(廣)古禾切	見戈合一平果	kuɑ
		割	(古)見月		kăt
			(廣)古達切	見曷開一入山	kɑt
		鴿	(古)見緝		kəp
			(廣)古沓切	見合開一入咸	kɒp
gé	陽	革諽鞆	(古)見職		keək
			(廣)古核切	見麥開二入梗	kæk
		愅挴	(古)見職		keək
			(集)各核切	見麥開二入梗	kæk
		閣	(古)見鐸		kăk
			(廣)古落切	見鐸開一入宕	kɑk
		格佫茖骼觡鵅(一種猫頭鷹)挌峈	(古)見鐸		keăk
			(廣)古伯切	見陌開二入梗	kɐk
		垎	(古)見鐸		keăk
			(集)各頟切	見陌開二入梗	kɐk
		隔膈槅鬲嗝	(古)見錫		kĕk
			(廣)古核切	見麥開二入梗	kæk

		葛(葛布,葛藤)轕(轇轕)			
				(古)見月	kăt
			(廣)古達切	見曷開一入山	kɑt
		閤敆鴿蛤頜榼帢鞈		(古)見緝	kəp
			(廣)古沓切	見合開一入咸	kɒp
		洽(水名)		(古)見緝	kəp
			(集)葛合切	見合開一入咸	kɒp
gě	上	哿舸笴		(古)見歌	ka
			(廣)古我切	見哿開一上果	kɑ
		葛(國名,姓)獦駒匄(給予)鄗			
				(古)見月	kăt
			(廣)古達切	見曷開一入山	kɑt
		合(量名)		(古)見緝	kəp
			(集)葛合切	見合開一入咸	kɒp
		蓋(地名,姓)鉀(鉀鑪)		(古)見葉	kăp
			(廣)古盍切	見盍開一入咸	kɑp
gè	去	各袼		(古)見鐸	kăk
			(廣)古落切	見鐸開一入宕	kɑk
		箇个個		(古)見歌	ka
			(廣)古賀切	見箇開一去果	kɑ
kē	陰	柯		(古)見歌	ka
			(廣)古俄切	見歌開一平果	kɑ
		珂軻		(古)溪歌	k‘a
			(廣)苦何切	溪歌開一平果	k‘ɑ
		苛		(古)匣歌	ɣa

			(廣)胡歌切	匣歌開一平果	ɣɑ
		疴(亦作"痾")	(古)影歌		a
			(廣)烏何切	影歌開一平果	ɑ
			(又)枯駕切	溪禡開二去假	k'a
		科窠薖犐髁	(古)溪歌		k'ua
			(廣)苦禾切	溪戈合一平果	k'uɑ
		顆	(古)溪歌		k'ua
			(廣)苦果切	溪果合一上果	k'uɑ
		榼磕	(古)溪葉		k'ăp
			(廣)苦盍切	溪盍開一入咸	k'ɑp
		礚(同"磕")	(古)溪葉		k'āp
			(集)丘蓋切	溪泰開一去蟹	k'ɑi
ké	陽	㱿*(殼)壳*(殼)	(古)溪屋		k'eŏk
			(廣)苦角切	溪覺開二入江	k'ɔk
kě	上	可坷	(古)溪歌		k'a
			(廣)枯我切	溪哿開一上果	k'ɑ
		敤	(古)溪歌		k'ua
			(廣)苦果切	溪果合一上果	k'uɑ
		渴㵣嵑	(古)溪月		k'ăt
			(廣)苦曷切	溪曷開一入山	k'ɑt
		嶱髶	(古)溪月		k'ăt
			(集)丘葛切	溪曷開一入山	k'ɑt
kè	去	刻克剋勀	(古)溪職		k'ək
			(廣)苦得切	溪德開一入曾	k'ək
		恪愙	(古)溪鐸		k'ɑ̆k

			(廣)苦各切	溪鐸開一入宕	k‘ɑk
		客		(古)溪鐸	k‘eăk
			(廣)苦格切	溪陌開二入梗	k‘ɐk
		礊䰐		(古)溪錫	k‘ĕk
			(廣)楷革切	溪麥開二入梗	k‘æk
		課堁		(古)溪歌	k‘ua
			(廣)苦卧切	溪過合一去果	k‘uɑ
		嗑(嗑嗑)		(古)見葉	kăp
			(廣)古盍切	見盍開一入咸	kɑp
		匼		(古)溪葉	k‘ăp
			(廣)苦盍切	溪盍開一入咸	k‘ɑp
		溘		(古)溪葉	k‘uăp
			(廣)口答切	溪合開一入咸	k‘ɒp
hē	陰	訶呵抲		(古)曉歌	xa
			(廣)虎何切	曉歌開一平果	xɑ
		ㄛ(反“丂”也)		(古)曉歌	xa
			(集)虎何切	曉歌開一平果	xɑ
		欱(喝)		(古)曉緝	xəp
			(廣)呼合切	曉合開一入咸	xɒp
hé	陽	閡(阻礙)		(古)匣職	ɣək
			(集)紇則切	匣德開一入曾	ɣək
		劾		(古)匣職	ɣək
			(廣)胡得切	匣德開一入曾	ɣək
		核		(古)匣職	ɣeək
			(廣)下革切	匣麥開二入梗	ɣæk

涸貈貉(獸名)狢龤	(古)匣鐸		ɣɑ̆k
	(廣)下各切	匣鐸開一入宕	ɣɑk
垎	(古)匣鐸		ɣeɑ̆k
	(廣)胡格切	匣陌開二入梗	ɣɐk
[illegible]States	(古)匣鐸		ɣeɑ̆k
	(廣)下革切	匣麥開二入梗	ɣæk
覈碥翮	(古)匣錫		ɣĕk
	(廣)下革切	匣麥開二入梗	ɣæk
礉	(古)匣錫		ɣĕk
	(集)下革切	匣麥開二入梗	ɣæk
紇齕麧秔	(古)匣物		ɣə̆t
	(廣)下没切	匣没開一入臻	ɣət
何(代詞)河荷(芙蕖)	(古)匣歌		ɣa
	(廣)胡歌切	匣歌開一平果	ɣɑ
渮(水名)	(古)見歌		ka
	(廣)古俄切	見歌開一平果	kɑ
	(集)寒歌切	匣歌開一平果	ɣɑ
禾和(和諧)龢盉	(古)匣歌		ɣua
	(廣)户戈切	匣戈合一平果	ɣuɑ
曷鶡蝎(木中蛀蟲)餲(食品)鶡			
	(古)匣月		ɣăt
	(廣)胡葛切	匣曷開一入山	ɣɑt
害(曷)	(古)匣月		ɣăt
	(集)何葛切	匣曷開一入山	ɣɑt
合(開合)郃迨柗詥	(古)匣緝		ɣə̆p

			（廣）侯閤切	匣合開一入咸	ɣɒp
		匌	（古）匣緝		ɣəp
			（集）曷閤切	匣合開一入咸	ɣɒp
		盍闔嗑（噬嗑）郃	（古）匣葉		ɣăp
			（廣）胡臘切	匣盍開一入咸	ɣɑp
		盇	（古）匣葉		ɣăp
			（集）轄臘切	匣盍開一入咸	ɣɑp
hè	去	臛謞（熇）嗃熇	（古）曉藥		xăuk
			（廣）呵各切	曉鐸開一入宕	xɑk
		鶴雗	（古）匣藥		ɣăuk
			（廣）下各切	匣鐸開一入宕	ɣɑk
		翯睢	（古）匣藥		ɣăuk
			（廣）胡沃切	匣沃合一入通	ɣuok
		壑	（古）曉鐸		xăk
			（廣）呵各切	曉鐸開一入宕	xɑk
		叡	（古）曉鐸		xăk
			（集）黑各切	曉鐸開一入宕	xɑk
		嚯	（古）匣鐸		ɣăk
			（集）曷各切	匣鐸開一入宕	ɣɑk
		赫嚇	（古）曉鐸		xeăk
			（廣）呼格切	曉陌開二入梗	xɐk
		荷（負荷）何（負）	（古）匣歌		ɣa
			（廣）胡可切	匣哿開一上果	ɣɑ
		賀	（古）匣歌		ɣa
			（廣）胡箇切	匣箇開一去果	ɣɑ

		和(跟着唱)	(古)匣歌		ɣua
			(廣)胡卧切	匣過合一去果	ɣuɑ
		喝(恐嚇)	(古)曉月		xǎt
			(廣)許葛切	曉曷開一入山	xɑt
		褐	(古)匣月		ɣǎt
			(廣)胡葛切	匣曷開一入山	xɑt
zhē	陰	遮	(古)章魚		ȶiɑ
			(廣)正奢切	章麻開三平假	tɕĭa
zhé	陽	杔	(古)端職		teə̆k
			(集)陟革切	知麥開二入梗	ȶæk
		磔	(古)端鐸		teɑ̆k
			(廣)陟格切	知陌開二入梗	ȶɐk
		矺乇(草葉也)	(古)端鐸		teɑ̆k
			(集)陟格切	知陌開二入梗	ȶɐk
		謫讁⿰犭易	(古)端錫		tĕk
			(廣)陟革切	知麥開二入梗	ȶæk
		哲悊喆	(古)端月		tiǎt
			(廣)陟列切	知薛開三入山	ȶĭɛt
		轍	(古)定月		dĭăt
			(廣)直列切	澄薛開三入山	ȡĭɛt
		晢晣折(折斷)	(古)章月		ȶĭăt
			(廣)旨熱切	章薛開三入山	tɕĭɛt
		蟄⿰月習	(古)定緝		dĭəp
			(廣)直立切	澄緝開三入侵	ȡĭəp
		慴慹(慹然)摺(摺叠)讋	(古)章緝		ȶiwə̆p

			(廣)之涉切	章葉開三入咸	tɕĭɛp
		讋懾欇襵	(古)章葉		ȶĭăp
			(廣)之涉切	章葉開三入咸	tɕĭɛp
		輒耴[扌耴]鮿帪	(古)端葉		tĭăp
			(廣)陟葉切	知葉開三入咸	ȶĭɛp
		[金耴]	(古)端葉		tĭăp
			(集)陟涉切	知葉開三入咸	ȶĭɛp
		牒	(古)定葉		dĭăp
			(廣)直葉切	澄葉開三入咸	ȡĭɛp
		[尸乏]	(古)定葉		diwăp
			(廣)直立切	澄緝開三入咸	ȡĭəp
zhě	上	者赭	(古)章魚		ȶiɑ
			(廣)章也切	章馬開三上假	tɕĭa
zhè	去	柘樜䗪(蟅)嗻蔗	(古)章鐸		ȶiāk
			(廣)之夜切	章禡開三去假	tɕĭa
		浙	(古)章月		ȶĭăt
			(廣)旨熱切	章薛開三入山	tɕĭɛt
chē	陰	車	(古)昌魚		ȶʻiɑ
			(廣)尺遮切	昌麻開三平假	tɕʻĭa
chě	上	赿	(古)昌鐸		ȶʻiɑ̆k
			(集)齒者切	昌馬開三上假	tɕʻĭa
chè	去	墌(坼)	(古)透鐸		tʻeăk
			(廣)丑格切	徹陌開二入梗	ȶʻɐk
		坼拆*(裂開)	(古)透鐸		tʻeăk
			(集)恥格切	徹陌開二入梗	ȶʻɐk

		屮(草初生)撤䄯徹聅	(古)透月		tʻĭăt
			(廣)丑列切	徹薛開三入山	ȶʻĭɛt
		𠟩	(古)透月		tʻĭăt
			(集)敕列切	徹薛開三入山	ȶʻĭɛt
		澈	(古)定月		dĭăt
			(廣)直列切	澄薛開三入山	ȡĭɛt
		掣	(古)昌月		ȶʻĭăt
			(廣)昌列切	昌薛開三入山	tɕʻĭɛt
		呫(呫囁)儑	(古)昌葉		ȶʻĭăp
			(集)尺涉切	昌葉開三入咸	tɕʻĭɛp
shē	陰	奢賒畬(火耕)	(古)書魚		ɕiɑ
			(廣)式車切	書麻開三平假	ɕĭa
		奓(奢)	(古)書魚		ɕiɑ
			(集)詩車切	書麻開三平假	ɕĭa
shé	陽	鉈	(古)禪歌		ʑia
			(廣)視遮切	禪麻開三平假	ʑĭa
		蛇虵	(古)船歌		ȡia
			(廣)食遮切	船麻開三平假	dʑĭa
		舌蛥	(古)船月		ȡĭăt
			(廣)食列切	船薛開三入山	dʑĭɛt
		揲	(古)船月		dʑĭăt
			(集)食列切	船薛開三入山	dʑĭɛt
		揲	(古)定葉		diăp
			(廣)徒協切	定怗開四入咸	diep
			(又)食列切	船薛開三入山	dʑĭɛt
shě	上	捨舍(捨,放棄)	(古)書魚		ɕiɑ

			(廣)書冶切	書馬開三上假	ɕĭa
shè	去	舍(客舍)騇湤	(古)書魚		ɕiɑ
			(廣)始夜切	書禡開三去假	ɕĭa
		社	(古)禪魚		ʑiɑ
			(廣)常者切	禪馬開三上假	ʑĭa
		赦	(古)書鐸		ɕiɑ̆k
			(廣)始夜切	書禡開三去假	ɕĭa
		射(發射)躾麝	(古)船鐸		ȡiāk
			(廣)神夜切	船禡開三去假	dʑĭa
		設蔎	(古)書月		ɕĭăt
			(廣)識列切	書薛開三入山	ɕĭɛt
		拾(躡足上升)	(古)船緝		ȡiwə̆p
			(集)實欇切	船葉開三入咸	dʑĭɛp
		歙(縣名)	(古)書緝		ɕiwə̆p
			(廣)書涉切	書葉開三入咸	ɕĭɛp
		攝灄葉*(邑名,姓)欇韘	(古)書葉		ɕĭăp
			(廣)書涉切	書葉開三入咸	ɕĭɛp
		涉	(古)禪葉		ʑĭăp
			(廣)時攝切	禪葉開三入咸	ʑĭɛp
rě	上	惹	(古)日鐸		ȵiɑ̄k
			(廣)人者切	日馬開三上假	nʑĭa
rè	去	熱	(古)日月		ȵĭăt
			(廣)如列切	日薛開三入山	nʑĭɛt
zé	陽	則	(古)精職		tsə̆k
			(廣)子德切	精德開一入曾	tsək
		擇澤蠌襗	(古)定鐸		deɑ̆k

			(廣)場伯切	澄陌開二入梗	ȡɐk
		迮笮唶諎	(古)莊鐸		tʃeǎk
			(廣)側伯切	莊陌開二入梗	tʃɐk
		啨措(夾住)柞(伐木)	(古)莊鐸		tʃeǎk
			(集)側格切	莊陌開二入梗	tʃɐk
		咋(大聲)	(古)莊鐸		tʃeǎk
			(廣)側革切	莊麥開二入梗	tʃæk
		齰齚	(古)崇鐸		dʒeǎk
			(廣)鋤陌切	崇陌開二入梗	dʒɐk
		賾嘖(呼聲)	(古)崇錫		dʒěk
			(廣)士革切	崇麥開二入梗	dʒæk
		責簀幘嘖(嘖嘖)讀嫧	(古)莊錫		tʃěk
			(廣)側革切	莊麥開二入梗	tʃæk
		幘	(古)莊錫		tʃěk
			(集)側革切	莊麥開二入梗	tʃæk
zè	去	昃仄萴夨	(古)莊職		tʃĭək
			(廣)阻力切	莊職開三入曾	tʃĭək
		崱	(古)崇職		dʒĭək
			(廣)士力切	崇職開三入曾	dʒĭək
cè	去	廁(廁所)	(古)初職		tʃʻĭək
			(廣)初吏切	初志開三去止	tʃʻĭə
		側	(古)莊職		tʃĭək
			(廣)阻力切	莊職開三入曾	tʃĭək
		廁(側,廁足)	(古)莊職		tʃĭək
			(集)札色切	莊職開三入曾	tʃĭək
		測惻畟塓	(古)初職		tʃʻĭək

			(廣)初力切	初職開三入曾	tʃʻĭək
		堿	(古)清覺		tsʻə̆uk
			(廣)七則切	清德開一入曾	tsʻək
		簎	(古)初鐸		tʃʻeăk
			(廣)測戟切	初陌開二入梗	tʃʻɐk
		稓	(古)初鐸		tʃʻeăk
			(廣)楚革切	初麥開二入梗	tʃʻæk
		策册齰筴冊	(古)初錫		tʃʻĕk
			(廣)楚革切	初麥開二入梗	tʃʻæk
		敇萗	(古)初錫		tʃʻĕk
			(集)測革切	初麥開二入梗	tʃʻæk
		𢕌	(古)初緝		tʃʻĭə̆p
			(廣)初戢切	初緝開三入侵	tʃʻĭəp
sè	去	塞(充塞)𡫸	(古)心職		sə̆k
			(廣)蘇則切	心德開一入曾	sək
		色㱇嗇穡薔(草名)轖濇嬙	(古)山職		ʃĭə̆k
			(廣)所力切	山職開三入曾	ʃĭək
		愬(懼)	(古)山鐸		ʃeăk
			(廣)山責切	山麥開二入梗	ʃæk
		梀涑	(古)山錫		ʃĕk
			(集)色責切	山麥開二入梗	ʃæk
		瑟飋蝨*璱	(古)山質		ʃĕt
			(廣)所櫛切	山櫛開三入臻	ʃĭet
		歰澀鈒	(古)山緝		ʃĭə̆p
			(廣)色立切	山緝開三入深	ʃĭəp

		⿰言翜	(古)山緝	ʃĭəp
			(集)色入切　山緝開三入深	ʃĭəp
dé	陽	德悳(古文"德")得㝵(古文"得")		
			(古)端職	tə̆k
			(廣)多則切　端德開一入曾	tək
tè	去	忒慝貣	(古)透職	tʻə̆k
			(廣)他德切　透德開一入曾	tʻək
		⿱代心	(古)透職	tʻə̆k
			(集)惕德切　透德開一入曾	tʻə̆k
		特螣(害蟲)	(古)定職	də̆k
			(廣)徒得切　定德開一入曾	dək
		犆(特)蟘(螣)	(古)定職	də̆k
			(集)敵德切　定德開一入曾	dək
nè	去	疒⿱殹食	(古)泥錫	nĕk
			(廣)尼戹切　泥麥開二入梗	næk
		訥㕯	(古)泥緝[①]	nuə̆p
			(廣)内骨切　泥没合一入臻	nuət
		吶(訥,語遲鈍)	(古)泥緝	nĭwə̆p
			(廣)女劣切　泥薛合三入山	nĭwɛt
lè	去	勒扐仂艻朸玏泐忇阞	(古)來職	lə̆k
			(廣)盧則切　來德開一入曾	lək
		⿱勒土	(古)來職	lə̆k
			(集)歷德切　來德開一入曾	lək
		樂(快樂)	(古)來藥	lăuk
			(廣)盧各切　來鐸開一入宕	lɑk

① 内聲字原在緝部,有些後來異化,轉入物部,下同。

o（ㄛ）韻

bō	陰	剥(剥開)		(古)幫屋	peŏk
			(廣)北角切	幫覺開二入江	pɔk
		波紴嶓番(番番,勇武貌)碆			
				(古)幫歌	pua
			(廣)博禾切	幫戈合一平果	puɑ
		磻(石箭鏃)		(古)幫歌	pua
			(集)逋禾切	幫戈合一平果	puɑ
		播(播種)		(古)幫歌	pua
			(廣)補過切	幫過合一去果	puɑ
		撥癶袚鳺迖襏		(古)幫月	puăt
			(廣)北末切	幫末合一入山	puɑt
		鱍發(魚躍聲)墢蹳		(古)幫月	puăt
			(集)北末切	幫末合一入山	puɑt
bó	陽	葍僰踣[illegible]St䵗		(古)並職	bĕk
			(廣)蒲北切	並德開一入曾	bək
		襮		(古)幫藥	pŭuk
			(廣)補各切	幫鐸開一入宕	pɑk
		暴		(古)幫藥	pŭuk
			(集)伯各切	幫鐸開一入宕	pɑk

駮駁曝箹爆(爆爍)	(古)幫藥		peăuk
	(廣)北角切	幫覺開二入江	pɔk
瓝瓟	(古)並藥		beăuk
	(廣)蒲角切	並覺開二入江	bɔk
礿犳	(古)並藥		beăuk
	(集)弼角切	並覺開二入江	bɔk
犦	(古)幫藥		păuk
	(廣)博沃切	幫沃合一入通	puok
撲豰(小豬)	(古)並屋		beŏk
	(廣)蒲角切	並覺開二入江	bɔk
博髆搏鎛嚩䪙簙猼䮀轉	(古)幫鐸		pɑ̆k
	(廣)補各切	幫鐸開一入宕	pɑk
泊亳薄(林薄)礴鑮踄	(古)並鐸		bɑ̆k
	(廣)傍各切	並鐸開一入宕	bɑk
怕(淡泊)蒲(蒲姑)	(古)並鐸		bɑ̆k
	(集)白各切	並鐸開一入宕	bɑk
伯	(古)幫鐸		peɑ̆k
	(廣)博陌切	幫陌開二入梗	pɐk
帛鮊	(古)並鐸		beɑ̆k
	(廣)傍陌切	並陌開二入梗	bɐk
欂䒄	(古)並鐸		beɑ̆k
	(廣)弼戟切	並陌開二入梗	bɐk
勃渤馞鵓郣浡敎桲孛(臉變色)艴脖			
	(古)並物		buət̆
	(廣)蒲没切	並没合一入臻	buət

		侼		(古)並物	buǎt
			(集)薄没切	並没合一入臻	buət
		狒		(古)並月	buăt
			(集)薄没切	並没合一入臻	buət
bǒ	上	跛(行不正)簸虓		(古)幫歌	pua
			(廣)布火切	幫果合一上果	puɑ
		播(摇,揚)		(古)幫歌	pua
			(集)補火切	幫果合一上果	puɑ
bò	去	檗擘薜(藥材)蘗		(古)幫錫	pĕk
			(廣)博厄切	幫麥開二入梗	pæk
		播*(播種)譒		(古)幫歌	pua
			(廣)補過切	幫過合一去果	puɑ
pō	陰	頗(頭偏,相當地)坡		(古)滂歌	pʻua
			(廣)滂禾切	滂戈合一平果	pʻuɑ
pó	陽	婆鄱皤繁(姓)		(古)並歌	bua
			(廣)薄波切	並戈合一平果	buɑ
pǒ	上	叵駊		(古)滂歌	pʻua
			(廣)普火切	滂果合一上果	pʻuɑ
pò	去	粕膊(暴露)髆胉蒪蒠		(古)滂鐸	pʻɑ̆k
			(廣)匹各切	滂鐸開一入宕	pʻɑk
		狛霏		(古)滂鐸	pʻɑ̆k
			(集)匹各切	滂鐸開一入宕	pʻɑk
		迫敀		(古)幫鐸	peăk
			(廣)博陌切	幫陌開二入梗	pɐk
		霸(月始生)		(古)滂鐸	pʻeăk

			(集)匹陌切	滂陌開二入梗	pʻɐk
		魄(魂魄)珀洦	(古)滂鐸		pʻeăk
			(廣)普伯切	滂陌開二入梗	pʻɐk
		昢	(古)滂物		pʻuət
			(廣)普没切	滂没合一入臻	pʻuət
		破	(古)滂歌		pʻua
			(廣)普過切	滂過合一去果	pʻuɑ
		鏺抻醱	(古)滂月		pʻuăt
			(廣)普活切	滂末合一入山	pʻuɑt
		朮	(古)滂月		pʻuăt
			(説)普活切	滂末合一入山	pʻuɑt
mó	陽	模橅嫫(䒼)謨	(古)明魚		muɑ
			(廣)莫胡切	明模合一平遇	mu
		摹(規,倣)譕(謨)獏	(古)明魚		muɑ
			(集)蒙晡切	明模合一平遇	mu
		膜	(古)明鐸		mǎk
			(廣)慕各切	明鐸開一入宕	mɑk
		摩髍磨(磨礪)劘	(古)明歌		mua
			(廣)莫婆切	明戈合一平果	muɑ
		麽(細小)	(古)明歌		mua
			(集)眉波切	明戈合一平果	muɑ
mò	去	墨默蠌纆	(古)明職		mǝ̆k
			(廣)莫北切	明德開一入曾	mək
		嘿嚜蟔嫼	(古)明職		mǝ̆k
			(集)密北切	明德開一入曾	mək

莫鄚鏌漠瘼寞嗼殦　(古)明鐸　mǎk

(廣)慕各切　明鐸開一入宕　mɑk

蓦縸　(古)明鐸　mǎk

(集)末各切　明鐸開一入宕　mɑk

陌蓦貘貊驀貃(同"貊",東北部族名)

(古)明鐸　meǎk

(廣)莫白切　明陌開二入梗　mɐk

衇脈覛　(古)明錫　mĕk

(廣)莫獲切　明麥開二入梗　mæk

脈(脈脈)　(古)明錫　mĕk

(集)莫獲切　明麥開二入梗　mæk

没歿玫頞𠬛(𡕝)　(古)明物　muǝ̆t

(廣)莫勃切　明没合一入臻　muǝt

歾圽　(古)明物　muǝ̆t

(集)莫勃切　明没合一入臻　muǝt

𡕝　(古)明物　muǝ̆t

(説)莫勃切　明没合一入臻　muǝt

磨(礳)礳　(古)明歌　mua

(廣)模卧切　明過合一去果　muɑ

末餘秣䬴䁅眜妺瀎(瀎泧)沫

(古)明月　muǎt

(廣)莫撥切　明末合一入山　muɑt

絉(腰巾)　(古)明月　muǎt

(集)莫葛切　明末合一入山　muɑt

uo（ㄨㄛ）韻

wō	陰	倭(倭人)涹踒	(古)影歌[①]		ua
			(廣)烏禾切	影戈合一平果	uɑ
		猧	(古)影歌		ua
			(集)烏禾切	影戈合一平果	uɑ
		蝸(蝸牛)	(古)見歌		koa
			(廣)古華切	見麻合二平假	kwa
wǒ	上	我騀	(古)疑歌		ŋa
			(廣)五可切	疑哿開一上果	ŋɑ
		婐	(古)影歌		ua
			(廣)烏果切	影果合一上果	uɑ
wò	去	鷽	(古)影覺		eǒuk
			(廣)於角切	影覺開二入江	ɔk
		箹	(古)影藥		eăuk
			(廣)於角切	影覺開二入江	ɔk
		沃鋈	(古)影藥		ăuk

① 初版本據《漢語史稿》上册(83 頁)和段玉裁的意見將委聲字列微部。段氏據《詩經》委聲字與微部字(還有元部字)押韻一次,《禮記》有兩次,將委聲和禾聲分在脂、歌兩部。王先生從之,委聲列微部。但委聲字十多個,中古都在支韻,不規則變化過多,宜改列歌部。下同。

			(廣)烏酷切 影沃合一入通	uok
		渥握偓幄楃喔(喔蹻)齷	(古)影屋	eŏk
			(廣)於角切 影覺開二入江	ɔk
		膢*	(古)影鐸	uăk
			(廣)烏郭切 影鐸合一入宕	uɑk
		瓁	(古)疑鐸	ŋuăk
			(廣)五郭切 疑鐸合一入宕	ŋuɑk
		擭(捕取)	(古)影鐸	oăk
			(廣)一虢切 影陌合二入梗	wɐk
		臥(卧)	(古)疑歌	ŋua
			(廣)吾貨切 疑過合一去果	ŋuɑ
		斡(旋轉)捾瞀眍	(古)影月	uăt
			(廣)烏括切 影末合一入山	uɑt
guō	陰	郭崞墎(墎端)	(古)見鐸	kuăk
			(廣)古博切 見鐸合一入宕	kuɑk
		過(地名)渦(水名)鍋(車釭)楇濄鬴	(古)見歌	kua
			(廣)古禾切 見戈合一平果	kuɑ
		濄	(古)見歌	kua
			(集)古禾切 見戈合一平果	kuɑ
		活(活活,水流聲)聒	(古)見月	kuăt
			(廣)古活切 見末合一入山	kuɑt
guó	陽	國	(古)見職	kuək
			(廣)古或切 見德合一入曾	kuək
		蟈馘聝膕	(古)見職	koək

			(廣)古獲切	見麥合二入梗	kwæk
		餲	(古)見職		koək̆
			(集)古獲切	見麥合二入梗	kwæk
		虢漷	(古)見鐸		koăk
			(廣)古伯切	見陌合二入梗	kwɐk
guǒ	上	椁槨	(古)見鐸		kuăk
			(廣)古博切	見鐸合一入宕	kuɑk
		果菓粿鍋裹蜾	(古)見歌		kua
			(廣)古火切	見果合一上果	kuɑ
		淉蠣(蜾)	(古)見歌		kua
			(集)古火切	見果合一上果	kuɑ
guò	去	過(經過)	(古)見歌		kua
			(廣)古卧切	見過合一去果	kuɑ
kuò	去	廓鞹漷	(古)溪鐸		k'uăk
			(廣)苦郭切	溪鐸合一入宕	k'uɑk
		鞟彍彉擴	(古)溪鐸		k'uăk
			(集)闊鑊切	溪鐸合一入宕	k'uɑk
		括髻栝适銛(銽)頢懖葀	(古)見月		kuăt
			(廣)古活切	見末合一入山	kuɑt
		昏栝甜	(古)見月		kuăt
			(集)古活切	見末合一入山	kuɑt
		闊蛞	(古)溪月		k'uăt
			(廣)苦栝切	溪末合一入山	k'uɑt
huó	陽	活祐髻佸秳姡	(古)匣月		ɣuăt
			(廣)户括切	匣末合一入山	ɣuɑt

huǒ	上	火邩	(古)曉微		xuəi
			(廣)呼果切	曉果合一上果	xuɑ
		夥(多)	(古)匣歌		ɣua
			(廣)胡果切	匣果合一上果	ɣuɑ
huò	去	或惑[illegible]	(古)匣職		ɣuək
			(廣)胡國切	匣德合一入曾	ɣuək
		壑* 蠚曤	(古)曉鐸		xăk
			(廣)呵各切	曉鐸開一入宕	xɑk
		臒蠖(尺蠖)	(古)影鐸		uăk
			(廣)烏郭切	影鐸合一入宕	uɑk
		霍靃霩[illegible]藿濩	(古)曉鐸		xuăk
			(廣)虛郭切	曉鐸合一入宕	xuɑk
		藿	(古)曉鐸		xuăk
			(集)忽郭切	曉鐸合一入宕	xuɑk
		臛	(古)曉鐸		xuăk
			(廣)火酷切	曉沃合一入通	xuok
		穫鑊濩(煮也)檴擭(捕獸器)			
			(古)匣鐸		ɣuăk
			(廣)胡郭切	匣鐸合一入宕	ɣuɑk
		獲韄	(古)匣鐸		ɣoăk
			(廣)胡麥切	匣麥合二入梗	ɣwæk
		捇	(古)曉鐸		xoăk
			(廣)呼麥切	曉麥合二入梗	xwæk
		嚄	(古)匣鐸		ɣoăk
			(廣)胡伯切	匣陌合二入梗	ɣwɐk

		蒦	(古)匣鐸		ɣoǎk
			(集)胡陌切	匣陌合二入梗	ɣwɐk
		謋	(古)曉鐸		xoǎk
			(廣)虎伯切	曉陌合二入梗	xwɐk
		矆	(古)曉鐸		xǐwǎk
			(廣)許縛切	曉藥合三入宕	xǐwak
		騞	(古)曉錫		xoěk
			(集)霍虢切	曉陌合二入梗	xwɐk
		禍𣩂	(古)匣歌		ɣua
			(廣)胡果切	匣果合一上果	ɣuɑ
		貨	(古)曉歌		xua
			(廣)呼臥切	曉過合一去果	xuɑ
		䴹	(古)匣歌		ɣoa
			(廣)胡瓦切	匣馬合二上假	ɣwa
		豁(開闊)䗫濊(濊濊)濊泧(泧泧)眓			
			(古)曉月		xuǎt
			(廣)呼括切	曉末合一入山	xuɑt
zhuō	陰	卓倬	(古)端藥		teǎuk
			(廣)竹角切	知覺開二入江	ȶɔk
		穛糕穱	(古)莊藥		tʃeǎuk
			(廣)側角切	莊覺開二入江	tʃɔk
		涿(地名)	(古)端屋		teǒk
			(廣)竹角切	知覺開二入江	ȶɔk
		捉	(古)莊屋		tʃeǒk
			(廣)側角切	莊覺開二入江	tʃɔk

		拙		(古)章物	ȶĭwət
			(廣)職悅切	章薛合三入山	tɕĭwɛt
		棁(梁上短柱)		(古)章月	ȶĭwăt
			(廣)職悅切	章薛合三入山	tɕĭwɛt
		棳		(古)章月	ȶĭwăt
			(集)朱劣切	章薛合三入山	tɕĭwɛt
zhuó	陽	穛啅		(古)端藥	teăuk
			(廣)竹角切	知覺開二入江	ȶɔk
		擢濯鸐嬥翟蠗		(古)定藥	deăuk
			(廣)直角切	澄覺開二入江	ȡɔk
		丵灂汋(激水聲)		(古)崇藥	dʒeăuk
			(廣)士角切	崇覺開二入江	dʒɔk
		灼勺(取)酌繳(弓繳)焯穛斮祥			
				(古)章藥	ȶĭăuk
			(廣)之若切	章藥開三入宕	tɕĭak
		斲諑椓琢啄斀噣斵		(古)端屋	teŏk
			(廣)竹角切	知覺開二入江	ȶɔk
		㪿㧻		(古)端屋	teŏk
			(集)竹角切	知覺開二入江	ȶɔk
		濁鐲鸀		(古)定屋	deŏk
			(廣)直角切	澄覺開二入江	ȡɔk
		蠋(足跡)		(古)定屋	deŏk
			(集)直角切	澄覺開二入江	ȡɔk
		浞鷟捔(刺取)		(古)崇屋	dʒeŏk
			(廣)士角切	崇覺開二入江	dʒɔk

		⿰爿角	(古)崇屋		dʒeŏk
			(集)仕角切	崇覺開二入江	dʒɔk
		⿱竹靃籗	(古)端鐸		teăk
			(集)竹角切	知覺開二入江	ȶɔk
		著(附着)磭櫡(斫類工具)			
			(古)端鐸		tiăk
			(廣)張略切	知藥開三入宕	ȶĭak
		斮	(古)莊鐸		tʃĭăk
			(廣)側略切	莊藥開三入宕	tʃĭak
		斫	(古)章鐸		ȶĭăk
			(廣)之若切	章藥開三入宕	tɕĭak
		茁	(古)莊物		tʃĭwə̆t
			(廣)側劣切	莊薛合三入山	tʃĭwɛt
		炪⿰出頁	(古)章物		ȶĭwə̆t
			(廣)職悅切	章薛合三入山	tɕĭwɛt
		窡⿱穴⿱叕口娺	(古)端月		toăt
			(廣)丁滑切	知黠合二入山	ȶwæt
		⿱穴⿱叕女	(古)端月		toăt
			(集)張滑切	知黠合二入山	ȶwæt
chuō	陰	㲋⿱㲋大	(古)透藥		tʻĭăuk
			(廣)丑略切	徹藥開三入宕	ȶʻĭak
		逴趠踔	(古)透藥		tʻeăuk
			(廣)敕角切	徹覺開二入江	ȶʻɔk
chuò	去	綽婥	(古)昌藥		ȶʻĭăuk
			(廣)昌約切	昌藥開三入宕	tɕʻĭak

汋(汋約) (古)昌藥 ȶʻĭăuk
(集)尺約切 昌藥開三入宕 tɕʻĭak
娖婌擉齪 (古)初屋 tʃʻeŏk
(廣)測角切 初覺開二入江 tʃʻɔk
婼辵 (古)透鐸 tʻĭɑ̆k
(廣)丑略切 徹藥開三入宕 ȶʻĭak
輟惙罬腏醊叕 (古)端月 tĭwăt
(廣)陟劣切 知薛合三入山 ȶĭwɛt
歠啜 (古)昌月 ȶʻĭwăt
(廣)昌悅切 昌薛合三入山 tɕʻĭwɛt

shuō 陰 說(陳說,言論) (古)書月 ɕĭwăt
(廣)失爇切 書薛合三入山 ɕĭwɛt

shuò 去 稍箾揱 (古)山藥 ʃeăuk
(廣)所角切 山覺開二入江 ʃɔk
爍鑠 (古)書藥 ɕĭăuk
(廣)書藥切 書藥開三入宕 ɕĭak
妁芍*(芍藥) (古)禪藥 ʑĭăuk
(廣)市若切 禪藥開三入宕 ʑĭak
欶嗽(吮吸)數(多次,頻)(古)山屋 ʃeŏk
(廣)所角切 山覺開二入江 ʃɔk
朔 (古)山鐸 ʃeɑ̆k
(廣)所角切 山覺開二入江 ʃɔk
獡 (古)書鐸 ɕĭɑ̆k
(廣)書藥切 書藥開三入宕 ɕĭak
碩(大) (古)禪鐸 ʑĭɑ̆k

			(廣)常隻切	禪昔開三入梗	ʑĭɛk
ruò	去	弱蒻溺(水名)䐞	(古)日藥		ȵĭăuk
			(廣)而灼切	日藥開三入宕	nʑĭak
		若鄀箬惹(誣)叒	(古)日鐸		ȵĭɑ̆k
			(廣)而灼切	日藥開三入宕	nʑĭak
		渃	(古)日鐸		ȵĭɑ̆k
			(集)日灼切	日藥開三入宕	nʑĭak
		爇焫(同"爇")㨎	(古)日月		ȵĭwăt
			(廣)如劣切	日薛合三入山	nʑĭwɛt
zuó	陽	昨莋筰秨	(古)從鐸		dzɑ̆k
			(廣)在各切	從鐸開一入宕	dzɑk
zuǒ	上	左尪𠂇(左手)	(古)精歌		tsa
			(廣)臧可切	精哿開一上果	tsɑ
zuò	去	糳	(古)精藥		tsăuk
			(廣)則落切	精鐸開一入宕	tsɑk
		鑿*	(古)從藥		dzăuk
			(廣)在各切	從鐸開一入宕	dzɑk
		䖤	(古)從魚		dzuɑ
			(廣)昨誤切	從暮合一去遇	dzu
		作	(古)精鐸		tsɑ̆k
			(廣)則落切	精鐸開一入宕	tsɑk
		酢(酬酢)怍柞砟	(古)從鐸		dzɑ̆k
			(廣)在各切	從鐸開一入宕	dzɑk
		醋(客酌主人)㤰	(古)從鐸		dzɑ̆k
			(集)疾各切	從鐸開一入宕	dzɑk

		祚胙阼飵	(古)從鐸	dzāk
		(廣)昨誤切	從暮合一去遇	dzu
		佐	(古)精歌	tsa
		(廣)則箇切	精箇開一去果	tsɑ
		坐(坐立)㘸(古文"坐")	(古)從歌	dzua
		(廣)徂果切	從果合一上果	dzuɑ
		座坐(坐位,坐罪)	(古)從歌	dzua
		(廣)徂卧切	從過合一去果	dzuɑ
		挫(提起)	(古)從歌	dzua
		(集)徂卧切	從過合一去果	dzuɑ
cuō	陰	蹉瑳搓磋	(古)清歌	ts'a
		(廣)七何切	清歌開一平果	ts'ɑ
		撮	(古)清月	ts'uăt
		(廣)倉括切	清末合一入山	ts'uɑt
cuó	陽	鄌蘆虘	(古)從魚	dzɑ
		(廣)昨何切	從歌開一平果	daɑ
		睉痤鹺嵯(嵳)𪁉鹾髪	(古)從歌	dza
		(廣)昨何切	從歌開一平果	dzɑ
		痤矬睉	(古)從歌	dzua
		(廣)昨禾切	從戈合一平果	dzuɑ
cuǒ	上	脞	(古)清歌	ts'ua
		(廣)倉果切	清果合一上果	ts'uɑ
cuò	去	錯(塗嵌)遣剒	(古)清鐸	ts'ăk
		(廣)倉各切	清鐸開一入宕	ts'ɑk
		厝措(安放)錯(措置)	(古)清鐸	ts'āk

			(廣)倉故切	清暮合一去遇	tsʻu
		摧(鍘草)	(古)清微		tsʻuəi
			(集)寸卧切	清過合一去果	tsʻuɑ
		挫(摧折)侳	(古)精歌		tsua
			(廣)則卧切	精過合一去果	tsuɑ
		莝	(古)精歌		tsua
			(集)祖卧切	精過合一去果	tsuɑ
		剉莝銼	(古)清歌		tsʻua
			(廣)麤卧切	清過合一去果	tsʻuɑ
suō	陰	縮摍	(古)山覺		ʃĭəuk
			(廣)所六切	山屋合三入通	ʃĭuk
		蓑(草名,蓑衣)	(古)心微		suəi
			(廣)蘇禾切	心戈合一平果	suɑ
		衰(草雨衣)	(古)心微		suəi
			(集)蘇禾切	心戈合一平果	suɑ
		娑傞	(古)心歌		sa
			(廣)素何切	心歌開一平果	sɑ
		莎(草名)趖莏	(古)心歌		sua
			(廣)蘇禾切	心戈合一平果	suɑ
		沙(沙劘;撫摩)	(古)心歌		sua
			(集)蘇禾切	心戈合一平果	suɑ
		潡	(古)心月		suăt
			(集)先活切	心末合一入山	suɑt
suǒ	上	所(處所,代詞,連詞)	(古)山魚		ʃĭɑ
			(廣)踈舉切	山語開三上遇	ʃĭo

		索溹⿰革索		(古)心鐸	sǎk
			(廣)蘇各切	心鐸開一入宕	sɑk
		索⿰石索		(古)山鐸	ʃeǎk
			(廣)山戟切	山陌開二入梗	ʃɐk
		⿰扌索		(古)山鐸	ʃeǎk
			(集)色窄切	山陌開二入梗	ʃɐk
		葰(葰人,縣名)		(古)心微	suəi
			(廣)蘇果切	心果合一上果	suɑ
		鎖瑣溑䫜惢𧴪		(古)心歌	sua
			(廣)蘇果切	心果合一上果	suɑ
suò	去	些(語氣詞)		(古)心歌	sa
			(廣)蘇箇切	心箇開一去果	sɑ
		䐝		(古)心歌	sua
			(廣)先臥切	心過合一去果	suɑ
duō	陰	咄		(古)端物	tuǎt
			(廣)當没切	端没合一入臻	tuət
		多		(古)端歌	ta
			(廣)得何切	端歌開一平果	tɑ
duó	陽	鐸剫度(揣度)踱(跮踱)頊		(古)定鐸	dǎk
			(廣)徒落切	定鐸開一入宕	dɑk
		掇剟鵽		(古)端月	tuǎt
			(廣)丁括切	端末合一入山	tuɑt
		奪敓痥鮵		(古)定月	duǎt
			(廣)徒活切	定末合一入山	duɑt

duǒ	上	嚲	(古)端歌		ta
			(廣)丁可切	端哿開一上果	tɑ
		奲	(古)端歌		ta
			(集)典可切	端哿開一上果	tɑ
		埵鬌(小兒留髮)朵	(古)端歌		tua
			(廣)丁果切	端果合一上果	tuɑ
		椯垛	(古)端歌		tua
			(集)都果切	端果合一上果	tuɑ
duò	去	柮	(古)端物		tuə̆t
			(廣)當没切	端没合一入臻	tuət
		柁陊	(古)定歌		da
			(廣)徒可切	定哿開一上果	dɑ
		墮(落)憜惰嫷鰖隓	(古)定歌		dua
			(廣)徒果切	定果合一上果	duɑ
		鐳	(古)定歌		dua
			(集)杜果切	定果合一上果	duɑ
		媣	(古)端歌		tua
			(廣)都唾切	端過合一去果	tuɑ
		媠褙	(古)定歌		dua
			(廣)徒卧切	定過合一去果	duɑ
tuō	陰	託魠馲侂飥	(古)透鐸		tʻăk
			(廣)他各切	透鐸開一入宕	tʻɑk
		佗*(非我,别的)拕(拖)它*痑	(古)透歌		tʻa
			(廣)託何切	透歌開一平果	tʻɑ

		拖拕	(古)透歌		t‘a
			(集)湯何切	透戈開一平果	t‘ɑ
		涶	(古)透歌		t‘ua
			(廣)土禾切	透戈合一平果	t‘uɑ
		侻挩(解脱)脱莌梲(木杖)			
			(古)透月		t‘uăt
			(廣)他括切	透末合一入山	t‘uɑt
tuó	陽	駝鼉紽鮀陀驒(青馬)沱跎詑(欺)酡袉𩊠佗(加)			
			(古)定歌		da
			(廣)徒河切	定歌開一平果	dɑ
		鼉陁訑(欺)	(古)定歌		da
			(集)唐何切	定戈開一平果	dɑ
tuǒ	上	妥隋(裂肉)橢	(古)透歌		t‘ua
			(廣)他果切	透果合一上果	t‘uɑ
tuò	去	臬	(古)透藥		t‘ăuk
			(集)闥各切	透鐸開一入宕	t‘ɑk
		祏橐(口袋)籜榜(柝)欜拓(開拓)蘀魄(落魄)沰			
			(古)透鐸		t‘ăk
			(廣)他各切	透鐸開一入宕	t‘ɑk
		柝跅	(古)透鐸		t‘ăk
			(集)闥各切	透鐸開一入宕	t‘ɑk
		唾毻	(古)透歌		t‘ua
			(廣)湯卧切	透過合一去果	t‘uɑ
nuó	陽	捼	(古)泥歌		nua
			(廣)奴禾切	泥戈合一平果	nuɑ

		那(多也)儺𩴾		(古)泥歌	na
			(廣)諾何切	泥歌開一平果	nɑ
		難(盛也)		(古)泥歌	na
			(集)囊何切	泥戈開一平果	nɑ
		挼		(古)泥歌	nua
			(集)奴禾切	泥戈合一平果	nuɑ
nuǒ	上	姬		(古)泥歌	nua
			(廣)奴果切	泥果合一上果	nuɑ
nuò	去	搦𣪠(觡)		(古)泥藥	neăuk
			(廣)女角切	泥覺開二入江	nɔk
		諾		(古)泥鐸	năk
			(廣)奴各切	泥鐸開一入宕	nɑk
		愞(懦)稬		(古)泥歌	nua
			(廣)乃卧切	泥過合一去果	nuɑ
		偄		(古)泥歌	nua
			(集)奴卧切	泥過合一去果	nuɑ
luō	陰	捋		(古)來月	luăt
			(廣)郎括切	來末合一入山	luɑt
luó	陽	騾贏螺蠃(螺)鏍覼		(古)來歌	lua
			(廣)落戈切	來戈合一平果	luɑ
		覶		(古)來歌	lua
			(集)盧戈切	來戈合一平果	luɑ
		羅蘿籮		(古)來歌	la
			(廣)魯何切	來歌開一平果	lɑ
luǒ	上	峈		(古)來陽	lɑŋ

			(廣)來可切	來哿開一上果	lɑ
		砢	(古)來歌		la
			(廣)來可切	來哿開一上果	lɑ
		裸躶瘰臝蓏蠃(蜾蠃)	(古)來歌		lua
			(廣)郎果切	來果合一上果	luɑ
		倮臝	(古)來歌		lua
			(集)魯果切	來果合一上果	luɑ
luò	去	犖	(古)來藥		leăuk
			(廣)吕角切	來覺開二入江	lɔk
		鸈濼(水名)	(古)來藥		lăuk
			(廣)盧各切	來鐸開一入宕	lɑk
		落絡烙洛珞酪*(乳酪)雒箈硌駱鞜鉻(鬎)鮥雒鵅略			
			(古)來鐸		lăk
			(廣)盧各切	來鐸開一入宕	lɑk
		槖(槖駞)落	(古)來鐸		lăk
			(集)歷各切	來鐸開一入宕	lɑk
		臝𦅼𣩵	(古)來歌		lua
			(廣)魯過切	來過合一去果	luɑ

ie（丨せ）韻

yē	陰	噎蠮咽(聲塞)	(古)影質		iĕt
			(廣)烏結切	影屑開四入山	iet
		餲(噎)	(古)影質		iĕt
			(集)一結切	影屑開四入山	iet
yé	陽	邪(語氣詞)耶鋣茒	(古)餘魚		ʎiɑ
			(廣)以遮切	餘麻開三平假	jĭa
		鎁枒(椰)	(古)餘魚		ʎiɑ
			(集)余遮切	餘麻開三平假	jĭa
yě	上	野壄冶	(古)餘魚		ʎiɑ
			(廣)羊者切	餘馬開三上假	jĭa
		埜	(古)餘魚		ʎiɑ
			(集)以者切	餘馬開三上假	jĭa
		也	(古)餘歌		ʎia
			(廣)羊者切	餘馬開三上假	jĭa
yè	去	夜鵺	(古)餘鐸		ʎiāk
			(廣)羊謝切	餘禡開三去假	jĭa
		腋掖被液	(古)餘鐸		ʎiăk
			(廣)羊益切	餘昔開三入梗	jĭɛk
		暍(嘶)	(古)影月		eāt

	(廣)於犗切	影夬開二去蟹	æi
謁暍⿸广曷		(古)影月	ĭăt
	(廣)於歇切	影月開三入山	ĭɐt
焆(煙氣)		(古)影月	ĭăt
	(廣)於列切	影薛開三入山	ĭɛt
抴		(古)餘月	ʎĭăt
	(廣)羊列切	餘薛開三入山	jĭɛt
拽		(古)餘月	ʎĭăt
	(集)羊列切	餘薛開三入山	jĭɛt
厭靨		(古)影葉	ĭăp
	(廣)於葉切	影葉開三入咸	ĭɛp
擫(壓)		(古)影葉	ĭăp
	(集)益涉切	影葉開三入咸	ĭɛp
殗		(古)影葉	iwăp
	(廣)於業切	影業開三入咸	ĭɐp
曄饁爗(燁)皣		(古)匣葉	ɣĭăp
	(廣)筠輒切	雲葉開三入咸	ɣĭɛp
葉(葉子)楪擛鍱枼篥		(古)餘葉	ʎĭăp
	(廣)與涉切	餘葉開三入咸	jĭɛp
偞		(古)餘葉	ʎĭăp
	(集)與涉切	餘葉開三入咸	jĭɛp
葉(邑名,姓)		(古)書葉	ɕĭăp
	(廣)書涉切	書葉開三入咸	ɕĭɛp
業鄴嶪		(古)疑葉	ŋiwăp
	(廣)魚怯切	疑業開三入咸	ŋĭɐp

jiē	陰	痎		(古)見之	keə
			(廣)古諧切	見皆開二平蟹	kɐi
		謯(謯娽)		(古)精魚	tsiɑ
			(廣)子邪切	精麻開三平假	tsĭa
		街		(古)見支	ke
			(廣)古膎切	見佳開二平蟹	kai
		皆偕* 稭喈階腊楷(木名)鶛湝(水勢大)			
				(古)見脂	kei
			(廣)古諧切	見皆開二平蟹	kɐi
		嚌(嚌嚌)		(古)見脂	kei
			(集)居諧切	見皆開二平蟹	kɐi
		鴶秸		(古)見質	kĕt
			(廣)古黠切	見黠開二入山	kæt
		嗟差髊		(古)精歌	tsia
			(廣)子邪切	精麻開三平假	tsĭa
		揭(舉)		(古)見月	kĭăt
			(廣)居竭切	見月開三入山	kĭɐt
		担(揭,担撟)偈(疾速)		(古)溪月	k‘ĭăt
			(集)丘傑切	溪薛開三入山	k‘ĭɛt
		接椄(椄接花木)婕		(古)精葉	tsĭăp
			(廣)即葉切	精葉開三入咸	tsĭɛp
		緁		(古)精葉	tsĭăp
			(集)即涉切	精葉開三入咸	tsĭɛp
jié	陽	劼		(古)溪質	k‘ĕt
			(廣)恪八切	溪黠開二入山	k‘æt

詰(問也)蛣	(古)溪質	k'ĭĕt
	(廣)去吉切　溪質開三入臻	k'ĭĕt
結桔(桔梗)袺拮(拮据)亰		
	(古)見質	kiĕt
	(廣)古屑切　見屑開四入山	kiet
節卩蝍楶岊	(古)精質	tsiĕt
	(廣)子結切　精屑開四入山	tsiet
扻	(古)精質	tsiĕt
	(集)子結切　精屑開四入山	tsiet
孑釨[illegible]	(古)見月	kĭăt
	(廣)居列切　見薛開三入山	kĭɛt
訐[illegible]羯	(古)見月	kĭăt
	(廣)居竭切　見月開三入山	kĭɐt
傑桀碣榤偈(勇武)渴(水涸)		
	(古)羣月	gĭăt
	(廣)渠列切　羣薛開三入山	gĭɛt
竭楬(小木椿)	(古)羣月	gĭăt
	(廣)其謁切　羣月開三入山	gĭɐt
絜(清潔)潔[illegible][illegible]魝	(古)見月	kiăt
	(廣)古屑切　見屑開四入山	kiet
蠽[illegible]	(古)精月	tsĭăt
	(廣)姊列切　精薛開三入山	tsĭɛt
[illegible]	(古)精月	tsiăt
	(廣)子結切　精屑開四入山	tsiet
截(截)	(古)從月	dziăt

			(廣)昨結切	從屑開四入山	dziet
		衱	(古)羣緝		giwə̆p
			(廣)其輒切	羣葉開三入咸	gĭɛp
		拾(更替)	(古)羣緝		giwə̆p
			(集)極業切	羣業開三入咸	gĭɐp
		緁	(古)從緝		dziwə̆p
			(廣)疾葉切	從葉開三入咸	dzĭɛp
		崨	(古)從緝		dziwə̆p
			(集)疾葉切	從葉開三入咸	dzĭɛp
		劫鉣	(古)見葉		kiwăp
			(廣)居怯切	見業開三入咸	kĭɐp
		睫睞萎	(古)精葉		tsĭăp
			(廣)即葉切	精葉開三入咸	tsĭɛp
		捷(勝利)疌寁倢婕	(古)從葉		dzĭăp
			(廣)疾葉切	從葉開三入咸	dzĭɛp
		椄(椄槢)	(古)從葉		dzĭăp
			(集)疾葉切	從葉開三入咸	dzĭɛp
jiě	上	姐(母)	(古)精魚		tsiɑ
			(廣)兹野切	精馬開三上假	tsĭa
		解(分解)薢	(古)見錫		kēk
			(廣)佳買切	見蟹開二上蟹	kai
jiè	去	誡戒悈(警戒)	(古)見職		keə̄k
			(廣)古拜切	見怪開二去蟹	kɐi
		借	(古)精鐸		tsiɑ̄k
			(廣)子夜切	精禡開三去假	tsĭa

		藉(草墊,憑借)	(古)從鐸	dziāk
			(廣)慈夜切　從禡開三去假	dzĭa
		解*(除)繲*廨*	(古)見錫	kēk
			(廣)古隘切　見卦開二去蟹	kai
		屆	(古)見質	kēt
			(廣)古拜切　見怪開二去蟹	kɐi
		界介疥玠尬价(善也)髫鴧芥衸丯騛		
			(古)見月	keāt
			(廣)古拜切　見怪開二去蟹	kɐi
		犗	(古)見月	keāt
			(廣)古喝切　見夬開二去蟹	kæi
		夰蚧	(古)見月	keāt
			(集)居拜切　見怪開二去蟹	kɐi
		挾(達也)	(古)精葉	tsiap
			(集)即協切　精帖開四入咸	tsiep
qiē	陰	切(切開,切斷)	(古)清質	ts'iĕt
			(廣)千結切　清屑開四入山	ts'iet
qié	陽	伽(同"茄")茄(茄子)	(古)羣歌	gĭa
			(廣)求迦切　羣戈開三平果	gĭɑ
qiě	上	且(而且,尚且)	(古)清魚	ts'iɑ
			(廣)七也切　清馬開三上假	ts'ĭa
qiè	去	切(切近)龤竊	(古)清質	ts'i ĕt
			(廣)千結切　清屑開四入山	ts'iet
		漆(漆漆,恭敬)	(古)清質	ts'i ĕt
			(集)千結切　清屑開四入山	ts'iet

		朅藒	(古)溪月		k'ĭăt
			(廣)丘竭切	溪薛開三入山	k'ĭɐt
		挈契(契闊)鍥	(古)溪月		k'iăt
			(廣)苦結切	溪屑開四入山	k'iet
		緝鏶	(古)清緝		tsiwəp
			(廣)七接切	清葉開三入咸	ts'ĭɛp
		怯�祛	(古)溪葉		k'iwăp
			(廣)去劫切	溪業開三入咸	k'ĭɐp
		妾緁淁鯜踥	(古)清葉		ts'ĭăp
			(廣)七接切	清葉開三入咸	ts'ĭɛp
		捷(捷捷)唼(唼佞)	(古)清葉		ts'ĭăp
			(集)七接切	清葉開三入咸	ts'ĭɛp
		愜悘疦匧篋悏婡	(古)溪葉		k'iăp
			(廣)苦協切	溪帖開四入咸	k'iep
		慊(滿足)	(古)溪葉		k'iăp
			(集)詰叶切	溪帖開四入咸	k'iep
xiē	陰	俙(訟也)	(古)曉微		xeəi
			(廣)喜皆切	曉皆開二平蟹	xɐi
		歇猲	(古)曉月		xĭăt
			(廣)許竭切	曉月開三入山	xĭɐt
		楔	(古)心月		siăt
			(廣)先結切	心屑開四入山	siet
xié	陽	衺斜邪(不正也)	(古)邪魚		ziɑ
			(廣)似嗟切	邪麻開三平假	zĭa
		慀膎鞵(鞋)	(古)匣支		ɣe

（廣）户佳切　匣佳開二平蟹　ɣai

攜𢥠讗欈盻　（古）匣支　ɣiwe

（廣）户圭切　匣齊合四平蟹　ɣiwei

偕　（古）見脂　kei

（廣）古諧切　見皆開二平蟹　kɐi

諧𩣡瑎湝（寒）䶒　（古）匣脂　ɣei

（廣）户皆切　匣皆開二平蟹　ɣɐi

擷頡頁（人頭）襭奊　（古）匣質　ɣiět

（廣）胡結切　匣屑開四入山　ɣiet

桔（桔柣，鄭門名）　（古）匣質　ɣiět

（集）奚結切　匣屑開四入山　ɣiet

絜（約束也）　（古）匣月　ɣiăt

（廣）胡結切　匣屑開四入山　ɣiet

麜　（古）匣月　ɣiăt

（集）奚結切　匣屑開四入山　ɣiet

脋歙嗋搚　（古）曉葉　xiwăp

（廣）虚業切　曉業開三入咸　xĭɐp

魼　（古）曉葉　xiwăp

（集）迄業切　曉業開三入咸　xiwɐp

協叶（古文“協”）勰綊挾（夾持）劦

（古）匣葉　ɣiăp

（廣）胡頰切　匣帖開四入咸　ɣiep

叶（協）恊　（古）匣葉　ɣiăp

（集）檄頰切　匣帖開四入咸　ɣiep

xiě　上　𩞅　（古）心魚　siɑ

			(廣)悉姐切	心馬開三上假	sĭa
		寫		(古)心鐸	siɑ̄k
			(廣)悉姐切	心馬開三上假	sĭa
		蕮		(古)心鐸	siɑ̄k
			(集)洗野切	心馬開三上假	sĭa
xiè	去	械		(古)匣職	ɣeə̄k
			(廣)胡介切	匣怪開二去蟹	ɣɐi
		卸		(古)心魚	siɑ
			(廣)司夜切	心禡開三去假	sĭa
		瀉		(古)心鐸	siɑ̄k
			(廣)司夜切	心禡開三去假	sĭa
		謝榭謝		(古)邪鐸	ziɑ̄k
			(廣)辝夜切	邪禡開三去假	zĭa
		奃		(古)曉支	xe
			(集)許介切	曉怪開二去蟹	xɐi
		蟹解(姓,地名,怠)獬澥嶰廨			
				(古)匣錫	ɣēk
			(廣)胡買切	匣蟹開二上蟹	ɣai
		邂解(曲解)		(古)匣錫	ɣēk
			(廣)胡懈切	匣卦開二去蟹	ɣai
		懈(懈怠)解(除)繲廨		(古)見錫	kēk
			(廣)古隘切	見卦開二去蟹	kai
		齂屓		(古)曉質	xēt
			(廣)許介切	曉怪開二去蟹	xɐi
		糏		(古)心質	sĭĕt

	(廣)私列切	心薛開三入山	sĭɛt
𤢖	(古)匣質		ɣiĕt
	(集)奚結切	匣屑開四入山	ɣiet
屑榍	(古)心質		siĕt
	(廣)先結切	心屑開四入山	siet
屑𢕟	(古)心質		siĕt
	(集)先結切	心屑開四入山	siet
灺	(古)邪歌		zia
	(廣)徐野切	邪馬開三上假	zĭa
噧㤎	(古)曉月		xeāt
	(廣)許介切	曉怪開二去蟹	xɐi
韰薤齘閉瀣	(古)匣月		ɣeāt
	(廣)胡介切	匣怪開二去蟹	ɣɐi
娎	(古)曉月		xĭăt
	(廣)許列切	曉薛開三入山	xĭɛt
紲褻泄禼(人名)齛暬絬			
	(古)心月		sĭăt
	(廣)私列切	心薛開三入山	sĭɛt
絏偰契(人名)洩槷	(古)心月		sĭăt
	(集)私列切	心薛開三入山	sĭɛt
䩑	(古)曉月		xiăt
	(廣)虎結切	曉屑開四入山	xiet
緤渫(除去)媟	(古)心葉[①]		sĭăp

① 枼聲字原在葉部，有些字後來轉入月部，下同。

(廣)私列切　心薛開三入山　sĭɛt

燮屧躞瓊燮　(古)心葉　siăp

(廣)蘇協切　心帖開四入咸　siep

偞　(古)曉葉　xiăp

(廣)呼牒切　曉帖開四入咸　xiep

diē　陰　跌　(古)定質　diĕt

(廣)徒結切　定屑開四入山　diet

dié　陽　眣昳胅垤耊迭跌* 絰瓞咥(咬也)或苵瓞駃荎詄

(古)定質　diĕt

(廣)徒結切　定屑開四入山　diet

瓞跮柣(桔柣)　(古)定質　diĕt

(集)徒結切　定屑開四入山　diet

墆(欠積)　(古)定月　diăt

(廣)徒結切　定屑開四入山　diet

褺氎褶(夾衣)　(古)定緝　diəp

(廣)徒協切　定帖開四入咸　diep

鰈　(古)透葉　t‘ăp

(廣)吐盍切　透盍開一入咸　t‘ɑp

殜　(古)定葉　dĭăp

(廣)直葉切　澄葉開三入咸　ɖĭɛp

牒喋蹀諜堞疊曡(叠)褋惵(古)定葉　diăp

(廣)徒協切　定帖開四入咸　diep

渫(渫渫)蜨(蝶)　(古)定葉　diăp

(集)達協切　定帖開四入咸　diep

tiē　陰　聑　(古)端葉　tiăp

			(廣)丁愜切	端帖開四入咸	tiep
		怗(平定)帖(妥帖)	(古)透葉		t'ĭap
			(廣)他協切	透帖開四入咸	t'iep
tiě	上	鐵蛈驖	(古)透質		t'ĭĕt
			(廣)他結切	透屑開四入山	t'iet
		帖(文告)鞊跕	(古)透葉		t'ĭap
			(廣)他協切	透帖開四入咸	t'iep
tiè	去	餮飻	(古)透質		t'ĭĕt
			(廣)他結切	透屑開四入山	t'iet
		帖(書簽)呫(嘗)	(古)透葉		t'ĭap
			(廣)他協切	透帖開四入咸	t'iep
niè	去	涅苶	(古)泥質		niĕt
			(廣)奴結切	泥屑開四入山	niet
		枿	(古)疑物		ŋət
			(廣)五割切	疑曷開一入山	ŋɑt
		孼(孽)糵讞蠥闑钀櫱(蘖)轙	(古)疑月		ŋĭăt
			(廣)魚列切	疑薛開三入山	ŋĭɛt
		孽蘖堨(門墻)	(古)疑月		ŋĭăt
			(集)魚列切	疑薛開三入山	ŋĭɛt
		齧槷(門橛)臬峊鵝隉巘	(古)疑月		ŋiăt
			(廣)五結切	疑屑開四入山	ŋiet
		鼿	(古)疑月		ŋiăt
			(説)五結切	疑屑開四入山	ŋiet
		摰	(古)疑月		ŋiăt

			(集)倪結切 疑屑開四入山	ŋiet
		図	(古)泥緝	neə̆p
			(廣)女洽切 泥洽開二入咸	nɐp
		敜	(古)泥緝	niə̆p
			(廣)奴協切 泥帖開四入咸	niep
		聶躡鑷elcome夽籋踂䑋聿	(古)泥葉	nĭăp
			(廣)尼輒切 泥葉開三入咸	nĭɛp
		讘顳嵒(多言)囁	(古)日葉	ȵĭăp
			(廣)而涉切 日葉開三入咸	nʑĭɛp
		聑	(古)日葉	ȵĭăp
			(集)日涉切 日葉開三入咸	nʑĭɛp
liè	去	列迾蛚颲烈洌冽裂茢颲鴷栵鴷㽟䅀		
			(古)來月	lĭăt
			(廣)良薛切 來薛開三入山	lĭɛt
		劣埒鋝脟(脅肉)浖蛶桴	(古)來月	lĭwăt
			(廣)力輟切 來薛合三入山	lĭwɛt
		寽	(古)來月	lĭwăt
			(集)龍輟切 來薛合三入山	lĭwɛt
		獵鬣躐擸儠犣甀邋鬛	(古)來葉	lĭăp
			(廣)良涉切 來葉開三入咸	lĭɛp
biē	陰	鼈憋鷩	(古)幫月	pĭăt
			(廣)并列切 幫薛開三入山	pĭɛt
		鱉虌蟞	(古)幫月	pĭăt
			(集)必列切 幫薛開三入山	pĭɛt
bié	陽	咇(咇茀)柲	(古)並質	bĭĕt

			(廣)蒲結切	並屑開四入山	biet
		莂别(分别)	(古)幫月		pĭăt
			(廣)方别切	幫薛開三入山	pĭɛt
		别(離别)	(古)並月		bĭăt
			(廣)皮列切	並薛開三入山	bĭɛt
		蹩蛂襒蟞	(古)並月		biăt
			(廣)蒲結切	並屑開四入山	biet
		徶(徶循)	(古)並月		biăt
			(集)蒲結切	並屑開四入山	biet
piē	陰	潎(潎洌)	(古)滂月		p‘ĭăt
			(廣)芳滅切	滂薛開三入山	p‘ĭɛt
		瞥嫳鐅	(古)滂月		p‘iăt
			(廣)普蔑切	滂屑開四入山	p‘iet
piě	上	撆(擊)撇丿	(古)滂月		p‘iăt
			(廣)普蔑切	滂屑開四入山	p‘iet
miè	去	覕	(古)明質		miĕt
			(廣)莫結切	明屑開四入山	miet
		滅搣	(古)明月		mĭăt
			(廣)亡列切	明薛開三入山	mĭɛt
		蔑懱䁾蠛篾幭鱴𡾰莧穫瀎(瀎潏)	(古)明月		miăt
			(廣)莫結切	明屑開四入山	miet
		䁾苜(目不正)	(古)明月		miăt
			(集)莫結切	明屑開四入山	miet

üe（ㄩㄝ）韻

yuē	陰	約葯(草名,即白芷)	(古)影藥		ĭăuk
			(廣)於略切	影藥開三入宕	ĭak
		曰	(古)匣月		ɣĭwăt
			(廣)王伐切	雲月合三入山	ɣĭwɐt
		㝔暗窫	(古)影月		iwăt
			(廣)於決切	影屑合四入山	iwet
yuě	上	噦(乾嘔)	(古)影月		ĭwăt
			(廣)於月切	影月合三入山	ĭwɐt
		甈	(古)影月		ĭwăt
			(集)於月切	影月合三入山	ĭwɐt
yuè	去	躍礿禴龠鑰鬻瀹爚籥葯芦籥趯闟			
			(古)餘藥		ʎĭăuk
			(廣)以灼切	餘藥開三入宕	jĭak
		趯(踊)	(古)餘藥		ʎĭăuk
			(集)弋灼切	餘藥開三入宕	jĭak
		樂(音樂)箹	(古)疑藥		ŋeăuk
			(廣)五角切	疑覺開二入江	ŋɔk
		嶽岳鸑頢	(古)疑屋		ŋeŏk
			(廣)五角切	疑覺開二入江	ŋɔk

		蠖	(古)影鐸		ĭwɑ̆k
			(集)蠖縛切	影藥合三入宕	ĭwak
		籰篗	(古)匣鐸		ɣĭwɑ̆k
			(廣)王縛切	雲藥合三入宕	ɣĭwak
		越𨒅粵戉鉞絨樾娍	(古)匣月		ɣĭwăt
			(廣)王伐切	雲月合三入山	ɣĭwɐt
		跋(輕)	(古)匣月		ɣĭwăt
			(集)王伐切	雲月合三入山	ɣĭwɐt
		妜	(古)影月		ĭwăt
			(廣)於悦切	影薛合三入山	ĭwɛt
		悦説(喜)閲	(古)餘月		ʎĭwăt
			(廣)弋雪切	餘薛合三入山	jĭwɛt
		兑(兑命)[illegible]womaN	(古)餘月		ʎĭwăt
			(集)欲雪切	餘薛合三入山	jĭwɛt
		月刖跀䟇軏抈	(古)疑月		ŋĭwăt
			(廣)魚厥切	疑月合三入山	ŋĭwɐt
		軏(軓)玥	(古)疑月		ŋĭwăt
			(集)魚厥切	疑月合三入山	ŋĭwɐt
juē	陰	嗟*	(古)精歌		tsia
			(廣)子邪切	精麻開三平假	tsĭa
jué	陽	覺(覺悟)梏(直)	(古)見覺		keə̆uk
			(廣)古岳切	見覺開二入江	kɔk
		覺(睡醒)	(古)見覺		keə̄uk
			(廣)古孝切	見效開二去效	kau
		較(車較也)較	(古)見藥		keăuk

	(廣)古岳切	見覺開二入江	kɔk
蹻(草鞋)屩	(古)見藥		kĭăuk
	(廣)居勺切	見藥開三入宕	kĭak
爵爝	(古)精藥		tsĭăuk
	(廣)即略切	精藥開三入宕	tsĭak
角*桷珏㱿捔	(古)見屋		keŏk
	(廣)古岳切	見覺開二入江	kɔk
腳*脚*	(古)見鐸		kĭɑ̆k
	(廣)居勺切	見藥開三入宕	kĭak
𧤼	(古)見鐸		kĭɑ̆k
	(集)訖約切	見藥開三入宕	kĭak
噱㕁蟩谷(口上阿)臄	(古)羣鐸		gĭɑ̆k
	(廣)其虐切	羣藥開三入宕	gĭak
玃貜趯钁攫矍彏躩	(古)見鐸		kĭwɑ̆k
	(廣)居縛切	見藥合三入宕	kĭwak
欔	(古)見鐸		kĭwɑ̆k
	(集)厥縛切	見藥合三入宕	kĭwak
潏(水涌出)譎觼鐍憰	(古)見質		kiwĕt
	(廣)古穴切	見屑合四入山	kiwet
泬(潏,水名)僪	(古)見質		kiwĕt
	(集)古穴切	見屑合四入山	kiwet
屈(窮)鷗趉剧	(古)見物		kĭwə̆t
	(廣)九勿切	見物合三入臻	kĭwət
倔崛裾掘	(古)羣物		gĭwə̆t
	(廣)衢物切	羣物合三入臻	gĭwət

		厥𠳐蹶(跌倒)[illegible]San瘚劂蕨蟨㵐撅鱖(鱖歸,小魚)孓𠄌		
			(古)見月	kǐwăt
			(廣)居月切　見月合三入山	kǐwɐt
		䙠嶡	(古)見月	kǐwăt
			(集)居月切　見月合三入山	kǐwɐt
		鱖鷢橛撅(拔起)蟨亅	(古)羣月	gǐwăt
			(廣)其月切　羣月合三入山	gǐwɐt
		蕝	(古)精月	tsǐwăt
			(廣)子悦切　精薛合三入山	tsǐwɛt
		絶	(古)從月	dzǐwăt
			(廣)情雪切　從薛合三入山	dzǐwɛt
		𢇍	(古)從月	dzǐwăt
			(集)情雪切　從薛合三入山	dzǐwɛt
		玦觖訣駃芵赽鴂鈌臭決(決斷)觖疦蚗趹肤抉		
			(古)見月	kiwăt
			(廣)古穴切　見屑合四入山	kiwet
		陜鱊	(古)見月	kiwăt
			(集)古穴切　見屑合四入山	kiwet
quē	陰	闕(缺失,姓)	(古)溪月	k'ǐwăt
			(廣)去月切　溪月合三入山	k'ǐwɐt
		缺蒛	(古)溪月	k'ǐwăt
			(廣)傾雪切　溪薛合三入山	k'ǐwɛt
		鞅	(古)溪月	k'ǐwăt
			(集)傾雪切　溪薛合三入山	k'ǐwɛt
què	去	礐硞	(古)溪覺	k'eəuk

	(廣)苦角切	溪覺開二入江	kʻɔk
榷	(古)見藥		keăuk
	(廣)古岳切	見覺開二入江	kɔk
搉確塙	(古)溪藥		kʻeăuk
	(廣)苦角切	溪覺開二入江	kʻɔk
潅	(古)溪藥		kʻeăuk
	(集)克角切	溪覺開二入江	kʻɔk
雀	(古)精藥		tsĭăuk
	(廣)即略切	精藥開三入宕	tsĭak
愨殻(儉薄)埆	(古)溪屋		kʻeŏk
	(廣)苦角切	溪覺開二入江	kʻɔk
确(埆)	(古)匣屋		ɣeŏk
	(廣)胡覺切	匣覺開二入江	ɣɔk
	(集)克角切	溪覺開二入江	kʻɔk
恪*	(古)溪鐸		kʻăk
	(廣)苦各切	溪鐸開一入宕	kʻɑk
卻	(古)溪鐸		kʻĭăk
	(廣)去約切	溪藥開三入宕	kʻĭak
鵲誰舄(鳥名,即"鵲")趞碏誥	(古)清鐸		tsʻĭăk
	(廣)七雀切	清藥開三入宕	tsʻĭak
闋	(古)溪質		kʻiwĕt
	(廣)苦穴切	溪屑合四入山	kʻiwet
闕(宮闕)	(古)溪月		kʻĭwăt
	(廣)去月切	溪月合三入山	kĭwɐt

xuē	陰	削(用刀削)	(古)心藥		siǎuk
			(廣)息約切	心藥開三入宕	sĭak
		鞾(靴)	(古)曉魚		xĭwɑ
			(廣)許肥切	曉戈合三平果	xĭuɑ
		薛辪幓孼	(古)心月		sĭăt
			(廣)私列切	心薛開三入山	sĭɛt
		辥躃	(古)心月		sĭăt
			(集)私列切	心薛開三入山	sĭɛt
xué	陽	學鷽皋嶨	(古)匣覺		ɣeǒuk
			(廣)胡覺切	匣覺開二入江	ɣɔk
xuě	上	雪霻	(古)心月		sĭwăt
			(廣)相絶切	心薛合三入山	sĭwɛt
xuè	去	澩	(古)曉藥		xeǎuk
			(集)黑角切	曉覺開二入江	xɔk
		謔	(古)曉藥		xĭǎuk
			(廣)虛約切	曉藥開三入宕	xĭak
		戄	(古)曉鐸		xĭwǎk
			(廣)許縛切	曉藥合三入宕	xĭwak
		血寈泬(泬寥)瞲盐	(古)曉質		xiwĕt
			(廣)呼決切	曉屑合四入山	xiwet
		穴絨袕	(古)匣質		ɣiwĕt
			(廣)胡決切	匣屑合四入山	ɣiwet
		颰	(古)曉物		xĭwət
			(廣)許劣切	曉薛合三入山	xĭwɛt
		旻威吷	(古)曉月		xĭwăt

			(廣)許劣切 曉薛合三入山	xĭwɛt
		狘	(古)曉月	xĭwăt
			(廣)許月切 曉月合三入山	xĭwɐt
		決(快疾貌)	(古)曉月	xiwăt
			(廣)呼決切 曉屑合四入山	xiwet
nüè	去	虐瘧	(古)疑藥	ŋĭăuk
			(廣)魚約切 疑藥開三入宕	ŋĭak
lüè	去	略䂮蛶	(古)來鐸	lĭɑk
			(廣)離灼切 來藥開三入宕	lĭak
		掠	(古)來陽	lĭɑŋ
			(廣)力讓切 來漾開三去宕	lĭaŋ
			(又)離灼切 來藥開三入宕	lĭak
		擽(擊)	(古)來藥	lĭăuk
			(廣)離灼切 來藥開三入宕	lĭak

i（ㄓ）韻

zhī	陰	之芝㞢	（古）章之		ȶĭə
			（廣）止而切	章之開三平止	tɕĭə
		戠織	（古）章職		ȶĭək
			（廣）之翼切	章職開三入曾	tɕĭək
		隻	（古）章鐸		ȶiɑ̆k
			（廣）之石切	章昔開三入梗	tɕĭɛk
		知鼅鼄蜘䵹（鼊）	（古）端支		tĭe
			（廣）陟離切	知支開三平止	ȶĭe
		支汥巵梔枝祇* 肢胑鼓氏（月氏）疷敍鳷雉	（古）章支		ȶĭe
			（廣）章移切	章支開三平止	tɕĭe
		秖（只）	（古）章支		ȶĭe
			（集）章移切	章支開三平止	tɕĭe
		胝（胼胝）秖（穀始熟，只）	（古）端脂		tĭei
			（廣）丁尼切	知脂開三平止	ȶi
		榰	（古）章脂		ȶĭei
			（廣）章移切	章支開三平止	tɕĭe
		脂祗（敬）鴲泜（水名）蘵	（古）章脂		ȶĭei

			(廣)旨夷切	章脂開三平止	tɕi
		汁(液)	(古)章緝		ȶĭəp
			(廣)之入切	章緝開三入咸	tɕĭəp
zhí	陽	值	(古)定職		dĭək
			(廣)直吏切	澄志開三去止	ȡĭə
		稙	(古)端職		tĭək
			(廣)竹力切	知職開三入曾	ȶĭək
		直犆(緣飾)膱	(古)定職		dĭək
			(廣)除力切	澄職開三入曾	ȡĭək
		職膱蟙蘵樴	(古)章職		ȶĭək
			(廣)之翼切	章職開三入曾	tɕĭək
		殖植埴	(古)禪職		ʑĭək
			(廣)常職切	禪職開三入曾	ʑĭək
		摭蹠跖	(古)章鐸		ȶĭɑk
			(廣)之石切	章昔開三入梗	tɕĭɛk
		躑蹢	(古)定錫		dĭek
			(廣)直炙切	澄昔開三入梗	ȡĭɛk
		姪	(古)定質		dĭet
			(廣)直一切	澄質開三入臻	ȡĭet
		齜	(古)崇物		dʒʻĭət
			(廣)仕叱切	崇質開三入臻	dʒʻĭet
		縶	(古)端緝		tĭəp
			(廣)陟立切	知緝開三入深	ȶĭəp
		馽	(古)端緝		tĭəp
			(集)陟立切	知緝開三入深	ȶĭəp

蟄* (古)定緝 dĭəp

(廣)直立切 澄緝開三入深 ȡĭəp

執慹(畏懼) (古)章緝 ȶĭəp

(廣)之入切 章緝開三入深 tɕĭəp

zhǐ 上 ⿰豈支 (古)端之 tĭə

(廣)豬几切 知旨開三上止 ȶi

徵(五音之一) (古)端之 tĭə

(廣)陟里切 知止開三上止 ȶĭə

祉 (古)透之 tʻĭə

(廣)敕里切 徹止開三上止 ȶʻĭə

止沚茝(香草)趾址阯芷 (古)章之 ȶĭə

(廣)諸市切 章止開三上止 tɕĭə

祇(只) (古)章支 ȶĭe

(廣)章移切 章支開三平止 tɕĭe

紙只坻軹枳咫抵坻(浮土)泜抧積⿰馬只

(古)章支 ȶĭe

(廣)諸氏切 章紙開三上止 tɕĭe

黹夂(從後至) (古)端脂 tĭei

(廣)豬几切 知旨開三上止 ȶi

⿰衤黹 (古)端脂 tĭei

(集)展几切 知旨開三上止 ȶi

旨指恉⿰目旨厎 (古)章脂 ȶĭei

(廣)職雉切 章旨開三上止 tɕi

zhì 去 滍 (古)定之 dĭə

(廣)直几切 澄旨開三上止 ȡi

峙(具)跱峙痔洔畤庤	(古)定之	dĭə
	(廣)直里切　澄止開三上止	ȡĭə
偫	(古)定之	dĭə
	(集)丈里切　澄止開三上止	ȡĭə
治	(古)定之	dĭə
	(廣)直吏切　澄志開三去止	ȡĭə
志	(古)章之	ȶĭə
	(廣)職吏切　章志開三去止	tɕĭə
置	(古)端職	tĭək
	(廣)陟吏切　知志開三去止	ȶĭə
織(采帛)識(記,記號)	(古)章職	ȶĭək
	(廣)職吏切　章志開三去止	tɕĭə
幟	(古)昌職	ȶʻĭək
	(廣)昌志切　昌志開三去止	tɕʻĭə
	(集)職吏切　章志開三去止	tɕ ĭə
陟	(古)端職	tĭək
	(廣)竹力切　知職開三入曾	ȶĭək
騭	(古)章職	tĭək
	(集)竹力切　知職開三入曾	ȶĭət
炙拓(拾)	(古)章鐸	ȶĭɑk
	(廣)之石切　章昔開三入梗	tɕĭɛk
智	(古)端支	tĭe
	(廣)知義切　知寘開三去止	ȶĭe
知(智)	(古)端支	tĭe
	(集)知義切　知寘開三去止	ȶĭe

豸踶(踶跂)觽廌		(古)定支	dĭe
	(廣)池爾切	澄紙開三上止	ȡĭe
忮觶伿		(古)章支	ȶĭe
	(廣)支義切	章寘開三去止	tɕĭe
觗		(古)章支	ȶĭe
	(集)支義切	章寘開三去止	tɕĭe
擿(擲,搔)蹢(蹢躅)		(古)定錫	dĭēk
	(廣)直炙切	澄昔開三入梗	ȡĭɛk
寘		(古)章脂	ȶĭei
	(廣)支義切	章寘開三去止	tɕĭe
雉		(古)定脂	dĭei
	(廣)直几切	澄旨開三上止	ȡi
稚遅(遲,待)稺擿		(古)定脂	dĭei
	(廣)直利切	澄至開三去止	ȡi
穉(稺,幼)		(古)定脂	dĭei
	(集)陳尼切	澄脂開三平止	ȡi
鞊		(古)章脂	ȶĭei
	(廣)脂利切	章至開三去止	tɕi
致懫疐躓輊懥摯質(交質)騺			
		(古)端質	tĭēt
	(廣)陟利切	知至開三去止	ȶi
緻		(古)定質	dĭēt
	(廣)直利切	澄至開三去止	ȡi
鬬		(古)定質	dĭēt
	(集)直利切	澄至開三去止	ȡi

至	(古)章質		ȶĭēt
	(廣)脂利切	章至開三去止	tɕi
窒庢銍挃蛭遷蛭	(古)端質		tĭĕt
	(廣)陟栗切	知質開三入臻	ȶĭĕt
秩紩帙袠柣(門檻)翐鶨戴			
	(古)定質		dĭĕt
	(廣)直一切	澄質開三入臻	ȡĭĕt
趃戴	(古)定質		dĭĕt
	(集)直質切	澄質開三入臻	ȡĭĕt
櫛楖瀄喞	(古)莊質		tʃĕt
	(廣)阻瑟切	莊櫛開三入臻	tʃĭet
質(本質)晊郅桎蛭鑕�礩侄(堅)			
	(古)章質		ȶĭĕt
	(廣)之日切	章質開三入臻	tɕĭĕt
杝(劈)阤	(古)定歌		dĭa
	(廣)池爾切	澄紙開三上止	ȡĭe
贄墊	(古)章月		ȶĭāt
	(廣)脂利切	章至開三去止	tɕi
滯彘璏茵	(古)定月		dĭɑ̄t
	(廣)直例切	澄祭開三去蟹	ȡĭɛi
制製猘迣	(古)章月		ȶĭāt
	(廣)征例切	章祭開三去蟹	tɕĭɛi
狾瘈	(古)章月		ȶĭāt
	(集)征例切	章祭開三去蟹	tɕĭɛi
輊鷙	(古)端緝		tĭə̄p

			（廣）陟利切	知至開三去止	ȶi
		摯贄鷙[illegible]	（古）章緝		ȶĭəp
			（廣）脂利切	章至開三去止	tɕi
chī	陰	癡齝笞	（古）透之		tʻĭə
			（廣）丑之切	徹之開三平止	ȶʻĭə
		蚩嗤媸[illegible]	（古）昌之		ȶʻĭə
			（廣）赤之切	昌之開三平止	tɕʻĭə
		鴟胵	（古）昌脂		ȶʻĭei
			（廣）處脂切	昌脂開三平止	tɕʻi
		絺郗	（古）透微		tʻiəi
			（廣）丑飢切	徹脂開三平止	ȶʻi
		吃（口吃）	（古）見物		kĭət
			（廣）居乞切	見迄開三入臻	kĭət
		摛螭魑离	（古）透歌		tʻĭa
			（廣）丑知切	徹支開三平止	ȶʻĭe
		攡瞝	（古）透歌		tʻĭa
			（集）抽知切	徹支開三平止	ȶʻĭe
		眵	（古）昌歌		ȶʻĭa
			（廣）叱支切	昌支開三平止	tɕʻĭe
chí	陽	治（古水名）持	（古）定之		dĭə
			（廣）直之切	澄之開三平止	ȡĭə
		峙（峙躇）	（古）定之		dĭə
			（集）陳知切	澄支開三平止	ȡĭe
		茬	（古）崇之		dʒĭə
			（廣）士之切	崇之開三平止	dʒĭə

		漦	(古)崇之		dʒĭə
			(廣)俟甾切	崇之開三平止	dʒĭə
		篪鷈踟傂褫	(古)定支		dĭe
			(廣)直離切	澄支開三平止	ȡĭe
		匙莛眡	(古)禪支		ʑĭe
			(廣)是支切	禪支開三平止	ʑĭe
		墀坻泜遲(徐)遅蚳謘貾	(古)定脂		dĭei
			(廣)直尼切	澄脂開三平止	ȡi
		汖(同坻)穉*	(古)定脂		dĭei
			(集)陳尼切	澄脂開三平止	ȡi
		馳趍池	(古)定歌		dĭa
			(廣)直離切	澄支開三平止	ȡĭe
		箈拸	(古)定歌		dĭa
			(集)陳知切	澄支開三平止	ȡĭe
		弛	(古)書歌		ɕĭa
			(廣)施是切	書紙開三上止	ɕĭe
		弛	(古)書歌		ɕĭa
			(集)賞是切	書紙開三上止	ɕĭe
chǐ	上	恥	(古)透之		t'ĭə
			(廣)敕里切	徹止開三上止	ȶ'ĭə
		齒	(古)昌之		ȶ'ĭə
			(廣)昌里切	昌止開三上止	tɕ'ĭə
		尺蚇	(古)昌鐸		ȶ'iăk
			(廣)昌石切	昌昔開三入梗	tɕ'ĭɛk
		褫	(古)透支		t'ĭe

			(廣)敕里切	徹止開三上止	ȶʻĭə
		豙(豕也)	(古)昌支		ȶʻĭe
			(廣)尺氏切	昌紙開三上止	tɕʻĭe
		豉枝	(古)禪支		ʑĭe
			(廣)是義切	禪寘開三去止	ʑĭe
		扡(析)胣	(古)透歌		tʻĭa
			(集)丑豸切	徹紙開三上止	ȶʻĭe
		侈姼(美)鉹誃(離別)㢋垑⿰火多移袲恀哆			
			(古)昌歌		ȶʻĭa
			(廣)尺氏切	昌紙開三上止	tɕʻĭe
chì	去	眙誺(不知)	(古)透之		tʻĭə
			(廣)丑吏切	徹志開三去止	ȶʻĭə
		饎糦	(古)昌之		ȶʻĭə
			(廣)昌志切	昌志開三去止	tɕʻĭə
		敕飭淔趩伬	(古)透職		tʻĭək
			(廣)恥力切	徹職開三入曾	ȶʻĭək
		勅(敕)瀷(瀷減)	(古)透職		tʻĭək
			(集)蓄力切	徹職開三入曾	ȶʻĭək
		熾	(古)昌職		ȶʻĭək
			(廣)昌志切	昌志開三去止	tɕʻĭə
		彳	(古)透鐸		tʻĭăk
			(廣)丑亦切	徹昔開三入梗	ȶʻĭɛk
		赤㡿斥	(古)昌鐸		ȶʻĭăk
			(廣)昌石切	昌昔開三入梗	tɕʻĭɛk
		翅翄𦐊翨	(古)書支		ɕĭe

(廣)施智切 書寘開三去止 ɕĭe

啻 (古)書錫 ɕĭēk

(廣)施智切 書寘開三去止 ɕĭe

屎 (古)透脂 tʻiei

(廣)丑利切 徹至開三去止 ȶʻi

墊 (古)透質 ȶʻĭēt

(廣)丑利切 徹至開三去止 tʻi

叱 (古)昌質 ȶʻĭĕt

(廣)昌栗切 昌質開三入臻 tɕʻĭĕt

魅 (古)透質 ȶʻĭēt

(廣)丑吏切 徹志開三去止 tʻĭə

抶 (古)透質 tʻĭĕt

(廣)丑栗切 徹質開三入臻 ȶʻĭĕt

痓 (古)昌質 ȶʻĭēt

(廣)充自切 昌至開三去止 tɕʻi

剢 (古)初質 tʃʻĭĕt

(廣)初栗切 初質開三入臻 tʃʻĭĕt

姼 (古)書歌 ɕĭa

(廣)施智切 書寘開三去止 ɕĭe

趩傺跇 (古)透月 tʻĭāt

(廣)丑例切 徹祭開三去蟹 ȶʻĭɛi

瘛(瘈)瀃瘌瘳愭 (古)昌月 ȶʻĭāt

(廣)尺制切 昌祭開三去蟹 tɕʻĭɛi

湁 (古)透緝 tʻĭəp

(廣)丑入切 徹緝開三入深 ȶʻĭəp

		⿰土㬎(低窪地)	(古)透緝		t'ĭəp
			(集)勑立切	徹緝開三入深	ȶ'ĭəp
shī	陰	詩邿	(古)書之		ɕĭə
			(廣)書之切	書之開三平止	ɕĭə
		釃(濾酒)	(古)山支		ʃĭe
			(廣)所宜切	山支開三平止	ʃĭe
		籭	(古)山支		ʃĭe
			(集)山宜切	山支開三平止	ʃĭe
		纚䍦	(古)書支		ɕĭe
			(廣)式支切	書支開三平止	ɕĭe
		師獅	(古)山脂		ʃĭei
			(廣)疏夷切	山脂開三平止	ʃi
		尸鳲屍蓍	(古)書脂		ɕĭei
			(廣)式脂切	書脂開三平止	ɕi
		蝨	(古)山質		ʃĕt
			(廣)所櫛切	山櫛開三入臻	ʃĭet
		失	(古)書質		ɕĭĕt
			(廣)式質切	書質開三入臻	ɕĭĕt
		施(施行)葹⿰也見鍦⿱施虫⿰也攵	(古)書歌		ɕĭa
			(廣)式支切	書支開三平止	ɕĭe
		溼濕(潮溼)	(古)書緝		ɕĭəp
			(廣)失入切	書緝開三入深	ɕĭəp
shí	陽	時旹塒⿰鬲寺榯蒔(蒔蘿)	(古)禪之		ʑĭə
			(廣)市之切	禪之開三平止	ʑĭə
		食蝕	(古)船職		ȡĭək

			(廣)乘力切	船職開三入曾	dʑĭək
		識(認識,見解)	(古)書職		ɕĭə̆k
			(廣)賞職切	書職開三入曾	ɕĭək
		石碩*(大)祏柘鼫	(古)禪鐸		ʑiɑ̆k
			(廣)常隻切	禪昔開三入梗	ʑĭɛk
		提(提提,羣飛貌)箟	(古)禪支		ʑĭe
			(廣)是支切	禪支開三平止	ʑĭe
		示(姓)	(古)禪支		ʑĭe
			(集)市之切	禪之開三平止	ʑĭə
		寔湜	(古)禪錫		ʑĭĕk
			(廣)常職切	禪職開三入曾	ȡĭət
		實	(古)船質		ȡĭĕt
			(廣)神質切	船質開三入臻	dʑĭĕt
		姼(母姼)	(古)禪歌		ʑĭa
			(廣)是支切	禪支開三平止	ʑĭe
		十什拾(拾取)	(古)禪緝		ʑĭə̆p
			(廣)是執切	禪緝開三入深	ʑĭəp
		汁(汁方,地名)	(古)禪緝		ʑĭə̆p
			(集)寔入切	禪緝開三入深	ʑĭəp
shǐ	上	史使(使令)駛	(古)山之		ʃĭə
			(廣)踈士切	山止開三上止	ʃĭə
		始	(古)書之		ɕĭə
			(廣)詩止切	書止開三上止	ɕĭə
		豕	(古)書支		ɕĭe
			(廣)施是切	書紙開三上止	ɕĭe

		纚*釃(分流)		(古)山支	ʃie
			(廣)所綺切	山紙開三上止	ʃie
		矢菌屎(糞)		(古)書脂	ɕĭei
			(廣)式視切	書旨開三上止	ɕi
		芡(菜)		(古)書脂	ɕĭei
			(集)矧視切	書旨開三上止	ɕi
		弛*		(古)書歌	ɕĭa
			(廣)施是切	書紙開三上止	ɕĭe
		弬*		(古)書歌	ɕĭa
			(集)賞是切	書紙開三上止	ɕĭe
shì	去	士仕柹(柿)戺		(古)崇之	dʒĭə
			(廣)鉏里切	崇止開三上止	dʒĭə
		事		(古)崇之	dʒĭə
			(廣)鉏吏切	崇志開三去止	dʒĭə
		使(出使)駛		(古)山之	ʃĭə
			(廣)疎吏切	山志開三去止	ʃĭə
		市恃		(古)禪之	ʑĭə
			(廣)時止切	禪止開三上止	ʑĭə
		侍蒔(移栽)		(古)禪之	ʑĭə
			(廣)時吏切	禪志開三去止	ʑĭə
		試弒僿		(古)書職	ɕĭə̆k
			(廣)式吏切	書志開三去止	ɕĭə
		式拭軾飾		(古)書職	ɕĭə̆k
			(廣)賞職切	書職開三入曾	ɕĭək
		栻		(古)書職	ɕĭə̆k
			(集)設職切	書職開三入曾	ɕĭək

奭襫 (古)書職 ɕĭək
(廣)施隻切 書昔開三入梗 ɕĭɛk
釋釋螫 (古)書鐸 ɕĭăk
(廣)施隻切 書昔開三入梗 ɕĭɛk
是氏媞(母)諟徥跂 (古)禪支 ʑĭe
(廣)承紙切 禪紙開三上止 ʑĭe
舓弛舐 (古)船支 ȡĭe
(廣)神帋切 船紙開三上止 dʑĭe
諡謚 (古)船錫 ȡĭēk
(廣)神至切 船至開三去止 dʑi
適(往)睗晹亘 (古)書錫 ɕĭēk
(廣)施隻切 書昔開三入梗 ɕĭɛk
視眂眎 (古)禪脂 ʑĭei
(廣)承矢切 禪旨開三上止 ʑi
示(天垂象) (古)船脂 ȡĭei
(廣)神至切 船至開三去止 dʑi
嗜 (古)禪脂 ʑĭei
(廣)常利切 禪至開三去止 ʑi
室 (古)書質 ɕĭēk
(廣)式質切 書質開三入臻 ɕĭēt
狏(狏狼) (古)禪歌 ʑĭa
(廣)承紙切 禪紙開三上止 ʑĭe
世勢貰 (古)書月 ɕĭāt
(廣)舒制切 書祭開三去蟹 ɕĭɛi
逝忕袃噬誓筮簭澨銴遾(古)禪月 ʑĭāt
(廣)時制切 禪祭開三去蟹 ʑĭɛi

rì	去	日馹衵鈤	(古)日質		ȵĭĕt
			(廣)人質切	日質開三入臻	nʑĭĕt
zī	陰	兹孶嵫孜滋嗞鎡鶿鰦仔(仔肩)			
			(古)精之		tsĭə
			(廣)子之切	精之開三平止	tsĭə
		菑(初耕地)甾淄輜錙鶅緇紂椔			
			(古)莊之		tʃĭə
			(廣)側持切	莊之開三平止	tʃĭə
		畄	(古)莊之		tʃĭə
			(集)莊持切	莊之開三平止	tʃĭə
		貲頾髭鴜鼒鮆訾(衡量)欪鍫娎蛍觜(星宿名)			
			(古)精支		tsĭe
			(廣)即移切	精支開三平止	tsĭe
		齜	(古)莊支		tʃĭe
			(廣)側宜切	莊支開三平止	tʃĭe
		咨資粢齋齍齎諮姿澬霣	(古)精脂		tsĭei
			(廣)即夷切	精脂開三平止	tsi
		次(次且,不安貌)	(古)精脂		tsĭei
			(集)津私切	精脂開三平止	tsi
		趑(趑趄)	(古)清脂		tsʻĭei
			(廣)取私切	清脂開三平止	tsʻi
zǐ	上	子耔秄梓	(古)精之		tsĭə
			(廣)即里切	精止開三上止	tsĭə
		滓莘	(古)莊之		tʃĭə
			(廣)阻史切	莊止開三上止	tʃĭə
		[illegible]	(古)莊之		tʃĭə

			(集)壯仕切	莊止開三上止	tʃĭə
		紫訿訾(詆毁)呰(窳)疵呰(毁)玼			
				(古)精支	tsĭe
			(廣)將此切	精紙開三上止	tsĭe
		泚(水名)		(古)精支	tsĭe
			(集)蔣氏切	精紙開三上止	tsĭe
		姊秭		(古)精脂	tsĭei
			(廣)將几切	精旨開三上止	tsi
		笫胏朿		(古)莊脂	tʃĭei
			(廣)阻史切	莊止開三上止	tʃĭə
		疿		(古)莊脂	tʃĭei
			(集)壯仕切	莊止開三上止	tʃĭə
zì	去	字牸芓(苴麻)		(古)從之	dzĭə
			(廣)疾置切	從志開三去止	dzĭə
		胾葘(木立死)剚倳		(古)莊之	tʃĭə
			(廣)側吏切	莊志開三去止	tʃĭə
		眥骴齜		(古)從支	dzĭe
			(廣)疾智切	從寘開三去止	dzĭe
		漬羵		(古)從錫	dzĭēk
			(廣)疾智切	從寘開三去止	dzĭe
		恣歋		(古)精脂	tsĭei
			(廣)資四切	精至開三去止	tsi
		自		(古)從質	dzĭēt
			(廣)疾二切	從至開三去止	dzi
cī	陰	雌茈		(古)清支	ts'ĭe
			(廣)此移切	清支開三平止	ts'ĭe

		疵骴玼(玉斑)鴜		(古)從支	dzǐe
			(廣)疾移切	從支開三平止	dzǐe
		傑		(古)初支	tʃʻǐe
			(集)叉宜切	初支開三平止	tʃʻǐe
		趀覗蠀		(古)清脂	tsʻǐei
			(廣)取私切	清脂開三平止	tsʻi
		差(等級,參差)齹縒		(古)初歌	tʃʻǐa
			(廣)楚宜切	初支開三平止	tʃʻǐe
cí	陽	慈鷀茲(龜茲,國名)		(古)從之	dzǐə
			(廣)疾之切	從之開三平止	dzǐə
		磁		(古)從之	dzǐə
			(集)牆之切	從之開三平止	dzǐə
		詞祠辭辤辝		(古)邪之	zǐə
			(廣)似茲切	邪之開三平止	zǐə
		呰(疵)訾(疵)		(古)從支	dzǐe
			(集)才支切	從支開三平止	dzǐe
		茨資薺(蒺藜)餈垐穦瓷		(古)從脂	dzǐei
			(廣)疾資切	從脂開三平止	dzi
		髊		(古)從歌	dzǐa
			(集)才支切	從支開三平止	dzǐe
cǐ	上	此跐佌玼(玉色鮮)泚(出汗)嶋越			
				(古)清支	tsʻǐe
			(廣)雌氏切	清紙開三上止	tsʻǐe
cì	去	截		(古)清之	tsʻǐə
			(廣)七吏切	清志開三去止	tsʻǐə
		伺		(古)心之	sǐə

(廣)相吏切　心志開三去止　sĭə

廁*(廁所)　(古)初職　tʃʻĭək

(廣)初吏切　初志開三去止　tʃʻĭə

庛　(古)清支　tsʻĭe

(廣)七賜切　清寘開三去止　tsʻĭe

刺朿誎莿　(古)清錫　tsʻĭēk

(廣)七賜切　清寘開三去止　tsʻĭe

刾茦　(古)清錫　tsʻĭēk

(集)七賜切　清寘開三去止　tsʻĭe

賜　(古)心錫　sĭēk

(廣)斯義切　心寘開三去止　sĭe

次(次序)佽絘𩬻　(古)清脂　tsʻĭei

(廣)七四切　清至開三去止　tsʻi

sī　陰　思司罳絲緦禗𤞞偲　(古)心之　sĭə

(廣)息兹切　心之開三平止　sĭə

斯虒𩅸榹㴲廝(廝役)凘磃鼶蟴𦺻蜇褫

(古)心支　sĭe

(廣)息移切　心支開三平止　sĭe

凘　(古)心支　sĭe

(集)相支切　心支開三平止　sĭe

廝(析)　(古)山支　ʃĭe

(集)山宜切　山支開三平止　ʃĭe

嘶誓　(古)心支　sie

(廣)先稽切　心齊開四平蟹　siei

私厶𦬆𤤐　(古)心脂　sĭei

(廣)息夷切　心脂開三平止　si

sǐ	上	死		(古)心脂	sǐei
			(廣)息姊切	心旨開三上止	si
sì	去	笥伺覗		(古)心之	sǐə
			(廣)相吏切	心志開三去止	sǐə
		杫		(古)心之	sǐə
			(廣)斯義切	心寘開三去止	sǐe
		似佀祀禩姒巳耜汜洍鈶麀			
				(古)邪之	zǐə
			(廣)詳里切	邪止開三上止	zǐə
		相梩(耜)		(古)邪之	zǐə
			(集)象齒切	邪止開三上止	zǐə
		寺嗣		(古)邪之	zǐə
			(廣)祥吏切	邪志開三去止	zǐə
		俟竢涘騃𢓊		(古)崇之	dʒǐə
			(廣)牀史切	崇止開三上止	dʒǐə
		飤(飼)		(古)邪職	zǐək
			(廣)祥吏切	邪志開三去止	zǐə
		蕮		(古)心錫	sǐēk
			(廣)斯義切	心寘開三去止	sǐe
		兕(𠒞)		(古)邪脂	zǐei
			(廣)徐姊切	邪旨開三上止	zi
		四肆(陳,散開)柶泗牭𦃔駟蕼殔			
				(古)心質	sǐēt
			(廣)息利切	心至開三去止	si
		隸(“肆”本字)		(古)心質	sǐēt
			(集)息利切	心至開三去止	si

er（儿）韻

ér	陽	而栭陑輀胹洏鮞耏（頰毛）⿺麦而	（古）日之			ȵĭə
			（廣）如之切		日之開三平止	nʑĭə
		荋眲聏（調和）	（古）日之			ȵĭə
			（集）人之切		日之開三平止	nʑĭə
		兒唲（嚅唲）	（古）日支			ȵĭe
			（廣）汝移切		日支開三平止	nʑĭe
ěr	上	耳洱駬	（古）日之			ȵĭə
			（廣）而止切		日止開三上止	nʑĭə
		餌珥	（古）日之			ȵĭə
			（廣）仍吏切		日志開三去止	nʑĭə
			（集）忍止切		日止開三上止	nʑĭə
		䰍（同“餌”）	（古）日之			ȵĭə
			（廣）仍吏切		日志開三去止	nʑĭə
		爾尒（尔）邇	（古）日脂			ȵĭei
			（廣）兒氏切		日紙開三上止	nʑĭe
èr	去	髶（髶毛）	（古）日之			ȵĭə
			（廣）而至切		日至開三去止	nʑi
		⿰山耳咡刵佴聃⿰女耳眲	（古）日之			ȵĭə

	（廣）仍吏切	日志開三去止	nʑĭə
二式貳樲	（古）日脂		ȵĭei
	（廣）而至切	日至開三去止	nʑi

i（丨）韻

yī	陰	醫毉譩噫	（古）影之		ĭə
			（廣）於其切	影之開三平止	ĭə
		伊咿蛜	（古）影脂		ĭei
			（廣）於脂切	影脂開三平止	i
		蛜	（古）影脂		ĭei
			（集）於夷切	影脂開三平止	i
		鷖毉嫛鷖堅緊	（古）影脂		iei
			（廣）烏奚切	影齊開四平止	iei
		一壹	（古）影質		ĭĕt
			（廣）於悉切	影質開三入臻	ĭĕt
		禕	（古）影微		ĭei
			（廣）於離切	影支開三平止	ĭe
		依郼衣妶肏（肙）陎倇	（古）影微		ĭəi
			（廣）於希切	影微開三平止	ĭəi
		衣（穿衣）	（古）影微		ĭəi
			（廣）於既切	影未開三去止	ĭəi
		漪猗（長也）椅（木名）陭檹	（古）影歌		ĭa
			（廣）於離切	影支開三平止	ĭe

		黟		(古)影歌	ia
			(廣)烏奚切	影齊開四平蟹	iei
		揖(拜揖)		(古)影緝	ĭəp
			(廣)伊入切	影緝開三入深	ĭəp
yí	陽	飴怡圯貽巸匜頤詒(留給)珆宧台(我)瓵			
				(古)餘之	ʎĭə
			(廣)與之切	餘之開三平止	jĭə
		栘粚		(古)餘之	ʎĭə
			(集)盈之切	餘之開三平止	jĭə
		疑嶷(九嶷,山名)觺		(古)疑之	ŋĭə
			(廣)語其切	疑之開三平止	ŋĭə
		𥎦		(古)疑之	ŋĭə
			(集)魚其切	疑之開三平止	ŋĭə
		㕥㥴歋螔		(古)餘支	ʎĭe
			(廣)弋支切	餘支開三平止	jĭe
		乁(流也)		(古)餘支	ʎĭe
			(集)余支切	餘支開三平止	jĭe
		姨彝夷𣟴痍桋(木名)羠侇跠			
				(古)餘脂	ʎĭei
			(廣)以脂切	餘脂開三平止	ji
		沶(水名)		(古)餘脂	ʎĭei
			(廣)與之切	餘之開三平止	jĭə
		狋(犬争貌)		(古)疑脂	ŋĭei
			(廣)牛肌切	疑脂開三平止	ŋi
		侇咦		(古)餘脂	ʎĭei

(集)延知切　餘脂開三平止　ji

遺　(古)餘微　ʎiwəi

(廣)以追切　餘脂合三平止　jwi

沂(水名)　(古)疑微　ŋĭəi

(廣)魚衣切　疑微開三平止　ŋĭəi

移迻杝簃萫袘虒䔟栘(木名)酏匜誃(臺名)蛇(委蛇)

(古)餘歌　ʎĭa

(廣)弋支切　餘支開三平止　jĭe

椸榹誃(臺名)詑訑(訑訑)

(古)餘歌　ʎĭa

(集)余支切　餘支開三平止　jĭe

宜儀鄴鸃　(古)疑歌　ŋĭa

(廣)魚羈切　疑支開三平止　ŋĭe

yǐ　上　矣　(古)匣之　ɣĭə

(廣)于紀切　雲止開三上止　ɣĭə

以㠯已苡苢攺　(古)餘之　ʎĭə

(廣)羊已切　餘止開三上止　jĭə

敧　(古)疑支　ŋĭe

(廣)魚倚切　疑紙開三上止　ŋĭe

乙鳦乹　(古)影質　ĭĕt

(廣)於筆切　影質開三入臻　ĭĕt

扆偯　(古)影微　ĭəi

(廣)於豈切　影尾開三上止　ĭəi

顗螘　(古)疑微　ŋĭəi

(廣)魚豈切　疑尾開三上止　ŋĭəi

		倚猗(依也)旖輢		(古)影歌	ĭa
			(廣)於綺切	影紙開三上止	ĭe
		迆箷		(古)餘歌	ʎĭa
			(廣)移爾切	餘紙開三上止	jĭe
		迤(斜行)		(古)餘歌	ʎĭa
			(集)演爾切	餘紙開三上止	jĭe
		蟻蛾(古"蟻"字)齮檥蟻艤			
				(古)疑歌	ŋĭa
			(廣)魚倚切	疑紙開三上止	ŋĭe
		钀(貫繮環)		(古)疑歌	ŋĭa
			(集)語綺切	疑紙開三上止	ŋĭe
yì	去	儗(哄儗)		(古)疑之	ŋĭə
			(廣)魚記切	疑志開三去止	ŋĭə
		意鷾		(古)影職	ĭə̆k
			(廣)於記切	影志開三去止	ĭə
		異异廙		(古)餘職	ʎĭə̄k
			(廣)羊吏切	餘志開三去止	jĭə
		憶億臆肊啻繶醷澺薏檍抑			
				(古)影職	ĭə̆k
			(廣)於力切	影職開三入曾	ĭək
		弋廙翼谁妷瀷杙芅匽趩翊瀷釴酏			
				(古)餘職	ʎĭə̆k
			(廣)與職切	餘職開三入曾	jĭək
		繹睪亦弈奕帟譯懌斁(厭也)驛嶧醳圛射(無射)燡			
				(古)餘鐸	ʎĭăk

	(廣)羊益切	餘昔開三入梗	jĭɛk
睪	(古)餘鐸		ʎiăk
	(集)夷益切	餘昔開三入梗	jĭɛk
枍	(古)影支		ie
	(廣)於計切	影霽開四去蟹	iei
縊	(古)影錫		ĭēk
	(廣)於賜切	影寘開三去止	ĭe
易(難易)傷敡	(古)餘錫		ʎĭēk
	(廣)以豉切	餘寘開三去止	jĭe
益嗌(咽喉)鷁膉齸	(古)影錫		ĭěk
	(廣)伊昔切	影昔開三入梗	ĭɛk
溢鎰	(古)餘錫		ʎĭěk
	(廣)夷質切	餘質開三入臻	jĭět
易(變易)瘍蜴埸	(古)餘錫		ʎĭěk
	(廣)羊益切	餘昔開三入梗	ĭɛk
鷊鶂艗屍虉	(古)疑錫		ŋiěk
	(廣)五歷切	疑錫開四入梗	ŋiek
鬲鳥	(古)疑錫		ŋiěk
	(集)倪歷切	疑錫開四入梗	ŋiek
虉	(古)疑錫		ŋiěk
	(説)五狄切	疑錫開四入梗	ŋiek
役䘝疫坄垼	(古)餘錫		ʎĭwěk
	(廣)營隻切	餘昔合三入梗	jĭwɛk
伇(同"役")	(古)餘錫		ʎĭwěk
	(集)營隻切	餘昔合三入梗	jĭwɛk

翳医嫕蘙殹		(古)影脂	iei
	(廣)於計切	影霽開四去蟹	iei
詣		(古)疑脂	ŋiei
	(廣)五計切	疑霽開四去蟹	ŋiei
懿饐壹歅鷧(鷧)撎		(古)影質	ĭēt
	(廣)乙冀切	影至開三去止	i
肄殔希		(古)餘質	ʎĭēt
	(廣)羊至切	餘至開三去止	ji
隸		(古)餘質	ʎĭēt
	(集)羊至切	餘志開三去止	ji
逸佚佾軼泆劮駃		(古)餘質	ʎĭět
	(廣)夷質切	餘質開三入臻	jĭět
呹		(古)餘質	ʎĭět
	(集)弋質切	餘質開三入臻	jĭět
曀殪豷		(古)影質	iēt
	(廣)於計切	影霽開四去蟹	iei
羿羿		(古)疑質	ŋiēt
	(廣)五計切	疑霽開四去蟹	ŋiei
衣*(穿衣)		(古)影微	ĭəi
	(廣)於既切	影未開三去止	ĭəi
毅忍豙(豪)藙藙		(古)疑物	ŋĭət
	(廣)魚既切	疑未開三去止	ŋĭəi
疙屹圪虓仡		(古)疑物	ŋĭǎt
	(廣)魚迄切	疑迄開三入臻	ŋĭət
虓忔(心不欲)		(古)疑物	ŋĭǎt

	(集)魚乙切	疑迄開三入臻	ŋiət
議誼義	(古)疑歌		ŋĭa
	(廣)宜寄切	疑寘開三去止	ŋĭe
羛(同“義”)	(古)疑歌		ŋĭa
	(集)宜寄切	疑寘開三去止	ŋĭe
劓	(古)疑月		ŋĭāt
	(廣)魚器切	疑至開三去止	ŋi
剿	(古)疑月		ŋĭāt
	(廣)牛例切	疑祭開三去止	ŋi
貤	(古)餘歌		ʎĭa
	(廣)以豉切	餘寘開三去止	jĭe
施(延)	(古)餘歌		ʎĭa
	(集)以豉切	餘寘開三去止	jĭe
緆瘞腸	(古)影月		ĭāt
	(廣)於罽切	影祭開三去蟹	ĭɛi
曳裔跩勩泄(泄泄)洩栧詍怈鞩跇𠂆袣滳呭	(古)餘月		ʎĭāt
	(廣)餘制切	餘祭開三去蟹	jĭɛi
栧	(古)餘月		ʎĭāt
	(集)以制切	餘祭開三去蟹	jĭɛi
藝埶蓺寱	(古)疑月		ŋĭāt
	(廣)魚祭切	疑祭開三去蟹	ŋĭɛi
刈乂忞虓壁	(古)疑月		ŋĭāt
	(廣)魚肺切	疑廢開三去蟹	ŋĭɐi
瘗	(古)影月		iāt

(廣)於計切　影霽開四去蟹　iei

甈(破罌)　(古)疑月　ŋiāt

(廣)五計切　疑霽開四去蟹　ŋiei

邑悒唈裛浥(溼)　(古)影緝　ĭəp

(廣)於汲切　影緝開三入深　ĭəp

俋　(古)影緝　ĭəp

(集)乙及切　影緝開三入深　ĭəp

挹　(古)影緝　ĭəp

(廣)伊入切　影緝開三入深　ĭəp

翊翌　(古)餘緝　ʎĭəp

(廣)與職切[①] 餘職開三入曾　jĭək

熠　(古)餘緝　ʎĭəp

(廣)羊入切　餘緝開三入深　jĭəp

扱(拜手至地)　(古)疑緝　ŋĭəp

(集)逆及切　疑緝開三入深　ŋĭəp

湆　(古)匣緝　ɣĭəp

(集)域及切　雲緝開三入深　ɣĭəp

瘱　(古)影葉　iāp

(廣)於計切　影霽開四去蟹　iei

jī　陰　姬朞稘基箕萁箕其(不其,邑名)錤

(古)見之　kĭə

(廣)居之切　見之開三平止　kĭə

① 段玉裁注:"師古曰(《漢書注》):'翊音弋入切,又音立。'翊字本音本義,僅見於此。"

丌(下基也)	(古)見之		kĭə
	(集)居之切	見之開三平止	kĭə
激驚	(古)見藥		kiăuk
	(廣)古歷切	見錫開四入梗	kiek
雞鷄	(古)見支		kie
	(廣)古奚切	見齊開四平蟹	kiei
屐	(古)羣錫		gĭĕk
	(廣)奇逆切	羣陌開三入梗	gĭɐk
積襀	(古)精錫		tsĭĕk
	(廣)資昔切	精昔開三入梗	tsĭɛk
擊墼罊蘻	(古)見錫		kiĕk
	(廣)古歷切	見錫開四入梗	kiek
毄(轂)	(古)見錫		kiĕk
	(集)吉歷切	見錫開四入梗	kiek
飢肌	(古)見脂		kĭei
	(廣)居夷切	見脂開三平止	ki
几	(古)見脂		kĭei
	(廣)居履切	見旨開三上止	ki
嵇	(古)匣脂		ɣiei
	(廣)胡雞切	匣齊開四平蟹	ɣiei
稽枅笄卟(乩)禾	(古)見脂		kiei
	(廣)古奚切	見齊開四平蟹	kiei
齎賫櫅齏櫅躋隮	(古)精脂		tsiei
	(廣)祖稽切	精齊開四平蟹	tsiei

機譏嘰磯鞿饑禨幾(微)趮鐖僟璣簊

			(古)見微		kĭəi
			(廣)居依切	見微開三平止	kĭəi
		畿譏朡	(古)羣微		gĭəi
			(廣)渠希切	羣微開三平止	gĭəi
		羈畸羇攲(持取)奇(單數)			
			(古)見歌		kĭa
			(廣)居宜切	見支開三平止	kĭe
		剞	(古)見歌		kĭa
			(集)居宜切	見支開三平止	kĭe
		緝(績麻)	(古)清緝		ts'ĭəp
			(廣)七入切	清緝開三入深	ts'ĭəp
jí	陽	殛悈襋棘亟蕀	(古)見職		kĭək
			(廣)紀力切	見職開三入曾	kĭək
		鞕	(古)見職		kĭək
			(集)訖力切	見職開三入曾	kĭək
		極	(古)羣職		gĭək
			(廣)渠力切	羣職開三入曾	gĭək
		籍踖藉(狼藉)耤猎(獸名)耤			
			(古)從鐸		dziăk
			(廣)秦昔切	從昔開三入梗	dzĭɛk
		躤	(古)從鐸		dziăk
			(集)秦昔切	從昔開三入梗	dzĭɛk
		蹐	(古)精錫		tsĭĕk
			(廣)資昔切	精昔開三入梗	tsĭɛk
		鶺	(古)精錫		tsĭĕk

	(集)資昔切	精昔開三入梗	tsĭɛk
塉瘠膌	(古)從錫		dzĭěk
	(廣)秦昔切	從昔開三入梗	dzĭɛk
吉趌	(古)見質		kĭět
	(廣)居質切	見質開三入臻	kĭět
姞佶鮚	(古)羣質		gĭět
	(廣)巨乙切	羣質開三入臻	gĭět
即	(古)精質		tsĭět
	(廣)子力切	精職開三入曾	tsĭək
堲	(古)精質		tsĭět
	(廣)資悉切	精質開三入臻	tsĭět
疾嫉蒺傸揤槉	(古)從質		dzĭět
	(廣)秦悉切	從質開三入臻	dzĭět
趌	(古)羣物		gĭə̌t
	(廣)其迄切	羣迄開三入臻	gĭət
急汲伋級芨疺彶	(古)見緝		kĭə̌p
	(廣)居立切	見緝開三入深	kĭəp
忣(急)	(古)見緝		kĭə̌p
	(集)訖立切	見緝開三入深	kĭəp
及笈	(古)羣緝		gĭə̌p
	(廣)其立切	羣緝開三入深	gĭəp
极(驢上負版)	(古)羣緝		giwə̌p
	(廣)其輒切	羣葉開三入咸	gĭɛp
岌	(古)疑緝		ŋĭə̌p
	(廣)魚及切	疑緝開三入深	ŋĭəp

		岌(危)	(古)疑緝		ŋĭəp
			(集)逆及切	疑緝開三入深	ŋĭəp
		㗱潗湒蓺	(古)精緝		tsĭəp
			(廣)子入切	精緝開三入深	tsĭəp
		斟揖(揖揖,羣飛貌)	(古)精緝		tsĭəp
			(集)即入切	精緝開三入深	tsĭəp
		楫檝	(古)精緝		tsĭəp
			(廣)即葉切	精葉開三入咸	tsiwɛp
		集輯檝亼咠	(古)從緝		dzĭəp
			(廣)秦入切	從緝開三入深	dzĭəp
		戢㗊蕺濈	(古)莊緝		ʧĭəp
			(廣)阻立切	莊緝開三入深	ʧĭəp
jǐ	上	己改	(古)見之		kĭə
			(廣)居理切	見止開三上止	kĭə
		戟撠丮㦸	(古)見鐸		kiăk
			(廣)几劇切	見陌開三入梗	kĭɐk
		脊	(古)精錫		tsĭěk
			(廣)資昔切	精昔開三入梗	tsĭɛk
		几* 䴇麂屼机(木名)邔	(古)見脂		kĭei
			(廣)居履切	見旨開三上止	ki
		擠	(古)精脂		tsiei
			(廣)祖稽切	精齊開四平蟹	tsiei
			(集)子禮切	精薺開四上蟹	tsiei
		濟(水名,濟濟)	(古)精脂		tsiei
			(廣)子禮切	精薺開四上蟹	tsiei

		泲	(古)精脂		tsiei
			(集)子禮切	精薺開四上蟹	tsiei
		蟣幾(幾何)機	(古)見微		kĭəi
			(廣)居狶切	見尾開三上止	kĭəi
		掎踦(腳脛)	(古)見歌		kĭa
			(廣)居綺切	見紙開三上止	kĭe
		給(供給)	(古)見緝		kĭəp
			(廣)居立切	見緝開三入深	kĭəp
jì	去	紀	(古)見之		kĭə
			(廣)居理切	見止開三上止	kĭə
		記	(古)見之		kĭə
			(廣)居吏切	見志開三去止	kĭə
		⿺辶工	(古)見之		kĭə
			(集)居吏切	見志開三去止	kĭə
		跽	(古)羣之		gĭə
			(廣)暨几切	羣旨開三上止	gi
		⿰月⿱久日(跽)曁	(古)羣之		gĭə
			(集)巨几切	羣旨開三上止	gi
		忌惎鵋誋碁(忌)	(古)羣之		gĭə
			(廣)渠記切	羣志開三去止	gĭə
		蒠	(古)羣之		gĭə
			(集)渠記切	羣志開三去止	gĭə
		悈(急)茍(自急敕)	(古)見職		kĭək
			(廣)紀力切	見職開三入曾	kĭək
		稷㮨	(古)精職		tsĭək

	(廣)子力切	精職開三入曾	tsĭək
寂宋啾	(古)從覺		dziŏuk
	(廣)前歷切	從錫開四入梗	dziek
淑	(古)從覺		dziŏuk
	(集)前歷切	從錫開四入梗	dziek
技妓伎(技巧)	(古)羣支		gĭe
	(廣)渠綺切	羣紙開三上止	gĭe
芰魃	(古)羣支		gĭe
	(廣)奇寄切	羣寘開三去止	gĭe
迹跡速(迹)鰿蹟鯽蹟	(古)精錫		tsĭěk
	(廣)資昔切	精昔開三入梗	tsĭɛk
繫(粗絮)繫蘻	(古)見錫		kiēk
	(廣)古詣切	見霽開四去蟹	kiei
績	(古)精錫		tsiěk
	(廣)則歷切	精錫開四入梗	tsiek
覿	(古)從錫		dziěk
	(廣)前歷切	從錫開四入梗	dziek
冀驥	(古)見脂		kĭei
	(廣)几利切	見至開三去止	ki
霽濟(渡)穄(收割)	(古)精脂		tsiei
	(廣)子計切	精霽開四去蟹	tsiei
薺(薺菜)	(古)從脂		dziei
	(廣)徂禮切	從薺開四上蟹	dziei
嚌(嘗)劑醨齎瘠	(古)從脂		dziei
	(廣)在詣切	從霽開四去蟹	dziei

臮洎垍濝	(古)羣質	gĭēt
	(廣)其冀切 羣至開三去止	gi
計繼髻檵	(古)見質	kiēt
	(廣)古詣切 見霽開四去蟹	kiei
季	(古)見質	kĭwēt
	(廣)居悸切 見至合三去止	kwi
悸痵	(古)羣質	gĭwēt
	(廣)其季切 羣至合三去止	gwi
覬驥	(古)見微	kiəi
	(廣)几利切 見至開三去止	ki
穊	(古)羣微	giwəi
	(廣)其季切 羣至合三去止	gwi
既旡无蔇	(古)見物	kĭət
	(廣)居豙切 見未開三去止	kĭəi
穊	(古)見物	kiət
	(廣)几利切 見至開三去止	ki
暨鱀塈	(古)羣物	giət
	(廣)其冀切 羣至開三去止	gi
寄徛	(古)見歌	kĭa
	(廣)居義切 見寘開三去止	kĭe
騎(坐騎)	(古)羣歌	gĭa
	(廣)奇寄切 羣寘開三去止	gĭe
罽罽瀱彑蘮	(古)見月	kĭāt
	(廣)居例切 見祭開三去蟹	kĭɛi
薊	(古)見月	kĭāt

			(集)居例切	見祭開三去蟹	kǐɛi
		祭際穄	(古)精月		tsǐāt
			(廣)子例切	精祭開三去蟹	tsǐɛi
		薊⿰契阝	(古)見月		kiāt
			(廣)古詣切	見霽開四去蟹	kiei
		紒	(古)見月		kiāt
			(集)吉詣切	見霽開四去蟹	kiei
		裚	(古)精月		tsiāt
			(集)子計切	精霽開四去蟹	tsiei
qī	陰	欺娸頬魌僛	(古)溪之		k'ǐə
			(廣)去其切	溪之開三平止	k'ǐə
		倛諆	(古)溪之		k'ǐə
			(集)丘其切	溪之開三平止	k'ǐə
		戚慼鏚鼜鏚慽磩	(古)清覺		ts'iǒuk
			(廣)倉歷切	精錫開四入梗	ts'iek
		槭(木名)	(古)精覺		tsiǒuk
			(廣)子六切	精屋合三入通	tsǐuk
		谿*溪*磎*	(古)溪支		k'ie
			(廣)苦奚切	溪齊開四平蟹	k'iei
		妻(妻子)萋淒(凄)悽郪緀霋	(古)清脂		ts'iei
			(廣)七稽切	清齊開四平蟹	ts'iei
		棲(棲息)栖	(古)心脂		siei
			(廣)先稽切	心齊開四平蟹	siei
			(集)千西切	清齊開四平蟹	ts'iei

		七漆柒郪鶈桼㯃	(古)清質		tsʻĭĕt
			(廣)親吉切	清質開三入臻	tsʻĭĕt
		攲觭踦(一隻脚)猗犄攲(傾斜)			
			(古)溪歌		kʻĭa
			(廣)去奇切	溪支開三平止	kʻĭe
		欹	(古)溪歌		kʻĭa
			(集)丘奇切	溪支開三平止	kʻĭe
qí	陽	其(代詞)期旗綦萁(豆莖)琪麒騏淇鵸藄棊(棋)			
		碁璂琪䱈祺朞	(古)羣之		gĭə
			(廣)渠之切	羣之開三平止	gĭə
		亓綨棋	(古)羣之		gĭə
			(集)渠之切	羣之開三平止	gĭə
		祇示(地祇)岐歧郊疧蚑忯䟚軝芪跂(行貌)蚔			
		伎(伎伎,舒散貌)	(古)羣支		gĭe
			(廣)巨支切	羣支開三平止	gĭe
		畦	(古)匣支		ɣiwe
			(廣)户圭切	匣齊合四平蟹	ɣiwei
		鬐耆祁鰭鮨	(古)羣脂		gĭei
			(廣)渠脂切	羣脂開三平止	gi
		阰	(古)羣脂		gĭei
			(集)渠伊切	羣脂開三平止	gi
		齊臍蠐蠀蠐懠齌銻	(古)從脂		dziei
			(廣)徂奚切	從齊開四平蟹	dziei
		隑蟣(蟣)	(古)羣微		gĭəi

			(集)渠希切	羣微開三平止	gǐəi
		祈頎(修長貌)旂圻(畿)蚚蘄			
				(古)羣文[①]	giən
			(廣)渠希切	羣微開三平止	gǐəi
		肵蚔		(古)羣文	giən
			(集)渠希切	羣微開三平止	gǐəi
		蘄		(古)羣文	giən
			(廣)巨斤切	羣欣開三平臻	gǐən
			(集)渠希切	羣微開三平止	gǐəi
		崎		(古)溪歌	k'ǐa
			(廣)去奇切	溪支開三平止	k'ǐe
		奇(奇異)琦騎(騎馬)鵸碕(曲岸)錡			
				(古)羣歌	gǐa
			(廣)渠羈切	羣支開三平止	gǐe
		埼		(古)羣歌	gǐa
			(集)渠羈切	羣支開三平止	gǐe
qǐ	上	起邔杞屺芑		(古)溪之	k'ǐə
			(廣)墟里切	溪止開三上止	k'ǐə
		企跂(企立)		(古)溪支	k'ǐe
			(廣)丘弭切	溪紙開三上止	k'ǐe
		啟棨綮䏿稽(稽首)晵启䋽			
				(古)溪脂	k'iei

① "旂"字在《詩經》中與文部字押韻，斤聲字也大多在文部，讀陰聲應是后起現象。下同。

			（廣）康禮切	溪薺開四上蟹	k‘iei
		豈（副詞）萓	（古）溪微		k‘ĭəi
			（廣）祛豨切	溪尾開三上止	k‘ĭəi
		乞（乞求）芞（芞）	（古）溪物		k‘ĭət
			（廣）去訖切	溪迄開三入臻	k‘ĭət
		綺碕（碕礒）	（古）溪歌		k‘ĭa
			（廣）墟彼切	溪紙開三上止	k‘ĭe
		軫	（古）溪歌		k‘ia
			（廣）康禮切	溪薺開四上蟹	k‘iei
qì	去	唭	（古）溪之		k‘ĭə
			（廣）去吏切	溪志開三去止	k‘ĭə
		散	（古）清鐸		ts‘i ăk
			（廣）七迹切	清昔開三入梗	ts‘ĭɛk
		跂	（古）溪支		k‘ĭe
			（廣）去智切	溪寘開三去止	k‘ĭe
		磧趚	（古）清錫		ts‘ĭĕk
			（廣）七迹切	清昔開三入梗	ts‘ĭɛk
		迟	（古）溪錫		k‘ĭĕk
			（集）苦席切	溪昔開三入梗	k‘ĭɛk
		罊慸䇋	（古）溪錫		k‘iēk
			（廣）苦計切	溪霽開四去蟹	k‘iei
		眉	（古）溪脂		k‘ĭei
			（廣）詰利切	溪至開三去止	k‘i
		瞀	（古）溪脂		k‘iei
			（集）詰計切	溪霽開四去蟹	k‘iei

妻(以女嫁人)		(古)清脂	ts‘iei
	(廣)七計切	清霽開四去蟹	ts‘iei
器		(古)溪質	k‘ĭēt
	(廣)去冀切	溪至開三去止	k‘i
棄弃		(古)溪質	k‘ĭēt
	(廣)詰利切	溪至開三去止	k‘i
肸		(古)曉質	xĭēt
	(集)許訖切	曉迄開三入臻	xĭət
砌		(古)清質	ts‘iēt
	(廣)七計切	清霽開四去蟹	ts‘iei
氣(氣息)炁气		(古)溪物	k‘ĭət
	(廣)去既切	溪未開三去止	k‘ĭəi
乞(給予)		(古)溪物	k‘ĭət
	(集)丘既切	溪未開三去止	k‘ĭəi
迄汔		(古)曉物	xĭət
	(廣)許訖切	曉迄開三入臻	xĭət
訖		(古)見物	kĭət
	(廣)居乞切	見迄開三入臻	kĭət
仡(仡然)		(古)羣物	gĭət
	(集)其迄切	羣迄開三入臻	gĭət
憩愒揭(掀起衣服)甈(瓦器)		(古)溪月	k‘ĭăt
	(廣)去例切	溪祭開三去蟹	k‘ĭεi
契(契約)栔㓞		(古)溪月	k‘iāt
	(廣)苦計切	溪霽開四去蟹	k‘iei

䁟 (古)清月 ts‘iāt

(廣)七計切 清霽開四去蟹 ts‘iei

緝*(績)葺䔱咠 (古)清緝 ts‘ĭəp

(廣)七入切 清緝開三入深 ts‘ĭəp

泣湆 (古)溪緝 k‘ĭwə̆p

(廣)去急切 溪緝開三入深 k‘ĭəp

䞛 (古)清葉 ts‘iwăp

(廣)七入切 清緝開三入深 ts‘ĭəp

届 (古)初葉 tʃ‘iwăp

(廣)初戢切 初緝開三入深 tʃ‘iwəp

xī 陰 僖歖熙嬉禧*娭譆熂瞦熹熺嘻欸娭誒

(古)曉之 xĭə

(廣)許其切 曉之開三平止 xĭə

歖鳌(吉祥) (古)曉之 xĭə

(集)虛其切 曉之開三平止 xĭə

息楒郋瘜熄蒠 (古)心職 sĭə̆k

(廣)相即切 心職開三入曾 sĭək

昔腊(乾肉)惜 (古)心鐸 siăk

(廣)思積切 心昔開三入梗 sĭɛk

夕汐 (古)邪鐸 ziăk

(廣)祥易切 邪昔開三入梗 zĭɛk

醯橀 (古)曉支 xie

(廣)呼雞切 曉齊開四平蟹 xiei

奚豯徯媄蹊螇榽騱鷄傒兮鼷蒵貕

(古)匣支 ɣie

	(廣)胡雞切　匣齊開四平蟹	ɣiei
谿溪磎	(古)溪支	k'ie
	(廣)苦奚切　溪齊開四平蟹	k'iei
撕(提撕)凘榭	(古)心支	sie
	(廣)先稽切　心齊開四平蟹	siei
蠵鑴驨酅纗䙆觽	(古)匣支	ɣiwe
	(廣)户圭切　匣齊合四平蟹	ɣiwei
椴	(古)匣錫	ɣiěk
	(集)刑狄切　匣錫開四入梗	ɣiek
錫析枂晳蜥菥淅	(古)心錫	siěk
	(廣)先擊切　心錫開四入梗	siek
晳晰	(古)心錫	siěk
	(集)先的切　心錫開四入梗	siek
屎(呻吟聲)	(古)曉脂	xǐei
	(廣)喜夷切　曉脂開三平止	xi
吚	(古)曉脂	xǐei
	(集)馨夷切　曉脂開三平止	xi
西棲(棲棲,不安貌)栖(栖栖)犀屖		
	(古)心脂	siei
	(廣)先稽切　心齊開四平蟹	siei
郋	(古)匣脂	ɣiei
	(廣)胡雞切　匣齊開四平蟹	ɣiei
悉𨚔膝蟋僁	(古)心質	sǐět
	(廣)息七切　心質開三入臻	sǐět
肸	(古)曉質	xiět

(廣)羲乙切 曉質開三入臻 xĭĕt

希晞莃睎稀豨悕俙(依俙)欷(唏)

(古)曉微 xĭəi

(廣)香衣切 曉微開三平止 xĭəi

唏狶 (古)曉微 xĭəi

(集)香依切 曉微開三平止 xĭəi

犧羲巇羛(地名)戲(伏戲)虛

(古)曉歌 xĭa

(廣)許羈切 曉支開三平止 xĭe

吸噏歙(吸氣)翕潝翖郤闟

(古)曉緝 xĭə̆p

(廣)許及切 曉緝開三入深 xĭəp

噐扱(斂取) (古)曉緝 xĭə̆p

(集)迄及切 曉緝開三入深 xĭəp

xí 陽 檄鰲 (古)匣藥 ɣiăuk

(廣)胡狄切 匣錫開四入梗 ɣiek

席穸蓆 (古)邪鐸 ziɑ̆k

(廣)祥易切 邪昔開三入梗 zĭɛk

覡 (古)匣錫 ɣiĕk

(廣)胡狄切 匣錫開四入梗 ɣiek

錫* 裼(袒露)緆 (古)心錫 siĕk

(廣)先擊切 心錫開四入梗 siek

習襲隰鰼騽槢 (古)邪緝 zĭə̆p

(廣)似入切 邪緝開三入深 zĭəp

謵 (古)邪緝 zĭə̆p

			(集)席入切	邪緝開三入深	zĭəp
xǐ	上	禧	(古)曉之		xĭə
			(廣)許其切	曉之開三平止	xĭə
		喜憙	(古)曉之		xĭə
			(廣)虛里切	曉止開三上止	xĭə
		枲葸諰屣	(古)心之		sĭə
			(廣)胥里切	心止開三上止	sĭə
		郻	(古)心之		sĭə
			(集)想止切	心止開三上止	sĭə
		躧灑(洗)纚(冠織)縰𩌦屣簁			
			(古)山支		ʃĭe
			(廣)所綺切	山紙開三上止	ʃĭe
		蹝漇	(古)山支		ʃĭe
			(集)所綺切	山紙開三上止	ʃĭe
		徙𠈆	(古)心支		sĭe
			(廣)斯氏切	心紙開三上止	sĭe
		𨑨蓰	(古)心支		sĭe
			(集)想氏切	心紙開三上止	sĭe
		謑	(古)匣支		ɣie
			(廣)胡禮切	匣薺開四上蟹	ɣiei
		壐璽	(古)心脂		siei
			(廣)斯氏切	心紙開三上止	sĭe
		洗洒(洗雪)	(古)心文		siən
			(廣)先禮切	心薺開四上蟹	siei
xì	去	赩衋	(古)曉職		xĭək

字	反切 / 音韻地位	擬音
	(廣)許極切　曉職開三入曾	xĭək
隙郤綌[illegible]	(古)溪鐸	k‘iăk
	(廣)綺戟切　溪陌開三入梗	k‘ĭɐk
郄覤	(古)溪鐸	k‘iăk
	(集)乞逆切　溪陌開三入梗	k‘ĭɐk
虩	(古)曉鐸	xiăk
	(廣)許郤切　曉陌開三入梗	xĭɐk
潟磶舄(鞋)蕮	(古)心鐸	siăk
	(廣)思積切　心昔開三入梗	sĭɛk
傒匸(有所藏)	(古)匣支	ɣie
	(廣)胡禮切　匣薺開四上蟹	ɣiei
系盻	(古)匣支	ɣie
	(廣)胡計切　匣霽開四去蟹	ɣiei
係	(古)見支	kie
	(廣)古詣切　見霽開四去蟹	kiei
	(集)胡計切　匣霽開四去蟹	ɣiei
繫(連接)	(古)匣錫	ɣiēk
	(廣)胡計切　匣霽開四去蟹	ɣiei
鬩[illegible][illegible]	(古)曉錫	xiĕk
	(廣)許激切　曉錫開四入梗	xiek
歖	(古)曉錫	xiĕk
	(集)馨激切　曉錫開四入梗	xiek
細[illegible]	(古)心脂	siei
	(廣)蘇計切　心霽開四去蟹	siei
呬[illegible]	(古)曉質	xĭēt

			(廣)虛器切	曉至開三去止	xi
		怬	(古)曉質		xĭēt
			(集)許異切	曉志開三去止	xĭə
		欯	(古)曉質		xĭĕt
			(廣)許吉切	曉質開三入臻	xĭĕt
		咥(笑也)	(古)透質		tʻĭĕt
			(廣)丑栗切	徹質開三入臻	ȶʻĭĕt
			(集)虛器切	曉至開三去止	xi
		愾(迄也)氣("餼"本字)餼鎎熂忥			
			(古)曉物		xĭət
			(廣)許既切	曉未開三去止	xĭəi
		釳仡(壯勇貌)	(古)曉物		xĭət
			(廣)許訖切	曉迄開三入臻	xĭət
		戲(戲弄)	(古)曉歌		xĭa
			(廣)香義切	曉寘開三去止	xĭe
		忥	(古)曉緝		xĭəp
			(集)迄及切	曉緝開三入深	xĭəp
dī	陰	鞮隄堤[illegible]鍉	(古)端支		tie
			(廣)都奚切	端齊開四平蟹	tiei
		滴	(古)端錫		tiĕk
			(廣)都歷切	端錫開四入梗	tiek
		低氐(氐羌,星宿)袛磾羝[illegible]趆紙			
			(古)端脂		tiei
			(廣)都奚切	端齊開四平蟹	tiei
dí	陽	迪笛篴滌蓧(田器)蔋踧(行平易也)苖油			

			(古)定覺		diǒuk
			(廣)徒歷切	定錫開四入梗	diek
		的(的確)	(古)端藥		tiǎuk
			(廣)都歷切	端錫開四入梗	tiek
		翟糴	(古)定藥		diǎuk
			(廣)徒歷切	定錫開四入梗	diek
		糴鸐櫂(盂)	(古)定藥		diǎuk
			(集)亭歷切	定錫開四入梗	diek
		覿	(古)定屋		diǒk
			(廣)徒歷切	定錫開四入梗	diek
		適(主也)嫡甋鏑蹢(蹄)樀鸍啇			
			(古)端錫		tiěk
			(廣)都歷切	端錫開四入梗	tiek
		豴(蹄)	(古)端錫		tiěk
			(集)丁歷切	端錫開四入梗	tiek
		荻狄敵	(古)定錫		diěk
			(廣)徒歷切	定錫開四入梗	diek
		潪	(古)定錫		diěk
			(集)亭歷切	定錫開四入梗	diek
dǐ	上	砥	(古)章脂		ȶĭei
			(廣)職雉切	章旨開三上止	tɕi
			(集)典禮切	端薺開四上蟹	tiei
		邸底詆坻(山坡)抵牴觝柢弤軧			
			(古)端脂		tiei
			(廣)都禮切	端薺開四上蟹	tiei

		氐(根柢)呧菧泜阺骶	(古)端脂	tiei
			(集)典禮切　端薺開四上蟹	tiei
dì	去	的(白,靶心)靮馰弔(至)玓扚逓杓(標的)		
			(古)端藥	tiăuk
			(廣)都歷切　端錫開四入梗	tiek
		旳焍菂	(古)端藥	tiăuk
			(集)丁歷切　端錫開四入梗	tiek
		踶(踢)遞	(古)定支	die
			(廣)特計切　定霽開四去蟹	diei
		篪	(古)定支	die
			(集)大計切　定霽開四去蟹	diei
		帝諦	(古)端錫	tiēk
			(廣)都計切　端霽開四去蟹	tiei
		髢(鬄或髰)締褅	(古)定錫	diēk
			(廣)特計切　定霽開四去蟹	diei
		鬄(假髮)	(古)定錫	diēk
			(集)大計切　定霽開四去蟹	diei
		弟(兄弟)娣	(古)定脂	diei
			(廣)徒禮切　定薺開四上蟹	diei
		第弟(孝悌)睇	(古)定脂	diei
			(廣)特計切　定霽開四去蟹	diei
		焍	(古)定脂	diei
			(集)大計切　定霽開四去蟹	diei
		棣逮(逮逮,安和貌)	(古)定質	diēt
			(廣)特計切　定霽開四去蟹	diei

		地墬		(古)定歌	dĭa
			(廣)徒四切	定至開三去止	di
		峚		(古)定歌	dĭa
			(集)徒二切	定至開三去止	di
		蔕螮蝃摕		(古)端月	tiāt
			(廣)都計切	端霽開四去蟹	tiei
		遰軑*釱杕懘墆(墆翳)		(古)定月	diāt
			(廣)特計切	定霽開四去蟹	diei
tī	陰	瞲		(古)透覺	t'iəuk
			(廣)他歷切	透錫開四入梗	t'iek
		虒		(古)透支	t'ie
			(廣)土雞切	透齊開四平蟹	t'iei
		剔(剔除)		(古)透錫	t'iĕk
			(廣)他歷切	透錫開四入梗	t'iek
		梯		(古)透脂	t'iei
			(廣)土雞切	透齊開四平蟹	t'iei
tí	陽	嗁啼蹏蹄提題媞瑅醍禔褆緹騠鮷謕蝭鯷趧鳀			
				(古)定支	die
			(廣)杜奚切	定齊開四平蟹	diei
		鶗		(古)定支	die
			(集)田黎切	定齊開四平蟹	diei
		桋(桋桑)綈荑稊鵜荑厗鶙銻(鎕銻)鮷			
				(古)定脂	diei
			(廣)杜奚切	定齊開四平蟹	diei
		徲(久待)		(古)定脂	diei

			(集)田黎切	定齊開四平蟹	diei
		折(折抑,安舒貌)	(古)定月		diāt
			(廣)杜奚切	定齊開四平蟹	diei
tǐ	上	醍(清酒)	(古)透支		tʻie
			(廣)他禮切	透薺開四上蟹	tʻiei
		體	(古)透脂		tʻiei
			(廣)他禮切	透薺開四上蟹	tʻiei
tì	去	倜	(古)透覺		tʻiǝuk
			(廣)他歷切	透錫開四入梗	tʻiek
		俶(俶儻)	(古)透覺		tʻiǝuk
			(集)他歷切	透錫開四入梗	tʻiek
		趯(趯趯)籊	(古)透藥		tʻiăuk
			(廣)他歷切	透錫開四入梗	tʻiek
		瑅	(古)透支		tʻie
			(集)他計切	透霽開四去蟹	tʻiei
		揥禘裼(褅)	(古)透錫		tʻiēk
			(集)他計切	透霽開四去蟹	tʻiei
		逖逷剔惕鬄踢鬄愁	(古)透錫		tʻiĕk
			(廣)他歷切	透錫開四入梗	tʻiek
		擿(挑開)	(古)透錫		tʻiĕk
			(集)他歷切	透錫開四入梗	tʻiek
		鬀剃涕(淚)洟(鼻涕)薙	(古)透脂		tʻiei
			(廣)他計切	透霽開四去蟹	tʻiei
		悌	(古)定脂		diei
			(廣)徒禮切	定薺開四上蟹	diei

		嚏		(古)端質	tiēt
			(廣)都計切	端霽開四去蟹	tiei
		替		(古)透質	t‘iēt
			(廣)他計切	透霽開四去蟹	t‘iei
		戾(車旁門)达(滑)		(古)透月	t‘iāt
			(廣)他計切	透霽開四去蟹	t‘iei
ní	陽	倪蜺霓郳齯婗輗棿麑鯢兒(姓)掜輗敓			
				(古)疑支	ŋie
			(廣)五稽切	疑齊開四平蟹	ŋiei
		尼(安寧)怩蚭跜		(古)泥脂	nĭei
			(廣)女夷切	泥脂開三平止	ni
		秜		(古)泥脂	nĭei
			(集)女夷切	泥脂開三平止	ni
		泥(泥土)屔		(古)泥脂	niei
			(廣)奴低切	泥齊開四平蟹	niei
		臡(有骨醢)		(古)泥歌	na
			(廣)諾何切	泥歌開一平果	nɑ
			(集)年題切	泥齊開四平蟹	niei
		腝(有骨醢)		(古)日元	ȵĭwan
			(廣)而兖切	日獮合三上山	nʑĭwɛn
			(集)年題切	泥齊開四平蟹	niei
nǐ	上	擬儗(比儗)薿孴		(古)疑之	ŋĭə
			(廣)魚紀切	疑止開三上止	ŋĭə
		掜(比儗)晲		(古)疑支	ŋie
			(廣)研啟切	疑薺開四上止	ŋiei

狔旎 (古)泥脂 nĭei
(廣)女氏切 泥紙開三上止 nĭe
柅 (古)泥脂 nĭei
(廣)女履切 泥旨開三上止 ni
禰𨷻𩮎薾檷 (古)泥脂 niei
(廣)奴禮切 泥薺開四上蟹 niei
泥(𣶶,露多貌) (古)泥脂 niei
(集)乃禮切 泥薺開四上蟹 niei

nì 去 嶷(高峻貌)嶷(小兒有知)
(古)疑職 ŋĭək
(廣)魚力切 疑職開三入曾 ŋĭək
暱 (古)疑職 ŋĭək
(說)魚力切① 疑職開三入曾 ŋĭək
(廣)尼質切 泥質開三入臻 nĭĕt
匿 (古)泥職 nĭək
(廣)女力切 泥職開三入曾 nĭək
惄 (古)泥覺 niŏuk
(廣)奴歷切 泥錫開四入梗 niek
溺(淹没)愵 (古)泥藥 niăuk
(廣)奴歷切 泥錫開四入梗 niek
氼 (古)泥藥 niăuk
(集)乃歷切 泥錫開四入梗 niek
逆屰縌 (古)疑鐸 ŋĭăk

① 《說文》大徐本作尼質切,段注:"古音在一部,魚力切。"

			(廣)宜戟切	疑陌開三入梗	ŋĭɐk
		睨覞堄	(古)疑支		ŋie
			(廣)五計切	疑霽開四去蟹	ŋiei
		誽棿(拳曲)	(古)疑支		ŋie
			(集)研計切	疑霽開四去蟹	ŋiei
		濘(泥,陷入泥中)	(古)泥耕		nieŋ
			(廣)乃定切	泥徑開四去梗	nieŋ
			(又)奴計切	泥霽開四去蟹	niei
		膩	(古)泥脂		nĭei
			(廣)女利切	泥至開三去止	ni
		泥(拘泥)	(古)泥脂		niei
			(廣)奴計切	泥霽開四去蟹	niei
		昵黏䵑	(古)泥質		nĭĕt
			(廣)尼質切	泥質開三入臻	nĭĕt
		尼(阻止)	(古)泥質		nĭĕt
			(集)尼質切	泥質開三入臻	nĭĕt
lí	陽	釐貍狸嫠剺犛𠩺𢡟穲斄	(古)來之		lĭə
			(廣)里之切	來之開三平止	lĭə
		菫	(古)來之		lĭə
			(集)陵之切	來之開三平止	lĭə
		驪鸝麗(罹也)蠡(蠡測)劙	(古)來支		lĭe
			(廣)呂支切	來支開三平止	lĭe
		纚(繩索)	(古)來支		lĭe
			(集)鄰知切	來支開三平止	lĭe

		縭盞	(古)來支		lie
			(廣)郎奚切	來齊開四平蟹	liei
		棃秜* 蔾黎鑗	(古)來脂		lĭei
			(廣)力脂切	來脂開三平止	li
		鵹	(古)來脂		lĭei
			(廣)吕支切	來支開三平止	lĭe
		黎犂黎黧藜鯬邌瓈	(古)來脂		liei
			(廣)郎奚切	來齊開四平蟹	liei
		莉(藜)𪏮	(古)來脂		liei
			(集)憐題切	來齊開四平蟹	liei
		離籬醨罹璃樆縭褵蘺欐漓灕謧	(古)來歌		lĭa
			(廣)吕支切	來支開三平止	lĭe
		杝(籬)	(古)來歌		lĭa
			(集)鄰知切	來支開三平止	lĭe
lǐ	上	里裏鯉悝李理娌俚郢	(古)來之		lĭə
			(廣)良士切	來止開三上止	lĭə
		邐(邐迆)峛(峛崺)	(古)來支		lĭe
			(廣)力紙切	來紙開三上止	lĭe
		蠡欐蠡欚劙	(古)來支		lie
			(廣)盧啟切	來薺開四上蟹	liei
		㸚	(古)來脂		lĭei
			(説)力几切	來旨開三上止	li
		禮礼澧醴鱧豊	(古)來脂		liei
			(廣)盧啟切	來薺開四上蟹	liei

lì	去	吏		(古)來之	lĭə
			(廣)力置切	來志開三去止	lĭə
		力		(古)來職	lĭək
			(廣)林直切	來職開三入曾	lĭək
		轢礫瓅櫟皪躒⿺走樂鱳濼(草名)			
				(古)來藥	liăuk
			(廣)郎擊切	來錫開四入梗	liek
		酈		(古)來支	lĭe
			(廣)吕支切	來支開三平止	lĭe
			(又)郎擊切	來錫開四入梗	liek
		詈		(古)來支	lĭe
			(廣)力智切	來寘開三去止	lĭe
		麗(美麗)儷欐⿸疒麗⿰麗見⿱艹麗		(古)來支	lie
			(廣)郎計切	來霽開四去蟹	liei
		攦		(古)來支	lie
			(集)郎計切	來霽開四去蟹	liei
		靂癧秝櫪歷曆瀝磿鬲⿰鬲瓦蒚⿰王毄厤⿸厂歷⿰酉鬲			
				(古)來錫	liĕk
			(廣)郎擊切	來錫開四入梗	liek
		礰⿲弓鬲弓轣		(古)來錫	liĕk
			(集)狼狄切	來錫開四入梗	liek
		利⿵風利痢		(古)來脂	lĭei
			(廣)力至切	來至開三去止	li
		浰		(古)來脂	lĭei
			(集)力至切	來至開三去止	li

逮 (古)來質 lĭēt
(廣)力至切 來至開三去止 li

栗桌慄溧鷅凓巢瑮 (古)來質 lĭĕt
(廣)力質切 來質開三入臻 lĭĕt

戾隸盭綟唳蜧莀沴悷䓞棣(古)來質 liĕt
(廣)郎計切 來霽開四去蟹 liei

淚(漻淚) (古)來質 liēt
(集)郎計切 來霽開四去蟹 liei

糲(糲) (古)來月 lāt
(集)落蓋切 來泰開一去蟹 lɑi

例厲礪勵癘痢濿砅蠣蠇欐糲犡
(古)來月 lĭāt
(廣)力制切 來祭開三去蟹 lĭɛi

巁 (古)來月 lĭāt
(集)力制切 來祭開三去蟹 lĭɛi

立粒笠鴗苙 (古)來緝 lĭwəp
(廣)力入切 來緝開三入深 lĭəp

莅涖(臨) (古)來緝 liwēp
(廣)力至切 來至開三去止 li

蒞 (古)來緝 liwəp
(集)力至切 來至開三去止 li

涖(涖涖) (古)來緝 liwəp
(廣)郎計切 來霽開四去蟹 liei

荔珕 (古)來葉 liāp
(廣)郎計切 來霽開四去蟹 liei

bī	陰	逼偪皕幅(綁腿布)楅湢皀(皀粒)			
			(古)幫職		pĭək
			(廣)彼側切	幫職開三入曾	pĭək
		陛	(古)幫脂		piei
			(廣)邊兮切	幫齊開四平蟹	piei
bí	陽	鼻	(古)並質		bĭēt
			(廣)毗至切	並至開三去止	bi
		鴔	(古)並葉		biwăp
			(集)匐急切	並緝開三入深	bĭəp
bǐ	上	鄙啚	(古)幫之		pĭə
			(廣)方美切	幫旨開三上止	pi
		俾箄錍崥	(古)幫支		pĭe
			(廣)并弭切	幫紙開三上止	pĭe
		貏(貏豸,漸平貌)	(古)幫支		pĭe
			(集)補靡切	幫紙開三上止	pĭe
		敉	(古)幫支		pie
			(廣)補米切	幫薺開四上蟹	pi
		匕妣秕比(比較)祉沘枇(大木匙)杫疕			
			(古)幫脂		pĭei
			(廣)卑履切	幫旨開三上止	pi
		㠶粃紕(氐族毛布)	(古)幫脂		pĭei
			(集)補履切	幫旨開三上止	pi
		咇(咇嗶)	(古)幫質		pĭēt
			(廣)鄙密切	幫質開三入臻	pĭēt
		筆	(古)幫物		pĭət

			(廣)鄙密切	幫質開三入臻	pĭět
		彼柀	(古)幫歌		pĭa
			(廣)甫委切	幫紙開三上止	pĭe
bì	去	愊畐	(古)滂職		p‘ĭək
			(廣)芳逼切	滂職開三入曾	p‘ĭək
		腷(腷臆)煏楅	(古)並職		bĭək
			(廣)符逼切	並職開三入曾	bĭək
		犕	(古)並職		bĭək
			(集)弼力切	並職開三入曾	bĭək
		愎	(古)並覺		bĭəuk
			(廣)符逼切	並職開三入曾	bĭək
		碧	(古)幫鐸		pĭɑk
			(廣)彼役切	幫昔開三入梗	pĭɛk
		裨(增益)	(古)幫支		pĭe
			(廣)府移切	幫支開三平止	pĭe
		婢庳	(古)並支		bĭe
			(廣)便俾切	並紙開三上止	bĭe
		髀	(古)並支		bie
			(廣)傍禮切	並薺開四上蟹	biei
		睥	(古)滂支		p‘ie
			(廣)匹詣切	滂霽開四去蟹	p‘iei
		薜(薜荔)	(古)幫錫		biēk
			(廣)蒲計切	並霽開四去蟹	biei
		臂	(古)幫錫		pĭēk
			(廣)卑義切	幫寘開三去止	pĭe

避 (古)並錫 bĭēk

(廣)毗義切 並寘開三去止 bĭe

辟(法)璧躄甓襞檗 (古)幫錫 pĭěk

(廣)必益切 幫昔開三入梗 pĭɛk

擗椑(内棺)躃 (古)並錫 bĭěk

(廣)房益切 並昔開三入梗 bĭɛk

嬖 (古)幫錫 piēk

(廣)博計切 幫霽開四去蟹 piei

壁鼊廦 (古)幫錫 piěk

(廣)北激切 幫錫開四入梗 piek

庇 (古)幫脂 pĭei

(廣)必至切 幫至開三去止 pi

柲 (古)幫脂 pĭei

(廣)兵媚切 幫至開三去止 pi

比(近也)枇(篦子)坒 (古)並脂 bĭei

(廣)毗至切 並至開三去止 bi

坒 (古)並脂 bĭei

(集)毗至切 並至開三去止 bi

螕狴 (古)幫脂 piei

(廣)邊兮切 幫齊開四平蟹 piei

陛梐 (古)並脂 biei

(廣)傍禮切 並薺開四上蟹 biei

蛙 (古)並脂 biei

(集)部禮切 並薺開四上蟹 biei

祕* 毖閟秘泌眡鮅邲 (古)幫質 pĭēt

(廣)兵媚切　幫至開三去止　pi

秘* (古)幫質 piĕt

(集)兵媚切　幫至開三去止　pi

痹畀 (古)幫質 piĕt

(廣)必至切　幫至開三去止　pi

癭 (古)並質 biĕt

(集)平祕切　並至開三去止　bi

奰贔 (古)並質 biĕt

(廣)平祕切　並至開三去止　bi

癟 (古)並質 biĕt

(說)平祕切　並至開三去止　bi

痺 (古)並質 biĕt

(廣)毗至切　並至開三去止　bi

必畢篳蓽韠趩蹕滭戰鷝珌滭熚彃樺縪鮅罼

(古)幫質 piĕt

(廣)卑吉切　幫質開三入臻　piĕt

鷩(鷝) (古)幫質 piĕt

(說)卑吉切　幫質開三入臻　piĕt

邲苾鞸佖駜飶綼怭 (古)並質 biĕt

(廣)毗必切　並質開三入臻　biĕt

坒拯 (古)並質 biĕt

(集)簿必切　並質開三入臻　biĕt

弼 (古)並質 biĕt

(廣)房密切　並質開三入臻　biĕt

閉閇箅 (古)幫質 piĕt

			(廣)博計切	幫霽開四去蟹	piei
		䏶	(古)並質		biēt
			(廣)蒲計切	並霽開四去蟹	biei
		鄪費(古地名)	(古)幫物		pĭət
			(廣)兵媚切	幫至開三去止	pi
		拂(矯正)佛(輔也)	(古)並物		bĭət
			(集)薄宓切	並質開三入臻	bĭĕt
		賁(卦名,文飾貌)	(古)幫文		pĭwən
			(廣)彼義切	幫寘開三去止	pĭe
		詖貱陂(傾斜)跛(偏任)	(古)幫歌		pĭa
			(廣)彼義切	幫寘開三去止	pĭe
		披(古喪具)	(古)幫歌		pĭa
			(集)彼義切	幫寘開三去止	pĭe
		髲	(古)並歌		bĭa
			(廣)平義切	並寘開三去止	bĭe
		蔽鷩鷩彆	(古)幫月		pĭāt
			(廣)必袂切	幫祭開三去蟹	pĭɛi
		獘斃幣㡀敝	(古)並月		bĭāt
			(廣)毗祭切	並祭開三去蟹	bĭɛi
		弊獙	(古)並月		bĭāt
			(集)毗祭切	並祭開三去蟹	bĭɛi
		鵖皀(粒)	(古)幫緝		pĭəp
			(廣)彼及切	幫緝開三入深	pĭəp
pī	陰	丕伾秠駓額鬔魾銔	(古)滂之		p'ĭə
			(廣)敷悲切	滂脂開三平止	p'i

		狉鉟	(古)滂之		p'ĭə
			(集)攀悲切	滂脂開三平止	p'i
		邳鴄	(古)並之		bĭə
			(廣)符悲切	並脂開三平止	bi
		坯(未燒瓦)	(古)滂之		p'uə
			(廣)芳杯切	滂灰合一平蟹	p'uɒi
		坏(土丘)	(古)滂之		p'uə
			(集)鋪枚切	滂灰合一平蟹	p'uɒi
		霹劈鎃	(古)滂錫		p'iĕk
			(廣)普擊切	滂錫開四入梗	p'iek
		礔	(古)滂錫		p'iĕk
			(集)匹歷切	滂錫開四入梗	p'iek
		紕(錯誤)怌	(古)滂脂		p'ĭei
			(廣)匹夷切	滂脂開三平止	p'i
		批	(古)滂脂		p'iei
			(廣)匹迷切	滂齊開四平蟹	p'iei
		搥	(古)滂脂		p'iei
			(集)篇迷切	滂齊開四平蟹	p'iei
		鈹帔(披肩)鮍披(開)翍旇			
			(古)滂歌		p'ĭa
			(廣)敷羈切	滂支開三平止	p'ĭe
pí	陽	陴脾埤(增)裨(禮服)蜱螷蠯蠯郫			
			(古)並支		bĭe
			(廣)符支切	並支開三平止	bĭe
		錍	(古)並支		bĭe

			(集)頻彌切	並支開三平止	bĭe
		鼙鞞椑甈	(古)並支		bie
			(廣)部迷切	並齊開四平蟹	biei
		紕(衣飾花邊)	(古)並脂		bĭei
			(廣)符支切	並支開三平止	bĭe
		毗毘榌芘(芘芣)貔蚍枇(枇杷)仳(仳倠)魮蓖阰	(古)並脂		bĭei
			(廣)房脂切	並脂開三平止	bi
		膍	(古)並脂		biei
			(廣)部迷切	並齊開四平蟹	biei
		羆	(古)幫歌		piwa
			(廣)彼爲切	幫支開三平止	pĭe
		皮疲罷(倦也)	(古)並歌		bĭa
			(廣)符羈切	並支開三平止	bĭe
pǐ	上	嚭	(古)滂之		p'ĭə
			(廣)匹鄙切	滂旨開三上止	p'i
		否(否泰)痞圮	(古)並之		bĭə
			(廣)符鄙切	並旨開三上止	bi
		頼	(古)滂支		p'ie
			(廣)匹米切	滂薺開四上蟹	p'iei
		庀仳(離)吡	(古)滂脂		p'ĭei
			(廣)匹婢切	滂紙開三上止	p'ĭe
		匹	(古)滂質		p'ĭĕt
			(廣)譬吉切	滂質開三入臻	p'ĭĕt
		崥	(古)滂微		p'iəi

			(廣)匹鄙切		滂旨開三上止	p‘i
pì	去	堛副(剖裂)疈		(古)滂職		p‘ĭək
			(廣)芳逼切		滂職開三入曾	p‘ĭək
		埤(埤堄)		(古)滂支		p‘ie
			(集)匹計切		滂霽開四去蟹	p‘iei
		譬		(古)滂錫		p‘ĭēk
			(廣)匹賜切		滂寘開三去止	p‘ĭe
		癖		(古)滂錫		p‘ĭēk
			(廣)芳辟切		滂昔開三入梗	p‘ĭɛk
		闢辟(打開)萆		(古)並錫		bĭēk
			(廣)房益切		並昔開三入梗	bĭɛk
		澼僻		(古)滂錫		p‘iĕk
			(廣)普擊切		滂錫開四入梗	p‘iek
		廦䮠		(古)滂錫		p‘iĕk
			(集)匹歷切		滂錫開四入梗	p‘iek
		甓		(古)並錫		biĕk
			(廣)扶歷切		並錫開四入梗	biek
		媲		(古)滂脂		p‘iei
			(廣)匹詣切		滂霽開四去蟹	p‘iei
		濞嚊淠		(古)滂質		p‘ĭēt
			(廣)匹備切		滂至開三去止	p‘i
		䊃		(古)滂物		p‘ĭət
			(集)匹寐切		滂至開三去止	p‘i
		帔(裙)		(古)滂歌		p‘ĭa
			(廣)披義切		滂寘開三去止	p‘ĭe

		潎		(古)滂月	p'ĭāt
			(廣)匹蔽切	滂祭開三去蟹	p'ĭɛi
mí	陽	䕳		(古)明支	mie
			(廣)莫兮切	明齊開四平蟹	miei
		麋蘪		(古)明脂	mĭei
			(廣)武悲切	明脂開三平止	mi
		𥸣		(古)明脂	mĭei
			(説)武夷切	明脂開三平止	mi
		彌(㳽)鸍镾罙瓕獼䤉寀瓕		(古)明脂	mĭei
			(廣)武移切	明支開三平止	mĭe
		迷覭(䁇)		(古)明脂	miei
			(廣)莫兮切	明齊開四平蟹	miei
		糜縻麊蘼䕷䊳		(古)明歌	mĭwa
			(廣)靡爲切	明支合三平止	mĭwe
		麋(䴢)䌕攠		(古)明歌	mĭa
			(集)忙皮切	明支開三平止	mĭe
		䉾		(古)明歌	mĭa
			(集)民卑切	明支開三平止	mĭe
mǐ	上	渳弭芈葞蝆(蟲名)侎		(古)明支	mĭe
			(廣)綿婢切	明紙開三上止	mĭe
		瀰敉		(古)明脂	mĭei
			(廣)綿婢切	明紙開三上止	mĭe
		彌(止)		(古)明脂	mĭei
			(集)母婢切	明紙開三上止	mĭe

		米眯絲蘼	(古)明脂	miei
			(廣)莫禮切　明薺開四上蟹	miei
		靡骳靡	(古)明歌	mĭa
			(廣)文彼切　明紙開三上止	mĭe
		孊	(古)明歌	mĭa
			(集)母被切　明紙開三上止	mĭe
mì	去	覓覛幎幦幭糸鼏羃汨冖䌐蓂(菥蓂)塓		
			(古)明錫	miĕk
			(廣)莫狄切　明錫開四入梗	miek
		冪幂㸏	(古)明錫	miĕk
			(集)莫狄切　明錫開四入梗	miek
		祕	(古)幫質	pĭēt
			(廣)兵媚切　幫至開三去止	pi
		秘	(古)幫質	pĭēt
			(集)兵媚切　幫至開三去止	pi
		蜜謐醓監宓	(古)明質	mĭĕt
			(廣)彌畢切　明質開三入臻	mĭĕt
		密蔤滵	(古)明質	mĭĕt
			(廣)美筆切　明質開三入臻	mĭĕt
		沓	(古)明質	mĭĕt
			(集)莫筆切　明質開三入臻	mĭĕt
		沕(潜藏貌)	(古)明物	mĭət
			(廣)美筆切　明質開三入臻	mĭĕt

u（ㄨ）韻

wū	陰	屋剭	（古）影屋		ŏk
			（廣）烏谷切	影屋合一入通	uk
		烏鳴歍鄔於（於戲）惡（何也）			
			（古）影魚		ɑ
			（廣）哀都切	影模合一平遇	u
		洿污（汙）杇圬弙	（古）影魚		uɑ
			（廣）哀都切	影模合一平遇	u
		窏	（古）影魚		uɑ
			（集）汪胡切	影模合一平遇	u
		汙（穢）	（古）影魚		uɑ
			（廣）烏路切	影暮合一去遇	u
		誣巫	（古）明魚		mĭwɑ
			（廣）武夫切	明虞合三平遇	mĭu
wú	陽	吾齬浯菩珸郚梧	（古）疑魚		ŋɑ
			（廣）五乎切	疑模合一平遇	ŋu
		吳	（古）疑魚[①]		ŋuɑ

① 擬音原據《漢語史稿》上册（77 頁）將吳聲、壺聲、股聲、鼓聲字列魚部開口；現據八十年代以後《同源字典》等著作改列魚部合口，下同。

(廣)五乎切 疑模合一平遇 ŋu

無毋瞴蕪(荒蕪)莁璑膴无

(古)明魚 mĭwɑ

(廣)武夫切 明虞合三平遇 mĭu

廡(蕃廡) (古)明魚 mĭwɑ

(集)微夫切 明虞合三平遇 mĭu

wǔ 上 煤 (古)明之 mĭə

(廣)文甫切 明麌合三上遇 mĭu

侮 (古)明侯 mĭwo

(廣)文甫切 明麌合三上遇 mĭu

㑄(侮) (古)明侯 mĭwo

(集)罔甫切 明麌合三上遇 mĭu

瑦䳇 (古)影魚 ɑ

(廣)安古切 影姥合一上遇 u

五午伍仵 (古)疑魚 ŋɑ

(廣)疑古切 疑姥合一上遇 ŋu

忤牾迕逜(干逜)捂(抵逆)

(古)疑魚 ŋɑ

(廣)五故切 疑暮合一去遇 ŋu

武舞儛嫵䲴憮碔廡甒潕鵡膴(美也,厚也)娬䍢

(古)明魚 mĭwɑ

(廣)文甫切 明麌合三上遇 mĭu

蕪(通"橆",豐盛) (古)明魚 mĭwɑ

(集)罔甫切 明麌合三上遇 mĭu

wù 去 戊 (古)明幽 məu

	(廣)莫候切	明候開一去流	məu
務婺霧雺鶩堥嵍敄敄鶩	(古)明侯		mĭwo
	(廣)亡遇切	明遇合三去遇	mĭu
雺	(古)明侯		mĭwo
	(集)亡遇切	明遇合三去遇	mĭu
隖塢	(古)影魚		ɑ
	(廣)安古切	影姥合一上遇	u
	(集)烏故切	影暮合一去遇	u
寤晤悟	(古)疑魚		ŋɑ
	(廣)五故切	疑暮合一去遇	ŋu
誤	(古)疑魚		ŋuɑ
	(廣)五故切	疑暮合一去遇	ŋu
寤俉	(古)疑魚		ŋɑ
	(集)五故切	疑暮合一去遇	ŋu
3(相毀)	(古)影鐸		āk
	(廣)安古切	影姥合一上遇	u
惡(憎惡)噁	(古)影鐸		āk
	(廣)烏路切	影暮合一去遇	u
蘁	(古)疑鐸		ŋāk
	(集)五故切	疑暮合一去遇	ŋu
兀扤杌剻飢 2 7	(古)疑物		ŋuə̆t
	(廣)五忽切	疑没合一入臻	ŋuət
阢	(古)疑物		ŋuə̆t
	(集)五忽切	疑没合一入臻	ŋuət
物勿芴岉沕(沕穆)伆	(古)明物		mĭwə̆t

			(廣)文弗切	明物合三入臻	mĭwət
		昒(昒穆)	(古)明物		mĭwə̆t
			(集)文拂切	明物合三入臻	mĭwət
gū	陰	姑辜酤蛄鴣橭沽(水名)嫴			
			(古)見魚		kɑ
			(廣)古胡切	見模合一平遇	ku
		孤苽菰㚉呱泒觚箛柧罛軱			
			(古)見魚		kuɑ
			(廣)古胡切	見模合一平遇	ku
		酤(賣酒)沽(賣)	(古)見魚		kɑ
			(廣)古暮切	見暮合一去遇	ku
		苆菇	(古)見魚		kɑ
			(集)攻乎切	見模合一平遇	ku
gǔ	上	陪	(古)見覺		kə̆uk
			(廣)古沃切	見沃合一入通	kuok
		穀轂穀谷狢	(古)見屋		kŏk
			(廣)古禄切	見屋合一入通	kuk
		嘏	(古)見魚		keɑ
			(廣)古疋切	見馬開二上假	ka
		古罟蠱鹽詁賈沽(賣酒人)			
			(古)見魚		kɑ
			(廣)公户切	見姥合一上遇	ku
		鼓瞽股羖北	(古)見魚		kuɑ
			(廣)公户切	見姥合一上遇	ku
		盬	(古)見魚		kɑ

			(集)果五切 見姥合一上遇	ku
		骨縎鶻(鶻鵃)淈汩(治水)䯊㯶䓛扢(摩拭)		
			(古)見物	kuăt
			(廣)古忽切 見没合一入臻	kuət
		杚	(古)見物	kuăt
			(集)吉忽切 見没合一入臻	kuət
gù	去	梏(刑具)牿告(告訴,請求)		
			(古)見覺	kăuk
			(廣)古沃切 見沃合一入通	kuok
		顧故痼固錮痁棝	(古)見魚	kɑ
			(廣)古暮切 見暮合一去遇	ku
		凅	(古)見魚	kɑ
			(集)古慕切 見暮合一去遇	ku
kū	陰	哭嚳鱳	(古)溪屋	k‘ŏk
			(廣)空谷切 溪屋合一入通	k‘uk
		枯軲殆	(古)溪魚	k‘ɑ
			(廣)苦胡切 溪模合一平遇	k‘u
		刳挎絝	(古)溪魚	k‘uɑ
			(廣)苦胡切 溪模合一平遇	k‘u
		窟顝矻堀鼀圣(掘)	(古)溪物	k‘uăt
			(廣)苦骨切 溪没合一入臻	k‘uət
		蝸頢搰(搰搰)	(古)溪物	k‘uăt
			(集)苦骨切 溪没合一入臻	k‘uət
kǔ	上	苦	(古)溪魚	k‘ɑ
			(廣)康杜切 溪姥合一上遇	k‘u

kù	去	酷焅嚳晧		(古)溪覺	k‘ǝ̆uk
			(廣)苦沃切	溪沃合一入通	k‘uok
		俈		(古)溪覺	k‘ǝ̆uk
			(集)枯沃切	溪沃合一入通	k‘uok
		絝袴(褲)庫蔛		(古)溪魚	k‘uɑ
			(廣)苦故切	溪暮合一去遇	k‘u
hū	陰	呼嘑虖評歑謼膴(大臠也)幠虍虐虖			
				(古)曉魚	xɑ
			(廣)荒烏切	曉模合一平遇	xu
		垺		(古)曉魚	xɑ
			(集)荒胡切	曉模合一平遇	xu
		忽昒匫曶惖惚颮		(古)曉物	xuǝ̆t
			(廣)呼骨切	曉没合一入臻	xuǝt
		淴		(古)曉物	xuǝ̆t
			(集)呼骨切	曉没合一入臻	xuǝt
hú	陽	鵠		(古)匣覺	ɣǝ̆uk
			(廣)胡沃切	匣沃合一入通	ɣuok
		隺熇		(古)匣藥	ɣăuk
			(廣)胡沃切	匣沃合一入通	ɣuok
		縠斛瑴觳(貯酒器)		(古)匣屋	ɣŏk
			(廣)胡谷切	匣屋合一入通	ɣuk
		胡餬瑚湖鶘黏糊乎鶘魱		(古)匣魚	ɣɑ
			(廣)户吳切	匣模合一平遇	ɣu
		鸏嘝		(古)匣魚	ɣɑ
			(集)洪孤切	匣模合一平遇	ɣu

		狐弧瓠(瓦壺)壺		(古)匣魚	ɣuɑ
			(廣)户吳切	匣模合一平遇	ɣu
		搰扫(掘)		(古)匣物	ɣuǎt
			(廣)户骨切	匣没合一入臻	ɣuət
hǔ	上	虎琥滸		(古)曉魚	xɑ
			(廣)呼古切	曉姥合一上遇	xu
		許(許許)鄦鄦		(古)曉魚	xɑ
			(集)火五切	曉姥合一上遇	xu
		汻		(古)曉魚	xɑ
			(説)呼古切	曉姥合一上遇	xu
hù	去	嚛		(古)曉藥	xǎuk
			(廣)呼木切	曉屋合一入通	xuk
		縠		(古)曉屋	xǒk
			(集)呼木切	曉屋合一入通	xuk
		嗀		(古)曉屋	xeǒk
			(廣)許角切	曉覺開二入江	xɔk
		豰(獸名)縠		(古)曉屋	xǒk
			(廣)呼木切	曉屋合一入通	xuk
		户楛扈怙祜昈岵苄(地黄)雇(九雇)鳸居		(古)匣魚	ɣɑ
			(廣)侯古切	匣姥合一上遇	ɣu
		怘(怙)		(古)匣魚	ɣɑ
			(集)後五切	匣姥合一上遇	ɣu
		鄠洿(深)婟		(古)匣魚	ɣuɑ
			(廣)侯古切	匣姥合一上遇	ɣu

嫭婟互⿱⺮互冱枑⿱罒互　(古)匣魚　ɣɑ
(廣)胡誤切　匣暮合一去遇　ɣu
嫮瓠(果實)⿰雩系　(古)匣魚　ɣuɑ
(集)胡故切　匣暮合一去遇　ɣu
護頀濩(流散)⿰骨蒦韄　(古)匣鐸　ɣuāk
(廣)胡誤切　匣暮合一去遇　ɣu
寣笏榾　(古)曉物　xuə̌t
(廣)呼骨切　曉没合一入臻　xuət

zhū　陰　株誅邾鼄蛛跦袾　(古)端侯　tǐwo
(廣)陟輸切　知虞合三平遇　ȶǐu
笜　(古)端侯　tǐwo
(集)追輸切　知虞合三平遇　ȶǐu
朱珠侏絑鴸　(古)章侯　ȶǐwo
(廣)章俱切　章虞合三平遇　tɕǐu
銖洙茱　(古)禪侯　ʑǐwo
(廣)市朱切　禪虞合三平遇　ʑǐu
豬瀦櫫藸　(古)端魚　tǐɑ
(廣)陟魚切　知魚開三平遇　ȶǐo
諸櫧藷(藷蔗)　(古)章魚　ȶǐɑ
(廣)章魚切　章魚開三平遇　tɕǐo

zhú　陽　竹竺(竹)筑茿　(古)端覺　tǐəuk
(廣)張六切　知屋合三入通　ȶǐuk
逐舳鱁蓫(馬尾草)柚(杼柚)
(古)定覺　dǐəuk
(廣)直六切　澄屋合三入通　ȡǐuk

		瘃孎斸钃欘	(古)端屋		tĭwŏk
			(廣)陟玉切	知燭合三入通	ȶĭwok
		躅(躑躅)𨇴	(古)定屋		dĭwŏk
			(廣)直録切	澄燭合三入通	ȡĭwok
		燭𧽭蠾	(古)章屋		ȶĭwŏk
			(廣)之欲切	章燭合三入通	tɕĭwok
		灟	(古)章屋		ȶĭwŏk
			(集)朱欲切	章燭合三入通	tɕĭwok
		窋遾泏	(古)端物		tĭwət
			(廣)竹律切	知術合三入臻	ȶĭuĕt
		术(草名)苿	(古)定物		dĭwət
			(廣)直律切	澄術合三入臻	ȡĭuĕt
zhǔ	上	拄柱(支撐)丶	(古)端侯		tĭwo
			(廣)知庾切	知麌合三上遇	ȶĭu
		主麈枓(勺)宔	(古)章侯		ȶĭwo
			(廣)之庾切	章麌合三上遇	tɕĭu
		屬(連屬)矚	(古)章屋		ȶĭwŏk
			(廣)之欲切	章燭合三入通	tɕĭwok
		褚(裝衣)䶆	(古)端魚		tĭɑ
			(廣)丁吕切	知語開三上遇	ȶĭo
		鬻煮陼渚	(古)章魚		ȶĭɑ
			(廣)章與切	章語開三上遇	tɕĭo
zhù	去	鑄	(古)章幽		ȶĭəu
			(廣)之戍切	章遇合三去遇	tɕĭu
		築	(古)端覺		tĭəuk

字	來源	反切	音韻地位	擬音
	(廣)	張六切	知屋合三入通	ȶĭuk
祝柷	(古)	章覺		ȶĭəuk
	(廣)	之六切	章屋合三入通	tɕĭuk
鉒駐住(停步)逗壴	(古)	端侯		tĭwo
	(廣)	中句切	知遇合三去遇	ȶĭu
柱跓	(古)	定侯		dĭwo
	(廣)	直主切	澄麌合三上遇	ȡĭu
注(灌注)疰狂	(古)	章侯		ȶĭwo
	(廣)	之戍切	章遇合三去遇	tɕĭu
馵	(古)	章屋		ȶĭwōk
	(廣)	之戍切	章遇合三去遇	tɕĭu
貯	(古)	端魚		tĭɑ
	(廣)	丁吕切	知語開三上遇	ȶĭo
佇竚苧苎紵杼(機杼)羜宁(門屏之間)眝	(古)	定魚		dĭɑ
	(廣)	直吕切	澄語開三上遇	ȡĭo
䖠盓柔	(古)	定魚		dĭɑ
	(集)	丈吕切	澄語開三上遇	ȡĭo
著(顯著)箸(顯著)	(古)	端魚		tĭɑ
	(廣)	陟慮切	知御開三去遇	ȶĭo
箸(筷子)	(古)	定魚		dĭɑ
	(廣)	遲倨切	澄御開三去遇	ȡĭo
櫡(筷子)	(古)	定魚		dĭɑ
	(集)	遲據切	澄御開三去遇	ȡĭo
助耡(耤稅)麆	(古)	崇魚		dʒĭɑ

(廣)牀據切 崇御開三去遇 dʒĭo

莇 (古)崇魚 dʒĭɑ

(集)牀據切 崇御開三去遇 dʒĭo

翥 (古)章魚 ȶĭɑ

(廣)章恕切 章御開三去遇 tɕĭo

庶(庶氏,官名) (古)章鐸 ȶĭāk

(集)章恕切 章御開三去遇 tɕĭo

chū 陰 貙 (古)透侯 t‘ĭwo

(廣)敕俱切 徹虞合三平遇 ȶ‘ĭu

攄 (古)透魚 t‘ĭɑ

(廣)丑居切 徹魚開三平遇 ȶ‘ĭo

樗 (古)透魚 t‘ĭɑ

(集)抽居切 徹魚開三平遇 ȶ‘ĭo

初 (古)初魚 tʃ‘ĭɑ

(廣)楚居切 初魚開三平遇 tʃ‘ĭo

出 (古)昌物 ȶ‘ĭwət

(廣)赤律切 昌術合三入臻 tɕ‘ĭuĕt

chú 陽 廚(厨)躕(蹰)趎 (古)定侯 dĭwo

(廣)直誅切 澄虞合三平遇 ȡĭu

芻犓 (古)初侯 tʃ‘ĭwo

(廣)測隅切 初虞合三平遇 tʃ‘ĭu

雛鶵媰 (古)崇侯 dʒĭwo

(廣)仕于切 崇虞合三平遇 dʒĭu

除躇儲*涂(涂吾,水名)篨著(著雍)滁蒢屠(休屠)藸

(古)定魚 dĭɑ

			(廣)直魚切	澄魚開三平遇	ȡĭo
		蜍(蟾蜍)	(古)禪魚		ʑĭa
			(廣)署魚切	禪魚開三平遇	ʑĭo
		鉏鋤狙	(古)崇魚		dʒĭa
			(廣)士魚切	崇魚開三平遇	dʒĭo
chǔ	上	楮褚(姓)	(古)透魚		tʻĭa
			(廣)丑呂切	徹語開三上遇	ȶʻĭo
		儲	(古)定魚		dĭa
			(廣)直魚切	澄魚開三平遇	ȡĭo
		楚礎齭齼濋	(古)初魚		tʃʻĭa
			(廣)創舉切	初語開三上遇	tʃʻĭo
		杵處(止,相處)	(古)昌魚		ȶʻĭa
			(廣)昌與切	昌語開三上遇	tɕʻĭo
		処(止也)	(古)昌魚		ȶʻĭa
			(集)敞呂切	昌語開三上遇	tɕʻĭo
chù	去	滀蓫(羊蹄菜)鄐矗	(古)透覺		tʻĭəuk
			(廣)丑六切	徹屋合三入通	ȶʻĭuk
		畜(牲畜)搐	(古)透覺		tʻĭəuk
			(集)勑六切	徹屋合三入通	ȶʻĭuk
		嘼(畜,六畜)	(古)透覺		tʻĭəuk
			(集)丑救切	徹宥開三去流	ȶʻĭəu
		俶(始)琡⿰山叔埱	(古)昌覺		ȶʻĭəuk
			(廣)昌六切	昌屋合三入通	tɕʻĭuk
		諔	(古)昌覺		ȶʻĭəuk
			(集)昌六切	昌屋合三入通	tɕʻĭuk

		亍豖	(古)透屋		tʻĭwŏk
			(廣)丑玉切	徹燭合三入通	ȶʻĭwok
		觸歜臅	(古)昌屋		ȶʻĭwŏk
			(廣)尺玉切	昌燭合三入通	tɕʻĭwok
		犨(觸)屬	(古)昌屋		ȶʻĭwŏk
			(集)樞玉切	昌燭合三入通	tɕʻĭwok
		處(處所)	(古)昌魚		ȶʻĭɑ
			(廣)昌據切	昌御開三去遇	tɕʻĭo
		黜怵(恐懼)踿炪歜	(古)透物		tʻĭwət
			(廣)丑律切	徹術合三入臻	ȶʻĭuĕt
		絀	(古)透物		tʻĭwət
			(集)勑律切	徹術合三入臻	ȶʻĭuĕt
shū	陰	叔透(驚)尗(豆類)菽	(古)書覺		ɕĭəuk
			(廣)式竹切	書屋合三入通	ɕĭuk
		淑	(古)禪覺		ʑĭəuk
			(廣)殊六切	禪屋合三入通	ʑĭuk
		毹樕	(古)山侯		ʃĭwo
			(廣)山芻切	山虞合三平遇	ʃĭu
		樞(户樞)姝	(古)昌侯		ȶʻĭwo
			(廣)昌朱切	昌虞合三平遇	tɕʻĭu
		殳	(古)昌侯		ȶʻĭwo
			(集)春朱切	昌虞合三平遇	tɕʻĭu
		輸鄃	(古)書侯		ɕĭwo
			(廣)式朱切	書虞合三平遇	ɕĭu
		殊殳杸	(古)禪侯		ʑĭwo

			(廣)市朱切	禪虞合三平遇	ʑĭu
		攄	(古)透魚		t'ĭɑ
			(廣)丑居切	徹魚開三平遇	ȶ'ĭo
		疏(疏通)梳蔬踈𤴶𪗄疋	(古)山魚		ʃĭɑ
			(廣)所葅切	山魚開三平遇	ʃĭo
		書舒紓鄃	(古)書魚		ɕĭɑ
			(廣)傷魚切	書魚開三平遇	ɕĭo
		抒	(古)船魚		ȡĭɑ
			(廣)神與切	船語開三上遇	dʑĭo
shú	陽	熟孰塾璹	(古)禪覺		ʑĭəuk
			(廣)殊六切	禪屋合三入通	ʑĭuk
		几(飛貌)	(古)禪侯		ʑĭwo
			(廣)市朱切	禪虞合三平遇	ʑĭu
		贖	(古)船屋		ȡĭwŏk
			(廣)神蜀切	船燭合三入通	dʑĭwok
		秫术(穀名)	(古)船物		ȡĭwət
			(廣)食聿切	船術合三入臻	dʑĭuĕt
		𤵸	(古)船物		ȡĭwət
			(説)食聿切	船術合三入臻	dʑĭuĕt
shǔ	上	數(計也)籔(古量名)	(古)山侯		ʃĭwo
			(廣)所矩切	山麌合三上遇	ʃĭu
		蜀襡裋(短衣)屬(種屬)	(古)禪屋		ʑĭwŏk
			(廣)市玉切	禪燭合三入通	ʑĭwok
		蠋(蛾蝶幼蟲)	(古)禪屋		ʑĭwŏk
			(集)殊玉切	禪燭合三入通	ʑĭwok

		暑鼠黍癙	(古)書魚		ɕĭɑ
			(廣)舒吕切	書語開三上遇	ɕĭo
		⿰貝疋	(古)山魚		ʃĭɑ
			(廣)踈舉切	山語開三上遇	ʃĭo
		署	(古)禪魚		ʑĭɑ
			(廣)常恕切	禪御開三去遇	ʑĭo
shù	去	儵倏鱐⿱⺮⿺辶攸	(古)書覺		ɕĭəuk
			(廣)式竹切	書屋合三入通	ɕĭuk
		豎裋	(古)禪侯		ʑĭwo
			(廣)臣庾切	禪麌合三上遇	ʑĭu
		數(數目)	(古)山侯		ʃĭwo
			(廣)色句切	山遇合三去遇	ʃĭu
		戍(戍守)腧隃(古山名)	(古)書侯		ɕĭwo
			(廣)傷遇切	書遇合三去遇	ɕĭu
		樹澍尌	(古)禪侯		ʑĭwo
			(廣)常句切	禪遇合三去遇	ʑĭu
		侸	(古)禪侯		ʑĭwo
			(集)殊遇切	禪遇合三去遇	ʑĭu
		漱	(古)山屋		ʃĭōk
			(廣)所祐切	山宥開三去流	ʃĭəu
		束	(古)書屋		ɕĭwŏk
			(廣)書玉切	書燭合三入通	ɕĭwok
		杼	(古)船魚		dʑĭɑ
			(廣)神與切	船語開三上遇	dʑĭo
		恕	(古)書魚		ɕĭɑ

			(廣)商署切	書御開三去遇	ɕĭo
		疏(條疏)	(古)山魚		ʃĭɑ
			(廣)所去切	山御開三去遇	ʃĭo
		署*藷(藷蕷)曙	(古)禪魚		ʑĭɑ
			(廣)常恕切	禪御開三去遇	ʑĭo
		庶(衆多)	(古)書鐸		ɕĭāk
			(廣)商署切	書御開三去遇	ɕĭo
		潏(人造小洲)	(古)船質		ȡĭwĕt
			(廣)食聿切	船術合三入臻	dʑĭwĕt
		術述沭	(古)船物		ȡĭwə̆t
			(廣)食聿切	船術合三入臻	dʑĭuĕt
		莁鈢	(古)船物		ȡĭwə̆t
			(集)食律切	船術合三入臻	dʑĭuĕt
		㤥	(古)禪物		ʑĭwə̄t
			(集)殊遇切	禪遇合三去遇	ʑĭu
rú	陽	儒獳(朱獳)濡襦(彩帛)嚅嬬繻臑醹			
			(古)日侯		ȵĭwo
			(廣)人朱切	日虞合三平遇	nʑĭu
		濡(濡)蠕	(古)日侯		ȵĭwo
			(集)汝朱切	日虞合三平遇	nʑĭu
		如鄦洳(水名)駕茹	(古)日魚		ȵĭɑ
			(廣)人諸切	日魚開三平遇	nʑĭo
		袽帤挐	(古)泥魚		nĭɑ
			(廣)女余切	泥魚開三平遇	nĭo
		絮	(古)泥魚		nĭɑ

			(集)女居切	泥魚開三平遇	nĭo
rǔ	上	乳擩	(古)日侯		ȵĭwo
			(廣)而主切	日麌合三上遇	nʑĭu
		辱鄏	(古)日屋		ȵĭwŏk
			(廣)而蜀切	日燭合三入通	nʑĭwok
		汝⿸疒要	(古)日魚		ȵĭɑ
			(廣)人渚切	日語開三上遇	nʑĭo
		女(你)	(古)日魚		ȵĭɑ
			(集)忍與切	日語開三上遇	nʑĭo
rù	去	孺	(古)日侯		ȵĭwo
			(廣)而遇切	日遇合三去遇	nʑĭu
		蓐褥縟溽嗕	(古)日屋		ȵĭwŏk
			(廣)而蜀切	日燭合三入通	nʑĭwok
		洳(沮洳)	(古)日魚		ȵĭɑ
			(廣)人恕切	日御開三去遇	nʑĭo
		入	(古)日緝		ȵĭəp
			(廣)人執切	日緝開三入深	nʑĭəp
zū	陰	租葙	(古)精魚		tsɑ
			(廣)則吾切	精模合一平遇	tsu
		菹	(古)莊魚		tʃĭɑ
			(廣)側魚切	莊魚開三平遇	tʃĭo
		葅蒩	(古)莊魚		tʃĭɑ
			(集)臻魚切	莊魚開三平遇	tʃĭo
zú	陽	槭*歒欶	(古)精覺		tsĭəuk
			(廣)子六切	精屋合三入通	tsĭuk

		鏃		(古)精屋	tsŏk
			(廣)作木切	精屋合一入通	tsuk
		族		(古)從屋	dzŏk
			(廣)昨木切	從屋合一入通	dzuk
		足哫		(古)精屋	tsĭwŏk
			(廣)即玉切	精燭合三入通	tsĭwok
		卒(士卒)		(古)精物	tsuǎt
			(廣)臧没切	精没合一入臻	tsuət
		捽崪		(古)從物	dzuǎt
			(廣)昨没切	從没合一入臻	dzuət
		卒(終也)猝		(古)精物	tsĭwǎt
			(廣)子聿切	精術合三入臻	tsĭuĕt
		崒踤		(古)從物	dzĭwǎt
			(廣)慈卹切	從術合三入臻	dzĭuĕt
zǔ	上	阻俎		(古)莊魚	tʃĭɑ
			(廣)側呂切	莊語開三上遇	tʃĭo
		詛		(古)莊魚	tʃĭɑ
			(廣)莊助切	莊御開三去遇	tʃĭo
		譴(詛)禮		(古)莊魚	tʃĭɑ
			(集)莊助切	莊御開三去遇	tʃĭo
		祖珇組蒩		(古)精魚	tsɑ
			(廣)則古切	精姥合一上遇	tsu
zù	去	駔(駿馬)		(古)從魚	dzɑ
			(廣)徂古切	從姥合一上遇	dzu
cū	陰	麤麁蘪		(古)清魚	tsʻɑ

			(廣)倉胡切	清模合一平遇	tsʻu
		粗怚(粗心)		(古)清魚	tsʻɑ
			(集)聰徂切	清模合一平遇	tsʻu
		觕(牛角直貌,粗)		(古)從魚	dzɑ
			(廣)徂古切	從姥合一上遇	dzu
			(又)倉胡切	清模合一平遇	tsʻu
cú	陽	徂退殂		(古)從魚	dzɑ
			(廣)昨胡切	從模合一平遇	dzu
cù	去	踧(踧踖)慼顣		(古)精覺	tsĭəuk
			(廣)子六切	精屋合三入通	tsĭuk
		鼀蹴蹙噈[illegible]		(古)清覺	tsʻĭəuk
			(集)七六切	清屋合三入通	tsʻĭuk
		瘯蔟(蠶簇)趗		(古)清屋	tsʻŏk
			(廣)千木切	清屋合一入通	tsʻuk
		促誎		(古)清屋	tsʻĭwŏk
			(廣)七玉切	清燭合三入通	tsʻĭwok
		數(密)		(古)清屋	tsʻĭwŏk
			(集)趨玉切	清燭合三入通	tsʻĭwok
		醋(醬醋)		(古)清鐸	tsʻāk
			(廣)倉故切	清暮合一去遇	tsʻu
		酢("醋"本字)		(古)清鐸	tsʻāk
			(集)倉故切	清暮合一去遇	tsʻu
		猝卒(匆促)		(古)清物	tsʻuə̆t
			(廣)倉没切	清没合一入臻	tsʻuət
sū	陰	蘇穌		(古)心魚	sɑ

			(廣)素姑切	心模合一平遇	su
		窣		(古)心物	suə̆t
			(廣)蘇骨切	心没合一入臻	suət
sú	陽	俗		(古)邪屋	zĭwŏk
			(廣)似足切	邪燭合三入通	zĭwok
sù	去	謖		(古)山職	ʃĭwə̆k
			(廣)所六切	山屋合三入通	ʃĭuk
		肅宿(住宿)蓿夙王鷫驌鱐蹜潚橚䐹			
				(古)心覺	sĭə̆uk
			(廣)息逐切	心屋合三入通	sĭuk
		夙(夙)		(古)心覺	sĭə̆uk
			(說)息逐切	心屋合三入通	sĭuk
		茜蹜摍(到)		(古)山覺	ʃĭə̆uk
			(廣)所六切	山屋合三入通	ʃĭuk
		速遬蔌餗樕梀䴼藗涑		(古)心屋	sŏk
			(廣)桑谷切	心屋合一入通	suk
		觫		(古)心屋	sŏk
			(集)蘇谷切	心屋合一入通	suk
		粟		(古)心屋	sĭwŏk
			(廣)相玉切	心燭合三入通	sĭwok
		素嗉膆		(古)心魚	sɑ
			(廣)桑故切	心暮合一去遇	su
		愫		(古)心魚	sɑ
			(集)蘇故切	心暮合一去遇	su
		訴愬(訴説)遡泝遡		(古)心鐸	sāk

			(廣)桑故切	心暮合一去遇	su
		泝溯	(古)心鐸		sāk
			(集)蘇故切	心暮合一去遇	su
dū	陰	督裻	(古)端覺		tǝ̆uk
			(廣)冬毒切	端沃合一入通	tuok
		都闍	(古)端魚		tɑ
			(廣)當孤切	端模合一平遇	tu
dú	陽	毒蝳蝳纛*(毛羽車飾)	(古)定覺		dǝ̆uk
			(廣)徒沃切	定沃合一入通	duok
		獨黷讟髑殰讀櫝牘韣遺襩(韜)韣瀆隮韇嬻犢罜匵			
			(古)定屋		dŏk
			(廣)徒谷切	定屋合一入通	duk
		牘	(古)定屋		dŏk
			(集)徒谷切	定屋合一入通	duk
dǔ	上	篤竺(厚)禱	(古)端覺		tǝ̆uk
			(廣)冬毒切	端沃合一入通	tuok
		篤(竺)豰	(古)端覺		tǝ̆uk
			(集)都毒切	端沃合一入通	tuok
		覩睹睹堵帾	(古)端魚		tɑ
			(廣)當古切	端姥合一上遇	tu
dù	去	杜敷	(古)定魚		dɑ
			(廣)徒古切	定姥合一上遇	du
		妒	(古)端魚		tɑ
			(廣)當故切	端暮合一去遇	tu
		妬詫蠹螙殬斁(敗也)	(古)端鐸		tāk

			(廣)當故切	端暮合一去遇	tu
		渡度(度量)	(古)定鐸		dāk
			(廣)徒故切	定暮合一去遇	du
tū	陰	禿	(古)透屋		t‘ŏk
			(廣)他谷切	透屋合一入通	t‘uk
		悇	(古)透魚		t‘ɑ
			(廣)他胡切	透模合一平遇	t‘u
		瑹	(古)透魚		t‘uɑ
			(廣)他胡切	透模合一平遇	t‘u
		怢	(古)透質		t‘uĕt
			(集)他骨切	透没合一入臻	t‘uət
		厺(突)	(古)透物		t‘uăt
			(廣)他骨切	透没合一入臻	t‘uət
		突腯鼵葖	(古)定物		duăt
			(廣)陀骨切	定没合一入臻	duət
tú	陽	腧	(古)定侯		do
			(廣)同都切	定模合一平遇	du
		稌	(古)透魚		t‘ɑ
			(廣)他胡切	透模合一平遇	t‘u
		徒辻屠瘏塗途酴駼𤘻鵌涂(水名)荼(苦菜)圖䣝菟(於菟)捈𨛦𥁕蒤𩲸筡	(古)定魚		dɑ
			(廣)同都切	定模合一平遇	du
		跿檡(於檡)	(古)定魚		dɑ
			(集)同都切	定模合一平遇	du
tǔ	上	土吐(吞吐)芏	(古)透魚		t‘ɑ

		(廣)他魯切	透姥合一上遇	tʻu
tù	去	菟(菟絲)兔吐(嘔吐)鵵(古)透魚		tʻɑ
		(廣)湯故切	透暮合一去遇	tʻu
		悇 (古)透質		tʻuĕt
		(廣)他骨切	透没合一入臻	tʻuət
nú	陽	奴駑帑(妻子)砮笯 (古)泥魚		nɑ
		(廣)乃都切	泥模合一平遇	nu
nǔ	上	弩砮努 (古)泥魚		nɑ
		(廣)奴古切	泥姥合一上遇	nu
nù	去	怒 (古)泥魚		nɑ
		(廣)乃故切	泥暮合一去遇	nu
lú	陽	臚廬 (古)來魚		lĭɑ
		(廣)力居切	來魚開三平遇	lĭo
		盧鑪壚籚蘆顱攎櫨艫驢鸕艫纑瀘爐旅矑杇		
		黸膚罏罏 (古)來魚		lɑ
		(廣)落胡切	來模合一平遇	lu
lǔ	上	魯櫓滷虜擄鏀蓾鹵鱸 (古)來魚		lɑ
		(廣)郎古切	來姥合一上遇	lu
lù	去	陸戮勠稑穋鵱蓼(長大貌)鯥坴圥僇		
		(古)來覺		lĭəuk
		(廣)力竹切	來屋合三入通	lĭuk
		鱳(魚名) (古)來藥		lăuk
		(集)盧谷切	來屋合一入通	luk
		祿鹿漉淥睩轆琭簏箓螰麗麓硉盝娽摝录趢		
		(古)來屋		lŏk

			(廣)盧谷切	來屋合一入通	luk
		録淥親緑*騄菉逯籙	(古)來屋		lǐwǒk
			(廣)力玉切	來燭合三入通	lǐwok
		路露潞輅鷺璐賂簬簵	(古)來鐸		lāk
			(廣)洛故切	來暮合一去遇	lu
		蕗	(古)來鐸		lāk
			(集)魯故切	來暮合一去遇	lu
		硉	(古)來物		luǎt
			(廣)勒没切	來没合一入臻	luət
bū	陰	逋餔(喫)晡誧抪	(古)幫魚		puɑ
			(廣)博孤切	幫模合一平遇	pu
bú	陽	轐	(古)並屋		bǒk
			(廣)蒲沃切	並沃合一入通	buok
bǔ	上	捊	(古)幫幽		pəu
			(廣)方垢切	幫厚開一上流	pəu
		卜𩿨	(古)幫屋		pǒk
			(廣)博木切	幫屋合一入通	puk
		補	(古)幫魚		puɑ
			(廣)博古切	幫姥合一上遇	pu
		捕哺餔(哺養)	(古)並魚		buɑ
			(廣)薄故切	並暮合一去遇	bu
bù	去	部脗瓿錇篰蔀	(古)並之		bə
			(廣)蒲口切	並厚開一上流	bəu
		不(弗也)	(古)幫之		pǐwə
			(廣)甫鳩切	幫尤開三平流	pǐəu

			(又)分勿切	幫物合三入臻	pǐwət
		布	(古)幫魚		puɑ
			(廣)博故切	幫暮合一去遇	pu
		怖悑	(古)滂魚		p‘uɑ
			(廣)普故切	滂暮合一去遇	p‘u
		簿	(古)並鐸		buāk
			(廣)裴古切	並姥合一上遇	bu
		步荹	(古)並鐸		buāk
			(廣)蒲故切	並暮合一去遇	bu
pū	陰	扑攴撲	(古)滂屋		p‘ŏk
			(廣)普木切	滂屋合一入通	p‘uk
		剝(扑)	(古)滂屋		p‘ŏk
			(集)普木切	滂屋合一入通	p‘uk
		仆(倒也)	(古)並屋		bŏk
			(廣)蒲北切	並德開一入曾	bək
			(又)敷救切	滂宥開三去流	p‘ǐəu
		鋪(鋪陳)痡	(古)滂魚		p‘uɑ
			(廣)普胡切	滂模合一平遇	p‘u
pú	陽	璞	(古)滂屋		p‘eŏk
			(廣)匹角切	滂覺開二入江	p‘ɔk
		濮纀	(古)幫屋		pŏk
			(廣)博木切	幫屋合一入通	puk
		樸(叢生)僕菐	(古)並屋		bŏk
			(廣)蒲木切	並屋合一入通	buk
		戻樸	(古)並屋		bŏk

			(集)步木切	並屋合一入通	buk
		酺匍蒱(草名)	(古)並魚		buɑ
			(廣)薄胡切	並模合一平遇	bu
		扶(扶伏)	(古)並魚		buɑ
			(集)蓬逋切	並模合一平遇	bu
		莆	(古)幫魚		pĭwɑ
			(廣)方矩切	幫麌合三上遇	pĭu
pǔ	上	暠	(古)滂藥		p‘eăuk
			(廣)匹角切	滂覺開二入江	p‘ɔk
		樸(木素)朴	(古)滂屋		p‘eŏk
			(廣)匹角切	滂覺開二入江	p‘ɔk
		蹼	(古)幫屋		pŏk
			(廣)博木切	幫屋合一入通	puk
		墣	(古)滂屋		p‘ŏk
			(廣)普木切	滂屋合一入通	p‘uk
		譜圃	(古)幫魚		puɑ
			(廣)博古切	幫姥合一上遇	pu
		普浦	(古)滂魚		p‘uɑ
			(廣)滂古切	滂姥合一上遇	p‘u
		溥	(古)滂鐸		p‘uāk
			(廣)滂古切	滂姥合一上遇	p‘u
pù	去	暴(日乾)曝	(古)並藥		băuk
			(廣)蒲木切	並屋合一入通	buk
		㬥(日乾)	(古)並藥		băuk
			(集)步木切	並屋合一入通	buk

mú	陽	⿱敄酉		(古)明侯	mo
			(廣)莫胡切	明模合一平遇	mu
mǔ	上	母拇畒晦鵡		(古)明之	mə
			(廣)莫厚切	明厚開一上流	məu
		姥		(古)明之	muə
			(廣)莫補切	明姥合一上遇	mu
		娒(女師)姆		(古)明之	muə
			(集)滿補切	明姥合一上遇	mu
		牡		(古)明幽	məu
			(廣)莫厚切	明厚開一上流	məu
		牟(中牟,地名)		(古)明幽	məu
			(集)莫後切	明厚開一上流	məu
		莽(宿草)		(古)明魚	muɑ
			(廣)莫補切	明姥合一上遇	mu
mù	去	牧		(古)明職	mĭwək
			(廣)莫六切	明屋合三入通	mĭuk
		坶		(古)明職	mĭwək
			(集)莫六切	明屋合三入通	mĭuk
		艒		(古)明覺	mŏuk
			(廣)莫沃切	明沃合一入通	muok
		目睦穆苜㣎		(古)明覺	mĭŏuk
			(廣)莫六切	明屋合三入通	mĭuk
		木沐霂鞪楘蚞		(古)明屋	mŏk
			(廣)莫卜切	明屋合一入通	muk
		幕		(古)明鐸	mɑ̆k

			(廣)慕各切	明鐸開一入宕	mɑk
		暮慕募墓慔	(古)明鐸		māk
			(廣)莫故切	明暮合一去遇	mu
		莫(日暮)	(古)明鐸		māk
			(說)莫故切	明暮合一去遇	mu
fū	陰	孚(孵化)郛* 鄜(鄜)筟孵稃莩*			
			(古)滂幽		p'ĭəu
			(廣)芳無切	滂虞合三平遇	p'ĭu
		孵	(古)滂幽		p'ĭəu
			(集)芳無切	滂虞合三平遇	p'ĭu
		跗(脚背)鴩柎(欄足)	(古)幫侯		pĭwo
			(廣)甫無切	幫虞合三平遇	pĭu
		怤泭紨	(古)滂侯		p'ĭwo
			(廣)芳無切	滂虞合三平遇	p'ĭu
		膚邦鈇袪玞夫(丈夫)鳺鴸			
			(古)幫魚		pĭwɑ
			(廣)甫無切	幫虞合三平遇	pĭu
		敷旉豧専痡荂(花也)	(古)滂魚		p'ĭwɑ
			(廣)芳無切	滂虞合三平遇	p'ĭu
		尃(敷)	(古)滂魚		p'ĭwɑ
			(說)芳无切	滂虞合三平遇	p'ĭu
fú	陽	罘涪芣(芣苢)錇	(古)並之		bĭwə
			(廣)縛謀切	並尤開三平流	bĭəu
		罟	(古)並之		bĭwə
			(集)房尤切	並尤開三平流	bĭəu

福幅輻葍蝠鶝踾　（古）幫職　pĭwə̆k

（廣）方六切　幫屋合三入通　pĭuk

伏（趴）虙服舣茯鵩箙琑鞴絥菔匐踾

（古）並職　bĭwə̆k

（廣）房六切　並屋合三入通　bĭuk

艮垘犕　（古）並職　bĭwə̆k

（集）房六切　並屋合三入通　bĭuk

浮桴枹罦罛琈蜉烰　（古）並幽　bĭəu

（廣）縛謀切　並尤開三平流　bĭəu

孚（信用）郛俘莩　（古）滂幽　p'ĭəu

（廣）芳無切　滂虞合三平遇　p'ĭu

符苻坿（石英）　（古）並侯　bĭwo

（廣）防無切　並虞合三平遇　bĭu

胕（浮腫）　（古）並侯　bĭwo

（集）馮無切　並虞合三平遇　bĭu

扶（扶持）芙鳧榑蚨夫（語助）枎

（古）並魚　bĭwɑ

（廣）防無切　並虞合三平遇　bĭu

弗紼綍艴笰由　（古）幫物　pĭwə̆t

（廣）分勿切　幫物合三入臻　pĭwət

臾（匥）蠠甃　（古）幫物　pĭwə̆t

（集）分物切　幫物合三入臻　pĭwət

拂（拂拭）茀乀髴佛跡　（古）滂物　p'ĭwə̆t

（廣）敷勿切　滂物合三入臻　p'ĭwət

佛（仿佛）趚　（古）滂物　p'ĭwə̆t

			(集)敷勿切	滂物合三入臻	p‘ĭwət
		佛(彿鬱)坲茀咈刜炥	(古)並物		bĭwǎt
			(廣)符弗切	並物合三入臻	bĭwət
		紱黻芾(草木盛也)巿韍翇沷帗			
			(古)幫月		pĭwǎt
			(廣)分勿切	幫物合三入臻	pĭuət
		祓	(古)滂月		p‘ĭwǎt
			(廣)敷勿切	滂物合三入臻	p‘ĭwət
fǔ	上	缶	(古)幫幽		pĭəu
			(集)俯九切	幫有開三上流	pĭəu
			(廣)芳武切	滂麌合三上遇	p‘ĭu
		俯府腑	(古)幫侯		pĭwo
			(廣)方矩切	幫麌合三上遇	pĭu
		弣拊綍	(古)滂侯		p‘ĭwo
			(廣)芳武切	滂麌合三上遇	p‘ĭu
		腐	(古)並侯		bĭwo
			(廣)扶雨切	並麌合三上遇	bĭu
		甫脯(乾肉)斧簠黼俌㕮父(美稱)郙			
			(古)幫魚		pĭwɑ
			(廣)方矩切	幫麌合三上遇	pĭu
		撫攺	(古)滂魚		p‘ĭwɑ
			(廣)芳武切	滂麌合三上遇	p‘ĭu
		嘸	(古)滂魚		p‘ĭwɑ
			(集)斐父切	滂麌合三上遇	p‘ĭu
		鬴釜輔𩈪滏	(古)並魚		bĭwɑ

			(廣)扶雨切	並麌合三上遇	bĭu
fù	去	婦負萯偩	(古)並之		bĭwə
			(廣)房九切	並有開三上流	bĭəu
		富蕾	(古)幫職		pĭwək
			(廣)方副切	幫宥開三去流	pĭəu
		副福	(古)滂職		p‘ĭwək
			(廣)敷救切	滂宥開三去流	p‘ĭəu
		伏(孵卵)	(古)並職		bĭwək
			(廣)扶富切	並宥開三去流	bĭəu
		阜	(古)並幽		bĭəu
			(廣)房九切	並有開三上流	bĭəu
		鍑	(古)幫覺		pĭəuk
			(廣)方副切	幫宥開三去流	pĭəu
		復(又)鍑	(古)並覺		bĭəuk
			(廣)扶富切	並宥開三去流	bĭəu
		復(重也)	(古)並覺		bĭəuk
			(集)扶富切	並宥開三去流	bĭəu
		腹複輹	(古)幫覺		pĭəuk
			(廣)方六切	幫屋合三入通	pĭuk
		蝮覆	(古)滂覺		p‘ĭəuk
			(廣)芳福切	滂屋合三入通	p‘ĭuk
		復(返)馥複椱復复鰒	(古)並覺		bĭəuk
			(廣)房六切	並屋合三入通	bĭuk
		夏(复)	(古)並覺		bĭəuk
			(集)房六切	並屋合三入通	bĭuk

字	反切	音韻地位	擬音
付髥	(古)幫侯		pĭwo
	(廣)方遇切	幫遇合三去遇	pĭu
府	(古)並侯		bĭwo
	(廣)扶雨切	並麌合三上遇	bĭu
附坿(益)祔駙鮒蚹跗(人名)	(古)並侯		bĭwo
	(廣)符遇切	並遇合三去遇	bĭu
柎(木板)軵	(古)並侯		bĭwo
	(集)符遇切	並遇合三去遇	bĭu
赴鱻訃趴	(古)滂屋		pĭwōk
	(廣)芳遇切	滂遇合三去遇	p'ĭu
父(父母)蚥	(古)並魚		bĭwɑ
	(廣)扶雨切	並麌合三上遇	bĭu
賦傅賦	(古)幫魚		pĭwɑ
	(廣)方遇切	幫遇合三去遇	pĭu
蒪	(古)幫魚		pĭwɑ
	(集)方遇切	幫遇合三去遇	pĭu
賻	(古)並魚		bĭwɑ
	(廣)符遇切	並遇合三去遇	bĭu
縛	(古)並鐸		bĭwăk
	(廣)符钁切	並藥合三入宕	bĭwak

ü（ㄩ）韻

yū	陰	淤	(古)影魚		ĭɑ
			(廣)央居切	影魚開三平遇	ĭo
		菸(枯萎)瘀	(古)影魚		ĭɑ
			(集)衣虛切	影魚開三平遇	ĭo
		⿰土於(同“淤”)	(古)影魚		ĭɑ
			(集)依據切	影遇開三去遇	ĭo
		紆陓扜迂⿺尢于	(古)影魚		ĭwɑ
			(廣)憶俱切	影虞合三平遇	ĭu
yú	陽	逾踰窬臾楰腴諛隃覦闟俞愉歈揄(揮動)褕瑜羭蝓榆萸牏渝媮蕍	(古)餘侯		ʎĭwo
			(廣)羊朱切	餘虞合三平遇	jĭu
		睮	(古)餘侯		ʎĭwo
			(集)容朱切	餘虞合三平遇	jĭu
		愚湡堣嵎髃禺隅鰅	(古)疑侯		ŋĭwo
			(廣)遇俱切	疑虞合三平遇	ŋĭu
		⿰忄禺	(古)疑侯		ŋĭwo
			(集)元俱切	疑虞合三平遇	ŋĭu
		於(介詞)	(古)影魚		ĭɑ
			(廣)央居切	影魚開三平遇	ĭo

余萸(香草)瀩餘輿旟璵艅畬歟與譽*(稱贊,動詞)旟
舁舉妤伃𪊲予(我)趣狳 (古)餘魚 ʎĭa
(廣)以諸切 餘魚開三平遇 jĭo
懙(懙懙) (古)餘魚 ʎĭa
(集)羊諸切 餘魚開三平遇 jĭo
魚䱷漁魰瀫衙(行貌) (古)疑魚 ŋĭa
(廣)語居切 疑魚開三平遇 ŋĭo
于盂邘雩(祭名)竽玗杅骬謣(妄言)軒
(古)匣魚 ɣĭwa
(廣)羽俱切 雲虞合三平遇 ɣĭu
亐衧 (古)匣魚 ɣĭwa
(集)雲俱切 雲虞合三平遇 ɣĭu
虞娛澞 (古)疑魚 ŋĭwa
(廣)遇俱切 疑虞合三平遇 ŋĭu
yǔ 上 傴(僂) (古)影侯 ĭwo
(廣)於武切 影麌合三上遇 ĭu
嫗(使温暖) (古)影侯 ĭwo
(集)委羽切 影麌合三上遇 ĭu
庾貐斞 (古)餘侯 ʎĭwo
(廣)以主切 餘麌合三上遇 jĭu
匬瘐 (古)餘侯 ʎĭwo
(集)勇主切 餘麌合三上遇 jĭu
與(給與)与予(給予)懙(古)餘魚 ʎĭa
(廣)余呂切 餘語開三上遇 jĭo
語(談話)圄敔圉齬鋙鋤(古)疑魚 ŋĭa

			(廣)魚巨切　疑語開三上遇	ŋĭo
		嶼	(古)邪魚	zĭɑ
			(廣)徐吕切　邪語開三上遇	zĭo
		羽禹雨宇瑀鄅楀萭郷聥	(古)匣魚	ɣĭwɑ
			(廣)王矩切　雲麌合三上遇	ɣĭu
		偊霺寓	(古)匣魚	ɣĭwɑ
			(集)王矩切　雲麌合三上遇	ɣĭu
		窳(器劣)瓜	(古)餘魚	ʎĭwɑ
			(廣)以主切　餘麌合三上遇	jĭu
		麌俁噳	(古)疑魚	ŋĭwɑ
			(廣)虞矩切　疑麌合三上遇	ŋĭu
		頨	(古)滂真	p'ĭen
			(集)紕延切　滂仙開三平山	p'ĭɛn
			(廣)王矩切　雲麌合三上遇	ɣĭu
yù	去	郁彧戫	(古)影職	ĭwə̆k
			(廣)於六切　影屋合三入通	ĭuk
		軉	(古)影職	ĭwə̆k
			(集)乙六切　影屋合三入通	ĭuk
		域蜮罭棫緎黬緎淢(水流急)	(古)匣職	ɣĭwə̆k
			(廣)雨逼切　雲職合三入曾	ɣĭwək
		閾	(古)曉職	xĭwə̆k
			(廣)況逼切　曉職合三入曾	xĭwək
		燠墺薁澳(水邊)隩篽	(古)影覺	ĭəuk
			(廣)於六切　影屋合三入通	ĭuk

奥(燠)		(古)影覺	ĭəuk
	(集)乙六切	影屋合三入通	ĭuk
育毓鬻緰焴淯弆蒮		(古)餘覺	ʎĭəuk
	(廣)余六切	餘屋合三入通	jĭuk
蓶		(古)餘藥	ʎĭăuk
	(廣)余六切	餘屋合三入通	jĭuk
籲		(古)餘藥	ʎĭāuk
	(廣)羊戍切	餘遇合三去遇	jĭu
飫醧		(古)影侯	ĭo
	(廣)依倨切	影御開三去遇	ĭo
愈瘉		(古)餘侯	ʎĭwo
	(廣)以主切	餘麌合三上遇	jĭu
嫗(婦人)饇		(古)影侯	ĭwo
	(廣)衣遇切	影遇合三去遇	ĭu
諭喻		(古)餘侯	ʎĭwo
	(廣)羊戍切	餘遇合三去遇	jĭu
遇寓庽禺(猴類)		(古)疑侯	ŋĭwo
	(廣)牛具切	疑遇合三去遇	ŋĭu
裕		(古)餘屋	ʎĭwōk
	(廣)羊戍切	餘遇合三去遇	jĭu
賣儥		(古)餘屋	ʎĭwŏk
	(廣)余六切	餘屋合三入通	jĭuk
欲浴鵒鋊慾		(古)餘屋	ʎĭwŏk
	(廣)余蜀切	餘燭合三入通	jĭwok
蝑		(古)餘屋	ʎĭwŏk

(集)俞玉切　餘燭合三入通　jĭwok

砡　(古)疑屋　ŋĭwŏk

(廣)魚菊切　疑屋合三入通　ŋĭuk

玉獄瑀　(古)疑屋　ŋĭwŏk

(廣)魚欲切　疑燭合三入通　ŋĭwok

棜　(古)影魚　ĭɑ

(廣)依倨切　影御開三去遇　ĭo

篽籞禦　(古)疑魚　ŋĭɑ

(廣)魚巨切　疑語開三上遇　ŋĭo

御(駕御)馭語(告訴)　(古)疑魚　ŋĭɑ

(廣)牛倨切　疑御開三去遇　ŋĭo

譽　(古)餘魚　ʎĭɑ

(廣)以諸切　餘魚開三平遇　jĭo

(又)羊洳切　餘御開三去遇　jĭo

豫預譽(聲譽,名詞)礜鸒悆蕷與(參與)

(古)餘魚　ʎĭɑ

(廣)羊洳切　餘御開三去遇　jĭo

轝(舁車)　(古)餘魚　ʎĭɑ

(集)羊茹切　餘御開三去遇　jĭo

芋雨(下雨,雨雪)雩　(古)匣魚　ɣĭwɑ

(廣)王遇切　雲遇合三去遇　ɣĭu

[illegible][illegible]　(古)匣質　ɣĭĕt

(廣)于筆切　雲質開三入臻　ɣĭĕt

欥遹鷸驈繘矞蟠鱊噊　(古)餘質　ʎĭwĕt

(廣)餘律切　餘術合三入臻　jĭuĕt

		鬱蔚鬱		(古)影物	ĭwə̆t
			(廣)紆物切	影物合三入臻	ĭwət
		⿱林韋		(古)影物	ĭwə̆t
			(集)紆勿切	影物合三入臻	ĭwət
		聿欥		(古)餘物	ʎĭwə̆t
			(廣)餘律切	餘術合三入臻	jĭuĕt
		昱煜喅		(古)餘緝	ʎĭwə̆p
			(廣)余六切[1]	餘屋合三入通	jĭuk
jū	陰	捄(盛土)		(古)見幽	kĭəu
			(廣)舉朱切	見虞合三平遇	kĭu
		拘駒跔俱(皆)痀		(古)見侯	kĭwo
			(廣)舉朱切	見虞合三平遇	kĭu
		娵		(古)精侯	tsĭwo
			(廣)子于切	精虞合三平遇	tsĭu
		居据裾琚鶋車崌椐涺腒		(古)見魚	kĭɑ
			(廣)九魚切	見魚開三平遇	kĭo
		凥(処也)		(古)見魚	kĭɑ
			(集)斤於切	見魚開三平遇	kĭo
		斞臾		(古)見魚	kĭwɑ
			(廣)舉朱切	見虞合三平遇	kĭu
		罝⿰女虘		(古)精魚	tsiɑ
			(廣)子邪切	精麻開三平假	tsĭa

① 《説文》日部"昱"字段注："翌與昱同立聲，故相假借，本皆在緝韻，音轉，又皆入屋韻。""古音在七部。"

		且(語氣詞)苴(麻子)沮(水名)		
			(古)精魚	tsĭɑ
			(廣)子魚切　精魚開三平遇	tsĭo
		耶疽	(古)精魚	tsĭɑ
			(集)子余切　精魚開三平遇	tsĭo
		疽岨砠趄狙雎濾伹坥	(古)清魚	ts‘ĭɑ
			(廣)七余切　清魚開三平遇	ts‘ĭo
		鵙	(古)清魚	ts‘ĭɑ
			(集)千余切　清魚開三平遇	ts‘ĭo
jú	陽	菊鞠蘜蓻掬匊篘鞫鞠鵴鵴鮈椈臼(叉手)鶌踘趜		
			(古)見覺	kĭəuk
			(廣)居六切　見屋合三入通	kĭuk
		蘜	(古)見覺	kĭəuk
			(集)居六切　見屋合三入通	kĭuk
		鞠蜘	(古)羣覺	gĭəuk
			(廣)渠竹切　羣屋合三入通	gĭuk
		匊	(古)羣覺	gĭəuk
			(集)渠竹切　羣屋合三入通	gĭuk
		輂挶梮暈梮槼纍	(古)見屋	kĭwŏk
			(廣)居玉切　見燭合三入通	kĭwok
		檋䢳	(古)見屋	kĭwŏk
			(集)拘玉切　見燭合三入通	kĭwok
		局跼駶	(古)羣屋	gĭwŏk
			(廣)渠玉切　羣燭合三入通	gĭwok
		擢	(古)見鐸	kĭwăk

			（說）居玉切	見燭合三入通	kĭwok
		郹狊鶪湨鼳	（古）見錫		kiwěk
			（廣）古闃切	見錫合四入梗	kiwek
		橘䞴趫䣓	（古）見質		kĭwět
			（廣）居聿切	見術合三入臻	kĭuět
jǔ	上	枸（木名）椇蒟柜	（古）見侯		kĭwo
			（廣）俱雨切	見麌合三上遇	kĭu
		擧莒筥柜籧	（古）見魚		kĭɑ
			（廣）居許切	見語開三上遇	kĭo
		咀（咀嚼）沮（止也）跙	（古）從魚		dzĭɑ
			（廣）慈吕切	從語開三上遇	dzĭo
		齟（齟齬）	（古）崇魚		dʒĭɑ
			（廣）牀吕切	崇語開三上遇	dʒĭo
		矩榘踽	（古）見魚		kĭwɑ
			（廣）俱雨切	見麌合三上遇	kĭu
		拒（方陣）	（古）見魚		kĭwɑ
			（集）果羽切	見麌合三上遇	kĭu
jù	去	窶（貧）	（古）羣侯		gĭwo
			（廣）其矩切	羣麌合三上遇	gĭu
		寠（貧）	（古）羣侯		gĭwo
			（說）其榘切	羣麌合三上遇	gĭu
		屨句邭	（古）見侯		kĭwo
			（廣）九遇切	見遇合三去遇	kĭu
		泃	（古）見侯		kĭwo
			（集）俱遇切	見遇合三去遇	kĭu

具	(古)羣侯		gǐwo
	(廣)其遇切	羣遇合三去遇	gǐu
聚	(古)從侯		dzǐwo
	(廣)慈庾切	從麌合三上遇	dzǐu
	(又)才句切	從遇合三去遇	dzǐu
埾	(古)從侯		dzǐwo
	(廣)才句切	從遇合三去遇	dzǐu
冣	(古)從侯		dzǐwo
	(集)從遇切	從遇合三去遇	dzǐu
巨拒秬距炬粔虡鐻鉅苣駏詎岠齟			
	(古)羣魚		gǐɑ
	(廣)其吕切	羣語開三上遇	gǐo
䂂蚷	(古)羣魚		gǐɑ
	(集)臼許切	羣語開三上遇	gǐo
岠	(古)羣魚		gǐɑ
	(玉)其吕切	羣語開三上遇	gǐo
袓	(古)從魚		dzǐɑ
	(廣)慈吕切	從語開三上遇	dzǐo
據鋸倨踞豦	(古)見魚		kǐɑ
	(廣)居御切	見御開三去遇	kǐo
躆	(古)見魚		kǐɑ
	(集)居御切	見御開三去遇	kǐo
遽勮詎醵	(古)羣魚		gǐɑ
	(廣)其據切	羣御開三去遇	gǐo
怚(驕)沮(沮洳)	(古)精魚		tsǐɑ

			(廣)將預切	精御開三去遇	tsĭo
		爐姐(嬌)	(古)精魚		tsĭɑ
			(集)將豫切	精御開三去遇	tsĭo
		瞿(瞿瞿,驚視)界眀	(古)見魚		kĭwɑ
			(廣)九遇切	見遇合三去遇	kĭu
		懼(恐懼)	(古)羣魚		gĭwɑ
			(廣)其遇切	羣遇合三去遇	gĭu
		劇	(古)羣鐸		giăk
			(廣)奇逆切	羣陌開三入梗	gĭɐk
qū	陰	麴籟	(古)溪覺		k‘ĭəuk
			(廣)驅匊切	溪屋合三入通	k‘ĭuk
		區鰛驅毆(驅)嶇軀嫗	(古)溪侯		k‘ĭwo
			(廣)豈俱切	溪虞合三平遇	k‘ĭu
		毆(驅)	(古)溪侯		k‘ĭwo
			(集)虧于切	溪虞合三平遇	k‘ĭu
		趨	(古)清侯		ts‘ĭwo
			(廣)七逾切	清虞合三平遇	ts‘ĭu
		趣(疾行)	(古)清侯		ts‘ĭwo
			(集)逡須切	清虞合三平遇	ts‘ĭu
		曲(彎曲)苗	(古)溪屋		k‘ĭwŏk
			(廣)丘玉切	溪燭合三入通	k‘ĭwok
		豊	(古)溪屋		k‘ĭwŏk
			(集)區玉切	溪燭合三入通	k‘ĭwok
		笑祛陆肤魼枯	(古)溪魚		k‘ĭɑ
			(廣)去魚切	溪魚開三平遇	k‘ĭo

		ㄩ鱋祛呿	(古)溪魚		kʻĭɑ
			(集)丘於切	溪魚開三平遇	kʻĭo
		胆(蛆)	(古)清魚		tsʻĭɑ
			(廣)七余切	清魚開三平遇	tsʻĭo
		屈(彎曲)詘蝠	(古)溪物		kʻĭwə̆t
			(廣)區勿切	溪物合三入臻	kʻĭwət
		誳蚍	(古)溪物		kʻĭwə̆t
			(集)曲勿切	溪物合三入臻	kʻĭwət
qú	陽	劬軥朐(脯)鴝鼩斪鸜絇姁	(古)羣侯		gĭwo
			(廣)其俱切	羣虞合三平遇	gĭu
		翎	(古)羣侯		gĭwo
			(集)權俱切	羣虞合三平遇	gĭu
		渠璩蕖籧(籧篨)簴鱇蝨蘧蒙			
			(古)羣魚		gĭɑ
			(廣)强魚切	羣魚開三平遇	gĭo
		衢臞癯鸜灈躣忂蠷瞿(兵器)欋趯			
			(古)羣魚		gĭwɑ
			(廣)其俱切	羣虞合三平遇	gĭu
		鑺矍懼(懼然)	(古)羣魚		gĭwɑ
			(集)權俱切	羣虞合三平遇	gĭu
qǔ	上	竘	(古)溪侯		kʻĭwo
			(廣)驅雨切	溪麌合三上遇	kʻĭu
		取	(古)清侯		tsʻĭwo
			(廣)七庾切	清麌合三上遇	tsʻĭu
		娶	(古)清侯		tsʻĭwo

			(廣)七句切	清遇合三去遇	tsʻĭu
		曲(欒曲)	(古)溪屋		kʻĭwŏk
			(廣)丘玉切	溪燭合三入通	kʻĭwok
		去*(除)麮	(古)溪魚		kʻĭɑ
			(廣)羌舉切	溪語開三上遇	kʻĭo
		祛	(古)溪魚		kʻĭɑ
			(集)口舉切	溪語開三上遇	kʻĭo
		齲	(古)溪魚		kʻĭwɑ
			(廣)驅雨切	溪麌合三上遇	kʻĭu
		竬	(古)溪魚		kʻĭwɑ
			(集)顆羽切	溪麌合三上遇	kʻĭu
qù	去	趣(旨意)	(古)清侯		tsʻĭwo
			(廣)七句切	清遇合三去遇	tsʻĭu
		去(離)层	(古)溪魚		kʻĭɑ
			(廣)丘倨切	溪御開三去遇	kʻĭo
		去(除)	(古)溪魚		kʻĭɑ
			(廣)羌舉切	溪語開三上遇	kʻĭo
			(又)丘倨切	溪御開三去遇	kʻĭo
		覰	(古)清魚		tsʻĭɑ
			(廣)七慮切	清御開三去遇	tsʻĭo
		蜡(蠅胆也)	(古)清鐸		tsʻĭāk
			(廣)七慮切	清御開三去遇	tsʻĭo
		闃	(古)溪錫		kʻiwĕk
			(廣)苦鵙切	溪錫合四入梗	kʻiwek
xū	陰	欨昫(昫愉)	(古)曉侯		xĭwo

(廣)況于切　曉虞合三平遇　xĭu

嘔(嘔嘔,言語高興)昫(昫衍,戎名)

(古)曉侯　xĭwo

(集)匈于切　曉虞合三平遇　xĭu

須鬚嬃頿繻(傳符帛)需綸(衫帛)

(古)心侯　sĭwo

(廣)相俞切　心虞合三平遇　sĭu

頊　(古)曉屋　xĭwŏk

(廣)許玉切　曉燭合三入通　xĭwok

虚(空虚)驉歔嘘魖　(古)曉魚　xĭɑ

(廣)朽居切　曉魚開三平遇　xĭo

虚(大丘)墟　(古)溪魚　k'ĭɑ

(廣)去魚切　溪魚開三平遇　k'ĭo

胥䱬楈諝慉蝑揟　(古)心魚　sĭɑ

(廣)相居切　心魚開三平遇　sĭo

訏吁雩(雩婁,地名)盱䔓(花)忓𣐤

(古)曉魚　xĭwɑ

(廣)況于切　曉虞合三平遇　xĭu

譃(輿譃)　(古)曉魚　xĭwɑ

(集)匈于切　曉虞合三平遇　xĭu

砉　(古)曉錫　xiwěk

(廣)呼臭切　曉錫合四入梗　xiwek

戌(地支)訹　(古)心物　sĭwət

(廣)辛聿切　心術合三入臻　sĭwět

欻　(古)曉物　xĭwət

			(廣)許勿切	曉物合三入臻	xĭwət
xú	陽	徐俆	(古)邪魚		zĭɑ
			(廣)似魚切	邪魚開三平遇	zĭo
xǔ	上	盨	(古)山侯		ʃĭwo
			(廣)踈舉切	山語開三上遇	ʃĭo
		姁(嫗)煦	(古)曉侯		xĭwo
			(廣)況羽切	曉麌合三上遇	xĭu
		⿰糸須	(古)心侯		sĭwo
			(廣)相庾切	心麌合三上遇	sĭu
		許(允許,處所)鄦	(古)曉魚		xĭɑ
			(廣)虛呂切	曉語開三上遇	xĭo
		胥(小吏)稰湑糈禑	(古)心魚		sĭɑ
			(廣)私呂切	心語開三上遇	sĭo
		所(所所,伐木聲)	(古)山魚		ʃĭɑ
			(廣)踈舉切	山語開三上遇	ʃĭo
		詡⿱吕寸栩	(古)曉魚		xĭwɑ
			(廣)況羽切	曉麌合三上遇	xĭu
xù	去	𥛚淢(溝洫)	(古)曉職		xĭwə̆k
			(廣)況逼切	曉職合三入曾	xĭwək
		窢	(古)曉職		xĭwə̆k
			(集)忽域切	曉職合三入曾	xĭwək
		蓄稸畜(養)㜅慉	(古)曉覺		xĭə̆uk
			(廣)許竹切	曉屋合三入通	xĭuk
		旭勖	(古)曉覺		xĭə̆uk
			(廣)許玉切	曉燭合三入通	xĭwok

呴煦酗响（嘘氣使温） （古）曉侯 xĭwo

（廣）香句切 曉遇合三去遇 xĭu

酗 （古）曉侯 xĭwo

（集）吁句切 曉遇合三去遇 xĭu

續蕢 （古）邪屋 zĭwŏk

（廣）似足切 邪燭合三入通 zĭwok

絮（敝緜） （古）心魚 sĭɑ

（廣）息據切 心御開三去遇 sĭo

敍緒藇（美好貌）序溆嶼* 鱮屐

（古）邪魚 zĭɑ

（廣）徐吕切 邪語開三上遇 zĭo

抒 （古）邪魚 zĭɑ

（集）象吕切 邪語開三上遇 zĭo

壻 （古）心魚 siɑ

（廣）蘇計切 心霽開四去蟹 siei

婿聟（"壻"俗字） （古）心魚 siɑ

（集）思計切 心霽開四去蟹 siei

獝 （古）曉質 xĭĕt

（廣）況必切 曉質開三入臻 xĭĕt

侐 （古）曉質 xĭwēt

（廣）火季切 曉至合三去止 xwi

洫 （古）曉質 xĭwĕt

（廣）況逼切 曉職合三入曾 xĭwək

卹恤 （古）心質 sĭwĕt

（廣）辛聿切 心術合三入臻 sĭuĕt

		洫	(古)曉質	xiwĕt
			(廣)呼臭切　曉錫合四入梗	xiwek
		桒	(古)曉物	xĭwət
			(廣)許勿切　曉物合三入臻	xĭuət
		怵(誘)	(古)心物	sĭwət
			(集)雪律切　心術合三入臻	sĭuĕt
		鷸	(古)心物	sĭwət
			(廣)辛聿切　心術合三入臻	sĭuət
		怴	(古)曉月	xĭwăt
			(廣)許聿切　曉術合三入臻	xĭuət
nǚ	上	女(男女)籹	(古)泥魚	nĭɑ
			(廣)尼呂切　泥語開三上遇	nĭo
nǜ	去	衄	(古)泥職	nĭwək
			(廣)女六切　泥屋合三入通	nĭuk
		聏(慚)	(古)泥職	nĭwək
			(集)女六切　泥屋合三入通	nĭuk
		朒(縮朒)衂忸狃	(古)泥覺	nĭəuk
			(廣)女六切　泥屋合三入通	nĭuk
		女(以女嫁人)絮(姓)	(古)泥魚	nĭɑ
			(廣)尼據切　泥御開三去遇	nĭo
lǘ	陽	鷜鏤(屬鏤)婁(拉也)瘻(痀瘻)		
			(古)來侯	lĭwo
			(廣)力朱切　來虞合三平遇	lĭu
		貗	(古)來侯	lĭwo
			(集)龍珠切　來虞合三平遇	lĭu

		閭驢藘藺		(古)來魚	lǐɑ
			(廣)力居切	來魚開三平遇	lǐo
lǚ	上	縷僂褸(衣壞)漊		(古)來侯	lǐwo
			(廣)力主切	來麌合三上遇	lǐu
		婁(繫)		(古)來侯	lǐwo
			(集)隴主切	來麌合三上遇	lǐu
		屢		(古)來侯	lǐwo
			(廣)良遇切	來遇合三去遇	lǐu
		吕膂旅梠儢侶郘		(古)來魚	lǐɑ
			(廣)力舉切	來語開三上遇	lǐo
		履		(古)來脂	lǐei
			(廣)力几切	來旨開三上止	li
lǜ	去	绿		(古)來屋	lǐwŏk
			(廣)力玉切	來燭合三入通	lǐwok
		慮勴鑢		(古)來魚	lǐɑ
			(廣)良倨切	來御開三去遇	lǐo
		律繂膟葎		(古)來物	lǐwə̆t
			(廣)吕卹切	來術合三入臻	lǐuĕt
		嵂䔩膟率(標準)		(古)來物	lǐwə̆t
			(集)劣戌切	來術合三入臻	lǐuĕt
		寽		(古)來月	luăt
			(集)盧活切	來末合一入山	luɑt
			(廣)吕卹切	來術合三入臻	lǐuĕt

ɑi（ㄞ）韻

āi	陰	埃唉欸（呵斥）毐（人無行）			
				（古）影之	ə
			（廣）烏開切	影咍開一平蟹	ɒi
		哀		（古）影微	əi
			（廣）烏開切	影咍開一平蟹	ɒi
ái	陽	皚敳殪剴*		（古）疑微	ŋəi
			（廣）五來切	疑咍開一平蟹	ŋɒi
		皚		（古）疑微	ŋəi
			（集）魚開切	疑咍開一平蟹	ŋɒi
ǎi	上	欸（應答聲）毐（嫪毐，人名）挨（擊也）			
				（古）影之	ə
			（廣）於改切	影海開一上蟹	ɒi
		佁		（古）餘之	ʎə
			（廣）夷在切	餘海開一上蟹	jɒi
		藹		（古）影月	āt
			（廣）於蓋切	影泰開一去蟹	ɑi
ài	去	礙閡（外閉）儗（佁儗）懝		（古）疑之	ŋə
			（廣）五溉切	疑代開一去蟹	ŋɒi
		譺		（古）疑之	ŋeə

		(廣)五介切	疑怪開二去蟹	ŋɐi
	噫(出氣)	(古)影職		eək
		(廣)烏界切	影怪開二去蟹	ɐi
	隘	(古)影錫		ēk
		(廣)烏懈切	影卦開二去蟹	ai
	嗌(嗌)	(古)影錫		ēk
		(集)烏懈切	影卦開二去蟹	ai
	瘢	(古)影脂		ei
		(廣)烏懈切	影卦開二去蟹	ai
	愛懸曖僾薆薆	(古)影物		ət
		(廣)烏代切	影代開一去蟹	ɒi
	藹	(古)影月		āt
		(廣)於蓋切	影泰開一去蟹	ɑi
	艾	(古)疑月		ŋāt
		(廣)五蓋切	疑泰開一去蟹	ŋɑi
	餲	(古)影月		eāt
		(廣)於犗切	影夬開二去蟹	æi
	壒	(古)影葉		āp
		(廣)於蓋切	影泰開一去蟹	ɑi
	濭	(古)影葉		āp
		(集)於蓋切	影泰開一去蟹	ɑi
gāi 陰	該垓荄陔姟絯晐峐祴侅賅胲(足大指)			
		(古)見之		kə
		(廣)古哀切	見咍開一平蟹	kɒi
	晐毅	(古)見之		kə

			(集)柯開切	見咍開一平蟹	kɒi
gǎi	上	改絠	(古)見之		kə
			(廣)古亥切	見海開一上蟹	kɒi
		胲(頰肉)	(古)見之		kə
			(集)已亥切	見海開一上蟹	kɒi
gài	去	溉槩摡漑	(古)見物		kət
			(廣)古代切	見代開一去蟹	kɒi
		概	(古)見物		kət
			(集)居代切	見代開一去蟹	kɒi
		匄(乞求)丐	(古)見月		kāt
			(廣)古太切	見泰開一去蟹	kɑi
		葢(苫)	(古)見葉		kăp
			(廣)古太切	見泰開一去蟹	kɑi
kāi	陰	揩緒	(古)溪脂		k'ei
			(廣)口皆切	溪皆開二平蟹	k'ɐi
		開	(古)溪微		k'əi
			(廣)苦哀切	溪咍開一平蟹	k'ɒi
kǎi	上	輆	(古)溪之		k'ə
			(廣)苦亥切	溪海開一上蟹	k'ɒi
		楷(楷模)鍇	(古)溪脂		k'ei
			(廣)苦駭切	溪駭開二上蟹	k'ɐi
		剴	(古)疑微		ŋəi
			(廣)五來切	疑咍開一平蟹	ŋɒi
		愷凱颽塏鎧闓	(古)溪微		k'əi
			(廣)苦亥切	溪海開一上蟹	k'ɒi

		豈(凱)	(古)溪微	k'əi
			(集)可亥切 溪海開一上蟹	k'ɒi
		慨嘅	(古)溪物	k'ə̄t
			(廣)苦愛切 溪代開一去蟹	k'ɒi
kài	去	欬	(古)溪之	k'ə
			(廣)苦愛切 溪代開一去蟹	k'ɒi
		慨*愾(歎息)嘅*	(古)溪物	k'ə̄t
			(廣)苦愛切 溪代開一去蟹	k'ɒi
		稭	(古)溪月	k'āt
			(集)丘蓋切 溪泰開一去蟹	k'ɑi
		轞	(古)溪葉	k'āp
			(集)丘蓋切 溪泰開一去蟹	k'ɑi
hāi	陰	咍	(古)曉之	xə
			(廣)呼來切 曉咍開一平蟹	xɒi
hái	陽	孩咳(小兒笑)頦趩豥	(古)匣之	ɣə
			(廣)户來切 匣咍開一平蟹	ɣɒi
		骸	(古)匣之	ɣeə
			(廣)户皆切 匣皆開二平蟹	ɣɐi
hǎi	上	海醢	(古)曉之	xə
			(廣)呼改切 曉海開一上蟹	xɒi
hài	去	亥	(古)匣之	ɣə
			(廣)胡改切 匣海開一上蟹	ɣɒi
		恔	(古)匣之	ɣə
			(廣)胡槩切 匣代開一去蟹	ɣɒi
		駭	(古)匣之	ɣeə

			(廣)侯楷切	匣駭開二上蟹	ɣɐi
		駴	(古)匣職		ɣeək
			(廣)侯楷切	匣駭開二上蟹	ɣɐi
		害(災害)夆妎	(古)匣月		ɣāt
			(廣)胡蓋切	匣泰開一去蟹	ɣɑi
		餀	(古)曉月		xāt
			(廣)呼艾切	曉泰開一去蟹	xɑi
zhāi	陰	摘	(古)端錫		tĕk
			(廣)陟革切	知麥開二入梗	ȶæk
		齋	(古)莊脂		tʃei
			(廣)側皆切	莊皆開二平蟹	tʃɐi
zhái	陽	翟(姓)	(古)定藥		deăuk
			(廣)場伯切	澄陌開二入梗	ȡɐk
		宅厇檡(檡棘,木名)	(古)定鐸		deăk
			(廣)場伯切	澄陌開二入梗	ȡɐk
zhǎi	上	窄	(古)莊鐸		tʃeăk
			(廣)側伯切	莊陌開二入梗	tʃɐk
zhài	去	柴(堵塞)	(古)崇支		dʒe
			(集)仕懈切	崇卦開二去蟹	dʒai
		債	(古)莊錫		tʃēk
			(廣)側賣切	莊卦開二去蟹	tʃai
		責(債)	(古)莊錫		tʃēk
			(集)側賣切	莊卦開二去蟹	tʃai
		瘵祭(姓)鄒	(古)莊月		tʃeāt
			(廣)側界切	莊怪開二去蟹	tʃɐi

chāi	陰	拆(裂開)		(古)透鐸	tʻeăk
			(集)恥格切	徹陌開二入梗	ȶʻɐk
		釵		(古)初歌	tʃʻea
			(廣)楚佳切	初佳開二平蟹	tʃʻai
		差(選擇)		(古)初歌	tʃʻea
			(廣)楚皆切	初皆開二平蟹	tʃʻɐi
chái	陽	豺		(古)崇之	dʒeə
			(廣)士皆切	崇皆開二平蟹	dʒɐi
		柴(薪)祡		(古)崇支	dʒe
			(廣)士佳切	崇佳開二平蟹	dʒai
		儕		(古)崇脂	dʒei
			(廣)士皆切	崇皆開二平蟹	dʒɐi
		羞		(古)崇歌	dʒea
			(廣)士佳切	崇佳開二平蟹	dʒai
chǎi	上	茝(香草,蘼蕪)		(古)昌之	ȶʻə
			(廣)昌紿切	昌海開一上蟹	tɕʻɒi
chài	去	差(病愈)瘥		(古)初歌	tʃʻea
			(廣)楚懈切	初卦開二去蟹	tʃʻai
		蠆		(古)透月	tʻeāt
			(廣)丑犗切	徹夬開二去蟹	ȶʻæi
shài	去	曬(晒)		(古)山支	ʃe
			(廣)所賣切	山卦開二去蟹	ʃai
		鎩殺(衰減)閷		(古)山月	ʃeāt
			(廣)所拜切	山怪開二去蟹	ʃɐi
zāi	陰	烖灾災栽(種)哉巛𢦏		(古)精之	tsə

			(廣)祖才切	精哈開一平蟹	tsɒi
		菑(烖)		(古)精之	tsə
			(集)將來切	精哈開一平蟹	tsɒi
zǎi	上	宰䏁載(年,記載)		(古)精之	tsə
			(廣)作亥切	精海開一上蟹	tsɒi
		崽		(古)精之	tsə
			(集)子亥切	精海開一上蟹	tsɒi
zài	去	載(乘)再縡截䣽		(古)精之	tsə
			(廣)作代切	精代開一去蟹	tsɒi
		洅		(古)精之	tsə
			(集)作代切	精代開一去蟹	tsɒi
		在		(古)從之	dzə
			(廣)昨宰切	從海開一上蟹	dzɒi
		截栽(築牆長板)		(古)從之	dzə
			(廣)昨代切	從代開一去蟹	dzɒi
cāi	陰	偲(多才)䞗(遲疑)		(古)清之	ts'ə
			(廣)倉才切	清哈開一平蟹	ts'ɒi
		猜(猜疑)		(古)清耕	ts'eŋ
			(廣)倉才切	清哈開一平蟹	ts'ɒi
cái	陽	裁財才材𧴩		(古)從之	dzə
			(廣)昨哉切	從哈開一平蟹	dzɒi
cǎi	上	采(採)採綵寀彩䌽		(古)清之	ts'ə
			(廣)倉宰切	清海開一上蟹	ts'ɒi
		埰(冢)棌		(古)清之	ts'ə
			(集)此宰切	清海開一上蟹	ts'ɒi

cài	去	菜埰(食邑)䆘		(古)清之	tsʻə
			(廣)倉代切	清代開一去蟹	tsʻɒi
		采(食邑)		(古)清之	tsʻə
			(集)倉代切	清代開一去蟹	tsʻɒi
		蔡		(古)清月	tsʻāt
			(廣)倉大切	清泰開一去蟹	tsʻɑi
		縩		(古)清月	tsʻāt
			(集)倉代切	清代開一去蟹	tsʻɒi
sāi	陰	鰓		(古)心之	sə
			(廣)蘇來切	心咍開一平蟹	sɒi
		塞(充塞)		(古)心職	sək
			(廣)蘇則切	心德開一入曾	sək
sài	去	賽簺塞(邊塞)		(古)心職	sāk
			(廣)先代切	心代開一去蟹	sɒi
dài	去	駘(駘蕩)殆待怠迨隸紿詒(欺)		(古)定之	də
			(廣)徒亥切	定海開一上蟹	dɒi
		戴		(古)端之	tə
			(廣)都代切	端代開一去蟹	tɒi
		貸		(古)透職	tʻāk
			(廣)他代切	透代開一去蟹	tʻɒi
		代岱黛黱(黛)		(古)定職	dāk
			(廣)徒耐切	定代開一去蟹	dɒi
		玳		(古)定職	dāk
			(集)待戴切	定代開一去蟹	dɒi

		瑇		(古)定覺	dōuk
			(廣)徒耐切	定代開一去蟹	dɒi
		逮(及)		(古)定質	dēt
			(廣)徒耐切	定代開一去蟹	dɒi
		隶		(古)定質	dēt
			(集)待戴切	定代開一去蟹	dɒi
		靆(曖靆)		(古)透質	t'ēt
			(廣)他代切	透代開一去蟹	t'ɒi
		帶蹛		(古)端月	tāt
			(廣)當蓋切	端泰開一去蟹	tɑi
		汏(淘)軑		(古)定月	dāt
			(廣)徒蓋切	定泰開一去蟹	dɑi
tāi	陰	胎		(古)透之	t'ə
			(廣)土來切	透咍開一平蟹	t'ɒi
tái	陽	鮐台(三台)邰		(古)透之	t'ə
			(廣)土來切	透咍開一平蟹	t'ɒi
		臺菭苔(青苔)炱嬯箈儓駘(馬銜脫)跆		(古)定之	də
			(廣)徒哀切	定咍開一平蟹	dɒi
		篙		(古)定之	də
			(集)堂來切	定咍開一平蟹	dɒi
tài	去	態		(古)透之	t'ə
			(廣)他代切	透代開一去蟹	t'ɒi
		泰忲太汰(過)		(古)透月	t'āt
			(廣)他蓋切	透泰開一去蟹	t'ɑi

		汏(超過)忕	(古)透月		tʻāt
			(集)他蓋切	透泰開一去蟹	tʻɑi
nái	陽	能(三足鼈)	(古)泥之		nə
			(廣)奴來切	泥咍開一平蟹	nɒi
nǎi	上	乃迺(乃)	(古)泥之		nə
			(廣)奴亥切	泥海開一上蟹	nɒi
		嬭	(古)泥脂		nei
			(廣)奴蟹切	泥蟹開二上蟹	nai
nài	去	耐鼐褦耏(一種刑罰)	(古)泥之		nə
			(廣)奴代切	泥代開一去蟹	nɒi
		柰奈渿	(古)泥月		nāt
			(廣)奴帶切	泥泰開一去蟹	nɑi
lái	陽	來萊郲騋崍逨淶鯠棶庲徠猍			
			(古)來之		lə
			(廣)落哀切	來咍開一平蟹	lɒi
		倈	(古)來之		lə
			(集)郎才切	來咍開一平蟹	lɒi
lài	去	賚睞勑覫	(古)來之		lə
			(廣)洛代切	來代開一去蟹	lɒi
		賴籟癩瀨糲*藾鰳	(古)來月		lāt
			(廣)落蓋切	來泰開一去蟹	lɑi
		瀨	(古)來月		lāt
			(集)落蓋切	來泰開一去蟹	lɑi
bái	陽	白	(古)並鐸		beăk
			(廣)傍陌切	並陌開二入梗	bɐk

bǎi	上	百柏		(古)幫鐸	peăk
			(廣)博陌切	幫陌開二入梗	pɐk
		佰(軍隊一百人)		(古)幫鐸	peăk
			(集)博陌切	幫陌開二入梗	pɐk
		捭		(古)幫支	pe
			(廣)北買切	幫蟹開二上蟹	pai
		擺(分開)		(古)幫歌	pea
			(廣)北買切	幫蟹開二上蟹	pai
bài	去	猈		(古)並支	be
			(廣)薄蟹切	並蟹開二上蟹	bai
		粺稗		(古)並支	be
			(廣)傍卦切	並卦開二去蟹	bai
		㨃(古"拜"字)拜		(古)幫月	peāt
			(廣)博怪切	幫怪開二去蟹	pɐi
		敗退		(古)並月	boāt
			(廣)薄邁切	並夬合二去蟹	bwæi
pāi	陰	拍		(古)滂鐸	p'eăk
			(廣)普伯切	滂陌開二入梗	p'ɐk
		拍(拊也)		(古)滂鐸	p'eăk
			(集)匹陌切	滂陌開二入梗	p'ɐk
pái	陽	排俳		(古)並微	beəi
			(廣)步皆切	並皆開二平蟹	bɐi
		徘		(古)並微	buəi
			(廣)薄回切	並灰合一平蟹	buɒi
pài	去	澫(水名)		(古)滂支	p'e

			(廣)匹卦切	滂卦開二去蟹	p‘ai
		派𠂢𥿻𣎵	(古)滂錫		p‘ēk
			(廣)匹卦切	滂卦開二去蟹	p‘ai
		湃	(古)滂月		p‘eāt
			(廣)普拜切	滂怪開二去蟹	p‘ɐi
mái	陽	埋薶霾	(古)明之		meə
			(廣)莫皆切	明皆開二平蟹	mɐi
		䁲	(古)明支		me
			(廣)莫佳切	明佳開二平蟹	mai
mǎi	上	買𧶜	(古)明支		me
			(廣)莫蟹切	明蟹開二上蟹	mai
mài	去	麥	(古)明職		meək
			(廣)莫獲切	明麥開二入梗	mæk
		賣	(古)明支		me
			(廣)莫懈切	明卦開二去蟹	mai
		衇脈霢	(古)明錫		mĕk
			(廣)莫獲切	明麥開二入梗	mæk
		脈(血管)	(古)明錫		mĕk
			(集)莫獲切	明麥開二入梗	mæk
		佅	(古)明物		moət
			(廣)莫話切	明夬合二去蟹	mwɐi
		邁勱譪	(古)明月		moāt
			(廣)莫話切	明夬合二去蟹	mwɐi

uai（ㄨㄞ）韻

wāi	陰	竵（"歪"本字）	（古）曉支		xue
			（廣）火媧切	曉佳合二平蟹	xwai
		咼喎	（古）溪歌		k‘oa
			（廣）苦緺切	溪佳合二平蟹	k‘wai
wài	去	顡（顡）	（古）疑物		ŋoət
			（廣）五怪切	疑怪合二去蟹	ŋwɐi
		外	（古）疑月		ŋuāt
			（廣）五會切	疑泰合一去蟹	ŋuɑi
guāi	陰	乖菲	（古）見微		koəi
			（廣）古懷切	見皆合二平蟹	kwɐi
guǎi	上	丫	（古）見支		kue
			（廣）乖買切	見蟹合二上蟹	kuai
		罫	（古）見支		kue
			（集）古買切	見蟹合二上蟹	kuai
guài	去	怪叕	（古）見之		koə
			（廣）古壞切	見怪合二去蟹	kwɐi
		夬	（古）見月		koāt
			（廣）古邁切	見夬合二去蟹	kwæi
kuǎi	上	蒯	（古）溪物		k‘oət

			(廣)苦怪切	溪怪合二去蟹	k'wɐi
kuài	去	塊凷	(古)溪微		k'uəi
			(廣)苦對切	溪隊合一去蟹	k'uɒi
		㕟	(古)溪物		k'oət
			(廣)苦怪切	溪怪合二去蟹	k'wɐi
		蒯郙	(古)溪物		k'oət
			(集)苦怪切	溪怪合二去蟹	k'wɐi
		儈膾鱠旝巜澮(水溝)鄶廥𩪱會(會計)獪			
			(古)見月		kuāt
			(廣)古外切	見泰合一去蟹	kuɑi
		檜	(古)溪月		k'uāt
			(廣)苦會切	溪泰合一去蟹	k'uɑi
		快噲	(古)溪月		k'oāt
			(廣)苦夬切	溪夬合二去蟹	k'wæi
huái	陽	懷褱櫰(槐類)槐淮裹瀤			
			(古)匣微		ɣoəi
			(廣)户乖切	匣皆合二平蟹	ɣwɐi
		踝	(古)匣歌		ɣoa
			(廣)胡瓦切	匣馬合二上假	ɣwa
huài	去	壞	(古)匣微		ɣoəi
			(廣)胡怪切	匣怪合二去蟹	ɣwɐi
chuǎi	上	揣(量也)	(古)初歌		tʃ'ĭwa
			(廣)初委切	初紙合三上止	tʃ'ĭwe
chuài	去	嘬	(古)初月		tʃ'oāt
			(廣)楚夬切	初夬合二去蟹	tʃ'wæi

shuāi	陰	衰(衰微)㾰(減)	(古)山微		ʃiwəi
			(廣)所追切	山脂合三平止	ʃwi
shuài	去	帥(將帥)率(捕鳥網,羅致)			
			(古)山物		ʃiwə̄t
			(廣)所類切	山至合三去止	ʃwi
		率(循也,領也)帥(帶領)蟀䗉逵衛			
			(古)山物		ʃiwə̆t
			(廣)所律切	山質合三入臻	ʃĭwĕt

ei（ㄟ）韻

hēi	陰	黑		（古）曉職	xə̆k
			（廣）呼北切	曉德開一入曾	xək
zéi	陽	賊鰂		（古）從職	dzə̆k
			（廣）昨則切	從德開一入曾	dzək
děi	上	得		（古）端職	tə̆k
			（廣）多則切	端德開一入曾	tək
něi	上	餧（飢）餒		（古）泥微	nuəi
			（廣）奴罪切	泥賄合一上蟹	nuɒi
nèi	去	諉		（古）泥歌	nĭwa
			（集）女恚切	泥寘合三去止	nĭwe
		内（内面）		（古）泥緝	nuə̄p
			（廣）奴對切	泥隊合一去蟹	nuɒi
léi	陽	雷儡（敗壞）瓃櫑罍畾轠		（古）來微	luəi
			（廣）魯回切	來灰合一平蟹	luɒi
		靁		（古）來微	luəi
			（集）盧回切	來灰合一平蟹	luɒi
		灅纍（大索）虆欙嫘傫縲		（古）來微	liwəi
			（廣）力追切	來脂合三平止	lwi
		縲虆樏樏嫘勵壘（重疊）		（古）來微	liwəi

			(集)倫追切	來脂合三平止	lwi
		羸𧕮	(古)來歌		lĭwa
			(廣)力爲切	來支合三平止	lĭwe
lěi	上	磥磊邦䍣陫頛櫑(櫑具,劍名)			
			(古)來微		luəi
			(廣)落猥切	來賄合一上蟹	luɒi
		壨傫鑘纍(積累)讄灅	(古)來微		luəi
			(集)魯猥切	來賄合一上蟹	luɒi
		壘(軍壘)虆鸓蘲誄耒讄	(古)來微		liwəi
			(廣)力軌切	來旨合三上止	lwi
		絫累(積累)厽垒	(古)來微		leəi
			(廣)力委切	來紙合三上止	lĭwe
lèi	去	肋	(古)來職		lək
			(廣)盧則切	來德開一入曾	lək
		淚	(古)來質		lĭwēt
			(廣)力遂切	來至合三去止	lwi
		莱礧	(古)來微		luəi
			(廣)盧對切	來隊合一去蟹	luɒi
		累(勞累)	(古)來微		leəi
			(廣)良僞切	來寘合三去止	lĭwe
		纍(係,連累)	(古)來微		liwəi
			(廣)力遂切	來至合三去止	lwi
		纇颣	(古)來物		luə̄t
			(廣)盧對切	來隊合一去蟹	luɒi
		頪	(古)來物		luə̄t

			(廣)郎外切　來泰合一去蟹	luɑi
		纇纇	(古)來物	liwə̄t
			(廣)力遂切　來至合三去止	lwi
		酹	(古)來月	luāt
			(廣)盧對切　來隊合一去蟹	luɒi
bēi	陰	桮杯盃	(古)幫之	puə
			(廣)布回切　幫灰合一平蟹	puɒi
		卑鵯椑(木名)顊錍	(古)幫支	pĭe
			(廣)府移切　幫支開三平止	pĭe
		碑	(古)幫支	pĭwe
			(廣)彼爲切　幫支開三平止	pĭwe
		䫌(别也)	(古)幫支	pĭe
			(集)班縻切　幫支開三平止	pĭe
		悲	(古)幫微	piəi
			(廣)府眉切　幫脂開三平止	pi
		陂(斜坡)襬藣	(古)幫歌	pĭa
			(廣)彼爲切　幫支合三平止	pĭwe
		鑼	(古)幫歌	pĭa
			(集)班縻切　幫支開三平止	pĭe
běi	上	北	(古)幫職	pək
			(廣)博墨切　幫德開一入曾	pək
bèi	去	倍菩(草名)	(古)並之	bə
			(廣)薄亥切　並海開一上蟹	bɒi
		僃	(古)並職	beə̄k
			(廣)蒲拜切　並怪開二去蟹	bɐi

		備葡葡糒構		(古)並職	bĭək
			(廣)平祕切	並至開三去止	bi
		背(脊背)		(古)幫職	puək
			(廣)補妹切	幫隊合一去蟹	puɒi
		邶偝背(弃)		(古)並職	buək
			(廣)蒲昧切	並隊合一去蟹	buɒi
		埤(濕地)		(古)並支	bĭe
			(集)部靡切	並紙開三上止	bĭe
		輩		(古)幫微	puəi
			(廣)補妹切	幫隊合一去蟹	puɒi
		孛(臉變色)誖悖(悖逆)		(古)並物	buət
			(廣)蒲昧切	並隊合一去蟹	buɒi
		被		(古)並歌	bĭa
			(廣)皮彼切	並紙開三上止	bĭe
		鞁		(古)並歌	bĭa
			(廣)平義切	並寘開三去止	bĭe
		貝跟狽犻鯆		(古)幫月	pāt
			(廣)博蓋切	幫泰開一去蟹	pɑi
		拔(木生枝葉)茇(茇茇)		(古)並月	bāt
			(集)蒲蓋切	並泰開一去蟹	bɑi
pēi	陰	肧(胚)坏(未燒瓦)醅衃		(古)滂之	p‘uə
			(廣)芳杯切	滂灰合一平蟹	p‘uɒi
péi	陽	培陪棓(姓)碩		(古)並之	buə
			(廣)蒲回切	並灰合一平蟹	buɒi
		阫坏(用泥塗牆)		(古)並之	buə

			(集)蒲枚切　並灰合一平蟹	buɒi
		龥	(古)滂蒸	p‘əŋ
			(廣)普等切　滂等開一上曾	p‘əŋ
			(又)薄回切　並灰合一平蟹	buɒi
		裴蓜	(古)並微	buəi
			(廣)薄回切　並灰合一平蟹	buɒi
pèi	去	佩珮	(古)並之	buə
			(廣)蒲昧切　並隊合一去蟹	buɒi
		轡	(古)幫質	pĭēt
			(廣)兵媚切　幫至開三去止	pi
		配妃(婚配)嶏	(古)滂微	p‘uə
			(廣)滂佩切　滂隊合一去蟹	p‘uɒi
		沛(郡名,姓)邺茷(茂盛也)		
			(古)幫月	pāt
			(廣)博蓋切　幫泰開一去蟹	pɑi
		淠沛(水名,水盛)怖	(古)滂月	p‘āt
			(廣)普蓋切　滂泰開一去蟹	p‘ɑi
		肺(肺肺,茂盛)	(古)滂月	p‘āt
			(集)普蓋切　滂泰開一去蟹	p‘ɑi
		旆	(古)並月	bāt
			(廣)蒲蓋切　並泰開一去蟹	bɑi
méi	陽	梅媒(媒人)煤(煙塵)脢脄腜禖䍙莓鋂		
			(古)明之	muə
			(廣)莫杯切　明灰合一平蟹	muɒi
		某(梅)	(古)明之	muə

			(集)謨杯切 明灰合一平蟹	muɒi
		眉湄楣瑂黴(霉)郿櫋	(古)明脂	mĭei
			(廣)武悲切 明脂開三平止	mi
		堳	(古)明脂	mĭei
			(集)旻悲切 明脂開三平止	mi
		枚玫(玫瑰,寶石)	(古)明微	muəi
			(廣)莫杯切 明灰合一平蟹	muɒi
		玫(玫瑰)	(古)明微	muəi
			(集)謨杯切 明灰合一平蟹	muɒi
		塺	(古)明歌	mua
			(廣)莫杯切 明灰合一平蟹	muɒi
měi	上	每	(古)明之	muə
			(廣)武罪切 明賄合一上蟹	muɒi
		苺	(古)明之	muə
			(集)母罪切 明賄合一上蟹	muɒi
		美媺媄	(古)明脂	mĭei
			(廣)無鄙切 明旨開三上止	mi
		浼(玷污)	(古)明元	mĭan
			(集)美辨切 明獮開三上山	mĭɛn
			(廣)武罪切 明賄合一上蟹	mɒi
mèi	去	痗	(古)明之	muə
			(廣)莫佩切 明隊合一去蟹	muɒi
		媒(媒媒,晦貌)	(古)明之	muə
			(集)莫佩切 明隊合一去蟹	muɒi
		嚜(嚜杘)	(古)明職	mĭək

			(廣)明祕切	明至開三去止	mi
		媚⿱竹媚	(古)明脂		mĭei
			(廣)明祕切	明至開三去止	mi
		沬(地名)	(古)明物		mət
			(廣)莫貝切	明泰開一去蟹	mɑi
		昒(目遠視)韎	(古)明物		meət
			(廣)莫拜切	明怪開二去蟹	mɐi
		魅⿱髟未	(古)明物		miət
			(廣)明祕切	明至開三去止	mi
		袜	(古)明物		miət
			(集)明祕切	明至開三去止	mi
		⿰爿未	(古)明物		miət
			(廣)彌二切	明至開三去止	mi
		妹昧眛	(古)明物		muət
			(廣)莫佩切	明隊合一去蟹	muɒi
		袂	(古)明月		mĭăt
			(廣)彌獘切	明祭開三去蟹	mĭɛi
fēi	陰	飛扉非騛騑	(古)幫微		pĭwəi
			(廣)甫微切	幫微合三平止	pĭwəi
		霏⿱雨飛妃(配偶)菲(芳菲)⿱非非虫虫婓裶⿱非日	(古)滂微		p‘ĭwəi
			(廣)芳非切	滂微合三平止	p‘ĭwəi
féi	陽	肥腓痱蜰蟦	(古)並微		bĭwəi
			(廣)符非切	並微合三平止	bĭwəi
		厞	(古)並微		bĭwəi

			(集)符非切	並微合三平止	bĭwəi
fěi	上	誹	(古)幫微		pĭwəi
			(廣)甫微切	幫微合三平止	pĭwəi
			(集)府尾切	幫尾合三上止	pĭwəi
		匪篚棐餥蜚	(古)幫微		pĭwəi
			(廣)府尾切	幫尾合三上止	pĭwəi
		斐菲(薄也,草名)悱朏	(古)滂微		p'ĭwəi
			(廣)敷尾切	滂尾合三上止	p'ĭwəi
		翡琲	(古)並微		bĭwəi
			(廣)扶沸切	並未合三去止	bĭwəi
		朏	(古)滂物		p'ĭwət
			(廣)敷尾切	滂尾合三上止	p'ĭwəi
fèi	去	陫	(古)並微		bĭwəi
			(廣)浮鬼切	並尾合三上止	bĭwəi
		辈	(古)幫微		pĭwəi
			(廣)方味切	幫未合三去止	pĭwəi
		屝萉跸穳	(古)並微		bĭwəi
			(廣)扶沸切	並未合三去止	bĭwəi
		剕蕡(大麻子)俷	(古)並微		bĭwəi
			(集)父沸切	並未合三去止	bĭwəi
		沸疿鬻	(古)幫物		pĭwət
			(廣)方味切	幫未合三去止	pĭwəi
		鬻狒怫(怫悁)昔	(古)並物		bĭwət
			(廣)扶沸切	並未合三去止	bĭwəi
		費(花費)櫕咈	(古)滂物		p'ĭwət

	(廣)芳未切	滂未合三去止	pʻĭwəi
髴	(古)滂物		pʻĭwət
	(集)芳未切	滂未合三去止	pʻĭwəi
攢𦽈	(古)並物		bĭwət
	(集)父沸切	並未合三去止	bĭwəi
芾(小貌)	(古)幫月		pĭwāt
	(廣)方味切	幫未合三去止	pĭwəi
廢癈䥯	(古)幫月		pĭwāt
	(廣)方肺切	幫廢合三去蟹	pĭwɐi
𣟍	(古)幫月		pĭwāt
	(集)放吠切	幫廢合三去蟹	pĭwɐi
肺柿	(古)滂月		pʻĭwāt
	(廣)芳廢切	滂廢合三去蟹	pʻĭwɐi
吠	(古)並月		bĭwāt
	(廣)符廢切	並廢合三去蟹	bĭwɐi

uei（ㄨㄟ）韻

wēi 陰 危 (古)疑支 ŋǐwe

(廣)魚爲切 疑支合三平止 ŋǐwe

隈煨渨椳偎鰃 (古)影微 uəi

(廣)烏恢切 影灰合一平蟹 uɒi

崴 (古)影微 oəi

(廣)乙乖切 影皆合二平蟹 wɐi

威葳楲 (古)影微 ǐwəi

(廣)於非切 影微合三平止 ǐwəi

微溦薇 (古)明微 mǐwəi

(廣)無非切 明微合三平止 mǐwəi

逶𣨙萎*覣蜲倭(順貌)委(委佗)蝺

(古)影歌 ǐwa

(廣)於爲切 影支合三平止 ǐwe

㕒 (古)疑歌 ŋǐwa

(廣)魚爲切 疑支合三平止 ŋǐwe

wéi 陽 危*洈峗 (古)疑支 ŋǐwe

(廣)魚爲切 疑支合三平止 ŋǐwe

嵬 (古)疑微 ŋuəi

(廣)五灰切 疑灰合一平蟹 ŋuɒi

		帷	(古)匣微		ɣiwəi
			(廣)洧悲切	雲脂合三平止	ɣwi
		幃韋闈圍禕違湋口潿韍	(古)匣微		ɣĭwəi
			(廣)雨非切	雲微合三平止	ɣĭwəi
		韡	(古)匣微		ɣĭwəi
			(集)于非切	雲微合三平止	ɣĭwəi
		惟維濰蓶琟唯(獨)蠵	(古)餘微		ʎiwəi
			(廣)以追切	餘脂合三平止	jwi
		巍犩	(古)疑微		ŋĭwəi
			(廣)語韋切	疑微合三平止	ŋĭwəi
		微*溦溦*薇*癓	(古)明微		mĭwəi
			(廣)無非切	明微合三平止	mĭwəi
		贚	(古)明微		mĭəi
			(集)無非切	明微合三平止	mĭwəi
		爲(作爲)為鄬	(古)匣歌		ɣĭwa
			(廣)薳支切	雲支合三平止	ɣĭwe
		蔿	(古)餘歌		ʎĭwa
			(廣)悦吹切	餘支合三平止	jĭwe
wěi	上	洧鮪痏蒴	(古)匣之		ɣĭwə
			(廣)榮美切	雲旨合三上止	ɣwi
		頠	(古)疑支		ŋue
			(廣)五罪切	疑賄合一上蟹	ŋuɒi
		瘍	(古)餘支		ʎĭwe
			(廣)羊捶切	餘紙合三上止	jĭwe
		产	(古)疑支		ŋĭwe
			(集)五委切	疑紙合三上止	ŋĭwe

猥腲鍡碨	(古)影微		uəi
	(廣)烏賄切	影賄合一上蟹	uɒi
隗	(古)疑微		ŋuəi
	(廣)五罪切	疑賄合一上蟹	ŋuɒi
芛	(古)餘微		ʎĭwəi
	(廣)羊捶切	餘紙合三上止	jĭwe
磈嵔(崴)	(古)影微		ĭwəi
	(廣)於鬼切	影尾合三上止	ĭwəi
韙煒偉瑋葦椲韡媁愇	(古)匣微		ɣĭwəi
	(廣)于鬼切	雲尾合三上止	ɣĭwəi
唯(答應聲)壝	(古)餘微		ʎĭwəi
	(廣)以水切	餘旨合三上止	jwi
尾亹(美也)娓	(古)明微		mĭwəi
	(廣)無匪切	明尾合三上止	mĭwəi
緯	(古)匣微		ɣĭwəi
	(廣)于貴切	雲未合三去止	ɣĭwəi
	(集)羽鬼切	雲尾合三上止	ɣĭwəi
萎痿	(古)影歌		ĭwa
	(廣)於爲切	影支合三平止	ĭwe
委(託付)骫	(古)影歌		ĭwa
	(廣)於詭切	影紙合三上止	ĭwe
諉	(古)泥歌		nua
	(廣)女恚切	泥寘合三去止	nĭwe
蔿蘤瘍闟蓶寪	(古)匣歌		ɣĭwa
	(廣)韋委切	匣紙合三上止	ɣĭwe
貏	(古)餘歌		ʎĭwa

			(廣)羊捶切	餘紙合三上止	jĭwe
		䳾	(古)匣歌		ɣĭwa
			(集)羽委切	匣紙合三上止	ɣĭwe
		僞	(古)疑歌		ŋĭwa
			(廣)危睡切	疑寘合三去止	ŋĭwe
wèi	去	磑	(古)疑微		ŋuəi
			(廣)五對切	疑隊合一去蟹	ŋuɒi
		畏	(古)影微		ĭwəi
			(廣)於胃切	影未合三去止	ĭwəi
		遺(贈也)蜼鮇	(古)餘微		ʎiwəi
			(廣)以醉切	餘至合三去止	jwi
		魏	(古)疑微		ŋĭwəi
			(廣)魚貴切	疑未合三去止	ŋĭwəi
		尉(武職)尉*(燙平布帛)熨(熱敷)慰罻犚蔚螱褽			
			(古)影物		ĭwə̄t
			(廣)於胃切	影未合三去止	ĭwəi
		尉(燙平布帛,今音 yùn)			
			(古)影物		ĭuə̄t
			(廣)於胃切	影未合三去止	ĭwəi
		胃謂媦蝟渭焨緭䙆颵	(古)匣物		ɣĭwə̄t
			(廣)于貴切	雲未合三去止	ɣĭwəi
		未味菋	(古)明物		mĭwə̄t
			(廣)無沸切	明未合三去止	mĭwəi
		餧(餵)矮	(古)影歌		ĭwa
			(廣)於僞切	影寘合三去止	ĭwe

		爲(幫助,給)	(古)匣歌	ɣĭwa
			(廣)于僞切 雲寘合三去止	ɣĭwe
		譼(僞)	(古)曉月	xoāt
			(廣)火怪切 曉怪合二去蟹	xwɐi
		穢* 薉* 饖*	(古)影月	ĭwāt
			(廣)於廢切 影廢合三去蟹	ĭwɐi
		衛害轊躛懲讆瘻䡺	(古)匣月	ɣĭwāt
			(廣)于歲切 雲祭合三去蟹	ɣĭwɐi
		譼(踶也)鏏	(古)匣月	ɣĭwāt
			(集)于歲切 雲祭合三去蟹	ɣĭwɐi
		位	(古)匣緝	ɣiwə̄p
			(廣)于愧切 雲至合三去止	ɣwi
guī	陰	龜	(古)見之	kĭwə
			(廣)居追切 見脂合三平止	kwi
		摫規嫢槻	(古)見支	kĭwe
			(廣)居隋切 見支合三平止	kĭwe
		嫢瞡	(古)見支	kĭwe
			(集)均窺切 見支合三平止	kĭwe
		圭珪邽閨袿窐鮭廱洼(姓)秸茥		
			(古)見支	kiwe
			(廣)古攜切 見齊合四平蟹	kiwei
		巂(鳥名)眭	(古)匣支	ɣiwe
			(廣)户圭切 匣齊合四平蟹	ɣiwei
		傀(大也)瑰瓌櫰	(古)見微	kuəi
			(廣)公回切 見灰合一平蟹	kuɒi

		傀	(古)見微	kuəi
			(集)姑回切　見灰合一平蟹	kuɒi
		歸(出嫁,歸還)帰	(古)見微	kĭwəi
			(廣)舉韋切　見微合三平止	kĭwəi
		媿騩	(古)見微	kiwəi
			(廣)居追切　見脂合三平止	kwi
		嬀	(古)見歌	kĭwa
			(廣)居爲切　見支合三平止	kĭwe
guǐ	上	軌簋杌晷厬宄匭氿	(古)見幽	kĭəu
			(廣)居洧切　見旨合三上止	kwi
		詭垝(壞牆)陒郈鱖觤恑蛫祪庋庋姽佹		
			(古)見支	kĭwe
			(廣)過委切　見紙合三上止	kĭwe
		癸湀	(古)見脂	kĭwei
			(廣)居誄切　見旨合三上止	kwi
		鬼	(古)見微	kĭwəi
			(廣)居偉切　見尾合三上止	kĭwəi
		蝸	(古)見歌	kĭwa
			(廣)過委切　見紙合三上止	kĭwe
guì	去	槶	(古)見職	kuək
			(集)古對切　見隊合一去蟹	kuɒi
		垝(土臺)	(古)見支	kĭwe
			(廣)詭僞切　見寘合三去止	kĭwe
		跪	(古)羣支	gĭwe
			(廣)渠委切　羣紙合三上止	gĭwe

		桂炅(姓)鴂		(古)見支	kiwe
			(廣)古惠切	見霽合四去蟹	kiwei
		貴		(古)見微	kĭwəi
			(廣)居胃切	見未合三去止	kĭwəi
		匱櫃		(古)羣微	gĭwəi
			(廣)求位切	羣至合三去止	gwi
		鐀		(古)羣微	gĭwəi
			(集)求位切	羣至合三去止	gwi
		𠚳		(古)見物	kuə̄t
			(廣)古對切	見隊合一去蟹	kuɒi
		賜		(古)見歌	kĭwa
			(廣)詭僞切	見寘合三去止	kĭwe
		襘禬檜劊		(古)見月	kuāt
			(廣)古外切	見泰合一去蟹	kuɑi
		劌鱖(桂魚)蹶(動也)		(古)見月	kĭwāt
			(廣)居衛切	見祭合三去蟹	kĭwɛi
		撅(揭起衣服)		(古)見月	kĭwāt
			(集)姑衛切	見祭合三去蟹	kĭwɛi
kuī	陰	悝(嘲戲)		(古)溪之	k‘uə
			(廣)苦回切	溪灰合一平蟹	k‘uɒi
		闚窺		(古)溪支	k‘ĭwe
			(廣)去隨切	溪支合三平止	k‘ĭwe
		刲圭邽		(古)溪支	k‘iwe
			(廣)苦圭切	溪齊合四平蟹	k‘iwei
		巋(小山羅列貌)蘬		(古)溪微	k‘iwəi

			(廣)丘追切	溪脂合三平止	k'wi
		虧	(古)溪歌		k'ĭwa
			(廣)去爲切	溪支合三平止	k'ĭwe
kuí	陽	逵馗𨇍頯𡘋頄	(古)羣幽		gĭəu
			(廣)渠追切	羣脂合三平止	gwi
		奎	(古)溪支		k'iwe
			(廣)苦圭切	溪齊合四平蟹	k'iwei
		葵鄈楑䐜	(古)羣脂		gĭwei
			(廣)渠佳切	羣脂合三平止	gwi
		戣騤𠌯	(古)羣脂		gĭwei
			(廣)渠追切	羣脂合三平止	gwi
		揆	(古)羣脂		gĭwei
			(廣)求癸切	羣旨合三上止	gwi
		睽聧藈	(古)溪脂		k'iwei
			(廣)苦圭切	溪齊合四平蟹	k'iwei
		魁	(古)溪微		k'uəi
			(廣)苦回切	溪灰合一平蟹	k'uɒi
		夔躨𧢌	(古)羣微		giwəi
			(廣)渠追切	羣脂合三平止	gwi
kuǐ	上	跬趌頍蹞	(古)溪支		k'ĭwe
			(廣)丘弭切	溪紙合三上止	k'ĭwe
		蹞	(古)溪支		k'ĭwe
			(集)犬縈切	溪紙合三上止	k'ĭwe
		䫥	(古)溪微		k'uəi
			(廣)口猥切	溪賄合一上蟹	k'uɒi

		巋(巋然)		(古)溪微	k‘iwəi
			(廣)丘軌切	溪旨合三上止	k‘wi
kuì	去	媿愧聭		(古)見微	kiwəi
			(廣)俱位切	見至合三去止	kwi
		潰		(古)匣微	ɣuəi
			(廣)胡對切	匣隊合一去蟹	ɣuɒi
		憒		(古)見微	kuəi
			(廣)古對切	見隊合一去蟹	kuɒi
		聵		(古)疑微	ŋoəi
			(廣)五怪切	疑怪合二去蟹	ŋwɐi
		喟(嘳)䯣鬒		(古)溪微	k‘iəi
			(廣)丘愧切	溪至合三去止	k‘wi
		蕢饋餽樻鞼簣		(古)羣微	giwəi
			(廣)求位切	羣至合三去止	gwi
		歸(饋)		(古)羣微	giwəi
			(集)求位切	羣至合三去止	gwi
		喟		(古)溪物	k‘iwə̄t
			(廣)丘愧切	溪至合三去止	k‘wi
huī	陰	灰		(古)曉之	xuə
			(廣)呼恢切	曉灰合一平蟹	xuɒi
		恢詼		(古)溪之	k‘uə
			(廣)苦回切	溪灰合一平蟹	k‘uɒi
		蘳		(古)曉支	xĭwe
			(廣)許規切	曉支合三平止	xĭwe
		虺(虺隤,病也)		(古)曉微	xuəi

			(廣)呼恢切	曉灰合一平蟹	xuɒi
		睢(仰目)	(古)曉微		xeəi
			(廣)許規切	曉支合三平止	xĭwe
		婎	(古)曉微		xiwəi
			(廣)許維切	曉脂合三平止	xwi
		徽褘幑微	(古)曉微		xĭwəi
			(廣)許歸切	曉微合三平止	xĭwəi
		揮煇輝暉翬楎(橛)獋	(古)曉文[①]		xĭwən
			(廣)許歸切	曉微合三平止	xĭwəi
		撝(揮)	(古)曉文		xĭwən
			(集)呼韋切	曉微合三平止	xĭwəi
		麾麾噅撝隓	(古)曉歌		xĭwa
			(廣)許爲切	曉支合三平止	xĭwe
		戲(麾)	(古)曉歌		xĭwa
			(集)吁爲切	曉支合三平止	xĭwe
		隓墮(毁壞)隳譼	(古)曉歌		xĭwa
			(廣)許規切	曉支合三平止	xĭwe
		挼(挼祭)	(古)曉歌		xĭwa
			(集)翾規切	曉支合三平止	xĭwe
huí	陽	蛕	(古)匣之		ɣuə
			(廣)户恢切	匣灰合一平蟹	ɣuɒi
		回洄迴徊佪	(古)匣微		ɣuəi

① 从“軍”的字《詩經》時代應在文部。《小雅・庭燎》以“晨、煇、旂”押韻。“楎”又作户昆切。下同。

			(廣)户恢切	匣灰合一平蟹	ɣuɒi
		恛	(古)匣微		ɣuəi
			(集)胡隈切	匣灰合一平蟹	ɣuɒi
huǐ	上	賄*悔	(古)曉之		xuə
			(廣)呼罪切	曉賄合一上蟹	xuɒi
		毀燬檓毇㩓㜇	(古)曉微		xeəi
			(廣)許委切	曉紙合三上止	xĭwe
		虺㷄虫	(古)曉微		xĭwəi
			(廣)許偉切	曉尾合三上止	xĭwəi
		磈	(古)曉歌		xĭwa
			(集)虎委切	曉紙合三上止	xĭwe
		烜(火)	(古)曉元		xĭwan
			(廣)况晚切	曉阮合三上山	xĭwɐn
			(又)許委切	曉紙合三上止	xĭwe
huì	去	賄	(古)曉之		xuə
			(廣)呼罪切	曉賄合一上蟹	xuɒi
		誨晦痗	(古)曉之		xuə
			(廣)荒内切	曉隊合一去蟹	xuɒi
		恚娡	(古)影支		ĭwe
			(廣)於避切	影寘合三去止	ĭwe
		孈	(古)曉支		xĭwe
			(廣)呼恚切	曉寘合三去止	xĭwe
		詯	(古)曉質		xuēt
			(廣)荒内切	曉隊合一去蟹	xuɒi
		憓潓惠蟪蕙檓譓	(古)匣質		ɣiwēt

	(廣)胡桂切	匣霽合四去蟹	ɣiwei
瘣匯	(古)匣微		ɣuəi
	(廣)胡罪切	匣賄合一上蟹	ɣuɒi
靧頮	(古)曉微		xuəi
	(廣)荒内切	曉隊合一去蟹	xuɒi
諱	(古)曉微		xĭwəi
	(廣)許貴切	曉未合三去止	xĭwəi
繢殨闠譮	(古)匣微		ɣuəi
	(廣)胡對切	匣隊合一去蟹	ɣuɒi
沬(洗面)靧	(古)曉物		xuə̄t
	(集)呼内切	曉隊合一去蟹	xuɒi
卉	(古)曉物		xĭwə̄t
	(廣)許貴切	曉未合三去止	xĭwəi
彙	(古)匣物		ɣĭwə̄t
	(廣)于貴切	雲未合三去止	ɣĭwəi
篲彗鏏槥	(古)邪月		zĭwēt
	(廣)祥歲切	邪祭合三去蟹	zĭwɛi
蔧	(古)邪月		ziwēt
	(廣)徐醉切	邪至合三去止	zwi
嘒	(古)曉月		xiwēt
	(廣)呼惠切	曉霽合四去蟹	xiwei
慧譓蟪	(古)匣月		ɣiwāt
	(集)胡桂切	匣霽合四去蟹	ɣiwei
薈嬒黷	(古)影月		uāt
	(廣)烏外切	影泰合一去蟹	uɑi

		⿰言歲噦(噦噦)翽濊(水多)	(古)曉月		xuāt
			(廣)呼會切	曉泰合一去蟹	xuɑi
		會(合)繪邉	(古)匣月		ɣuāt
			(廣)黄外切	匣泰合一去蟹	ɣuɑi
		嶒	(古)匣月		ɣuāt
			(集)黄外切	匣泰合一去蟹	ɣuɑi
		穢薉饖	(古)影月		ĭwāt
			(廣)於廢切	影廢合三去蟹	ĭwɐi
		喙⿰食彖顪	(古)曉月		xĭwāt
			(廣)許穢切	曉廢合三去蟹	xĭwɐi
zhuī	陰	追	(古)端微		tiwəi
			(廣)陟隹切	知脂合三平止	ȶwi
		錐隹騅萑(草多貌)雔	(古)章微		ȶiwəi
			(廣)職追切	章脂合三平止	tɕwi
		椎(木名,脊椎)	(古)章微		ȶiwəi
			(集)朱惟切	章脂合三平止	tɕwi
		揣(擊)	(古)章歌		ȶiwa
			(集)朱惟切	章脂合三平止	tɕwi
zhuǐ	上	⿰木水	(古)章微		ȶeəi
			(廣)之累切	章紙開三上止	tɕĭe
zhuì	去	縋槌(蠶槌)膇	(古)定微		deəi
			(廣)馳僞切	澄寘合三去止	ȡĭe
		轛	(古)端物		tiwə̄t
			(廣)追萃切	知至合三去止	ȶwi
		墜懟	(古)定物		diwə̄t

			(廣)直類切	澄至合三去止	ɖwi
		隊("墜"本字)䃍(物墜)	(古)定物		duət
			(廣)徒對切	定隊合一去蟹	duɒi
			(集)直類切	澄至合三去止	ɖwi
		娷諈	(古)端歌		tĭwa
			(廣)竹恚切	知寘合三去止	ʈĭwe
		腄(古縣名)硾	(古)定歌		dĭwa
			(廣)馳僞切	澄寘合三去止	ɖĭwe
		惴	(古)章歌		ȶĭwa
			(廣)之睡切	章寘合三去止	tɕĭwe
		綴餟醊畷錣	(古)端月		tĭwăt
			(廣)陟衛切	知祭合三去蟹	ʈĭwɛi
		贅	(古)章月		ȶĭwăt
			(廣)之芮切	章祭合三去蟹	tɕĭwɛi
		笍(小車具)	(古)端緝		tĭwəp
			(廣)陟衛切	知祭合三去蟹	ʈĭwɛi
chuī	陰	吹(吹噓)炊籥	(古)昌歌		ȶʻĭwa
			(廣)昌垂切	昌支合三平止	tɕʻĭwe
		龡	(古)昌歌		ȶʻĭwa
			(集)姝爲切	昌支合三平止	tɕʻĭwe
chuí	陽	椎(椎子)槌(捶擊工具)鎚	(古)定微		diwəi
			(廣)直追切	澄脂合三平止	ɖwi
		腄(胼胝)	(古)端歌		tĭwa
			(廣)竹垂切	知支合三平止	ʈĭwe

		鬌(髮脱落)錘甀	(古)定歌		dĭwa
			(廣)直垂切	澄支合三平止	ȡĭwe
		捶箠(鞭子,鞭打)騒	(古)章歌		ȶĭwa
			(廣)之累切	章紙合三上止	tɕĭwe
		菙	(古)禪歌		ʑĭwa
			(廣)時髓切	禪紙合三上止	ʑĭwe
		垂陲倕甀	(古)禪歌		ʑĭwa
			(廣)是爲切	禪支合三平止	ʑĭwe
		棰	(古)章歌		ȶĭwa
			(集)主縈切	章紙合三上止	tɕĭwe
chuì	去	吹(鼓吹,名詞)	(古)昌歌		ȶʻĭwa
			(廣)尺僞切	昌寘合三去止	tɕʻĭwe
shuí	陽	誰脽	(古)禪微		ʑiwəi
			(廣)視隹切	禪脂合三平止	ʑwi
shuǐ	上	水	(古)書微		ɕiwəi
			(廣)式軌切	書旨合三上止	ɕwi
shuì	去	涗	(古)書微		ɕiwəi
			(廣)釋類切	書至合三去止	ɕwi
		啐	(古)山物		ʃĭwə̄t
			(廣)山芮切	山祭合三去蟹	ʃĭwɛi
		睡甀	(古)禪歌		ʑĭwa
			(廣)是僞切	禪寘合三去止	ʑĭwe
		税説(説服)裞帨涚帨	(古)書月		ɕĭwāt
			(廣)舒芮切	書祭合三去蟹	ɕĭwɛi
		挩(拭)	(古)書月		ɕĭwāt

			(集)輸芮切	書祭合三去蟹	ɕĭwɛi
ruí	陽	蕤㹻桵	(古)日微		ȵiwəi
			(廣)儒隹切	日脂合三平止	nʑwi
		緌	(古)日歌		ȵiwa
			(廣)儒隹切	日脂合三平止	nʑwi
ruǐ	上	蘂蕊	(古)日歌		ȵĭwa
			(廣)如累切	日紙合三上止	nʑĭwe
		繠	(古)日歌		ȵiwa
			(廣)如壘切	日旨合三上止	nʑwi
ruì	去	瑞	(古)禪歌		ʑĭwa
			(廣)是僞切	禪寘合三去止	ʑĭwe
		鋭叡睿笩	(古)餘月		ʎĭwāt
			(廣)以芮切	餘祭合三去蟹	jĭwɛi
		芮汭枘蜹	(古)日緝		ȵĭwə̆p
			(廣)而鋭切	日祭合三去蟹	nʑĭwɛi
		蚋	(古)日緝		ȵĭwə̄p
			(集)儒税切	日祭合三去蟹	nʑĭwɛi
zuī	陰	嗺朘(赤子陰)	(古)精微		tsuəi
			(廣)臧回切	精灰合一平蟹	tsuɒi
		厜	(古)精歌		tsĭwa
			(廣)姊規切	精支合三平止	tsĭwe
		騹	(古)精歌		tsĭwa
			(廣)子垂切	精支合三平止	tsĭwe
zuǐ	上	觜(嘴)策	(古)精支		tsĭwe
			(廣)即委切	精紙合三上止	tsĭwe

		嶉		(古)精微	tsiwəi
			(廣)遵誄切	精旨合三上止	tswi
zuì	去	辠罪嶵		(古)從微	dzuəi
			(廣)徂賄切	從賄合一上蟹	dzuɒi
		辠		(古)從微	dzuĕi
			(集)粗賄切	從賄合一上蟹	dzuɒi
		檇		(古)精歌	tsiwa
			(廣)將遂切	精至合三去止	tswi
		晬祽䘹		(古)精物	tsuət
			(廣)子對切	精隊合一去蟹	tsuɒi
		醉		(古)精物	tsiwət
			(廣)將遂切	精至合三去止	tswi
		最		(古)精月	tsuat
			(廣)祖外切	精泰合一去蟹	tsuɑi
		蕞		(古)從月	dzuat
			(廣)才外切	從泰合一去蟹	dzuɑi
cuī	陰	崔(地名,姓)催縗		(古)清微	ts‘uəi
			(廣)倉回切	清灰合一平蟹	ts‘uɒi
		摧(擠)崔(崔嵬)		(古)從微	dzuəi
			(廣)昨回切	從灰合一平蟹	dzuɒi
		漼(漼溰)磪		(古)從微	dzuəi
			(集)昨回切	從灰合一平蟹	dzuɒi
		榱		(古)山微	ʃiwəi
			(廣)所追切	山脂合三平止	ʃwi
cuǐ	上	滜漼(水深)璀		(古)清微	ts‘uəi

			（廣）七罪切	清賄合一上蟹	ts‘uɒi
		摧（摧崣）	（古）清微		ts‘uəi
			（集）取猥切	清賄合一上蟹	ts‘uɒi
		趡	（古）清微		ts‘iwəi
			（廣）千水切	清旨合三上止	ts‘wi
cuì	去	綷	（古）精物		tsuə̄t
			（廣）子對切	精隊合一去蟹	tsuɒi
		倅淬焠啐	（古）清物		ts‘uə̄t
			（廣）七内切	清隊合一去蟹	ts‘uɒi
		翠濢	（古）清物		ts‘iwə̄t
			（廣）七醉切	清至合三去止	ts‘wi
		萃顇悴瘁	（古）從物		dziwə̄t
			（廣）秦醉切	從至合三去止	dzwi
		粹	（古）心物		siwə̄t
			（廣）雖遂切	心至合三去止	swi
		竁毳	（古）清物		ts‘uə̄t
			（集）取外切	清泰合一去蟹	ts‘uɑi
		憵	（古）清物		ts‘ĭwə̄t
			（集）此芮切	清祭合三去蟹	ts‘ĭwɛi
		蕞	（古）初物		tʃ‘ĭwə̄t
			（集）初芮切	初祭合三去蟹	tʃ‘ĭwɛi
		毳脃膬脆竁劂	（古）清月		ts‘ĭwāt
			（廣）此芮切	清祭合三去蟹	ts‘ĭwɛi
		橇	（古）清月		ts‘ĭwāt
			（集）此芮切	清祭合三去蟹	ts‘ĭwɛi

suī	陰	䪎		(古)山支	ʃĭwe
			(廣)山垂切	山支合三平止	ʃĭwe
		倠		(古)曉微	xiwəi
			(廣)許維切	曉脂合三平止	xwi
		綏雖荾葰(香菜)奞夊(行遲)睢(水名)			
				(古)心微	siwəi
			(廣)息遺切	心脂合三平止	swi
		滖		(古)心微	siwəi
			(集)宣隹切	心脂合三平止	swi
suí	陽	隨隋(國名,本作"隨")		(古)邪歌	zĭwa
			(廣)旬爲切	邪支合三平止	zĭwe
suǐ	上	髓		(古)心歌	sĭwa
			(廣)息委切	心紙合三上止	sĭwe
		䯝瀡(滑)		(古)心歌	sĭwa
			(集)選委切	心紙合三上止	sĭwe
suì	去	繐		(古)心質	sĭwēt
			(廣)相鋭切	心祭合三去蟹	sĭwɛi
		采穗		(古)邪質	zĭwēt
			(廣)徐醉切	邪至合三去止	zwi
		韢		(古)邪質	zĭwēt
			(集)徐醉切	邪至合三去止	zwi
		繀		(古)心微	suəi
			(廣)蘇内切	心隊合一去蟹	suɒi
		碎㼡		(古)心物	suət
			(廣)蘇内切	心隊合一去蟹	suɒi

		邃祟誶睟䜅䛜	(古)心物		siwət
			(廣)雖遂切	心至合三去止	swi
		憷	(古)心物		siwət
			(集)雖遂切	心至合三去止	swi
		遂隧襚旞璲檖㒸燧鐆鐩穟㒸			
			(古)邪物		ziwət
			(廣)徐醉切	邪至合三去止	zwi
		繸	(古)邪物		ziwət
			(集)徐醉切	邪至合三去止	zwi
		歲繐	(古)心月		sĭwāt
			(廣)相鋭切	心祭合三去蟹	sĭwɛi
		彗*篲*	(古)邪月		ziwāt
			(廣)徐醉切	邪至合三去蟹	zwi
duī	陰	堆崔𠂤敦(治理,孤獨貌)			
			(古)端微		tuəi
			(廣)都回切	端灰合一平蟹	tuɒi
		搥	(古)端微		tuəi
			(集)都回切	端灰合一平蟹	tuɒi
duǐ	上	竨	(古)端微		tuəi
			(廣)都罪切	端賄合一上蟹	tuɒi
duì	去	碓	(古)端微		tuəi
			(廣)都隊切	端隊合一去蟹	tuɒi
		隹	(古)定微		duəi
			(廣)徒猥切	定賄合一上蟹	duɒi
		憝懟譈鐓錞	(古)定微		duəi
			(廣)徒對切	定隊合一去蟹	duɒi

		對懟		(古)端物	tuət
			(廣)都隊切	端隊合一去蟹	tuɒi
		隊(隊伍)薱鐆		(古)定物	duət
			(廣)徒對切	定隊合一去蟹	duɒi
		譵懟		(古)定物	duət
			(集)徒對切	定隊合一去蟹	duɒi
		祋		(古)端月	tuāt
			(廣)丁外切	端泰合一去蟹	tuɑi
		兑峵		(古)定月	duāt
			(廣)杜外切	定泰合一去蟹	duɑi
tuī	陰	蓷推蘈		(古)透微	t‘uəi
			(廣)他回切	透灰合一平蟹	t‘uɒi
tuí	陽	穨頹瘄隤庢魋蘈讉蹪		(古)定微	duəi
			(廣)杜回切	定灰合一平蟹	duɒi
		癩僓(僓然)		(古)定微	duəi
			(集)徒回切	定灰合一平蟹	duɒi
tuǐ	上	僓(嫻,長)		(古)透微	t‘uəi
			(廣)吐猥切	透賄合一上蟹	t‘uɒi
tuì	去	退復(同"退")		(古)透物	t‘uət
			(廣)他內切	透隊合一去蟹	t‘uɒi
		衲("復"或體)		(古)透物	t‘uət
			(集)吐內切	透隊合一去蟹	t‘uɒi
		娧蜕駾		(古)透月	t‘uāt
			(廣)他外切	透泰合一去蟹	t‘uɑi
nuí	陽	巙		(古)泥微	nuəi
			(廣)乃回切	泥灰合一平蟹	nuɒi

ɑo（幺）韻

āo	陰	坳	（古）影幽		eəu
			（廣）於交切	影肴開二平效	au
		泑（水名）	（古）影幽		eəu
			（集）於交切	影肴開二平效	au
		鏖麈	（古）影宵		au
			（廣）於刀切	影豪開一平效	ɑu
áo	陽	翱	（古）疑幽		ŋəu
			（廣）五勞切	疑豪開一平效	ŋɑu
		翶	（古）疑幽		ŋəu
			（説）五牢切	疑豪開一平效	ŋɑu
		敖遨驁熬嶅獒滶蔜鼇螯謷（詆毁）嗸嗷摮嫯			
			（古）疑宵		ŋau
			（廣）五勞切	疑豪開一平效	ŋɑu
		囂（嚻嚣）獓	（古）疑宵		ŋau
			（集）牛刀切	疑豪開一平效	ŋɑu
		磝	（古）疑宵		ŋeau
			（廣）五交切	疑肴開二平效	ŋau
ǎo	上	媪	（古）影幽		əu
			（廣）烏晧切	影晧開一上效	ɑu

		拗	(古)影幽		eəu
			(廣)於絞切	影巧開二上效	au
		芺鴹	(古)影宵		au
			(廣)烏晧切	影晧開一上效	ɑu
ào	去	奥(西南隅)懊隩(邊涯)	(古)影覺		əuk
			(廣)烏到切	影号開一去效	ɑu
		傲奡謷(高大貌)	(古)疑宵		ŋau
			(廣)五到切	疑号開一去效	ŋɑu
		慠贅	(古)疑宵		ŋau
			(集)魚到切	疑号開一去效	ŋɑu
		澆(人名)	(古)疑宵		ŋiau
			(廣)五弔切	疑嘯開四去效	ŋieu
gāo	陰	皐皋櫜咎(咎繇,人名)鼛槹𦲈棓䓘			
			(古)見幽		kəu
			(廣)古勞切	見豪開一平效	kɑu
		獋(夷獋,人名)	(古)見幽		kəu
			(集)居勞切	見豪開一平效	kɑu
		高膏羔餻篙	(古)見宵		kau
			(廣)古勞切	見豪開一平效	kɑu
gǎo	上	橰	(古)見幽		kəu
			(集)古老切	見晧開一上效	kɑu
		杲槀(稿)櫜夰縞槀(槀本,香草)臭菒			
			(古)見宵		kau
			(廣)古老切	見晧開一上效	kɑu
		槀(木枯,俗作"槁")	(古)溪宵		k'au

			(集)苦浩切　溪晧開一上效	kʻɑu
gào	去	誥郜告	(古)見覺	kə̄uk
			(廣)古到切　見号開一去效	kɑu
		膏(肥潤)	(古)見宵	kau
			(廣)古到切　見号開一去效	kɑu
kāo	陰	尻	(古)溪幽	kʻəu
			(廣)苦刀切　溪豪開一平效	kʻɑu
		𦙶	(古)溪幽	kʻəu
			(集)丘刀切　溪豪開一平效	kʻɑu
kǎo	上	考攷栲祰丂	(古)溪幽	kʻəu
			(廣)苦浩切　溪晧開一上效	kʻɑu
		𣏌	(古)溪幽	kʻəu
			(集)苦浩切　溪晧開一上效	kʻɑu
		薧(乾魚)	(古)溪宵	kʻau
			(廣)苦浩切　溪晧開一上效	kʻɑu
		槀*	(古)溪宵	kʻau
			(集)苦浩切　溪晧開一上效	kʻɑu
kào	去	靠	(古)溪覺	kʻə̄uk
			(廣)苦到切　溪号開一去效	kʻɑu
		犒	(古)溪宵	kʻau
			(廣)苦到切　溪号開一去效	kʻɑu
		槁(犒勞)	(古)溪宵	kʻau
			(集)口到切　溪号開一去效	kʻɑu
hāo	陰	薅茠	(古)曉幽	kəu
			(廣)呼毛切　曉豪開一平效	xɑu

		蒿薧(薧里,墓地)		(古)曉宵	xau
			(廣)呼毛切	曉豪開一平效	xɑu
		嚆		(古)曉宵	xeau
			(集)虛交切	曉肴開二平效	xau
háo	陽	嗥		(古)匣幽	ɣəu
			(廣)胡刀切	匣豪開一平效	ɣɑu
		豪號(大呼也)毫濠虠郘勢			
				(古)匣宵	ɣau
			(廣)胡刀切	匣豪開一平效	ɣɑu
		号(痛聲)譹譹		(古)匣宵	ɣau
			(集)乎刀切	匣豪開一平效	ɣɑu
hǎo	上	好(好壞)㚵		(古)曉幽	xəu
			(廣)呼皓切	曉皓開一上效	xɑu
		郝(姓)		(古)曉鐸	xăk
			(廣)呵各切	曉鐸開一入宕	xɑk
hào	去	好(喜好)		(古)曉幽	xəu
			(廣)呼到切	曉号開一去效	xɑu
		晧(皓)浩皡(皞)		(古)匣幽	ɣəu
			(廣)胡老切	匣晧開一上效	ɣɑu
		皓皡澔		(古)匣幽	ɣəu
			(集)下老切	匣晧開一上效	ɣɑu
		昊昦鎬顥灝鰝滈鄗號滈		(古)匣宵	ɣau
			(廣)胡老切	匣晧開一上效	ɣɑu
		皜暠(白)		(古)匣宵	ɣau
			(集)下老切	匣晧開一上效	ɣɑu

		耗秏蒿(縮也)	(古)曉宵	xau
			(廣)呼到切 曉号開一去效	xɑu
		号號(号令)琥	(古)匣宵	ɣau
			(廣)胡到切 匣号開一去效	ɣɑu
zhāo	陰	啁(啁哳)	(古)端幽	teəu
			(廣)陟交切 知肴開二平效	ȶau
		抓(用手或爪取物)	(古)莊幽	tʃeəu
			(廣)側交切 莊肴開二平效	tʃau
		罺摷(取)	(古)莊宵	tʃeau
			(廣)側交切 莊肴開二平效	tʃau
		樔(魚網)	(古)莊宵	tʃeau
			(集)莊交切 莊肴開二平效	tʃau
		朝(朝夕)	(古)端宵	tĭau
			(廣)陟遥切 知宵開三平效	ȶĭɛu
		昭鉊招(招致)釗盄	(古)章宵	ȶĭau
			(廣)止遥切 章宵開三平效	tɕĭɛu
		盄	(古)章宵	ȶĭau
			(集)之遥切 章宵開三平效	tɕĭɛu
zhǎo	上	爪叉瑵	(古)莊幽	tʃeəu
			(廣)側絞切 莊巧開二上效	tʃau
		沼	(古)章宵	ȶĭau
			(廣)之少切 章小開三上效	tɕĭɛu
zhào	去	擣	(古)定幽	dĭəu
			(集)直紹切 澄小開三上效	ɖĭɛu
		肇肁兆趙旐狣翔鮡垗	(古)定宵	dĭau

			(廣)治小切	澄小開三上效	ȡĭɛu
		肇	(古)定宵		dĭau
			(集)直紹切	澄小開三上效	ȡĭɛu
		召(召喚)	(古)定宵		dĭau
			(廣)直照切	澄笑開三去效	ȡĭɛu
		照炤詔陘	(古)章宵		ȶĭau
			(廣)之少切	章笑開三去效	tɕĭɛu
		罩罹	(古)端藥		teāuk
			(廣)都教切	知效開二去效	ȶau
		鯙	(古)端藥		teāuk
			(説)都教切	知效開二去效	ȶau
		棹櫂(欒)	(古)定藥		deāuk
			(廣)直教切	澄效開二去效	ȡau
		淖(和也)	(古)定藥		deāuk
			(集)直教切	澄效開二去效	ȡau
chāo	陰	嘮(嘮呶)	(古)透宵		tʻeau
			(廣)敕交切	徹肴開二平效	ȶʻau
		鈔(叉取)訬(擾也,獡健)			
			(古)初宵		tʃʻeau
			(廣)楚交切	初肴開二平效	tʃʻau
		超怊	(古)透宵		tʻĭau
			(廣)敕宵切	徹宵開三平效	ȶʻĭɛu
		弨	(古)昌宵		ȶʻĭau
			(廣)尺招切	昌宵開三平效	tɕʻĭɛu
cháo	陽	嘲	(古)端宵		teau

			(廣)陟交切	知肴開二平效	ȶau
		謿	(古)端宵		teau
			(集)陟交切	知肴開二平效	ȶau
		巢轈勦(抄襲)樔鄛	(古)崇宵		dʒeau
			(廣)鉏交切	崇肴開二平效	dʒau
		晁鼂朝(朝代)潮	(古)定宵		dĭau
			(廣)直遥切	澄宵開三平效	ȡĭɛu
chǎo	上	鬻(炒)	(古)初侯		tʃʻeo
			(廣)初爪切	初巧開二上效	tʃʻau
chào	去	朓(祭名)	(古)透宵		tʻĭau
			(廣)丑召切	徹笑開三去效	ȶʻĭɛu
shāo	陰	梢(梢櫂)捎(選擇)旓髾箾筲蛸(蠨蛸)莦			
			(古)山宵		ʃeau
			(廣)所交切	山肴開二平效	ʃau
		稍	(古)山宵		ʃeau
			(廣)所教切	山效開二去效	ʃau
			(集)師交切	山肴開二平效	ʃau
		箾	(古)山宵		ʃĭau
			(集)雙雛切	山虞合三平遇	ʃĭu
		燒	(古)書宵		ɕĭau
			(廣)式招切	書宵開三平效	ɕĭɛu
sháo	陽	韶磬佋(佋穆)柖	(古)禪宵		ʑĭau
			(廣)市昭切	禪宵開三平效	ʑĭɛu
		勺(飲器)杓芍(芍藥)	(古)禪藥		ʑĭăuk
			(廣)市若切	禪藥開三入宕	ʑĭak

shǎo	上	少(多少)[illegible]	(古)書宵		ɕĭau
			(廣)書沼切	書小開三上效	ɕĭɛu
shào	去	娋郭	(古)山宵		ʃeau
			(廣)所教切	山效開二去效	ʃau
		削(郭)睄	(古)山宵		ʃeau
			(集)所教切	山效開二去效	ʃau
		少(少小)燒(野火燒田)	(古)書宵		ɕĭau
			(廣)失照切	書笑開三去效	ɕĭɛu
		紹袑	(古)禪宵		ʑĭau
			(廣)市沼切	禪小開三上效	ʑĭɛu
		邵召(召南,召公)劭卲卲			
			(古)禪宵		ʑĭau
			(廣)寔照切	禪笑開三去效	ʑĭɛu
ráo	陽	饒橈(船槳)襓蟯蕘	(古)日宵		ȵĭau
			(廣)如招切	日宵開三平效	nʑĭɛu
rǎo	上	擾	(古)日幽		ȵĭəu
			(廣)而沼切	日小開三上效	nʑĭɛu
		懮	(古)日幽		ȵĭəu
			(集)爾紹切	日小開三上效	nʑĭɛu
		繞嬈(煩擾)	(古)日宵		ȵĭau
			(廣)而沼切	日小開三上效	nʑĭɛu
rào	去	繞(纏)	(古)日宵		ȵĭau
			(廣)人要切	日笑開三去效	nʑĭɛu
zāo	陰	糟醩遭燤傮	(古)精幽		tsəu
			(廣)作曹切	精豪開一平效	tsɑu

záo	陽	鑿	(古)從藥		dzăuk
			(廣)在各切	從鐸開一入宕	dzɑk
zǎo	上	早蚤棗	(古)精幽		tsəu
			(廣)子晧切	精晧開一上效	tsɑu
		澡藻薻䲃璪璅繰(繫玉繩)			
			(古)精宵		tsau
			(廣)子晧切	精晧開一上效	tsɑu
zào	去	皁(皂)造(造作)艁	(古)從幽		dzəu
			(廣)昨早切	從晧開一上效	dzɑu
		造(到也)慥	(古)清幽		ts‘əu
			(廣)七到切	清号開一去效	ts‘ɑu
		簉	(古)初幽		tʃ‘ĭəu
			(廣)初救切	初宥開三去流	tʃ‘ĭəu
		竈	(古)精覺		tsəuk
			(廣)則到切	精号開一去效	tsɑu
		躁趮	(古)精宵		tsau
			(廣)則到切	精号開一去效	tsɑu
		燥	(古)心宵		sau
			(廣)蘇老切	心晧開一上效	sɑu
		喿(古"噪"字)譟	(古)心宵		sau
			(廣)蘇到切	心号開一去效	sɑu
cāo	陰	操(把持)	(古)清宵		ts‘au
			(廣)七刀切	清豪開一平效	ts‘ɑu
		操(操守,品行)	(古)清宵		ts‘au
			(廣)七到切	清号開一去效	ts‘ɑu

cáo	陽	曹䄚槽螬嘈蓸漕褿		(古)從幽	dzəu
			(廣)昨勞切	從豪開一平效	dzɑu
cǎo	上	草艸慅(憂愁)慒		(古)清幽	ts‘əu
			(廣)采老切	清晧開一上效	ts‘ɑu
		屮(草)		(古)清幽	ts‘əu
			(集)采早切	清晧開一上效	ts‘ɑu
		懆		(古)清宵	ts‘au
			(廣)采老切	清晧開一上效	ts‘ɑu
cào	去	操*(操行)鄵		(古)清宵	ts‘au
			(廣)七到切	清号開一去效	ts‘ɑu
sāo	陰	騷搔溞梫傁慅(動)		(古)心幽	səu
			(廣)蘇遭切	心豪開一平效	sɑu
		繅繰(抽絲)臊鱢		(古)心宵	sau
			(廣)蘇遭切	心豪開一平效	sɑu
sǎo	上	嫂嫂埽掃(掃除)蓃		(古)心幽	səu
			(廣)蘇老切	心晧開一上效	sɑu
dāo	陰	裯(祇裯)		(古)端幽	təu
			(廣)都牢切	端豪開一平效	tɑu
		舠		(古)端幽	təu
			(集)都勞切	端豪開一平效	tɑu
		刀忉		(古)端宵	tau
			(廣)都牢切	端豪開一平效	tɑu
dǎo	上	擣㠀(島)裯禱壔		(古)端幽	təu
			(廣)都晧切	端晧開一上效	tɑu
		隯(島)		(古)端幽	təu

			(集)覩老切	端晧開一上效	tau
		導蹈	(古)定幽		dəu
			(廣)徒到切	定号開一去效	dau
		倒(仆也)	(古)端宵		tau
			(廣)都晧切	端晧開一上效	tau
dào	去	道(路,道理)稻	(古)定幽		dəu
			(廣)徒晧切	定晧開一上效	dau
		導*翿翢(覆蓋)幬燾	(古)定幽		dəu
			(廣)徒到切	定号開一去效	dau
		道(引導)翢	(古)定幽		dəu
			(集)大到切	定号開一去效	dau
		纛(毛羽車飾)	(古)定覺		dǔuk
			(廣)徒沃切	定沃合一入通	duok
			(又)徒到切	定号開一去效	dau
		到倒(倒懸)菿	(古)端宵		tau
			(廣)都導切	端号開一去效	tau
		盜	(古)定宵		dau
			(廣)徒到切	定号開一去效	dau
		悼	(古)定藥		dāuk
			(廣)徒到切	定号開一去效	dau
tāo	陰	絛韜縚謟滔幍慆槄夲搯			
			(古)透幽		t'əu
			(廣)土刀切	透豪開一平效	t'au
		弢騊	(古)透幽		t'əu
			(集)土刀切	透豪開一平效	t'au

		燾(人名用字)濤		(古)定幽	dəu
			(廣)徒刀切	定豪開一平效	dɑu
		饕叨弢牧叏挑(挑達)		(古)透宵	t‘au
			(廣)土刀切	透豪開一平效	t‘ɑu
táo	陽	陶詾綯檮騊萄匋錭蜪		(古)定幽	dəu
			(廣)徒刀切	定豪開一平效	dɑu
		洮		(古)透宵	t‘au
			(廣)土刀切	透豪開一平效	t‘ɑu
		咷(號咷)桃逃鼗鞀鞉駣		(古)定宵	dau
			(廣)徒刀切	定豪開一平效	dɑu
tǎo	上	討		(古)透幽	t‘əu
			(廣)他浩切	透晧開一上效	t‘ɑu
náo	陽	猱猛瓇獿(猿屬)		(古)泥幽	nəu
			(廣)奴刀切	泥豪開一平效	nɑu
		夒獶		(古)泥幽	nəu
			(集)奴刀切	泥豪開一平效	nɑu
		鐃譊呶怓		(古)泥宵	neau
			(廣)女交切	泥肴開二平效	nau
		橈(曲木,曲)		(古)泥宵	neau
			(集)尼交切	泥肴開二平效	nau
		撓(擾)		(古)泥宵	neau
			(廣)奴巧切	泥巧開二上效	nau
nǎo	上	獿(獿獶,犬驚吠)		(古)泥幽	neəu
			(廣)奴巧切	泥巧開二上效	nau
		𡿺腦刲嫍		(古)泥宵	nau

			（廣）奴晧切	泥晧開一上效	nɑu
		撓*（擾）	（古）泥宵		neau
			（廣）奴巧切	泥巧開二上效	nau
nào	去	澆（回波）	（古）泥宵		neau
			（集）女教切	泥效開二去效	nau
		淖（泥沼）	（古）泥藥		neāuk
			（廣）奴教切	泥效開二去效	nau
		臑（羊豕之臂）	（古）泥侯		no
			（集）乃到切	泥号開一去效	nau
láo	陽	牢醪嘐哰（讕哰）	（古）來幽		ləu
			（廣）魯刀切	來豪開一平效	lɑu
		浶	（古）來幽		ləu
			（集）郎刀切	來豪開一平效	lɑu
		勞（辛勞）澇（水名）嶗	（古）來宵		lau
			（廣）魯刀切	來豪開一平效	lɑu
		譊	（古）來宵		lau
			（集）郎刀切	來豪開一平效	lɑu
lǎo	上	老恅	（古）來幽		ləu
			（廣）盧晧切	來晧開一上效	lɑu
		轑潦（雨水大，路上積水）蓩	（古）來宵		lau
			（廣）盧晧切	來晧開一上效	lɑu
lào	去	嫪	（古）來幽		ləu
			（廣）郎到切	來号開一去效	lɑu
		潦（水淹）勞（慰勞）癆（藥毒）			

				(古)來宵	lau
			(廣)郎到切	來号開一去效	lɑu
		酪(乳酪)		(古)來鐸	lǎk
			(廣)盧各切	來鐸開一入宕	lɑk
bāo	陰	褒褒		(古)幫幽	pəu
			(廣)博毛切	幫豪開一平效	pɑu
		包胞枹(木名)苞勹		(古)幫幽	peəu
			(廣)布交切	幫肴開二平效	pau
		勽		(古)幫幽	peəu
			(集)班交切	幫肴開二平效	pau
báo	陽	箔		(古)並職	beək
			(廣)蒲角切	並覺開二入江	bɔk
		雹		(古)並覺	beəuk
			(廣)蒲角切	並覺開二入江	bɔk
		瀑㦬		(古)並藥	beǎuk
			(廣)蒲角切	並覺開二入江	beǎuk
		薄(厚薄)		(古)並鐸	bǎk
			(廣)傍各切	並鐸開一入宕	bɑk
bǎo	上	寶珤保呆(古"保"字)褓緥鴇葆鳵宲𠤏			
				(古)幫幽	pəu
			(廣)博抱切	幫晧開一上效	pɑu
		飽		(古)幫幽	peəu
			(廣)博巧切	幫巧開二上效	pau
bào	去	報		(古)幫幽	pəu
			(廣)博耗切	幫号開一去效	pɑu

		抱	（古）		並幽	bəu
			（廣）	薄浩切	並晧開一上效	bɑu
		勽（抱）裒（懷抱）	（古）		並幽	bəu
			（廣）	薄報切	並号開一去效	bɑu
		鮑	（古）		並幽	beəu
			（廣）	薄巧切	並巧開二上效	bau
		暴（猛）虣瀑（疾雨）鸔	（古）		並藥	bāuk
			（廣）	薄報切	並号開一去效	bɑu
		豹爆（火裂）趵	（古）		幫藥	peāuk
			（廣）	北教切	幫效開二去效	pau
pāo	陰	橐	（古）		滂幽	p'əu
			（廣）	普袍切	滂豪開一平效	p'ɑu
		泡（水名）脬	（古）		滂幽	p'eəu
			（廣）	匹交切	滂肴開二平效	p'au
páo	陽	袍	（古）		並幽	bəu
			（廣）	薄褒切	並豪開一平效	bɑu
		庖咆匏炮（燒烤也）炰爮颮（風急起）鞄狍	（古）		並幽	beəu
			（廣）	薄交切	並肴開二平效	bau
		泡（泡泡，急流聲）	（古）		並幽	beəu
			（集）	蒲交切	並肴開二平效	bau
		麃	（古）		並宵	beau
			（廣）	薄交切	並肴開二平效	bau
pào	去	奅窌（南窌，地名）皰（疱）	（古）		滂幽	p'eəu
			（廣）	匹皃切	滂效開二去效	p'au

		麭		(古)滂幽	p'eəu
			(集)披教切	滂效開二去效	p'au
māo	陰	貓媌		(古)明宵	meau
			(廣)莫交切	明肴開二平效	mau
máo	陽	茅蝥(盤蝥)		(古)明幽	meəu
			(廣)莫交切	明肴開二平效	mau
		矛蟊髳髳		(古)明幽	mĭəu
			(廣)莫浮切	明尤開三平流	mĭəu
		毛髦芼(菜也)旄氂		(古)明宵	mau
			(廣)莫袍切	明豪開一平效	mɑu
mǎo	上	卯昴茆		(古)明幽	meəu
			(廣)莫飽切	明巧開二上效	mau
mào	去	茂貿鄮袤冃(重覆)		(古)明幽	məu
			(廣)莫候切	明候開一去流	məu
		冃(古帽字)帽瑁冒瞐媢梠		(古)明覺	mə̄uk
			(廣)莫報切	明号開一去效	mɑu
		萺覒		(古)明覺	mə̄uk
			(集)莫報切	明号開一去效	mɑu
		耄薹芼(擇也)眊覒[illegible]		(古)明宵	mau
			(廣)莫報切	明号開一去效	mɑu
		毷		(古)明宵	mau
			(集)莫報切	明号開一去效	mɑu
		皃額貌		(古)明藥	meāuk
			(廣)莫教切	明效開二去效	mau

愗楙懋瞀蓩⿰木蓩	(古)明侯		mo
	(廣)莫候切	明候開一去流	məu
蝥蟊(毒草)⿰木敄	(古)明侯		mo
	(集)莫候切	明候開一去流	məu

iao（丨幺）韻

yāo	陰	妖祆枖訞夭（盛也）	（古）影宵	ǐau
		（廣）於喬切	影宵開三平效	ǐɛu
		媄褋	（古）影宵	ǐau
		（集）於喬切	影宵開三平效	ǐɛu
		要（古“腰”字，求也）腰葽喓褄邀鷕		
			（古）影宵	ǐau
		（廣）於霄切	影宵開三平效	ǐɛu
		夭（折也）殀	（古）影宵	ǐau
		（廣）於兆切	影小開三上效	ǐɛu
		幺	（古）影宵	iau
		（廣）於堯切	影蕭開四平效	ieu
yáo	陽	陶（皋陶，人名）	（古）餘幽	ʎǐəu
		（廣）餘昭切	餘宵開三平效	jǐɛu
		肴餚崤殽爻	（古）匣宵	ɣeau
		（廣）胡茅切	匣肴開二平效	ɣau
		遥媱傜（徭）繇飖猺窯蘨珧鰩銚（大鋤）姚摇謡軺愮		
		颻烑𧗳（䌛）榣嗂踰瑶	（古）餘宵	ʎǐau
		（廣）餘昭切	餘宵開三平效	jǐɛu
		遙傜蘨䍃	（古）餘宵	ʎǐau

			(集)餘招切	餘宵開三平效	jĭɛu
		傜		(古)餘宵	ʎĭau
			(玉)余招切	餘宵開三平效	jĭɛu
		堯嶢僥(僬僥)垚顤		(古)疑宵	ŋiau
			(廣)五聊切	疑蕭開四平效	ŋieu
yǎo	上	狕		(古)影幽	eəu
			(廣)於絞切	影巧開二上效	au
		窈鴢		(古)影幽	iəu
			(廣)烏晈切	影篠開四上效	ieu
		窅(窈)		(古)影幽	iəu
			(集)伊鳥切	影篠開四上效	ieu
		舀		(古)餘幽	ʎĭəu
			(廣)以沼切	餘小開三上效	jĭɛu
		齩		(古)疑宵	ŋeau
			(廣)五巧切	疑巧開二上效	ŋau
		䴠		(古)影宵	ĭau
			(集)於兆切	影小開三上效	ĭɛu
		杳窅偠騕葽(葽繞,藥草)㫏皀窅宧			
				(古)影宵	iau
			(廣)烏晈切	影篠開四上效	ieu
		窔(室之東南隅)宎		(古)影宵	iau
			(集)伊鳥切	影篠開四上效	ieu
		鷕		(古)餘微	ʎĭəi
			(廣)以沼切	餘小開三上效	jĭɛu
yào	去	幼(幼妙)		(古)影幽	ĭəu

			(集)一笑切	影笑開三去效	ĭɛu
		要(重要)	(古)影宵		ĭau
			(廣)於笑切	影笑開三去效	ĭɛu
		窔(幽暗處)	(古)影宵		iau
			(廣)烏叫切	影嘯開四去效	ieu
		窔(幽暗處)	(古)影宵		iau
			(集)一叫切	影嘯開四去效	ieu
		鷂尯窕	(古)餘宵		ʎĭau
			(廣)弋照切	餘笑開三去效	jĭɛu
		獟(狂犬)	(古)疑宵		ŋiau
			(廣)五弔切	疑嘯開四去效	ŋieu
		燿覞耀曜覦	(古)餘藥		ʎĭăuk
			(廣)弋照切	餘笑開三去效	jĭɛu
		藥鑰敫爍	(古)餘藥		ʎĭăuk
			(廣)以灼切	餘藥開三入宕	jĭak
jiāo	陰	膠轇	(古)見幽		keəu
			(廣)古肴切	見肴開二平效	kau
		椒茱燋	(古)精幽		tsĭəu
			(廣)即消切	精宵開三平效	tsĭɛu
		菽(菽藸,小草)	(古)精幽		tsĭəu
			(集)兹消切	精宵開三平效	tsĭɛu
		交蛟茭鵁鮫咬(鳥聲)郊这教(令,使)	(古)見宵		keau
			(廣)古肴切	見肴開二平效	kau
		驕嬌憍鷮蕎(藥草)	(古)見宵		kĭau

			(廣)舉喬切　見宵開三平效	kǐɛu
		焦蕉膲鷦嚼(嚼殺)鐎蟭僬(僬僥)燋		
			(古)精宵	tsǐau
			(廣)即消切　精宵開三平效	tsǐɛu
		嶕(嶕嶢)	(古)從宵	dzǐau
			(廣)昨焦切　從宵開三平效	dzǐɛu
		県澆儌	(古)見宵	kiau
			(廣)古堯切　見蕭開四平效	kieu
		噭漖	(古)見宵	kiau
			(集)堅堯切　見蕭開四平效	kieu
jiáo	陽	嚼	(古)從藥	dzǐǎuk
			(廣)在爵切　從藥開三入宕	dzǐak
jiǎo	上	灚疝	(古)見幽	keəu
			(廣)古巧切　見巧開二上效	kau
		湫(低下)	(古)精幽	tsiəu
			(廣)子了切　精篠開四上效	tsieu
		攪	(古)見覺	keə̌uk
			(廣)古巧切　見巧開二上效	kau
		絞狡佼筊鉸姣烄	(古)見宵	keau
			(廣)古巧切　見巧開二上效	kau
		敿	(古)見宵	keau
			(集)吉巧切　見巧開二上效	kau
		矯觲敽撟蟜譑嬌蹻(蹻蹻，勇武貌)		
			(古)見宵	kǐau
			(廣)居夭切　見小開三上效	kǐɛu

		剿勦(勞,滅絕)潐	(古)精宵		tsĭau
			(廣)子小切	精小開三上效	tsĭɛu
		摷(拘擊)	(古)精宵		tsĭau
			(集)子小切	精小開三上效	tsĭɛu
		皎璬皦恔(憭)繳(繳繞)晈筊儌			
			(古)見宵		kiau
			(廣)古了切	見篠開四上效	kieu
		僥(僥倖)曒	(古)見宵		kiau
			(集)吉了切	見篠開四上效	kieu
		劋	(古)精宵		tsiau
			(廣)子了切	精篠開四上效	tsieu
		斛角	(古)見屋		keŏk
			(廣)古岳切	見覺開二入江	kɔk
		腳脚	(古)見鐸		kĭăk
			(廣)居勺切	見藥開三入宕	kĭak
jiào	去	窌(窖)	(古)見幽		keəu
			(集)居效切	見效開二去效	kau
		叫訆嘂	(古)見幽		kiəu
			(廣)古弔切	見嘯開四去效	kieu
		窖覺*(睡醒)	(古)見覺		keə̄uk
			(廣)古孝切	見效開二去效	kau
		教(教化)校(考校)較(比較)斅			
			(古)見宵		keau
			(廣)古孝切	見效開二去效	kau
		轎	(古)羣宵		gĭau

			(廣)渠廟切	羣笑開三去效	gĭɛu
		醮潐僬(僬僬,行急貌)	(古)精宵		tsĭau
			(廣)子肖切	精笑開三去效	tsĭɛu
		[illegible]	(古)精宵		tsĭau
			(集)子肖切	精笑開三去效	tsĭɛu
		嚥(嚼)	(古)從宵		dzĭau
			(廣)才笑切	從笑開三去效	dzĭɛu
		哨(狹小)	(古)從宵		dzĭau
			(集)才笑切	從笑開三去效	dzĭɛu
		釂嚼	(古)精藥		tsĭāuk
			(廣)子肖切	精笑開三去效	tsĭɛu
		潐	(古)精藥		tsĭāuk
			(集)子肖切	精笑開三去效	tsĭɛu
		徼譥噭(號叫)[illegible]	(古)見藥		kiāuk
			(廣)古弔切	見嘯開四去效	kieu
		獥嬓	(古)見藥		kiāuk
			(集)吉弔切	見嘯開四去效	kieu
qiāo	陰	[illegible](狡獪)	(古)溪幽		k'eəu
			(集)丘交切	溪肴開二平效	k'au
		敲骹磽墝	(古)溪宵		k'eau
			(廣)口交切	溪肴開二平效	k'au
		蹻(舉足)繑趫[illegible]	(古)溪宵		k'ĭau
			(廣)去遥切	溪宵開三平效	k'ĭɛu
		幧	(古)清宵		ts'ĭau
			(廣)七遥切	清宵開三平效	ts'ĭɛu

		鄡鄡鄡墽		(古)溪宵	k'iau
			(廣)苦幺切	溪蕭開四平效	k'ieu
		㕁		(古)溪藥	k'eăuk
			(廣)苦角切	溪覺開二入江	k'ɔk
		橇		(古)精月	tsĭāt
			(集)祖芮切	精祭開三去蟹	tsĭɛi
qiáo	陽	荍		(古)羣幽	gĭəu
			(廣)渠遥切	羣宵開三平效	gĭɛu
		喬橋趫僑鐈喬嶠		(古)羣宵	gĭau
			(廣)巨嬌切	羣宵開三平效	gĭɛu
		嶠		(古)羣宵	gĭau
			(集)渠嬌切	羣宵開三平效	gĭɛu
		翹		(古)羣宵	gĭau
			(廣)渠遥切	羣宵開三平效	gĭɛu
		招(揭示)		(古)羣宵	gĭau
			(集)祁堯切	羣宵開三平效	gĭɛu
		樵憔顦譙醮蕉		(古)從宵	dzĭau
			(廣)昨焦切	從宵開三平效	dzĭɛu
		嫶癄		(古)從宵	dzĭau
			(集)慈焦切	從宵開三平效	dzĭɛu
qiǎo	上	巧		(古)溪幽	k'eəu
			(廣)苦絞切	溪巧開二上效	k'au
		愀		(古)清幽	ts'ĭəu
			(廣)親小切	清小開三上效	ts'ĭɛu
		悄鈔		(古)清宵	ts'ĭau

			(廣)親小切	清小開三上效	ts'ĭɛu
qiào	去	陗峭哨(口不正)帩	(古)清宵		ts'ĭau
			(廣)七肖切	清笑開三去效	ts'ĭɛu
		誚	(古)從宵		dzĭau
			(廣)才笑切	從笑開三去效	dzĭɛu
		譙(責備)	(古)從宵		dzĭau
			(集)才笑切	從笑開三去效	dzĭɛu
		削(鞘,刀鞘)	(古)心宵		sĭau
			(集)仙妙切	心笑開三去效	sĭɛu
		竅擎撽	(古)溪藥		k'iāuk
			(廣)苦弔切	溪嘯開四去效	k'ieu
		躈噭(口也)	(古)溪藥		k'iāuk
			(集)詰弔切	溪嘯開四去效	k'ieu
		殸(殼)	(古)溪屋		k'eŏk
			(廣)苦角切	溪覺開二入江	k'ɔk
xiāo	陰	虓猇嘐(嘐嘐,自大貌)	(古)曉幽		xeəu
			(廣)許交切	曉肴開二平效	xau
		烋(炰烋)獟(犬驚叫)	(古)曉幽		xeəu
			(集)虛交切	曉肴開二平效	xau
		蕭簫蟰翛	(古)心幽		siəu
			(廣)蘇彫切	心蕭開四平效	sieu
		橚瀟蠨	(古)心幽		siəu
			(集)先彫切	心蕭開四平效	sieu
		嗃(吹管聲)哮	(古)曉宵		xeau
			(廣)許交切	曉肴開二平效	xau

謞(呼叫聲)髐 (古)曉宵 xeau

(集)虛交切 曉肴開二平效 xau

嚻(喧)枵歊獢蕱(草貌)哓嚣藃

(古)曉宵 xĭau

(廣)許嬌切 曉宵開三平效 xĭɛu

鴞 (古)匣宵 ɣĭau

(廣)于嬌切 雲宵開三平效 ɣĭɛu

宵消霄捎(消除)逍痟綃銷蛸(螵蛸)

(古)心宵 sĭau

(廣)相邀切 心宵開三平效 sĭɛu

梢(衝激)肖(細微)萷 (古)心宵 sĭau

(集)思邀切 心宵開三平效 sĭɛu

膮嘵憢 (古)曉宵 xiau

(廣)許幺切 曉蕭開四平效 xieu

獟(勇猛) (古)曉宵 xiau

(集)馨幺切 曉蕭開四平效 xieu

驍梟蟂 (古)見宵 kiau

(廣)古堯切 見蕭開四平效 kieu

踃 (古)心宵 siau

(廣)蘇彫切 心蕭開四平效 sieu

xiáo 陽 肴* 殽洨姣(淫亂)爻* 淆倄

(古)匣宵 ɣeau

(廣)胡茅切 匣肴開二平效 ɣau

xiǎo 上 篠筱謏 (古)心幽 siəu

(廣)先鳥切 心篠開四上效 sieu

		小		(古)心宵	sĭau
			(廣)私兆切	心小開三上效	sĭɛu
		朴		(古)心宵	sĭau
			(集)思兆切	心小開三上效	sĭɛu
		鐃曉皢		(古)曉宵	xiau
			(廣)馨皛切	曉篠開四上效	xieu
xiào	去	嘯歗		(古)心幽	siəu
			(廣)蘇弔切	心嘯開四去效	sieu
		斆(教)嶨		(古)匣覺	ɣeə̄uk
			(廣)胡教切	匣效開二去效	ɣau
		滈(水聲)		(古)匣覺	ɣeə̄uk
			(集)下巧切	匣巧開二上效	ɣau
		孝鷸		(古)曉宵	xeau
			(廣)呼教切	曉效開二去效	xau
		效校(學校)傚詨		(古)匣宵	ɣeau
			(廣)胡教切	匣效開二去效	ɣau
		恔(快也)		(古)匣宵	ɣeau
			(集)後教切	匣效開二去效	ɣau
		笑肖(相似)		(古)心宵	sĭau
			(廣)私妙切	心笑開三去效	sĭɛu
		咲削*(鞘,刀鞘)		(古)心宵	sĭau
			(集)仙妙切	心笑開三去效	sĭɛu
		皛芍(莩薺)		(古)匣宵	ɣiau
			(廣)胡了切	匣篠開四上效	ɣieu
diāo	陰	琱凋鯛雕鵰彫裯鴟		(古)端幽	tiəu

			(廣)都聊切	端蕭開四平效	tieu
		貂刁蛁鳭	(古)端宵		tiau
			(廣)都聊切	端蕭開四平效	tieu
		鼦鵰	(古)端宵		tiau
			(集)丁聊切	端蕭開四平效	tieu
diǎo	上	杓	(古)端藥		tiāuk
			(廣)都了切	端篠開四上效	tieu
diào	去	調(調動)莜(蓧)	(古)定幽		diəu
			(廣)徒弔切	定嘯開四去效	dieu
		蓧(芸田器)㔹	(古)定幽		diəu
			(集)徒弔切	定嘯開四去效	dieu
		寫	(古)端幽		tiəu
			(廣)多嘯切	端嘯開四去效	tieu
		趙(刺地)	(古)定宵		diau
			(集)徒了切	定篠開四上效	dieu
		銚(烹煮器)	(古)定宵		diau
			(集)徒弔切	定嘯開四去效	dieu
		弔(弔唁)釣	(古)端藥		tiāuk
			(廣)多嘯切	端嘯開四去效	tieu
		魡	(古)端藥		tiāuk
			(集)多嘯切	端嘯開四去效	tieu
		藋掉	(古)定藥		diāuk
			(廣)徒弔切	定嘯開四去效	dieu
		鑃穛	(古)定藥		diāuk
			(集)徒弔切	定嘯開四去效	dieu

tiāo	陰	蓧(草名)		(古)透幽	t‘iəu
			(廣)吐彫切	透蕭開四平效	t‘ieu
		蓨		(古)透幽	t‘iəu
			(集)他彫切	透蕭開四平效	t‘ieu
		祧佻(輕佻)挑(挖取)恌斛		(古)透宵	t‘iau
			(廣)吐彫切	透蕭開四平效	t‘ieu
tiáo	陽	條鋚筶蜩調(調和)髫鞗卤鰷		(古)定幽	diəu
			(廣)徒聊切	定蕭開四平效	dieu
		迢髫佻(佻佻,獨行貌)趒苕艻岧		(古)定宵	diau
			(廣)徒聊切	定蕭開四平效	dieu
		齠		(古)定宵	diau
			(集)田聊切	定蕭開四平效	dieu
tiǎo	上	篠		(古)透幽	t‘iəu
			(廣)土了切	透篠開四上效	t‘ieu
		朓(晦而月見西方)		(古)透宵	t‘iau
			(廣)土了切	透篠開四上效	t‘ieu
		窕		(古)透宵	t‘iau
			(集)土了切	透篠開四上效	t‘ieu
		窕誂挑(挑撥)		(古)定宵	diau
			(廣)徒了切	定篠開四上效	dieu
		扚		(古)端藥	tiāuk
			(廣)都了切	端篠開四上效	tieu
tiào	去	跳		(古)定宵	diau

			(廣)徒聊切	定蕭開四平效	dieu
			(集)徒了切	定篠開四上效	dieu
		眺覜咷(噭咷)頫絩		(古)透宵	t‘iau
			(廣)他弔切	透嘯開四去效	t‘ieu
		糶		(古)透藥	t‘iāuk
			(廣)他弔切	透嘯開四去效	t‘ieu
niǎo	上	鳥蔦袅(短衣)		(古)端幽	tiəu
			(廣)都了切	端篠開四上效	tieu
		樢(蔦)		(古)端幽	tiəu
			(集)丁了切	端篠開四上效	tieu
		褭(裊,以組帶馬)		(古)泥幽	niəu
			(廣)奴鳥切	泥篠開四上效	nieu
		嫋		(古)泥藥	niāuk
			(廣)奴鳥切	泥篠開四上效	nieu
niào	去	尿		(古)泥藥	niāuk
			(廣)奴弔切	泥嘯開四去效	nieu
		溺(尿)		(古)泥藥	niāuk
			(集)奴弔切	泥嘯開四去效	nieu
liáo	陽	窌(深空貌)		(古)來幽	leəu
			(廣)力嘲切	來肴開二平效	lau
		聊憀寥grandfather漻(清澈)髎熮		(古)來幽	liəu
			(廣)落蕭切	來蕭開四平效	lieu
		廫嵺		(古)來幽	liəu
			(集)憐蕭切	來蕭開四平效	lieu
		燎(庭燎,火炬)		(古)來宵	lĭau

			(廣)力昭切	來宵開三平效	lĭɛu
		膋膫遼寮料(觸,樂器)㙩橑撩僚(同僚)寮鐐(銀之美者)			
		簝鷯璙嫽尞繚憭獠敹	(古)來宵		liau
			(廣)落蕭切	來蕭開四平效	lieu
		潦(水名)	(古)來宵		liau
			(集)憐蕭切	來蕭開四平效	lieu
		𤻲(治療)療(𤻲或體)	(古)來藥		lĭāuk
			(廣)力照切	來笑開三去效	lĭɛu
liǎo	上	蓼(草本植物)鄝	(古)來幽		liəu
			(廣)盧鳥切	來篠開四上效	lieu
		燎(燒,烘烤)僚(美好)	(古)來宵		lĭau
			(廣)力小切	來小開三上效	lĭɛu
		了瞭憭(明白)繚⿰衤了	(古)來宵		liau
			(廣)盧鳥切	來篠開四上效	lieu
liào	去	廖	(古)來幽		lĭəu
			(廣)力救切	來宥開三去流	lĭəu
		尞(祭名)燎(燒柴祭天)	(古)來宵		lĭau
			(廣)力照切	來笑開三去效	lĭɛu
		尞(燎)	(古)來宵		lĭau
			(集)力照切	來笑開三去效	lĭɛu
		鐐(脚鐐)料(估量)	(古)來宵		liau
			(廣)力弔切	來嘯開四去效	lieu
		𤻲*(治療)療*(𤻲或體)	(古)來藥		lĭāuk
			(廣)力照切	來笑開三去效	lĭɛu
		尥	(古)來藥		liāuk

			(廣)力弔切	來嘯開四去效	lieu
biāo	陰	彪髟驫	(古)幫幽		piəu
			(廣)甫烋切	幫幽開四平流	piəu
		櫐	(古)幫幽		pĭəu
			(說)"从木櫐聲。"段注:"鉉云所臻切";"與許云驫聲者不合。"		
		滮	(古)並幽		biəu
			(廣)皮彪切	並幽開四平流	biəu
		滤	(古)並幽		biəu
			(集)皮虯切	並幽開四平流	biəu
		鑣儦瀌藨	(古)幫宵		pĭau
			(廣)甫嬌切	幫宵開三平效	pĭɛu
		穮	(古)幫宵		pĭau
			(集)悲嬌切	幫宵開三平效	pĭɛu
		飆標猋杓(勺柄)幖爂藨	(古)幫宵		pĭau
			(廣)甫遥切	幫宵開三平效	pĭɛu
		颮旚	(古)幫宵		pĭau
			(集)卑遥切	幫宵開三平效	pĭɛu
		鏢(刀鞘末銅飾物)	(古)滂宵		p'ĭau
			(廣)撫招切	滂宵開三平效	p'ĭɛu
			(集)卑遥切	幫宵開三平效	pĭɛu
biǎo	上	表蔈	(古)幫宵		pĭau
			(廣)陂矯切	幫小開三上效	pĭɛu
		裱(帍裱)	(古)幫宵		pĭau
			(廣)方廟切	幫笑開三去效	pĭɛu

			(集)彼小切	幫小開三上效	pĭɛu
		剽(末梢)	(古)幫宵		pĭau
			(集)俾小切	幫小開三上效	pĭɛu
biào	去	摽(落也)莩(草名)	(古)並宵		bĭau
			(廣)苻少切	並小開三上效	bĭɛu
piāo	陰	票(火飛也)漂(浮也)嫖旚犥飄摽(擊也)趮翲螵嘌	(古)滂宵		p‘ĭau
			(廣)撫招切	滂宵開三平效	p‘ĭɛu
piáo	陽	瓢剽(鐘的一種)	(古)並宵		bĭau
			(廣)符霄切	並宵開三平效	bĭɛu
piǎo	上	殍	(古)並幽		bĭəu
			(廣)平表切	並小開三上效	bĭɛu
		縹顠皫瞟膘	(古)滂宵		p‘ĭau
			(廣)敷沼切	滂小開三上效	p‘ĭɛu
		覭(瞟)	(古)幫宵		pĭau
			(廣)方小切	幫小開三上效	pĭɛu
			(集)匹沼切	滂小開三上效	p‘ĭɛu
		漂(用水冲洗)	(古)滂宵		p‘ĭau
			(集)匹沼切	滂小開三上效	p‘ĭɛu
		受	(古)並宵		bĭau
			(廣)平表切	並小開三上效	bĭɛu
piào	去	剽(刼)僄漂(疾速)勡慓	(古)滂宵		p‘ĭau
			(廣)匹妙切	滂笑開三去效	p‘ĭɛu
		驃	(古)並宵		bĭau
			(廣)毗召切	並笑開三去效	bĭɛu

miáo	陽	苗緢		(古)明宵	mĭau
			(廣)武瀌切	明宵開三平效	mĭɛu
miǎo	上	眇渺訬(高也)淼杪秒篎		(古)明宵	mĭau
			(廣)亡沼切	明小開三上效	mĭɛu
		緲		(古)明宵	mĭau
			(集)弭沼切	明小開三上效	mĭɛu
		邈		(古)明藥	meăuk
			(廣)莫角切	明覺開二入江	mɔk
		邈		(古)明藥	meăuk
			(說)莫角切	明覺開二入江	mɔk
		藐藐		(古)明藥	meăuk
			(集)墨角切	明覺開二入江	mɔk
		藐		(古)明藥	mĭāuk
			(廣)亡沼切	明小開三上效	mĭɛu
miào	去	廟庿		(古)明宵	mĭau
			(廣)眉召切	明笑開三去效	mĭɛu
		妙		(古)明宵	mĭau
			(廣)彌笑切	明笑開三去效	mĭɛu

ou（ㄡ）韻

ōu	陰	吽(吽牙,犬鬥叫聲)	(古)疑之		ŋə
			(集)魚侯切	疑侯開一平流	ŋəu
		謳嘔(歌唱)歐(謳歌)甌區(量名,姓)鷗櫙蓲樞鏂			
			(古)影侯		o
			(廣)烏侯切	影侯開一平流	əu
		樞(木名)	(古)影侯		o
			(集)烏侯切	影侯開一平流	əu
		毆(擊)	(古)影侯		o
			(廣)烏后切	影厚開一上流	əu
		敺(毆)	(古)影侯		o
			(集)於口切	影厚開一上流	əu
óu	陽	齵	(古)疑侯		ŋo
			(廣)五婁切	疑侯開一平流	ŋəu
ǒu	上	歐(吐)嘔(吐)	(古)影侯		o
			(廣)烏后切	影厚開一上流	əu
		藕蕅偶耦	(古)疑侯		ŋo
			(廣)五口切	疑厚開一上流	ŋəu
		腢	(古)疑侯		ŋo
			(集)語口切	疑厚開一上流	ŋəu

òu	去	漚(浸泡)		(古)影侯	o
			(廣)烏候切	影候開一去流	əu
gōu	陰	鉤(鈎)刨溝褠韝緱篝冓(數名)枸(曲也)句(勾)			
				(古)見侯	ko
			(廣)古侯切	見侯開一平流	kəu
		抅(取)袧韝		(古)見侯	ko
			(集)居侯切	見侯開一平流	kəu
gǒu	上	茍玽狗笱耇枸(枸杞)苟		(古)見侯	ko
			(廣)古厚切	見厚開一上流	kəu
		蚼		(古)見侯	ko
			(集)舉后切	見厚開一上流	kəu
gòu	去	垢		(古)見侯	ko
			(廣)古厚切	見厚開一上流	kəu
		詬詾		(古)曉侯	xo
			(廣)呼漏切	曉候開一去流	xəu
			(集)居候切	見候開一去流	kəu
		遘構媾覯姤購雊		(古)見侯	ko
			(廣)古候切	見候開一去流	kəu
		冓(交積材)傋搆		(古)見侯	ko
			(集)居候切	見候開一去流	kəu
		彀穀		(古)見屋	kōk
			(廣)古候切	見候開一去流	kəu
kōu	陰	彄摳		(古)溪侯	k‘o
			(廣)恪侯切	溪侯開一平流	k‘əu
kǒu	上	口訁叩		(古)溪侯	k‘o

			(廣)苦后切	溪厚開一上流	k'əu
kòu	去	叩扣(扣馬)釦	(古)溪侯		k'o
			(廣)苦后切	溪厚開一上流	k'əu
		寇滱怐扣(敲擊)	(古)溪侯		k'o
			(廣)苦候切	溪候開一去流	k'əu
		敂佝	(古)溪侯		k'o
			(集)丘堠切	溪候開一去流	k'əu
		鷇縠	(古)溪屋		k'ōk
			(廣)苦候切	溪候開一去流	k'əu
hōu	陰	齁	(古)曉侯		xo
			(廣)呼侯切	曉侯開一平流	xəu
hóu	陽	侯矦鄇鍭猴糇瘊餱喉篌鯸螏睺			
			(古)匣侯		ɣo
			(廣)户鉤切	匣侯開一平流	ɣəu
		腂	(古)匣侯		ɣo
			(集)胡溝切	匣侯開一平流	ɣəu
hǒu	上	㖃(吼)呴(怒聲)	(古)曉侯		xo
			(廣)呼后切	曉厚開一上流	xəu
hòu	去	呴(恥辱)	(古)曉侯		xo
			(廣)呼漏切	曉候開一去流	xəu
		厚後后郈	(古)匣侯		ɣo
			(廣)胡口切	匣厚開一上流	ɣəu
		垕	(古)匣侯		ɣo
			(集)很口切	匣厚開一上流	ɣəu
		候逅堠	(古)匣侯		ɣo

			(廣)胡遘切	匣候開一去流	ɣəu
zhōu	陰	輈盩啁(啁噍)譸侜	(古)端幽		tĭəu
			(廣)張流切	知尤開三平流	ȶĭəu
		鵃	(古)端幽		tĭəu
			(集)張流切	知尤開三平流	ȶĭəu
		周州輖洲賙翢舟婤	(古)章幽		ȶĭəu
			(廣)職流切	章尤開三平流	tɕĭəu
		匊(週,周遍)	(古)章幽		tĭəu
			(集)之由切	章尤開三平流	tɕĭəu
		粥	(古)章覺		ȶĭəuk
			(廣)之六切	章屋合三入通	tɕĭuk
		鬻(粥)	(古)章覺		ȶĭəuk
			(集)之六切	章屋合三入通	tɕĭuk
zhóu	陽	軸妯(妯娌)	(古)定覺		dĭəuk
			(廣)直六切	澄屋合三入通	ȡĭuk
zhǒu	上	肘疛	(古)端幽		tĭəu
			(廣)陟柳切	知有開三上流	ȶĭəu
		帚箒鯞	(古)章幽		ȶĭəu
			(廣)之九切	章有開三上流	tɕĭəu
zhòu	去	紂	(古)定幽		dĭəu
			(廣)除柳切	澄有開三上流	ȡĭəu
		酎籀	(古)定幽		dĭəu
			(廣)直祐切	澄宥開三去流	ȡĭəu
		甃	(古)莊幽		tʃĭəu
			(廣)側救切	莊宥開三去流	tʃĭəu

		胄(胄裔)冑(甲冑)宙紬(咒)駎			
			(古)定覺		dĭəuk
			(廣)直祐切	澄宥開三去流	ȡĭəu
		葷軸	(古)定幽		dĭəu
			(集)直祐切	澄宥開三去流	ȡĭəu
		呪(咒,詛咒)祝(禱祝)	(古)章覺		ȶĭəuk
			(廣)職救切	章宥開三去流	tɕĭəu
		晝咮	(古)端侯		tĭo
			(廣)陟救切	知宥開三去流	ȶĭəu
		縐	(古)莊侯		tʃĭo
			(廣)側救切	莊宥開三去流	tʃĭəu
		驟	(古)崇侯		dʒĭo
			(廣)鋤祐切	崇宥開三去流	dʒĭəu
		噣(鳥嘴)	(古)端屋		tĭɔk
			(廣)陟救切	知宥開三去流	ȶĭəu
chōu	陰	抽搯(引)瘳妯(動也)	(古)透幽		tʻĭəu
			(廣)丑鳩切	徹尤開三平流	ȶʻĭəu
		㲖	(古)透幽		tʻĭəu
			(集)丑鳩切	徹尤開三平流	ȶʻĭəu
		犨	(古)昌幽		tʃʻĭəu
			(廣)赤周切	昌尤開三平流	tʃʻĭəu
chóu	陽	仇(仇讎,仇恨)	(古)羣幽		gĭəu
			(廣)巨鳩切	羣尤開三平流	gĭəu
		惆	(古)透幽		tʻĭəu
			(廣)丑鳩切	徹尤開三平流	ȶʻĭəu

		儔躊幬(牀帳)裯(單被)雔疇紬綢(綢繆)稠薵儵籌椆			
		怞懤鮋	(古)定幽		dĭəu
			(廣)直由切	澄尤開三平流	ɖĭəu
		讎斆酬醻詶雠魗鄐	(古)禪幽		ʑĭəu
			(廣)市流切	禪尤開三平流	ʑĭəu
		愁懋	(古)崇幽		dʒĭəu
			(廣)士尤切	崇尤開三平流	dʒĭəu
chǒu	上	丑杽	(古)透幽		tʻĭəu
			(廣)敕久切	徹有開三上流	ʈʻĭəu
		醜	(古)昌幽		ʈʻĭəu
			(廣)昌九切	昌有開三上流	tɕʻĭəu
chòu	去	臭(香臭)殠(腐臭)	(古)昌幽		ʈʻĭəu
			(廣)尺救切	昌宥開三去流	tɕʻĭəu
		簉*莲	(古)初幽		tʃʻĭəu
			(廣)初救切	初宥開三去流	tʃʻĭəu
shōu	陰	收	(古)書幽		ɕĭəu
			(廣)式州切	書尤開三平流	ɕĭəu
shǒu	上	首百手守(守衛)	(古)書幽		ɕĭəu
			(廣)書九切	書有開三上流	ɕĭəu
shòu	去	受壽綬	(古)禪幽		ʑĭəu
			(廣)殖酉切	禪有開三上流	ʑĭəu
		瘦瘦	(古)山幽		ʃĭəu
			(廣)所祐切	山宥開三去流	ʃĭəu
		狩獸守(職守,郡守)	(古)書幽		ɕĭəu
			(廣)舒救切	書宥開三去流	ɕĭəu

		授售(賣得出去)		(古)禪幽	ʑĭəu
			(廣)承呪切	禪宥開三去流	ʑĭəu
		鏉		(古)山屋	ʃĭok
			(廣)所祐切	山宥開三去流	ʃĭəu
róu	陽	柔鍒睬騥蝚蹂葇輮脿鶔揉			
				(古)日幽	ȵĭəu
			(廣)耳由切	日尤開三平流	nʑĭəu
		腬糅		(古)日幽	ȵĭəu
			(集)而由切	日尤開三平流	nʑĭəu
		粈輮厹(内,"蹂"的古文)粗			
				(古)日幽	ȵĭəu
			(廣)人九切	日有開三上流	nʑĭəu
rǒu	上	猱		(古)日幽	ȵĭəu
			(集)忍九切	日有開三上流	nʑĭəu
ròu	去	肉宍		(古)日覺	ȵĭəuk
			(廣)如六切	日屋合三入通	nʑĭuk
zōu	陰	緅陬棷掫		(古)精侯	tso
			(廣)子侯切	精侯開一平流	tsəu
		鯫		(古)從侯	dzo
			(廣)徂鉤切	從侯開一平流	dzəu
		棸(姓)		(古)定侯	dĭo
			(廣)直由切	澄尤開三平流	ȡĭəu
		鄒鄹郰騶齱菆黀		(古)莊侯	tʃĭo
			(廣)側鳩切	莊尤開三平流	tʃĭəu
		齺		(古)莊侯	tʃĭo

			(集)甾尤切 莊尤開三平流	tʃĭəu
		諏	(古)精侯	tsĭwo
			(廣)子于切 精虞合三平遇	tsĭu
zǒu	上	走	(古)精侯	tso
			(廣)子苟切 精厚開一上流	tsəu
zòu	去	奏	(古)精侯	tso
			(廣)則候切 精候開一去流	tsəu
còu	去	輳腠湊楱	(古)清侯	ts'o
			(廣)倉奏切 清候開一去流	ts'əu
		揍(紋理)	(古)清侯	ts'o
			(集)千候切 清候開一去流	ts'əu
		蔟(太蔟)	(古)清屋	ts'ōk
			(廣)倉奏切 清候開一去流	ts'əu
sōu	陰	捜搜颼溲(便溺)鎪廋蒐獀驌郰		
			(古)山幽	ʃĭəu
			(廣)所鳩切 山尤開三平流	ʃĭəu
		艘	(古)心幽	siəu
			(廣)蘇彫切 心蕭開四平效	sieu
		涑(洗滌)	(古)心侯	so
			(廣)速侯切 心侯開一平流	səu
sǒu	上	叜叟傁(傻)瞍	(古)心幽	səu
			(廣)蘇后切 心厚開一上流	səu
		溲(浸沃)	(古)山幽	ʃĭəu
			(集)所九切 山有開三上流	ʃĭəu
		藪籔(溲箕)	(古)心侯	so

			(廣)蘇后切	心厚開一上流	səu
		嗾	(古)心屋		sōk
			(廣)蘇后切	心厚開一上流	səu
sòu	去	嗽(咳嗽)	(古)心屋		sōk
			(廣)蘇奏切	心候開一去流	səu
dōu	陰	兜吺篼䚵(䚵)	(古)端侯		to
			(廣)當侯切	端侯開一平流	təu
		都(副詞,總括)	(古)端魚		tɑ
			(廣)當孤切	端模合一平遇	tu
dǒu	上	斗(量名)㪷	(古)端侯		to
			(廣)當口切	端厚開一上流	təu
dòu	去	鋀郖	(古)定侯		do
			(廣)徒口切	定厚開一上流	dəu
		斢(酒器)	(古)定侯		do
			(集)徒口切	定厚開一上流	dəu
		鬥鬭𩰠	(古)端侯		to
			(廣)都豆切	端候開一去流	təu
		豆逗脰郖梪䄈	(古)定侯		do
			(廣)徒候切	定候開一去流	dəu
		斣	(古)端屋		tōk
			(廣)都豆切	端候開一去流	təu
		竇	(古)定屋		dōk
			(廣)徒候切	定候開一去流	dəu
tōu	陰	偷媮(苟且)	(古)透侯		tʻo
			(廣)託侯切	透侯開一平流	tʻəu

		偷(苟且)		(古)透侯	tʻo
			(集)他侯切	定侯開一平流	tʻəu
tóu	陽	頭投緰瑴緰(緰貲)		(古)定侯	do
			(廣)度侯切	定侯開一平流	dəu
tǒu	上	妵鼪鴭䞬		(古)透侯	tʻo
			(廣)天口切	透厚開一上流	tʻəu
tòu	去	音(否)歂		(古)透侯	tʻo
			(廣)他候切	透候開一去流	tʻəu
nǒu	上	溳		(古)泥侯	no
			(廣)乃后切	泥厚開一上流	nəu
nòu	去	獳(怒犬貌)		(古)泥侯	no
			(集)乃豆切	泥候開一去流	nəu
		槈鎒耨		(古)泥屋	nōk
			(廣)奴豆切	泥候開一去流	nəu
lóu	陽	樓婁(姓,星宿)鄋蔞耬髏膢廔摟(曳)螻鞻䁖 褸(衣襟)遱謱		(古)來侯	lo
			(廣)落侯切	來侯開一平流	ləu
		寠(甌寠)		(古)來侯	lo
			(集)郎侯切	來侯開一平流	ləu
lǒu	上	塿簍甊嶁		(古)來侯	lo
			(廣)郎斗切	來厚開一上流	ləu
lòu	去	陋(陋)漏鏤(刻鏤)扇瘻(頸腫)		(古)來侯	lo
			(廣)盧候切	來候開一去流	ləu
		匧		(古)來侯	lo

			(集)郎豆切	來侯開一去流	ləu
pōu	陰	婄	(古)滂之		p'ə
			(集)普溝切	滂侯開一平流	p'əu
		剖	(古)滂之		p'ə
			(廣)普后切	滂厚開一上流	p'əu
póu	陽	髻抔掊(掊克)箁	(古)並之		bə
			(廣)薄侯切	並侯開一平流	bəu
		裒捊	(古)並幽		bəu
			(廣)薄侯切	並侯開一平流	bəu
		垺	(古)並幽		bəu
			(集)蒲侯切	並侯開一平流	bəu
pǒu	上	掊(擊破)	(古)幫之		pə
			(集)彼口切	幫厚開一上流	pəu
móu	陽	謀	(古)明之		mĭwə
			(廣)莫浮切	明尤開三平流	mĭəu
		眸牟(牛鳴)侔麰恈鴾繆(綢繆)	(古)明幽		mĭəu
			(廣)莫浮切	明尤開三平流	mĭəu
		鍪堥	(古)明侯		mĭo
			(廣)莫浮切	明尤開三平流	mĭəu
		毋(毋追,冠名)	(古)明魚		mĭa
			(集)迷浮切	明尤開三平流	mĭəu
mǒu	上	某(指代)	(古)明之		mə
			(廣)莫厚切	明厚開一上流	məu
fōu	陰	不(否)	(古)幫之		pĭə

			(廣)甫鳩切	幫尤開三平流	pĭəu
		紑	(古)滂之		p‘ĭə
			(集)匹尤切	滂尤開三平流	p‘ĭəu
fóu	陽	罘*芣*(芣苢)	(古)並之		bĭwə
			(廣)縛謀切	並尤開三平流	bĭəu
fǒu	上	否不(弗也)鴀	(古)幫之		pĭwə
			(廣)方久切	幫有開三上流	pĭəu
		芣(芘芣)	(古)幫之		pĭwə
			(集)俯久切	幫有開三上流	pĭəu
		缶	(古)幫幽		pĭəu
			(廣)方久切	幫有開三上流	pĭəu
		缻	(古)幫幽		pĭəu
			(集)俯久切	幫有開三上流	pĭəu

iou（丨ㄡ）韻

yōu	陰	憂優瀀麀櫌鄾丝嚘耰纋	（古）影幽		ĭəu
			（廣）於求切	影尤開三平流	ĭəu
		惪懮(憂)	（古）影幽		ĭəu
			（集）於求切	影尤開三平流	ĭəu
		悠攸	（古）餘幽		ʎĭəu
			（廣）以周切	餘尤開三平流	jĭəu
		幽泑(澤名)呦麀蚴	（古）影幽		iəu
			（廣）於虯切	影幽開四平流	iəu
yóu	陽	尤疣肬默沋郵訧	（古）匣之		ɣĭwə
			（廣）羽求切	雲尤開三平流	ɣĭəu
		猷猶油由蕕卣輶蚰蝣楢斿(斿車)游遊邮(亭名)			
		莤覰蒏	（古）餘幽		ʎĭəu
			（廣）以周切	餘尤開三平流	jĭəu
		甹(木生條)旒滺蜹祐怞(憂貌)			
			（古）餘幽		ʎĭəu
			（集）夷周切	餘尤開三平流	jĭəu
		遙櫾䍃繇(隨從)	（古）餘宵		ʎĭau
			（廣）以周切	餘尤開三平流	jĭəu
		揄(舀取)	（古）餘侯		ʎĭo
			（廣）以周切	餘尤開三平流	jĭəu

yǒu	上	有鮪友栯		(古)匣之	ɣĭwə
			(廣)云久切	雲有開三上流	ɣĭəu
		羑		(古)餘之	ʎĭwə
			(廣)與久切	餘有開三上流	jĭəu
		懮(懮受)鰤		(古)影幽	ĭəu
			(廣)於柳切	影有開三上流	ĭəu
		黝怮蚴眑		(古)影幽	iəu
			(廣)於糾切	影黝開四上流	iəu
		欲		(古)影幽	iəu
			(集)於糾切	影黝開四上流	iəu
		酉丣牖卣槱莠歑鋈		(古)餘幽	ʎĭəu
			(廣)與久切	餘有開三上流	jĭəu
yòu	去	右(左右)		(古)匣之	ɣĭwə
			(廣)云久切	雲有開三上流	ɣĭəu
		宥又佑右(助)祐盍酭頄疚囿婟忧(不動)趙侑			
				(古)匣之	ɣĭwə
			(廣)于救切	雲宥開三去流	ɣĭəu
		䨲(囿)蘢(莤)		(古)匣之	ɣĭwə
			(集)尤救切	雲宥開三去流	ɣĭəu
		誘羗		(古)餘幽	ʎĭəu
			(廣)與久切	餘有開三上流	jĭəu
		狖貁褎(服飾盛貌)		(古)餘幽	ʎĭəu
			(廣)余救切	餘宥開三去流	jĭəu
		幼(幼小)		(古)影幽	iəu
			(廣)伊謬切	影幼開四去流	iəu
		鼬柚		(古)餘覺	ʎĭə̄uk

			(廣)余救切	餘宥開三去流	jĭəu
jiū	陰	鬮		(古)見之	kĭwə
			(廣)居求切	見尤開三平流	kĭəu
		鳩丩勼		(古)見幽	kĭəu
			(廣)居求切	見尤開三平流	kĭəu
		摎(絞死)		(古)見幽	kĭəu
			(集)居尤切	見尤開三平流	kĭəu
		啾揂揫(揪)湫(湖名)		(古)精幽	tsĭəu
			(廣)即由切	精尤開三平流	tsĭəu
		[illegible]		(古)精幽	tsĭəu
			(集)將由切	精尤開三平流	tsĭəu
		究		(古)見幽	kĭəu
			(廣)居祐切	見宥開三去流	kĭəu
		糾		(古)見幽	kiəu
			(廣)居黝切	見黝開四上流	kiəu
		糺(同"糾")		(古)見幽	kiəu
			(集)吉酉切	見黝開四上流	kiəu
		樛茾朻		(古)見幽	kiəu
			(廣)居虯切	見幽開四平流	kiəu
		赳		(古)見幽	kiəu
			(集)居虯切	見幽開四平流	kiəu
jiǔ	上	久玖灸[illegible]		(古)見之	kĭwə
			(廣)舉有切	見有開三上流	kĭəu
		九韭		(古)見幽	kĭəu
			(廣)舉有切	見有開三上流	kĭəu
		酒		(古)精幽	tsĭəu

			(廣)子酉切	精有開三上流	tsĭəu
jiù	去	宄疚	(古)見之		kĭwə
			(廣)居祐切	見宥開三去流	kĭəu
		舊柩匶	(古)羣之		gĭwə
			(廣)巨救切	羣宥開三去流	gĭəu
		舅倃臼齨麔咎(過失)臮	(古)羣幽		gĭəu
			(廣)其九切	羣有開三上流	gĭəu
		救廐究*殷匓遐	(古)見幽		kĭəu
			(廣)居祐切	見宥開三去流	kĭəu
		廏	(古)見幽		kĭəu
			(説)居又切	見宥開三去流	kĭəu
		鮨	(古)羣幽		gĭəu
			(集)巨救切	羣宥開三去流	gĭəu
		僦	(古)精覺		tsĭōuk
			(廣)即就切	精宥開三去流	tsĭəu
		就鷲	(古)從覺		dzĭōuk
			(廣)疾僦切	從宥開三去流	dzĭəu
qiū	陰	丘蚯邱	(古)溪之		k'ĭwə
			(廣)去鳩切	溪尤開三平流	k'ĭəu
		龜(龜兹)	(古)溪之		k'ĭwə
			(集)祛尤切	溪尤開三平流	k'ĭəu
		秋烁鞧緧湫(集)鶖楸萩篍趥	(古)清幽		ts'ĭəu
			(廣)七由切	清尤開三平流	ts'ĭəu
		穐槠(楸)鰌	(古)清幽		ts'ĭəu
			(集)雌由切	清尤開三平流	ts'ĭəu

		蓲		(古)溪侯	k‘ĭo
			(廣)去鳩切	溪尤開三平流	k‘ĭəu
qiú	陽	裘		(古)羣之	gĭwə
			(廣)巨鳩切	羣尤開三平流	gĭəu
		仇(伴侣)厹厺求蛷䲡逑球璆艽觓莍郱賕梂朹(木名)俅脙絿銶犰捄(長貌)肍毬艍		(古)羣幽	gĭəu
			(廣)巨鳩切	羣尤開三平流	gĭəu
		虯(虬)觓觩		(古)羣幽	giəu
			(廣)渠幽切	羣幽開四平流	giəu
		酋遒崷鰌蝤		(古)從幽	dzĭəu
			(廣)自秋切	從尤開三平流	dzĭəu
		逎(迫也)		(古)從幽	dzĭəu
			(集)字秋切	從尤開三平流	dzĭəu
		囚泅汓苬鮂		(古)邪幽	zĭəu
			(廣)似由切	邪尤開三平流	zĭəu
qiǔ	上	糗		(古)溪幽	k‘ĭəu
			(廣)去久切	溪有開三上流	k‘ĭəu
xiū	陰	休貅鵂鸺庥髹髤咻		(古)曉幽	xĭəu
			(廣)許尤切	曉尤開三平流	xĭəu
		髹		(古)曉幽	xĭəu
			(集)虛尤切	曉尤開三平流	xĭəu
		脩修羞		(古)心幽	sĭəu
			(廣)息流切	心尤開三平流	sĭəu
xiǔ	上	朽殏		(古)曉幽	xĭəu
			(廣)許久切	曉有開三上流	xĭəu
		滫糔		(古)心幽	sĭəu

			(廣)息有切	心有開三上流	sĭəu
xiù	去	琇	(古)曉之		xĭwə
			(廣)許救切	曉宥開三去流	xĭəu
		齅	(古)曉幽		xĭəu
			(廣)許救切	曉宥開三去流	xĭəu
		嗅(以鼻就臭)臭(氣味)	(古)曉幽		xĭəu
			(集)許救切	曉宥開三去流	xĭəu
		秀琇	(古)心幽		sĭəu
			(廣)息救切	心宥開三去流	sĭəu
		璓	(古)心幽		sĭəu
			(集)息救切	心宥開三去流	sĭəu
		岫褎袖	(古)邪幽		zĭəu
			(廣)似祐切	邪宥開三去流	zĭəu
		褎(袖)	(古)邪幽		zĭəu
			(集)似救切	邪宥開三去流	zĭəu
		繡宿(星宿)	(古)心覺		sĭōuk
			(廣)息救切	心宥開三去流	sĭəu
		鏽	(古)心覺		sĭōuk
			(集)息救切	心宥開三去流	sĭəu
niú	陽	牛	(古)疑之		ŋĭwə
			(廣)語求切	疑尤開三平流	ŋĭəu
niǔ	上	狃紐鈕杻莥肚邔	(古)泥幽		nĭəu
			(廣)女久切	泥有開三上流	nĭəu
		忸粈	(古)泥幽		nĭəu
			(集)女九切	泥有開三上流	nĭəu
niù	去	餌	(古)泥幽		nĭəu

			(廣)女救切	泥宥開三去流	nĭəu
liú	陽	劉留摎(姓)鶹騮駵嚠流㳅(流)飀瘤瑬旒瑠鎦鏐瀏			
		鎦飂懰㳅遛(逗遛)鰡鏐	(古)來幽		lĭəu
			(廣)力求切	來尤開三平流	lĭəu
		斿(旗下垂物)琉珋藰漻(水清貌)			
			(古)來幽		lĭəu
			(集)力求切	來尤開三平流	lĭəu
		蟉	(古)來幽		liəu
			(廣)力幽切	來幽開四平流	liəu
liǔ	上	柳罶懰(美好)綹	(古)來幽		lĭəu
			(廣)力久切	來有開三上流	lĭəu
		罶蔞(蔞翣)	(古)來侯		lĭo
			(集)力九切	來有開三上流	lĭəu
liù	去	溜(水名)霤餾窌(地名)廇褶塯			
			(古)來幽		lĭəu
			(廣)力救切	來宥開三去流	lĭəu
		摺(築牆布土)	(古)來幽		lĭəu
			(集)力救切	來宥開三去流	lĭəu
		鷚翏	(古)來覺		lĭəuk
			(廣)力救切	來宥開三去流	lĭəu
		雡	(古)來覺		lĭəuk
			(集)力救切	來宥開三去流	lĭəu
		六	(古)來覺		lĭəuk
			(廣)力竹切	來屋合三入通	lĭuk
miù	去	謬繆(謬誤)	(古)明幽		miəu
			(廣)靡幼切	明幼開四去流	miəu

an（ㄢ）韻

ān	陰	安鞌侒		(古)影元	an
			(廣)烏寒切	影寒開一平山	ɑn
		鞍		(古)影元	an
			(集)於寒切	影寒開一平山	ɑn
		諳鵪(鶕)韽盦		(古)影侵	əm
			(廣)烏含切	影覃開一平咸	ɒm
		㹱		(古)影侵	eəm
			(廣)乙咸切	影咸開二平咸	ɐm
		媕(媕娿)庵菴		(古)影談	uam
			(廣)烏含切	影覃開一平咸	ɒm
án	陽	儑		(古)疑談	ŋuam
			(集)吾含切	疑覃開一平咸	ŋɒm
ǎn	上	揞隌罯𤃫		(古)影侵	əm
			(廣)烏感切	影感開一上咸	ɒm
		㜝		(古)疑侵	ŋəm
			(廣)五感切	疑感開一上咸	ŋɒm
		晻(晻藹)黭黤		(古)影談	uam
			(廣)烏感切	影感開一上咸	ɒm
		黬		(古)影談	eam

			（廣）於檻切	影檻開二上咸	am
àn	去	按案洝荌案		（古）影元	an
			（廣）烏旰切	影翰開一去山	ɑn
		岸犴豻䮗		（古）疑元	ŋan
			（廣）五旰切	疑翰開一去山	ŋɑn
		婩		（古）疑元	ŋan
			（集）魚旰切	疑翰開一去山	ŋɑn
		暗闇		（古）影侵	əm
			（廣）烏紺切	影勘開一去咸	ɒm
		黯		（古）影侵	eəm
			（廣）乙減切	影豏開二上咸	ɐm
		晻（暗）		（古）影談	uam
			（集）烏紺切	影勘開一去咸	ɒm
gān	陰	干（犯）乾（乾燥）漧竿肝奸（犯）䳚（䳚鵲）玕汗（餘汗，地名）迁（進）戟忓鄿		（古）見元	kan
			（廣）古寒切	見寒開一平山	kɑn
		杆矸（丹矸）		（古）見元	kan
			（集）居寒切	見寒開一平山	kɑn
		淦（水入船中）		（古）見侵	kəm
			（廣）古南切	見覃開一平咸	kɒm
		甘苷泔（泔水）㽏		（古）見談	kam
			（廣）古三切	見談開一平咸	kɑm
		尲（尷）		（古）見談	koam
			（廣）古咸切	見咸開二平咸	kɐm
gǎn	上	簳（箭桿）皯稈秆衦		（古）見元	kan

			(廣)古旱切	見旱開一上山	kɑn
		感(感動)鱤𩏩𠤾(箱類)	(古)見侵		kəm
			(廣)古禫切	見感開一上咸	kɒm
		敢㪏	(古)見談		kam
			(廣)古覽切	見敢開一上咸	kɑm
gàn	去	旰榦䃳幹𩊺盰骭矸(石白淨)			
			(古)見元		kan
			(廣)古案切	見翰開一去山	kɑn
		𦶟	(古)見元		kan
			(集)居案切	見翰開一去山	kɑn
		淦(水名)[illegible]贛(水名)	(古)見侵		kəm
			(廣)古暗切	見勘開一去咸	kɒm
		紺	(古)見談		kuam
			(廣)古暗切	見勘開一去咸	kɒm
		詌(口閉)	(古)見談		kuam
			(集)古暗切	見勘開一去咸	kɒm
kān	陰	看(視)栞刊	(古)溪元		k‘an
			(廣)苦寒切	溪寒開一平山	k‘ɑn
		龕[illegible]堪戡嵁	(古)溪侵		k‘əm
			(廣)口含切	溪覃開一平咸	k‘ɒm
kǎn	上	侃	(古)溪元		k‘an
			(廣)空旱切	溪旱開一上山	k‘ɑn
		歁轗顑[illegible]	(古)溪侵		k‘əm
			(廣)苦感切	溪感開一上咸	k‘ɒm
		坎惂埳	(古)溪談		k‘am

			(廣)苦感切	溪感開一上咸	kʻuɒm
		埳	(古)溪談		kʻam
			(廣)口敢切	溪敢開一上咸	kʻɑm
		凵(張口也)	(古)溪談		kʻĭwam
			(廣)丘犯切	溪范合三上咸	kʻĭwɐm
kàn	去	看衎鶣	(古)溪元		kʻan
			(廣)苦旰切	溪翰開一去山	kʻɑn
		峈	(古)溪談		kʻuam
			(廣)苦紺切	溪勘開一去咸	kʻɒm
		闞(視也)瞰	(古)溪談		kʻam
			(廣)苦濫切	溪闞開一去咸	kʻɑm
		矙	(古)溪談		kʻam
			(集)苦濫切	溪闞開一去咸	kʻɑm
hān	陰	鼾	(古)曉元		xan
			(廣)許干切	曉寒開一平山	xɑn
		谽	(古)曉侵		xəm
			(廣)火含切	曉覃開一平咸	xɒm
		谺	(古)曉侵		xeəm
			(廣)許咸切	曉咸開二平咸	xɐm
		酣	(古)匣談		ɣam
			(廣)胡甘切	匣談開一平咸	ɣɑm
hán	陽	寒韓(韓)鶾邗虷汗(可汗)	(古)匣元		ɣan
			(廣)胡安切	匣寒開一平山	ɣɑn
		韓榦(井欄)	(古)匣元		ɣan
			(集)河干切	匣寒開一平山	ɣɑn

		含涵函頗頗蜬涵齡圅肣霻			
			(古)匣侵		ɣəm
			(廣)胡男切	匣覃開一平咸	ɣɒm
		瓴唅	(古)匣侵		ɣəm
			(集)胡南切	匣覃開一平咸	ɣɒm
		甝邯	(古)匣談		ɣam
			(廣)胡甘切	匣談開一平咸	ɣɑm
		浛	(古)匣談		ɣam
			(集)胡甘切	匣談開一平咸	ɣɑm
hǎn	上	罕罕厂(山崖)	(古)曉元		xan
			(廣)呼旱切	曉旱開一上山	xɑn
		喊	(古)曉侵		xəm
			(廣)呼覽切	曉敢開一上咸	xɑm
		噉(喊)檻	(古)曉談		xam
			(廣)呼覽切	曉敢開一上咸	xɑm
		闞(虎怒貌)	(古)曉談		xoam
			(廣)火斬切	曉豏開二上咸	xɐm
		獭	(古)曉談		xeam
			(廣)荒檻切	曉檻開二上咸	xam
hàn	去	漢暵熯罕(抱罕,地名)灘	(古)曉元		xan
			(廣)呼旰切	曉翰開一去山	xɑn
		旱	(古)匣元		ɣan
			(廣)胡笴切	匣旱開一上山	ɣɑn
		翰捍扞皸釬(臂鎧)汗(熱汗)悍瀚閈駻雗鶾馯乾戟			
			(古)匣元		ɣan

			(廣)侯旰切	匣翰開一去山	ɣɑn
		忓(善,好)旰(旰旰)鳱(鳱鴠)涆			
			(古)匣元		ɣan
			(集)侯旰切	匣翰開一去山	ɣɑn
		頷撼菡马(㔾)	(古)匣侵		ɣəm
			(廣)胡感切	匣感開一上咸	ɣɒm
		撼東菡	(古)匣侵		ɣəm
			(集)户感切	匣感開一上咸	ɣɒm
		憾琀唅	(古)匣侵		ɣəm
			(廣)胡紺切	匣勘開一去咸	ɣɒm
		淊欿蜭	(古)匣談		ɣuam
			(廣)胡感切	匣感開一上咸	ɣɒm
		泔(泔淡)	(古)匣談		ɣuam
			(集)户感切	匣感開一上咸	ɣɒm
		澉	(古)匣談		ɣam
			(集)胡敢切	匣敢開一上咸	ɣɑm
		譀	(古)匣談		ɣam
			(廣)下瞰切	匣闞開一去咸	ɣɑm
zhān	陰	邅趲驙鱣	(古)端元		tĭan
			(廣)張連切	知仙開三平山	ȶĭɛn
		饘饘旃旜氈鸇	(古)章元		ȶĭan
			(廣)諸延切	章仙開三平山	tɕĭɛn
		飦	(古)章元		ȶĭan
			(集)諸延切	章仙開三平山	tɕĭɛn
		霑沾(水名)	(古)端談		tĭam

			(廣)張廉切	知鹽開三平咸	ȶĭɛm
		詹瞻占(占卜)噡	(古)章談		ȶĭam
			(廣)職廉切	章鹽開三平咸	tɕĭɛm
		蛅讝薝譫	(古)章談		ȶĭam
			(集)之廉切	章鹽開三平咸	tɕĭɛm
zhǎn	上	醆琖盞	(古)莊元		tʃean
			(廣)阻限切	莊產開二上山	tʃæn
		展㞡(轉也)輾玨	(古)端元		tĭan
			(廣)知演切	知獮開三上山	ȶĭɛn
		樿顓䁴[illegible]嫸	(古)章元		ȶĭan
			(廣)旨善切	章獮開三上山	tɕĭɛn
		斬	(古)莊談		tʃoam
			(廣)側減切	莊豏開二上咸	tʃɐm
		颭	(古)章談		ȶĭam
			(廣)占琰切	章琰開三上咸	tɕĭɛm
zhàn	去	袒(衣縫裂開)綻組	(古)定元		dean
			(廣)丈莧切	澄襇開二去山	ȡæn
		棧轏戲	(古)崇元		dʒean
			(廣)士限切	崇產開二上山	dʒæn
		輚棧	(古)崇元		dʒean
			(廣)士諫切	崇諫開二去山	dʒan
		戰顫	(古)章元		ȶĭan
			(廣)之膳切	章線開三去山	tɕĭɛn
		驏襢	(古)端元		tĭan
			(廣)陟扇切	知線開三去山	ȶĭɛn

		湛(深厚也)	(古)定侵		deəm
			(廣)徒減切	定豏開二上咸	dɐm
		蘸	(古)莊談		tʃoam
			(廣)莊陷切	莊陷開二去咸	tʃɐm
		占(估計)	(古)章談		ȶĭam
			(廣)章豔切	章豔開三去咸	tɕĭɛm
chān	陰	梴延	(古)透元		tʻĭan
			(廣)丑延切	徹仙開三平山	ȶʻĭɛn
		覘婬	(古)透談		tʻĭam
			(廣)丑廉切	徹鹽開三平咸	ȶʻĭɛm
		佔(佔畢)	(古)透談		tʻĭam
			(集)癡廉切	徹鹽開三平咸	ȶʻĭɛm
		姑幨(蔽膝)襜裧痁惉(惉懘)			
			(古)昌談		ȶʻĭam
			(廣)處占切	昌鹽開三平咸	tɕʻĭɛm
		怗(怗懘)	(古)昌談		ȶʻĭam
			(集)處占切	昌鹽開三平咸	tɕʻĭɛm
chán	陽	潺孱	(古)崇元		dʒean
			(廣)士山切	崇山開二平山	dʒæn
		纏躔瀍鄽廛壥	(古)定元		dĭan
			(廣)直連切	澄仙開三平山	ȡĭɛn
		繵	(古)定元		dĭan
			(集)澄延切	澄仙開三平山	ȡĭɛn
		單(單于)蟬禪澶(澶淵)嬋	(古)禪元		ʑĭan
			(廣)市連切	禪仙開三平山	ʑĭɛn

		讒獑饞毚欃攙(刺)儳(不整齊)鄒		
			(古)崇談	dʒoam
			(廣)士咸切　崇咸開二平咸	dʒɐm
		瀺	(古)崇談	dʒoam
			(集)鋤咸切　崇咸開二平咸	dʒɐm
		巉劖鑱嚵	(古)崇談	dʒeam
			(廣)鋤銜切　崇銜開二平咸	dʒam
		暫	(古)崇談	dʒeam
			(集)鋤銜切　崇銜開二平咸	dʒam
		兲(关)	(古)定談	dĭam
			(廣)直廉切　澄鹽開三平咸	ȡĭɛm
		蟾	(古)禪談	ʑĭam
			(廣)視占切　禪鹽開三平咸	ʑĭɛm
chǎn	上	襜(襜裧)	(古)透真	tʻen
			(集)丑展切　徹獮開三上山	ȶʻĭɛn
		剗鏟	(古)初元	tʃʻean
			(廣)初限切　初産開二上山	tʃʻæn
		猏	(古)初元	tʃʻean
			(廣)初板切　初潸開二上山	tʃʻan
		産㹌滻	(古)山元	ʃean
			(廣)所簡切　山産開二上山	ʃæn
		於蕆蒧	(古)透元	tʻĭan
			(廣)丑善切　徹獮開三上山	ȶʻĭɛn
		囅	(古)透元	tʻĭan
			(集)丑展切　徹獮開三上山	ȶʻĭɛn

		闡燀繟幝嘽(聲緩)緂	(古)昌元		ȶʻĭan
			(廣)昌善切	昌獮開三上山	tɕʻĭɛn
		醦	(古)初談		tʃʻoam
			(廣)初減切	初豏開二上咸	tʃʻɐm
		謟讇	(古)透談		tʻĭam
			(廣)丑琰切	徹琰開三上咸	ȶʻĭɛm
chàn	去	羼	(古)初元		tʃʻean
			(廣)初鴈切	初諫開二去山	tʃʻan
		顫	(古)章元		ȶĭan
			(廣)之膳切	章線開三去山	tɕĭɛn
		儳(雜)摲	(古)初談		tʃʻeam
			(廣)楚鑒切	初鑑開二去咸	tʃʻam
shān	陰	珊(珊瑚)姍(姗姗)籣	(古)心元		san
			(廣)蘇干切	心寒開一平山	sɑn
		删潸狦	(古)山元		ʃean
			(廣)所姦切	山删開二平山	ʃan
		山邮	(古)山元		ʃean
			(廣)所間切	山山開二平山	ʃæn
		羶埏(以水和土)挻扇(扇風)煽(火盛)脠覢			
			(古)書元		ɕĭan
			(廣)式連切	書仙開三平山	ɕĭɛn
		羴	(古)書元		ɕĭan
			(集)尸連切	書仙開三平山	ɕĭɛn
		摻(纖細)幓	(古)山侵		ʃeəm
			(廣)所咸切	山咸開二平咸	ʃɐm

		衫縿彡	(古)山侵		ʃeəm
			(廣)所銜切	山銜開二平咸	ʃam
		攕	(古)山談		ʃoam
			(廣)所咸切	山咸開二平咸	ʃɐm
		纔(帛青色)芟	(古)山談		ʃeam
			(廣)所銜切	山銜開二平咸	ʃam
		苫(茅草覆蓋物)痁	(古)書談		ɕiam
			(廣)失廉切	書鹽開三平咸	ɕiɛm
		笘	(古)書談		ɕiam
			(集)詩廉切	書鹽開三平咸	ɕiɛm
shǎn	上	摻(執也)	(古)山侵		ʃeəm
			(廣)所斬切	山豏開二上咸	ʃɐm
		陝睒閃覢夾婆	(古)書談		ɕiam
			(廣)失冉切	書琰開三上咸	ɕiɛm
shàn	去	訕汕疝	(古)山元		ʃean
			(廣)所晏切	山諫開二去山	ʃan
		姍(訕)	(古)山元		ʃean
			(集)所晏切	山諫開二去山	ʃan
		善譱墠鱓(鱔)蟺(蟮)僐鄯	(古)禪元		ʑian
			(廣)常演切	禪獮開三上山	ʑiɛn
		鱣潬(宛潬)	(古)禪元		ʑian
			(集)上演切	禪獮開三上山	ʑiɛn
		扇(門扇)傓煽	(古)書元		ɕian
			(廣)式戰切	書線開三去山	ɕiɛn
		繕擅膳饍禪單(姓)嬗	(古)禪元		ʑian

			(廣)時戰切	禪線開三去山	ʑĭɛn
		苫苫(編茅蓋屋)掞(舒展)	(古)書談		ɕĭam
			(廣)舒贍切	書豔開三去咸	ɕĭɛm
		贍	(古)禪談		ʑĭam
			(廣)時豔切	禪豔開三去咸	ʑĭɛm
rán	陽	然燃嬿肰繎蘵	(古)日元		ȵĭan
			(廣)如延切	日仙開三平山	nʑĭɛn
		嘫	(古)日元		ȵĭan
			(集)如延切	日仙開三平山	nʑĭɛn
		頓	(古)日談		ȵeam
			(集)而銜切	日銜開二平咸	nʑam
		髯髥蚺呥柟(果樹)袡	(古)日談		ȵĭam
			(廣)汝鹽切	日鹽開三平咸	nʑĭɛm
		䫇呥䑙蚦	(古)日談		ȵĭam
			(集)如占切	日鹽開三平咸	nʑĭɛm
rǎn	上	橪(木名)熯(敬也)僝	(古)日元		ȵĭan
			(廣)人善切	日獮開三上山	nʑĭɛn
		䛔	(古)日侵		ȵĭəm
			(廣)而琰切	日琰開三上咸	nʑĭɛm
		冉(冄)姌染橤	(古)日談		ȵĭam
			(廣)而琰切	日琰開三上咸	nʑĭɛm
		冄媣	(古)日談		ȵĭam
			(集)而琰切	日琰開三上咸	nʑĭɛm
zān	陰	簪(兂)鐕	(古)精侵		tsəm
			(廣)作含切	精覃開一平咸	tsɒm

zǎn	上	儹	(古)精元	tsuan
			(廣)作管切　精緩合一上山	tsuɑn
		寁	(古)精談	tsuam
			(廣)子感切　精感開一上咸	tsɒm
zàn	去	瓚	(古)從元	dzan
			(廣)藏旱切　從旱開一上山	dzɑn
		贊讚酇鑽濽	(古)精元	tsan
			(廣)則旰切　精翰開一去山	tsɑn
		穳	(古)精元	tsan
			(集)則旰切　精翰開一去山	tsɑn
		嶺	(古)從元	dzan
			(廣)徂贊切　從翰開一去山	dzɑn
		暫蹔鏨	(古)從談	dzam
			(廣)藏濫切　從闞開一去咸	dzɑm
cān	陰	餐湌(飡)	(古)清元	ts'an
			(廣)七安切　清寒開一平山	ts'ɑn
		叄(叄考)驂趁傪嬠	(古)清侵	ts'əm
			(廣)倉含切　清覃開一平咸	ts'ɒm
cán	陽	殘朘戔(賊也)奴	(古)從元	dzan
			(廣)昨干切　從寒開一平山	dzɑn
		蠶	(古)從侵	dzəm
			(廣)昨含切　從覃開一平咸	dzɒm
		慙慚塹	(古)從談	dzam
			(廣)昨甘切　從談開一平咸	dzɑm
cǎn	上	慘憯朁黲噆(叮,咬)	(古)清侵	ts'əm

			(廣)七感切	清感開一上咸	ts‘ɒm
		㿆(憯)	(古)清侵		ts‘əm
			(集)七感切	清感開一上咸	ts‘ɒm
càn	去	粲燦叅	(古)清元		ts‘an
			(廣)蒼案切	清翰開一去山	ts‘ɑn
		炏	(古)清元		ts‘an
			(集)蒼案切	清翰開一去山	ts‘ɑn
		謲	(古)清侵		ts‘əm
			(廣)七紺切	清勘開一去咸	ts‘ɒm
sān	陰	三(數)參(叁,三分)	(古)心侵		səm
			(廣)蘇甘切	心談開一平咸	sɑm
		慘	(古)心侵		səm
			(廣)蘇含切	心覃開一平咸	sɒm
sǎn	上	散(不自檢束)饊繖	(古)心元		san
			(廣)蘇旱切	心旱開一上山	sɑn
		糂糝槮(捕魚具)	(古)心侵		səm
			(集)桑感切	心感開一上咸	sɒm
sàn	去	散(雜肉,分離)散(分散)檆	(古)心元		san
			(廣)蘇旰切	心翰開一去山	sɑn
		橵	(古)心元		san
			(集)先旰切	心翰開一去山	sɑn
		三(再三)	(古)心侵		səm
			(廣)蘇暫切	心闞開一去咸	sɑm

dān 陰 單襌(衣)鄲丹殫簞匰癉(消渴病)
(古)端元 tan
(廣)都寒切 端寒開一平山 tɑn
勯 (古)端元 tan
(集)多寒切 端寒開一平山 tɑn
耽湛(樂也)眈酖(嗜酒)媅𧡬 (古)端侵 təm
(廣)丁含切 端覃開一平咸 tɒm
愖 (古)端侵 təm
(集)都含切 端覃開一平咸 tɒm
擔(擔任)儋(肩挑)聸 (古)端談 tam
(廣)都甘切 端談開一平咸 tɑm
襜(襜襤,胡名)澹(澹林,胡名)
(古)端談 tam
(集)都甘切 端談開一平咸 tɑm
聃 (古)透談 t‘am
(廣)他酣切 透談開一平咸 t‘ɑm
dǎn 上 亶𤺺疸[舟+旦] (古)端元 tan
(廣)多旱切 端旱開一上山 tɑn
單(亶,誠實) (古)端元 tan
(集)黨旱切 端緩開一上山 tɑn
黕 (古)端侵 təm
(廣)都感切 端感開一上咸 tɒm
紞 (古)端侵 təm
(廣)都敢切 端敢開一上咸 tɑm
膽黵[詹+鳥] (古)端談 tam

		(廣)都敢切	端敢開一上咸	tɑm
dàn	去	但誕潬(水中沙堆)膻(膻中)僤		
		(古)定元		dan
		(廣)徒旱切	定旱開一上山	dɑn
	旦鴠笪(笞)	(古)端元		tan
		(廣)得按切	端翰開一去山	tɑn
	癉(勞病也)	(古)端元		tan
		(集)得案切	端翰開一去山	tɑn
	憚彈(彈弓)澶(澶漫)	(古)定元		dan
		(廣)徒案切	定翰開一去山	dɑn
	壇(壇曼)	(古)定元		dan
		(集)徒案切	定翰開一去山	dɑn
	禫髧嘾	(古)定侵		dəm
		(廣)徒感切	定感開一上咸	dɒm
	霮黮噡	(古)定侵		dəm
		(集)徒感切	定感開一上咸	dɒm
	窞萏蔄	(古)定談		duam
		(廣)徒感切	定感開一上咸	dɒm
	噉啖啗淡憺	(古)定談		dam
		(廣)徒敢切	定敢開一上咸	dɑm
	嚪	(古)定談		dam
		(集)杜覽切	定敢開一上咸	dɑm
	擔(擔子)甔	(古)端談		tam
		(廣)都濫切	端闞開一去咸	tɑm
	儋(甔)	(古)端談		tam

			(集)都濫切	端闞開一去咸	tɑm
		惔(恬静)澹(澹澹)	(古)定談		dam
			(廣)徒濫切	定闞開一去咸	dɑm
tān	陰	灘(涒灘)嘽(嘽嘽)	(古)透元		t‘ɑn
			(廣)他干切	透寒開一平山	t‘ɑn
		探*(摸取)貪	(古)透侵		t‘əm
			(廣)他含切	透覃開一平咸	t‘ɒm
		舑緂	(古)透談		t‘am
			(廣)他酣切	透談開一平咸	t‘ɑm
tán	陽	壇檀鸇(鸛鸇)撣(觸)彈(射)驒儃貚			
			(古)定元		dan
			(廣)徒干切	定寒開一平山	dɑn
		覃鄿潭曇藫橝譚燂蕁蕁橝	(古)定侵		dəm
			(廣)徒含切	定覃開一平咸	dɒm
		醰憛沈(沈沈)蕈(葦)	(古)定侵		dəm
			(集)徒南切	定覃開一平咸	dɒm
		談郯惔(憂)錟澹(澹臺,複姓)倓餤菼			
			(古)定談		dam
			(廣)徒甘切	定談開一平咸	dɑm
tǎn	上	坦	(古)透元		t‘an
			(廣)他但切	透旱開一上山	t‘ɑn
		儃(儃僈)	(古)透元		t‘an
			(集)儻旱切	透旱開一上山	t‘ɑn
		袒(袒露)襢膻(肉膻)	(古)定元		dan
			(廣)徒旱切	定旱開一上山	dɑn

		監肬噆黮	(古)透侵		t‘əm
			(廣)他感切	透感開一上咸	t‘ɒm
		醓	(古)透侵		t‘əm
			(集)他感切	透感開一上咸	t‘ɒm
		菿菼緂	(古)透談		t‘am
			(廣)吐敢切	透敢開一上咸	t‘ɑm
tàn	去	炭歎(嘆)	(古)透元		t‘an
			(廣)他旦切	透翰開一去山	t‘ɑn
		嘆(歎)	(古)透元		t‘an
			(廣)他干切	透寒開一平山	t‘ɑn
			(又)他旦切	透翰開一去山	t‘ɑn
		探(摸取)	(古)透侵		t‘əm
			(廣)他含切	透覃開一平咸	t‘ɒm
		撢(探)	(古)透侵		t‘əm
			(廣)他含切	透覃開一平咸	t‘ɒm
			(又)他紺切	透勘開一去咸	t‘ɒm
		蛺	(古)透談		t‘am
			(集)吐濫切	透闞開一去咸	t‘ɑm
nán	陽	難(難易)鶵	(古)泥元		nan
			(廣)那干切	泥寒開一平山	nɑn
		南男楠(楠木)	(古)泥侵		nəm
			(廣)那含切	泥覃開一平咸	nɒm
		枏抩	(古)泥談		nuam
			(廣)那含切	泥覃開一平咸	nɒm
		柟誦	(古)泥談		nuam

			(集)那含切	泥覃開一平咸	nɒm
nǎn	上	赧戁戁	(古)泥元		nean
			(廣)奴板切	泥潸開二上山	nan
		湳	(古)泥侵		nəm
			(廣)奴感切	泥感開一上咸	nɒm
nàn	去	難(患難)難	(古)泥元		nan
			(廣)奴案切	泥翰開一去山	nɑn
lán	陽	蘭瀾闌讕欄(柵欄)斕籣囒	(古)來元		lan
			(廣)落干切	來寒開一平山	lɑn
		灡	(古)來元		lan
			(集)郎干切	來寒開一平山	lɑn
		婪惏(貪)嵐葻啉(醂)	(古)來侵		ləm
			(廣)盧含切	來覃開一平咸	lɒm
		藍襤礷籃	(古)來談		lam
			(廣)魯甘切	來談開一平咸	lɑm
		灆艦厱	(古)來談		lam
			(集)盧甘切	來談開一平咸	lɑm
lǎn	上	嬾	(古)來元		lan
			(廣)落旱切	來旱開一上山	lɑn
		壈顲	(古)來侵		ləm
			(廣)盧感切	來感開一上咸	lɒm
		覽擥攬	(古)來談		lam
			(廣)盧敢切	來敢開一上咸	lɑm
		擥	(古)來談		lam
			(集)魯敢切	來敢開一上咸	lɑm

làn	去	爛爤瀾(瀾漫)糷		(古)來元	lan
			(廣)郎旰切	來翰開一去山	lɑn
		濫醞燗嚂嚂(貪吃)		(古)來談	lam
			(廣)盧瞰切	來闞開一去咸	lɑm
bān	陰	頒(鬢髮半白)鳻肦糞		(古)幫文	peən
			(廣)布還切	幫刪開二平山	pan
		班螌斑辬扳		(古)幫元	pean
			(廣)布還切	幫刪開二平山	pan
		芈		(古)幫元	puan
			(廣)北潘切	幫桓合一平山	puɑn
		瘢鱉		(古)並元	buan
			(廣)薄官切	並桓合一平山	buɑn
bǎn	上	版板瓪昄鈑		(古)幫元	pean
			(廣)布綰切	幫潸開二上山	pan
		阪		(古)並元	bean
			(廣)扶板切	並潸開二上山	ban
		坂		(古)並元	bean
			(集)部版切	並潸開二上山	ban
bàn	去	瓣辦釆		(古)並元	bean
			(廣)蒲莧切	並襇開二去山	bæn
		伴(侶)扶		(古)並元	buan
			(廣)蒲旱切	並緩合一上山	buɑn
		半絆靽姅料		(古)幫元	puan
			(廣)博漫切	幫換合一去山	puɑn
pān	陰	攀眅		(古)滂元	p‘ean

			(廣)普班切	滂删開二平山	p‘an
		𠬜(攀)	(古)滂元		p‘ean
			(集)披班切	滂删開二平山	p‘an
		潘番(姓)拌(棄)	(古)滂元		p‘uan
			(廣)普官切	滂桓合一平山	p‘uɑn
pán	陽	槃盤鎜柈幋磐鬆般(般旋)擊聲督媻縏蟠			
			(古)並元		buan
			(廣)薄官切	並桓合一平山	buɑn
		胖(舒展)	(古)並元		buan
			(集)薄官切	並桓合一平山	buɑn
pàn	去	盼	(古)滂文		p‘eən
			(廣)匹莧切	滂襉開二去山	p‘æn
		辧	(古)滂元		p‘ean
			(廣)匹莧切	滂襉開二去山	p‘æn
		判泮頖胖(牲之半體)牉	(古)滂元		p‘uan
			(廣)普半切	滂換合一去山	p‘uɑn
		片(分也)	(古)滂元		p‘uan
			(集)普半切	滂換合一去山	p‘uɑn
		叛畔伴(伴奐,悠閒也)	(古)並元		buan
			(廣)薄半切	並換合一去山	buɑn
mán	陽	蠻	(古)明元		mean
			(廣)莫還切	明删開二平山	man
		瞞謾慲槾(杇)蔄鞔樠鰻曼(路遠)蔓(蔓菁)芇悗(迷惑)鬗	(古)明元		muan
			(廣)母官切	明桓合一平山	muɑn

mǎn	上	蠻	(古)明元	mean
			(廣)武板切　明潸開二上山	man
		晚	(古)明元	mean
			(集)武簡切　明産開二上山	mæn
		滿	(古)明元	muan
			(廣)莫旱切　明緩合一上山	muɑn
màn	去	趨(行遲也,今作"慢")	(古)明元	muan
			(廣)母官切　明桓合一平山	muɑn
		縵幔漫獌墁鏝	(古)明元	muan
			(廣)莫半切　明换合一去山	muɑn
		槾(屋檐)鄤	(古)明元	muan
			(集)莫半切　明换合一去山	muɑn
		慢嫚	(古)明元	mean
			(廣)謨晏切　明諫開二去山	man
		僈	(古)明元	mean
			(集)莫晏切　明諫開二去山	man
		蔓(蔓延)曼(長也)	(古)明元	mĭwan
			(廣)無販切　明願合三去山	mĭwɐn
fān	陰	蕃(屏)藩(籬)轓籓(大箕)	(古)幫元	pĭwan
			(廣)甫煩切　幫元合三平山	pĭwɐn
		犿	(古)幫元	pĭwan
			(集)方煩切　幫元合三平山	pĭwɐn
		翻旛番(輪番)幡繙反(翻案)	(古)滂元	p'ĭwan
			(廣)孚袁切　滂元合三平山	p'ĭwɐn

		旛	(古)滂元		p'ĭwan
			(集)孚袁切	滂元合三平山	p'ĭwɐn
		帆(船帆)	(古)並侵		biwəm
			(廣)符芝切	並凡合三平咸	bĭwɐm
fán	陽	煩番(獸足)蹞蹯繁蘩蕃樊燔膰羳蟠(蟲名)蕃(茂)鐢蹯礬璠蹯襎袢棥緐墦䪛藩			
			(古)並元		bĭwan
			(廣)附袁切	並元合三平山	bĭwɐn
		䪛繙橎蟠蘩	(古)並元		bĭwan
			(集)符袁切	並元合三平山	bĭwɐn
		凡帆*(船帆)颿	(古)並侵		biwəm
			(廣)符芝切	並凡合三平咸	bĭwɐm
		渢(渢渢)	(古)並侵		biwəm
			(集)符咸切	並凡合三平咸	bĭwɐm
		氾(地名)	(古)並談		bĭwam
			(廣)符芝切	並凡合三平咸	bĭwɐm
fǎn	去	反(正反)軓返	(古)幫元		pĭwan
			(廣)府遠切	幫阮合三上山	pĭwɐn
fàn	去	飯(吃飯,給吃)畚	(古)並元		pĭwan
			(廣)扶晚切	並阮合三上山	bĭwɐn
		販	(古)幫元		pĭwan
			(廣)方願切	幫願合三去山	pĭwɐn
		飯(熟食)鱕	(古)並元		bĭwan
			(廣)符万切	並願合三去山	bĭwɐn
		嬎畚奿	(古)滂元		p'ĭwan

	（廣）芳万切	滂願合三去山	p‘ĭwɐn
汎（漂浮）仉	（古）滂侵		p‘iwəm
	（廣）孚梵切	滂梵合三去咸	p‘ĭwɐm
軓	（古）並侵		biwəm
	（廣）防錽切	並范合三上咸	bĭwɐm
范範笵犯	（古）並談		bĭwan
	（廣）防錽切	並范合三上咸	bĭwɐm
泛氾（氾濫）芝	（古）滂談		p‘ĭwam
	（廣）孚梵切	滂梵合三去咸	p‘ĭwɐm

ian（ㄧㄢ）韻

yān	陰	烟咽（咽喉）		（古）影真	ien
			（廣）烏前切	影先開四平山	ien
		珚		（古）影真	ien
			（集）因蓮切	影先開四平山	ien
		黫殷（黑紅色）黰		（古）影文	eən
			（廣）烏閑切	影山開二平山	æn
		煙湮		（古）影文	iən
			（廣）烏前切	影先開四平山	ien
		噎		（古）影文	iən
			（集）因蓮切	影先開四平山	ien
		焉蔫嫣鄢		（古）影元	ĭan
			（廣）於乾切	影仙開三平山	ĭɛn
		漹蔫		（古）影元	ĭan
			（集）於虔切	影仙開三平山	ĭɛn
		燕（國名）橪（橪支）		（古）影元	ian
			（廣）烏前切	影先開四平山	ien
		淹崦閹		（古）影談	ĭam
			（廣）央炎切	影鹽開三平咸	ĭɛm
		懕厭		（古）影談	ĭam

			(廣)一鹽切	影鹽開三平咸	ĭɛm
		腌	(古)影談		iwam
			(廣)於嚴切	影嚴開三平咸	ĭɐm
yán	陽	狠(犬鬥聲)	(古)疑文		ŋeən
			(集)吾還切	疑删開二平山	ŋan
		顔	(古)疑元		ŋean
			(廣)五姦切	疑删開二平山	ŋan
		噘	(古)疑元		ŋean
			(集)牛姦切	疑删開二平山	ŋan
		訮虤	(古)疑元		ŋean
			(廣)五閑切	疑山開二平山	ŋæn
		延埏(際)筵狿郔綖蜒鋋𨔶	(古)餘元		ʎian
			(廣)以然切	餘仙開三平山	jĭɛn
		言琂	(古)疑元		ŋĭan
			(廣)語軒切	疑元開三平山	ŋĭɐn
		妍研揅趼(蹄平正)	(古)疑元		ŋian
			(廣)五堅切	疑先開四平山	ŋien
		沿鉛*鈆*(同"鉛")	(古)餘元		ʎĭwan
			(廣)與專切	餘仙合三平山	jĭwɛn
		嵒(巗)碞	(古)疑侵		ŋeən
			(廣)五咸切	疑咸開二平咸	ŋɐm
		䫡䶠	(古)疑談		ŋoam
			(廣)五咸切	疑咸開二平咸	ŋɐm
		巖礹嚴	(古)疑談		ŋeam
			(廣)五銜切	疑銜開二平咸	ŋam

		炎	(古)匣談	ɣĭam
			(廣)于廉切　雲鹽開三平咸	ɣĭɛm
		鹽閻壛檐簷櫩濶阽	(古)餘談	ʎĭam
			(廣)余廉切　餘鹽開三平咸	jĭɛm
		嚴巖	(古)疑談	ŋiwam
			(廣)語驗切　疑嚴開三平咸	ŋĭɐm
yǎn	上	演	(古)餘真	ʎen
			(廣)以淺切　餘獮開三上山	jĭɛn
		齞	(古)疑真	ŋien
			(廣)研硯切　疑銑開四上山	ŋien
		眼	(古)疑文	ŋeən
			(廣)五限切　疑産開二上山	ŋæn
		齴	(古)疑元	ŋean
			(廣)五板切　疑潸開二上山	ŋan
		偃扊鶠郾褗匽鰋	(古)影元	ĭan
			(廣)於幰切　影阮開三上山	ĭɐn
		衍蜒衜	(古)餘元	ʎĭan
			(廣)以淺切　餘獮開三上山	jĭɛn
		齴巘遃甗	(古)疑元	ŋĭan
			(廣)魚蹇切　疑獮開三上山	ŋĭɛn
		蝘	(古)影元	ian
			(廣)於殄切　影銑開四上山	ien
		兖沇菸台	(古)餘元	ʎĭwan
			(廣)以轉切　餘獮合三上山	jĭwɛn
		睿(古文台)	(古)餘元	ʎĭwan

			(說)以轉切	餘獮合三上山	jiwɛn
		弇	(古)影侵		ĭəm
			(廣)於琰切	影琰開三上咸	ĭɛm
		奄⿰奄阝掩揜裺晻渰罨弇媕	(古)影談		ĭam
			(廣)衣儉切	影琰開三上咸	ĭɛm
		黶檿	(古)影談		ĭam
			(廣)於琰切	影琰開三上咸	ĭɛm
		黬	(古)影談		ĭam
			(集)於琰切	影琰開三上咸	ĭɛm
		琰剡棪餤	(古)餘談		ʎĭam
			(廣)以冉切	餘琰開三上咸	jĭɛm
		掞(剡)舚淡(淡淡,水流貌)	(古)餘談		ʎĭam
			(集)以冉切	餘琰開三上咸	jĭɛm
		顩隒噞	(古)疑談		ŋĭam
			(廣)魚檢切	疑琰開三上咸	ŋĭɛn
		儼广(因巖爲屋)曮	(古)疑談		ŋĭam
			(廣)魚埯切	疑儼開三上咸	ŋĭɐm
yàn	去	咽(吞咽)	(古)影真		ien
			(廣)於甸切	影霰開四去山	ien
		晏(晚也)騴晏鴳鷃	(古)影元		ean
			(廣)烏澗切	影諫開二去山	an
		晏	(古)影元		ean
			(集)於諫切	影諫開二去山	an
		雁鴈	(古)疑元		ŋean

	（廣）五晏切	疑諫開二去山	ŋan
贋	（古）疑元		ŋean
	（集）魚澗切	疑諫開二去山	ŋan
讞	（古）疑元		ŋĭan
	（廣）魚蹇切	疑獮開三上山	ŋĭɛn
傿匽(鼹)	（古）影元		ĭan
	（廣）於建切	影願開三去山	ĭɐn
隁	（古）影元		ĭan
	（集）於建切	影願開三去山	ĭɐn
甗	（古）疑元		ŋĭan
	（廣）語堰切	疑願開三去山	ŋĭɐn
彥唁喭諺	（古）疑元		ŋĭan
	（廣）魚變切	疑線開三去山	ŋĭɛn
遂	（古）餘元		ʎĭan
	（廣）予線切	餘線開三去山	jĭɛn
焻	（古）餘元		ʎĭan
	（集）延面切	餘線開三去山	jĭɛn
宴驠燕(鳥名)鷰醼讌嬿嚥醬鄢			
	（古）影元		ian
	（廣）於甸切	影霰開四去山	ien
硯豣	（古）疑元		ŋian
	（廣）吾甸切	疑霰開四去山	ŋien
厭(飽)猒饜	（古）影談		ĭam
	（廣）於豔切	影豔開三去咸	ĭɛm
俺(大)	（古）影談		ĭam

			(廣)於驗切	影豔開三去咸	ĭɛm
		豔爓焰焱	(古)餘談		ʎĭam
			(廣)以贍切	餘豔開三去咸	jĭɛm
		掞(焰)	(古)餘談		ʎĭam
			(集)以贍切	餘豔開三去咸	jĭɛm
		驗	(古)疑談		ŋĭam
			(廣)魚窆切	疑豔開三去咸	ŋĭɛm
		醶	(古)疑談		ŋĭam
			(集)魚窆切	疑驗開三去咸	ŋĭɛm
		媕	(古)影談		ĭwam
			(廣)於劍切	影梵合三去咸	ĭwɐm
jiān	陰	葏	(古)精真		tsen
			(廣)子仙切	精仙開三平山	tsĭɛn
		堅鰹	(古)見真		kien
			(廣)古賢切	見先開四平山	kien
		逮	(古)精真		tsien
			(廣)則前切	精先開四平山	tsien
		艱囏	(古)見文		keən
			(廣)古閑切	見山開二平山	kæn
		韉	(古)精文		tsiən
			(廣)則前切	精先開四平山	tsien
		閒(間,中間)蕑	(古)見元		kean
			(廣)古閑切	見山開二平山	kæn
		姦菅蕑	(古)見元		kean
			(廣)古顏切	見刪開二平山	kan

姧(姧邪)奸(奸邪)	(古)見元		kean
	(集)居顏切	見刪開二平山	kan
犍(閹過的牛)鞬靬	(古)見元		kĭan
	(廣)居言切	見元開三平山	kĭɐn
煎湔	(古)精元		tsĭan
	(廣)子仙切	精仙開三平山	tsĭɛn
幵肩鳽豜䶂豣猏菺麉	(古)見元		kian
	(廣)古賢切	見先開四平山	kien
豜	(古)見元		kian
	(集)經天切	見先開四平山	kien
箋牋淺(淺淺,流急)葥籛	(古)精元		tsian
	(廣)則前切	精先開四平山	tsien
戔(戔戔)	(古)精元		tsian
	(集)將先切	精先開四平山	tsien
緘繁瑊玪黬	(古)見侵		keəm
	(廣)古咸切	見咸開二平咸	kɐm
椷鹹	(古)見侵		keəm
	(集)居咸切	見咸開二平咸	kɐm
熸	(古)精侵		tsĭəm
	(廣)子廉切	精鹽開三平咸	tsĭɛm
監(監視)礛䁠	(古)見談		keam
	(廣)古銜切	見銜開二平咸	kam
殲瀸㡨漸(浸,流入)虃𢦏䨘鑯	(古)精談		tsĭam
	(廣)子廉切	精鹽開三平咸	tsĭɛm

		櫼薪(麥芒)		(古)精談	tsĭam
			(集)將廉切	精鹽開三平咸	tsĭɛm
		兼縑鶼蒹鰜		(古)見談	kiam
			(廣)古甜切	見添開四平咸	kiem
jiǎn	上	戩		(古)精真	tsen
			(廣)即淺切	精獮開三上山	tsĭɛn
		簡瀾柬揀		(古)見元	kean
			(廣)古限切	見産開二上山	kæn
		簡		(古)見元	kean
			(集)賈限切	見産開二上山	kæn
		蹇謇		(古)見元	kĭan
			(廣)九輦切	見獮開三上山	kĭɛn
		寋		(古)見元	kĭan
			(集)紀偃切	見阮開三上山	kĭɐn
		翦剪揃錢(田器)帴灊鬋		(古)精元	tsĭan
			(廣)即淺切	精獮開三上山	tsĭɛn
		譾		(古)精元	tsĭan
			(集)子淺切	精獮開三上山	tsĭɛn
		繭趼(胝)茧襺		(古)見元	kian
			(廣)古典切	見銑開四上山	kien
		蠒		(古)見元	kian
			(集)吉典切	見銑開四上山	kien
		減		(古)見侵	keəm
			(廣)古斬切	見豏開二上咸	kɐm
		鹼		(古)見談	koam

			(廣)古斬切	見豏開二上咸	kɐm
		檢		(古)見談	kĭam
			(廣)居奄切	見琰開三上咸	kĭɛm
		撿(約束)		(古)見談	kĭam
			(集)居奄切	見琰開三上咸	kĭɛm
		儉		(古)羣談	gĭam
			(廣)巨險切	羣琰開三上咸	gĭɛm
jiàn	去	榗		(古)精真	tsen
			(廣)子賤切	精線開三去山	tsĭɛn
		堅		(古)見真	kien
			(廣)古電切	見霰開四去山	kien
		薦		(古)精文	tsiən
			(廣)作甸切	精霰開四去山	tsien
		荐洊栫瀳		(古)從文	dziən
			(廣)在甸切	從霰開四去山	dzien
		閒(隔也,縫隙)覸		(古)見元	kean
			(廣)古莧切	見襇開二去山	kæn
		瞯(窺視)鐗		(古)見元	kean
			(集)居莧切	見襇開二去山	kæn
		諫澗		(古)見元	kean
			(廣)古晏切	見諫開二去山	kan
		楗鍵		(古)羣元	gĭan
			(廣)其偃切	羣阮開三上山	gĭɐn
		件(分也)		(古)羣元	gĭan
			(廣)其輦切	羣獮開三上山	gĭɛn

踐諓俴衜徤	(古)從元		dzĭan
	(廣)慈演切	從獮開三上山	dzĭɛn
俴	(古)從元		dzĭan
	(集)在演切	從獮開三上山	dzĭɛn
建	(古)見元		kĭan
	(廣)居万切	見願開三去山	kĭɐn
健腱	(古)羣元		gĭan
	(廣)渠建切	羣願開三去山	gĭɐn
箭葥濺	(古)精元		tsĭan
	(廣)子賤切	精線開三去山	tsĭɛn
賤餞	(古)從元		dzĭan
	(廣)才線切	從線開三去山	dzĭɛn
見(看見)	(古)見元		kian
	(廣)古電切	見霰開四去山	kien
見(謁見)	(古)匣元		ɣian
	(廣)胡甸切	匣霰開四去山	ɣien
僭	(古)精侵		tsiəm
	(廣)子念切	精㮇開四去咸	tsiem
檻艦濫(濫泉)轞	(古)匣談		ɣeam
	(廣)胡黤切	匣檻開二上咸	ɣam
鑑鑒監(借鑑)	(古)見談		keam
	(廣)格懺切	見鑑開二去咸	kam
漸(水名,逐漸)蔪(草滋長)塹䜺螹	(古)從談		dzĭam
	(廣)慈染切	從琰開三上咸	dzĭɛm

		鏩	(古)從談		dzĭam
			(集)疾染切	從琰開三上咸	dzĭɛm
		劎	(古)見談		kĭwam
			(廣)居欠切	見梵合三去咸	kĭwɐm
		劍	(古)見談		kĭwam
			(集)居欠切	見驗合三去咸	kĭwɐm
qiān	陰	臤	(古)溪真		k'en
			(廣)苦閑切	溪山開二平山	k'æn
		輡娹	(古)溪真		k'en
			(集)丘閑切	溪山開二平山	k'æn
		牽掔	(古)溪真		k'ien
			(廣)苦堅切	溪先開四平山	k'ien
		摼	(古)溪真		k'ien
			(集)輕煙切	溪先開四平山	k'ien
		千阡汘仟芊谸	(古)清真		ts'ien
			(廣)蒼先切	清先開四平山	ts'ien
		盰	(古)清真		ts'ien
			(集)蒼先切	清先開四平山	ts'ien
		[illegible]顅䯥	(古)溪元		k'ean
			(廣)苦閑切	溪山開二平山	k'æn
		愆辛諐褰騫攐	(古)溪元		k'ĭan
			(廣)去乾切	溪仙開三平山	k'ĭɛn
		迁搴攓攐	(古)溪元		k'ĭan
			(集)丘虔切	溪仙開三平山	k'ĭɛn
		遷䙴鄀	(古)清元		ts'ĭan

(廣)七然切 清仙開三平山 tsʻĭɛn

搴 (古)見元 kĭan

(廣)九輦切 見獮開三上山 kĭɛn

(集)丘虔切 溪仙開三平山 kʻĭɛn

攓(搴) (古)見元 kĭan

(集)九件切 見獮開三上山 kĭɛn

汧蚈岍雃 (古)溪元 kʻian

(廣)苦堅切 溪先開四平山 kʻien

鉛鈆(同"鉛") (古)餘元 ʎĭwan

(廣)與專切 餘仙合三平山 jĭwɛn

欦 (古)溪侵 kʻiəm

(集)丘嚴切 溪嚴開三平咸 kʻĭɐm

嵌 (古)溪談 kʻeam

(廣)口銜切 溪銜開二平咸 kʻam

謙 (古)溪談 kʻiam

(廣)苦兼切 溪添開四平咸 kʻiem

籤(簽)僉 (古)清談 tsʻĭam

(廣)七廉切 清鹽開三平咸 tsʻĭɛm

孅(孅趨,巧佞) (古)清談 tsʻĭam

(集)千廉切 清鹽開三平咸 tsʻĭɛm

qián 陽 赾(舉尾走) (古)羣元 gĭan

(廣)巨言切 羣元開三平山 gĭɐn

乾(卦名)虔犍(犍爲,郡名)鰬郿騝楗揵

(古)羣元 gĭan

(廣)渠焉切 羣仙開三平山 gĭɛn

		撍	(古)羣元	gǐan
			(集)渠言切　羣元開三平山	gǐɐn
		錢(貨幣)	(古)從元	dzǐan
			(廣)昨仙切　從仙開三平山	dzǐɛn
		前歬騚	(古)從元	dzian
			(廣)昨先切　從先開四平山	dzien
		媊	(古)從元	dzian
			(集)才先切　從先開四平山	dzien
		黔黬雂鍼(姓)鈐	(古)羣侵	giəm
			(廣)巨淹切　羣鹽開三平咸	gǐɛm
		灊灊	(古)從侵	dzǐəm
			(廣)昨鹽切　從鹽開三平咸	dzǐɛm
		涔(捕魚具)	(古)從侵	dzǐəm
			(集)慈鹽切　從鹽開三平咸	dzǐɛm
		箝鉗鉆(鐵夾)黚拑	(古)羣談	gǐam
			(廣)巨淹切　羣鹽開三平咸	gǐɛm
		柑(以木銜馬口)	(古)羣談	gǐam
			(集)其淹切　羣鹽開三平咸	gǐɛm
		箝	(古)從談	dzǐam
			(廣)昨鹽切　從鹽開三平咸	dzǐɛm
qiǎn	上	臤	(古)溪真	ken
			(廣)去演切　溪獮開三上山	k'ǐɛn
		遣繾䜩	(古)溪元	k'ǐan
			(廣)去演切　溪獮開三上山	k'ǐɛn
		淺	(古)清元	ts'ǐan

			(廣)七演切 清獮開三上山	ts'ĭɛn
		譴	(古)溪元	k'ĭan
			(廣)去戰切 溪線開三去山	k'ĭɛn
		槏	(古)溪談	k'oam
			(廣)苦減切 溪豏開二上咸	k'ɐm
		嗛慊(慽)	(古)溪談	k'iam
			(廣)苦簟切 溪忝開四上咸	k'iem
qiàn	去	蒨輤綪(草名)倩(笑貌)	(古)清耕	ts'ieŋ
			(廣)倉甸切 清霰開四去山	ts'ien
		倩(請)	(古)清耕	ts'ĭeŋ
			(廣)七政切 清勁開三去梗	ts'ĭɛŋ
		茜蒨	(古)清文	ts'iən
			(廣)倉甸切 清霰開四去山	ts'ien
		俔	(古)溪元	k'ian
			(廣)苦甸切 溪霰開四去山	kien
		塹壍槧	(古)清談	ts'ĭam
			(廣)七豔切 清豔開三去咸	ts'ĭɛm
		芡	(古)羣談	gĭam
			(廣)巨險切 羣琰開三上咸	gĭɛm
		歉	(古)溪談	k'iam
			(廣)苦簟切 溪忝開四上咸	k'iem
		傔	(古)溪談	k'iam
			(廣)苦念切 溪㮇開四去咸	k'iem
		欠	(古)溪談	k'ĭwam
			(廣)去劍切 溪梵合三去咸	k'ĭwɐm

xiān	陰	掀	(古)曉文	xĭən
			(廣)虛言切　曉元開三平山	xĭɐn
		先(在前面)	(古)心文	siən
			(廣)蘇前切　心先開四平山	sien
		姺	(古)心文	siən
			(集)蕭前切　心先開四平山	sien
		先(先行,動詞)	(古)心文	siən
			(廣)蘇佃切　心霰開四去山	sien
		騫	(古)曉元	xĭan
			(廣)虛言切　曉元開三平山	xĭɐn
		嘕	(古)曉元	xĭan
			(廣)許延切　曉仙開三平山	xĭɛn
		仙僊鮮(新鮮)硟鱻廯	(古)心元	sĭan
			(廣)相然切　心仙開三平山	sĭɛn
		蹮	(古)心元	sĭan
			(集)相然切　心仙開三平山	sĭɛn
		躚	(古)心元	sian
			(廣)蘇前切　心先開四平山	sien
		綅(織物)	(古)心侵	sĭəm
			(廣)息廉切　心鹽開三平咸	sĭɛm
		銛(農具)枮韱纖纖憸孅(細)思		
			(古)心談	sĭam
			(廣)息廉切　心鹽開三平咸	sĭɛm
		嬐(敏疾)獵	(古)心談	sĭam
			(集)思廉切　心鹽開三平咸	sĭɛm

xián 陽 賢臤弦絃肱蚿慈伭舷䁭礥

(古)匣真 ɣien

(廣)胡田切 匣先開四平山 ɣien

娹詃帹 (古)匣真 ɣien

(集)胡千切 匣先開四平山 ɣien

蜆 (古)匣文 ɣeən

(廣)户閒切 匣山開二平山 ɣæn

閑嫺癇鷴瞯(戴目也)鷳憪(古)匣元 ɣean

(廣)户閒切 匣山開二平山 ɣæn

次涎 (古)邪元 zĭan

(廣)夕連切 邪仙開三平山 zĭɛn

唌 (古)邪元 zĭan

(集)徐連切 邪仙開三平山 zĭɛn

咸鹹醎諴椷 (古)匣侵 ɣeəm

(廣)胡讒切 匣咸開二平咸 ɣɐm

麙 (古)匣侵 ɣeəm

(集)胡讒切 匣咸開二平咸 ɣɐm

銜 (古)匣談 ɣeam

(廣)户監切 匣銜開二平咸 ɣam

歔 (古)曉談 xiam

(廣)許兼切 曉添開四平咸 xiem

嫌稴 (古)匣談 ɣiam

(廣)户兼切 匣添開四平咸 ɣiem

慊(嫌疑) (古)匣談 ɣiam

(集)賢兼切 匣添開四平咸 ɣiem

xiǎn	上	獮璽	(古)心真	sĭen
			(廣)息淺切　心獮開三上山	sĭɛn
		銑洗(姑洗)跣毨㲋	(古)心文	siən
			(廣)蘇典切　心銑開四上山	sien
		洒(肅敬)	(古)心文	siən
			(集)穌典切　心銑開四上山	sien
		憸	(古)曉元	xĭan
			(廣)虛偃切　曉阮開三上山	xĭɐn
		鮮(少也)尠癬*	(古)心元	sĭan
			(廣)息淺切　心獮開三上山	sĭɛn
		癣*(癬)	(古)心元	sĭan
			(集)息淺切　心獮開三上山	sĭɛn
		顯韅㬎(㬎)	(古)曉元	xian
			(廣)呼典切　曉銑開四上山	xien
		險獫玁譣嶮	(古)曉談	xĭam
			(廣)虛檢切　曉琰開三上咸	xĭɛm
xiàn	去	晛	(古)匣真	ɣen
			(廣)胡簡切　匣産開二上山	ɣæn
		限	(古)匣文	ɣeən
			(廣)胡簡切　匣産開二上山	ɣæn
		先*(先行,動詞)	(古)心文	siən
			(廣)蘇佃切　心霰開四去山	sien
		僩憪(不安貌)	(古)匣元	ɣean
			(廣)下赧切　匣潸開二上山	ɣan
		撊橌	(古)匣元	ɣean

	(集)下赧切	匣潸開二上山	ɣan
莧	(古)匣元		ɣean
	(廣)侯襇切	匣襇開二去山	ɣæn
獻憲瀗	(古)曉元		xĭan
	(廣)許建切	曉願開三去山	xĭɐn
線綫	(古)心元		sĭan
	(廣)私箭切	心線開三去山	sĭɛn
羨	(古)邪元		zĭan
	(廣)似面切	邪線開三去山	zĭɛn
晛睍垷蜆(蝶類幼蟲)晛	(古)匣元		ɣian
	(廣)胡典切	匣銑開四上山	ɣien
見*(謁見)見(出現)涀	(古)匣元		ɣian
	(廣)胡甸切	匣霰開四去山	ɣien
霰霓(霰)	(古)心元		sian
	(廣)蘇佃切	心霰開四去山	sien
縣(郡縣)	(古)匣元		ɣiwan
	(廣)黄絢切	匣霰合四去山	ɣiwen
壏	(古)匣談		ɣeam
	(廣)胡黤切	匣檻開二上咸	ɣam
獺	(古)匣談		ɣoam
	(廣)下斬切	匣豏開二上咸	ɣɐm
陷餡臽脂	(古)匣談		ɣoam
	(廣)户韽切	匣陷開二去咸	ɣɐm
鼸	(古)匣談		ɣiam
	(廣)胡忝切	匣忝開四上咸	ɣiem

diān	陰	顛巔瘨癲滇(國名)趙巔傎蹎			
			(古)端真		tien
			(廣)都年切	端先開四平山	tien
		驒(野馬名)	(古)端元		tian
			(廣)都年切	端先開四平山	tien
		聑	(古)端談		tiam
			(廣)丁兼切	端添開四平咸	tiem
diǎn	上	町(町畽)	(古)透耕		t'ieŋ
			(廣)他鼎切	透迥開四上梗	t'ieŋ
			(又)他典切	透銑開四上山	t'ien
		典	(古)端文		tiən
			(廣)多殄切	端銑開四上山	tien
		敟	(古)端文		tiən
			(集)多殄切	端銑開四上山	tien
		蕇	(古)端元		tian
			(廣)多殄切	端銑開四上山	tien
		點玷跕	(古)端談		tiam
			(廣)多忝切	端忝開四上咸	tiem
diàn	去	電奠甸扊	(古)定真		dien
			(廣)堂練切	定霰開四去山	dien
		殿(殿後)	(古)端文		tiən
			(廣)都甸切	端霰開四去山	tien
		殿(宮殿)澱黰	(古)定文		diən
			(廣)堂練切	定霰開四去山	dien
		唸(唸吚)	(古)端侵		tiəm

			(廣)都念切	端㮇開四去咸	tiem
			(又)都甸切①	端霰開四去山	tien
		墊𩅰𥨤埝	(古)端侵		tiəm
			(廣)都念切	端㮇開四去咸	tiem
		簟驔	(古)定侵		diəm
			(廣)徒玷切	定忝開四上咸	diem
		坫砧	(古)端談		tiam
			(廣)都念切	端㮇開四去咸	tiem
		𠛰阽	(古)端談		tiam
			(集)都念切	端㮇開四去咸	tiem
tiān	陰	天	(古)透真		t'ien
			(廣)他前切	透先開四平山	t'ien
		沾(益也,古"添"字)黇	(古)透談		t'iam
			(廣)他兼切	透添開四平咸	t'iem
		酟	(古)透談		t'iam
			(集)他兼切	透添開四平咸	t'iem
tián	陽	田佃(打獵)畋填(塞)寘闐磌鷏嗔滇(滇滇)搷			
			(古)定真		dien
			(廣)徒年切	定先開四平山	dien
		甜恬	(古)定談		diam
			(廣)徒兼切	定添開四平咸	diem
tiǎn	上	腆淟(污濁)錪(小釜)倎琠	(古)透文		t'iən
			(廣)他典切	透銑開四上山	t'ien

① 《説文解字》段注:"今切都見者,因《詩》作'殿'也。"

		殄跈	(古)定文		diən
			(廣)徒典切	定銑開四上山	dien
		覥	(古)透元		t‘ian
			(廣)他典切	透銑開四上山	t‘ien
		忝栝(撥火棍)銛(挑取)	(古)透談		t‘iam
			(廣)他玷切	透忝開四上咸	t‘iem
		餂	(古)透談		t‘iam
			(集)他點切	透忝開四上咸	t‘iem
tiàn	去	瑱(以玉塞耳)	(古)透真		t‘ien
			(廣)他甸切	透霰開四去山	t‘ien
		西	(古)透談		t‘iam
			(廣)他念切	透㮇開四去咸	t‘iem
nián	陽	秊年秊(邾)	(古)泥真		nien
			(廣)奴顛切	泥先開四平山	nien
		黏飵	(古)泥談		nĭam
			(廣)女廉切	泥鹽開三平咸	nĭɛm
		鮎拈(以指取物)	(古)泥談		niam
			(廣)奴兼切	泥添開四平咸	niem
niǎn	上	涊	(古)泥文		niən
			(廣)乃殄切	泥銑開四上山	nien
		輾反	(古)泥元		nĭan
			(廣)尼展切	泥獮開三上山	nĭɛn
		蹍	(古)泥元		nĭan
			(集)尼展切	泥獮開三上山	nĭɛn
		輦鄻	(古)來元		lĭan

			(廣)力展切	來獮開三上山	lǐɛn
		撚	(古)泥元		nian
			(廣)乃殄切	泥銑開四上山	nien
		淰(濁也)嬸	(古)泥侵		niəm
			(廣)乃玷切	泥忝開四上咸	niem
niàn	去	涊	(古)泥文		niən
			(廣)奴甸切	泥霰開四去山	nien
		廿(二十的合音)	(古)日緝		ȵǐəp
			(廣)人執切	日緝開三入深	nʑǐəp
		念	(古)泥侵		niəm
			(廣)奴店切	泥㮇開四去咸	niem
lián	陽	憐	(古)來真		lien
			(廣)落賢切	來先開四平山	lien
		連(連接)聯漣鰱鏈𨖼槤(木名)鬞灡			
			(古)來元		lǐan
			(廣)力延切	來仙開三平山	lǐɛn
		謰	(古)來元		lǐan
			(集)陵延切	來仙開三平山	lǐɛn
		蓮	(古)來元		lian
			(廣)落賢切	來先開四平山	lien
		廉鐮鎌䆂慊簾薕籢鬑覝	(古)來談		lǐam
			(廣)力鹽切	來鹽開三平咸	lǐɛm
		磏蠊	(古)來談		lǐam
			(集)離鹽切	來鹽開三平咸	lǐɛm
		熑溓	(古)來談		liam

			(廣)勒兼切	來添開四平咸	liem
liǎn	上	璉傩(傩子)	(古)來元		lĭan
			(廣)力展切	來獮開三上山	lĭɛn
		槤(禮器)連(難也)	(古)來元		lĭan
			(集)力展切	來獮開三上山	lĭɛn
		歛撿(拱也)蔹薟鐮	(古)來談		lĭam
			(廣)良冉切	來琰開三上咸	lĭɛm
liàn	去	練鍊楝倲(雞雛)萰湅漱	(古)來元		lian
			(廣)郎甸切	來霰開四去山	lien
		煉欄(木名)	(古)來元		lian
			(集)郎甸切	來霰開四去山	lien
		戀孌(慕也)	(古)來元		lĭwan
			(廣)力卷切	來線合三去山	lĭwɛn
biān	陰	鯿緶	(古)幫真		pen
			(廣)卑連切	幫仙開三平山	pĭɛn
		甂蝙猵(獺屬)萹牑	(古)幫真		pien
			(廣)布玄切	幫先開四平山	pien
		鞭鞭箯	(古)幫元		pĭan
			(廣)卑連切	幫仙開三平山	pĭɛn
		邊籩趨	(古)幫元		pian
			(廣)布玄切	幫先開四平山	pien
		砭	(古)幫談		pĭam
			(廣)府廉切	幫鹽開三平咸	pĭɛm
biǎn	上	褊	(古)幫真		pen
			(廣)方緬切	幫獮開三上山	pĭɛn

		惼扁(扁額)	(古)幫真		pien
			(廣)方典切	幫銑開四上山	pien
		辡䁵	(古)幫元		pĭan
			(廣)方免切	幫獮開三上山	pĭɛn
		辮	(古)幫元		pĭan
			(廣)方緬切	幫獮開三上山	pĭɛn
		緶(交枲也)	(古)幫元		pian
			(廣)方典切	幫銑開四上山	pien
		貶㝈	(古)幫談		pĭam
			(廣)方斂切	幫琰開三上咸	pĭɛm
		窆	(古)幫談		pĭam
			(廣)方驗切	幫豔開三去咸	pĭɛm
biàn	去	㴜	(古)並真		ben
			(集)婢善切	並獮開三上山	bĭɛn
		徧遍	(古)幫真		pien
			(廣)方見切	幫霰開四去山	pien
		變	(古)幫元		pĭan
			(廣)彼眷切	幫線開三去山	pĭɛn
		辯辨	(古)並元		bĭan
			(廣)符蹇切	並獮開三上山	bĭɛn
		卞拚(鼓掌)抃弁覍汴閞昪笲	(古)並元		bĭan
			(廣)皮變切	並線開三去山	bĭɛn
		汳(汴)	(古)並元		bĭan
			(集)皮變切	並線開三去山	bĭɛn
		便(利也)	(古)並元		bĭan
			(廣)婢面切	並線開三去山	bĭɛn

		辮		(古)並元	bian
			(廣)薄泫切	並銑開四上山	bien
piān	陰	篇偏翩媥㾫扁(小舟)		(古)滂真	pʻen
			(廣)芳連切	滂仙開三平山	pʻĭɛn
		鶣		(古)滂真	pʻen
			(集)紕延切	滂仙開三平山	pʻĭɛn
pián	陽	駢胼骿		(古)並耕	bieŋ
			(廣)部田切	並先開四平山	bien
		𪘀		(古)並耕	bieŋ
			(集)蒲眠切	並先開四平山	bien
		蹁楄		(古)並真	bien
			(廣)部田切	並先開四平山	bien
		諞(巧言)		(古)並真	ben
			(廣)房連切	並仙開三平山	bĭɛn
		便(安適,便佞)緶(縫合)楩㛹			
				(古)並元	bĭan
			(廣)房連切	並仙開三平山	bĭɛn
piàn	去	猵(猵狙)		(古)滂真	pʻen
			(集)匹羨切	滂線開三去山	pʻĭɛn
		片		(古)滂元	pʻian
			(廣)普麵切	滂霰開四去山	pʻien
mián	陽	𧊅		(古)明真	men
			(廣)武延切	明仙開三平山	mĭɛn
		眠		(古)明真	mien
			(廣)莫賢切	明先開四平山	mien
		緜綿矊蝒宀櫋臱(𦣝)		(古)明元	mĭan

			(廣)武延切	明仙開三平山	mĭɛn
		媔	(古)明元		mĭan
			(集)彌延切	明仙開三平山	mĭɛn
		矏鬢寡	(古)明元		mian
			(集)莫賢切	明先開四平山	mien
miǎn	上	澠(澠池)	(古)船蒸		ȡĭəŋ
			(廣)食陵切	船蒸開三平曾	dʑĭəŋ
			(集)彌兗切	明獮開三上山	mĭɛn
		沔	(古)明真		men
			(廣)彌兗切	明獮開三上山	mĭɛn
		丏眄	(古)明真		mien
			(廣)彌殄切	明銑開四上山	mien
		免娩(分娩)勉俛鮸挽冕絻	(古)明元		mĭan
			(廣)亡辨切	明獮開三上山	mĭɛn
		浼(浼浼)	(古)明元		mĭan
			(集)美辨切	明獮開三上山	mĭɛn
		緬湎愐䩄偭勔	(古)明元		mĭan
			(廣)彌兗切	明獮開三上山	mĭɛn
		䤄	(古)明元		mĭan
			(集)彌兗切	明獮開三上山	mĭɛn
miàn	去	麪宆	(古)明真		mien
			(廣)莫甸切	明霰開四去山	mien
		湣(眩湣)	(古)明真		mien
			(集)昬見切	明霰開四去山	mien
		面	(古)明元		mĭan
			(廣)彌箭切	明線開三去山	mĭɛn

uan（ㄨㄢ）韻

wān	陰	剜蜿婠		(古)影元	uan
			(廣)一丸切	影桓合一平山	uɑn
		豋		(古)影元	uan
			(集)烏丸切	影桓合一平山	uɑn
		彎		(古)影元	oan
			(廣)烏關切	影删合二平山	wan
wán	陽	痯		(古)疑文	ŋoən
			(廣)五還切	疑删合二平山	ŋwan
		完丸紈芄捖		(古)匣元	ɣuan
			(廣)胡官切	匣桓合一平山	ɣuɑn
		岏刓园(同"刓")忨抏		(古)疑元	ŋuan
			(廣)五丸切	疑桓合一平山	ŋuɑn
		玩翫		(古)疑元	ŋuan
			(廣)五換切	疑換合一去山	ŋuɑn
		頑		(古)疑元	ŋoan
			(廣)五還切	疑删合二平山	ŋwan
wǎn	上	盌(碗)		(古)影元	uan
			(廣)烏管切	影緩合一上山	uɑn
		琞		(古)影元	uan

			(集)鄔管切	影緩合一上山	uɑn
		脘	(古)見元		kuan
			(廣)古滿切	見緩合一上山	kuɑn
		綰	(古)影元		oan
			(廣)烏板切	影潸合二上山	wan
		皖莞(莞爾,笑貌)	(古)匣元		ɣoan
			(廣)户板切	匣潸合二上山	ɣwan
		晚娩(婉娩)挽輓	(古)明元		mĭwan
			(廣)無遠切	明阮合三上山	mĭwɐn
		婉菀踠畹琬宛(曲)惌(小孔貌)晼			
			(古)影元		ĭwan
			(廣)於阮切	影阮合三上山	ĭwɐn
		錽受	(古)明談		mĭwam
			(廣)亡范切	明范合三上咸	mĭwɐm
wàn	去	玩*翫*	(古)疑元		ŋuan
			(廣)五換切	疑換合一去山	ŋuɑn
		輐	(古)疑元		ŋuan
			(集)五換切	疑換合一去山	ŋuɑn
		惋腕擥(腕)捥	(古)影元		uan
			(廣)烏貫切	影換合一去山	uɑn
		豎	(古)影元		uan
			(集)烏貫切	影換合一去山	uɑn
		薍	(古)疑元		ŋoan
			(廣)五患切	疑諫合二去山	ŋwan
		嬎	(古)影元		ĭwan

			(集)紆願切	影願合三去山	ĭwɐn
		萬蟃鄤贎輓脕(肌澤)	(古)明元		mĭwan
			(廣)無販切	明願合三去山	mĭwɐn
		槾(槾荆)	(古)明元		mĭwan
			(集)無販切	明願合三去山	mĭwɐn
guān	陰	鰥綸(海草名)	(古)見文		koən
			(廣)古頑切	見山合二平山	kwæn
		瘝	(古)見文		koən
			(集)姑頑切	見山合二平山	kwæn
		官莞(草名)棺觀(視)冠(帽子)涫倌	(古)見元		kuan
			(廣)古丸切	見桓合一平山	kuɑn
		關鈴	(古)見元		koan
			(廣)古還切	見刪合二平山	kwan
guǎn	上	管筦脘*輨琯痯鞘錧	(古)見元		kuan
			(廣)古滿切	見緩合一上山	kuɑn
		館	(古)見元		kuan
			(廣)古玩切	見換合一去山	kuɑn
			(集)古緩切	見緩合一上山	kuɑn
		斡(掌管)	(古)見元		kuan
			(集)古緩切	見緩合一上山	kuɑn
guàn	去	貫(連貫)矔祼瓘灌雚鸛懽(懽懽)爟遦冠(戴冠)觀(樓觀)悹盥毌	(古)見元		kuan
			(廣)古玩切	見換合一去山	kuɑn
		鑵	(古)見元		kuan

			(集)古玩切	見換合一去山	kuan
		丱摜串	(古)見元		koan
			(廣)古患切	見諫合二去山	kwan
		貫(事例,熟習)	(古)見元		koan
			(集)古患切	見諫合二去山	kwan
kuān	陰	寬髖	(古)溪元		k'uan
			(廣)苦官切	溪桓合一平山	k'uan
kuǎn	上	款窾梡(帶足的俎)	(古)溪元		k'uan
			(廣)苦管切	溪緩合一上山	k'uan
huān	陰	歡懽驩貛鸛酄獾讙	(古)曉元		xuan
			(廣)呼官切	曉桓合一平山	xuan
		嚾臛	(古)曉元		xuan
			(集)呼官切	曉桓合一平山	xuan
huán	陽	桓瓛萑(植物名)雈(鴟屬)洹絙貆梡(完整的木柴)萈(山羊)豲狟峘垸(以漆和灰塗器)寏	(古)匣元		ɣuan
			(廣)胡官切	匣桓合一平山	ɣuan
		藬獂荁	(古)匣元		ɣuan
			(集)胡官切	匣桓合一平山	ɣuan
		還環鬟寰闤鍰圜(環繞)鐶轘睘茂	(古)匣元		ɣoan
			(廣)户關切	匣刪合二平山	ɣwan
		鱞	(古)匣元		ɣoan
			(集)胡關切	匣刪合二平山	ɣwan
huǎn	上	緩	(古)匣元		ɣuan

			(廣)胡管切	匣緩合一上山	ɣuan
huàn	去	嚾(呼也)煥奐渙	(古)曉元		xuan
			(廣)火貫切	曉换合一去山	xuan
		喚	(古)曉元		xuan
			(集)呼玩切	曉换合一去山	xuan
		澣浣	(古)匣元		ɣuan
			(廣)胡管切	匣緩合一上山	ɣuan
		換逭肒漶(漫漶)瘓	(古)匣元		ɣuan
			(廣)胡玩切	匣换合一去山	ɣuan
		灌(灌灌,流盛)	(古)匣元		ɣuan
			(集)胡玩切	匣换合一去山	ɣuan
		睆睅鯇	(古)匣元		ɣoan
			(廣)户板切	匣潸合二上山	ɣwan
		擐	(古)匣元		ɣoan
			(集)户版切	匣潸合二上山	ɣwan
		幻	(古)匣元		ɣoan
			(廣)胡辨切	匣襇合二去山	ɣwæn
		患擐宦轘(車裂)豢豲	(古)匣元		ɣoan
			(廣)胡慣切	匣諫合二去山	ɣwan
zhuān	陰	專顓篿(占卜)嫥諯湍(水名)鱄鄟			
			(古)章元		ȶĭwan
			(廣)職緣切	章仙合三平山	tɕĭwɛn
		叀塼	(古)章元		ȶĭwan
			(集)朱遄切	章仙合三平山	tɕĭwɛn
		跧	(古)莊元		tʃĭwan

			(廣)莊緣切	莊仙合三平山	tʃĭwɛn
zhuǎn	上	轉(轉運)	(古)端元		tĭwan
			(廣)陟兖切	知獮合三上山	ȶĭwɛn
		孨竱膞(切塊肉)鬬牏	(古)章元		ȶĭwan
			(廣)旨兖切	章獮合三上山	tɕĭwɛn
zhuàn	去	僝	(古)崇元		dʒean
			(廣)士限切	崇産開二上山	dʒæn
		頭	(古)崇元		dʒĭan
			(廣)士免切	崇獮開三上山	dʒĭɛn
		撰	(古)崇元		dʒoan
			(廣)雛鯇切	崇潸合二上山	dʒwan
		篹饌襈僎(具備)譔僝(僝)䀒	(古)崇元		dʒĭwan
			(廣)士戀切	崇線合三去山	dʒĭwɛn
		轉(衣裝,旋轉)	(古)端元		tĭwan
			(廣)知戀切	知線合三去山	ȶĭwɛn
		篆瑑摶(百羽爲束)隊	(古)定元		dĭwan
			(廣)持兖切	澄獮合三上山	ȡĭwɛn
		腞	(古)定元		dĭwan
			(集)柱兖切	澄獮合三上山	ȡĭwɛn
		傳(傳記)	(古)定元		dĭwan
			(廣)直戀切	澄線合三去山	ȡĭwɛn
		縳(束也)	(古)定元		dĭwan
			(集)柱戀切	澄線合三去山	ȡĭwɛn
chuān	陰	川	(古)昌文		ȶʻĭwən

			(廣)昌緣切	昌仙合三平山	tɕʻĭwɛn
		猭	(古)透元		tʻĭwan
			(廣)丑緣切	徹仙合三平山	ȶʻĭwɛn
		穿	(古)昌元		ȶʻĭwan
			(廣)昌緣切	昌仙合三平山	tɕʻĭwɛn
chuán	陽	傳(傳達)椽	(古)定元		dĭwan
			(廣)直攣切	澄仙合三平山	ȡĭwɛn
		船	(古)船元		ȡĭwan
			(廣)食川切	船仙合三平山	dʑĭwɛn
		遄篅圌輲歂(姓)	(古)禪元		ʑĭwan
			(廣)市緣切	禪仙合三平山	ʑĭwɛn
		椯	(古)禪元		ʑĭwan
			(集)淳沿切	禪仙合三平山	ʑĭwɛn
chuǎn	上	舛	(古)昌文		ȶʻĭwən
			(廣)昌兗切	昌獮合三上山	tɕʻĭwɛn
		踳(同"舛")僢	(古)昌文		ȶʻiwən
			(廣)尺尹切	昌準合三上臻	tɕʻiuen
		喘	(古)昌元		ȶʻĭwan
			(廣)昌兗切	昌獮合三上山	tɕʻĭwɛn
		歂	(古)昌元		ȶʻĭwan
			(集)尺兗切	昌獮合三上山	tɕʻĭwɛn
chuàn	去	⿰算攴	(古)初元		tʃʻĭwan
			(廣)叉万切	初願合三去山	tʃʻĭwɐn
		猭(獸走貌)鶨	(古)透元		tʻĭwan
			(廣)丑戀切	徹線合三去山	ȶʻĭwɛn

shuàn	去	篹		(古)山元	ʃĭwan
			(廣)所眷切	山線合三去山	ʃĭwɛn
		腨膞		(古)禪元	ʑĭwan
			(廣)市兖切	禪獮合三上山	ʑĭwɛn
ruán	陽	堧壖		(古)日元	ȵĭwan
			(廣)而緣切	日仙合三平山	nʑĭwɛn
		壖		(古)日元	ȵĭwan
			(集)而宣切	日仙合三平山	nʑĭwɛn
ruǎn	上	輭軟蝡楝蝡碝瑌耎甏緛		(古)日元	ȵĭwan
			(廣)而兖切	日獮合三上山	nʑĭwɛn
		濡(柔軟)媆(貌美)		(古)日元	ȵĭwan
			(集)乳兖切	日獮合三上山	nʑĭwɛn
		阮		(古)疑元	ŋĭwan
			(廣)虞遠切	疑阮合三上山	ŋĭwɐn
zuān	陰	鑽(穿孔)躦劗		(古)精元	tsuan
			(廣)借官切	精桓合一平山	tsuɑn
zuǎn	上	纂纘籫		(古)精元	tsuan
			(廣)作管切	精緩合一上山	tsuɑn
zuàn	去	鑽(穿孔器)		(古)精元	tsuan
			(廣)子筭切	精換合一去山	tsuɑn
cuán	陽	欑巑穳		(古)從元	dzuan
			(廣)在丸切	從桓合一平山	dzuɑn
		攢(聚集)		(古)從元	dzuan
			(廣)在玩切	從換合一去山	dzuɑn
cuàn	去	竄爨		(古)清元	tsʻuan

			(廣)七亂切　清換合一去山	ts'uɑn
		篹	(古)初元	tʃ'oan
			(廣)初患切　初諫合二去山	tʃ'wan
suān	陰	酸狻痠霰	(古)心元	suan
			(廣)素官切　心桓合一平山	suɑn
suǎn	上	匴篹	(古)心元	suan
			(廣)蘇管切　心緩合一上山	suɑn
suàn	去	算(計算)	(古)心元	suan
			(廣)蘇管切　心緩合一上山	suɑn
		筭(算籌)蒜笇祘	(古)心元	suan
			(廣)蘇貫切　心換合一去山	suɑn
duān	陰	端褍剬鷒耑稿	(古)端元	tuan
			(廣)多官切　端桓合一平山	tuɑn
duǎn	上	短	(古)端元	tuan
			(廣)都管切　端緩合一上山	tuɑn
duàn	去	鍛服碫斷(决斷)踹(跺脚)		
			(古)端元	tuan
			(廣)丁貫切　端換合一去山	tuɑn
		斷(折斷)輟緞	(古)定元	duan
			(廣)徒管切　定緩合一上山	duɑn
		段鍛椴	(古)定元	duan
			(廣)徒玩切　定換合一去山	duɑn
tuān	陰	湍(水勢急)貒黇煓	(古)透元	t'uan
			(廣)他端切　透桓合一平山	t'uɑn
tuán	陽	鷻	(古)定文	duən

			(廣)度官切	定桓合一平山	duɑn
		團慱篿(圜的竹器)剸漙鷒摶(摶之成團)			
			(古)定元		duan
			(廣)度官切	定桓合一平山	duɑn
		揣(聚貌)專槫	(古)定元		duan
			(集)徒官切	定桓合一平山	duɑn
tuǎn	上	疃(町疃)	(古)透東		t‘oŋ
			(廣)吐緩切	透緩合一上山	t‘uɑn
		畽(町畽)	(古)透東		t‘oŋ
			(集)他東切	透東合一平通	t‘uŋ
			(又)土緩切	透緩合一上山	t‘uɑn
		蹨	(古)透元		t‘uan
			(廣)吐緩切	透緩合一上山	t‘uɑn
tuàn	去	彖(豬跑脱,卦名)褖	(古)透元		t‘uan
			(廣)通貫切	透换合一去山	t‘uɑn
nuán	陽	濡(水名)	(古)泥元		nuan
			(集)奴官切	泥桓合一平山	nuɑn
		奻	(古)泥元		noan
			(廣)女還切	泥删合二平山	nwan
nuǎn	上	煗暖暖煖渜稬①	(古)泥元		nuan
			(廣)乃管切	泥緩合一上山	nuɑn
nuàn	去	㬉	(古)泥元		nuan
			(廣)奴亂切	泥换合一去山	nuɑn

① 大徐本《説文》作生患切,此段玉裁《説文解字注》所用反切。

luán	陽	鑾鸞巒欒臠灤圞孿巒	(古)來元		luan
			(廣)落官切	來桓合一平山	luɑn
		虊	(古)來元		luan
			(集)盧丸切	來桓合一平山	luɑn
		孿	(古)來元		loan
			(説)呂患切*	來諫合二去山	lwan
			(玉)力員切	來仙合三平山	lĭwɛn
		攣	(古)來元		lĭwan
			(廣)呂員切	來仙合三平山	lĭwɛn
		臠孌(美好貌)脟(割也)	(古)來元		lĭwan
			(廣)力兖切	來獮合三上山	lĭwɛn
luǎn	上	卵	(古)來元		luan
			(廣)盧管切	來緩合一上山	luɑn
		孌	(古)來元		lĭwan
			(廣)力兖切	來獮合三上山	lĭwɛn
luàn	去	亂敽𤔔	(古)來元		luan
			(廣)郎段切	來換合一去山	luɑn

üan（ㄩㄢ）韻

yuān	陰	淵鼘逌鼝	（古）影真	iwen
			（廣）烏玄切　影先合四平山	iwen
		肙蜎	（古）影真	iwen
			（集）縈玄切　影先合四平山	iwen
		悁（忿怒）嬽	（古）影元	ĭwan
			（廣）於緣切　影仙合三平山	ĭwɛn
		鴛冤帑鵷惌（怨）宛（地名）蒬輐裷眢		
			（古）影元	ĭwan
			（廣）於袁切　影元合三平山	ĭwɐn
		苑（姓）涴	（古）影元	ĭwan
			（集）於袁切　影元合三平山	ĭwɐn
		鳶	（古）餘元	ʎĭwan
			（廣）與專切　餘仙合三平山	jĭwɛn
		痟弲削蜎（蜎蜎）	（古）影元	iwan
			（廣）烏玄切　影先合四平山	iwen
		肙	（古）影元	iwan
			（集）縈玄切　影先合四平山	iwen
yuán	陽	員（人員）圓	（古）匣文	ɣĭwən
			（廣）王權切　雲仙合三平山	ɣĭwɛn

圜(圓形)湲　　(古)匣元　　ɣǐwan
(廣)王權切　雲仙合三平山　ɣǐwɛn
袁爰垣園援(引)榬轅媛(嬋媛)趄螈猨猿
(古)匣元　　ɣǐwan
(廣)雨元切　雲元合三平山　ɣǐwɐn
楥(木名)　　(古)匣元　　ɣǐwan
(集)于元切　雲元合三平山　ɣǐwɐn
援(助)　　(古)匣元　　ɣǐwan
(廣)王眷切　雲線合三去山　ɣǐwɛn
蝝緣　　(古)餘元　　ʎǐwan
(廣)與專切　餘仙合三平山　jǐwɛn
元原邍源驫杬嫄沅騵黿羱蚖芫邧謜(徐語)蒝
(古)疑元　　ŋǐwan
(廣)愚袁切　疑元合三平山　ŋǐwɐn
魭螈　　(古)疑元　　ŋǐwan
(集)愚袁切　疑元合三平山　ŋǐwɐn
yuǎn　上　鞔鞔　　(古)影元　　ǐwan
(廣)於阮切　影阮合三上山　ǐwɐn
夗　　(古)影元　　ǐwan
(集)委遠切　影阮合三上山　ǐwɐn
遠(遠近)薳　　(古)匣元　　ɣǐwan
(廣)雲阮切　雲阮合三上山　ɣǐwɐn
盶　　(古)疑元　　ŋǐwan
(集)五遠切　疑阮合三上山　ŋǐwɐn
yuàn　去　苑夗　　(古)影元　　ǐwan

		(廣)於阮切	影阮合三上山	ĭwɐn
	怨詉(慰也)	(古)影元		ĭwan
		(廣)於願切	影願合三去山	ĭwɐn
	瑗援*(助)媛(美女)褑院	(古)匣元		ɣĭwan
		(廣)王眷切	雲線合三去山	ɣĭwɛn
	遠(離也)	(古)匣元		ɣĭwan
		(廣)于愿切	雲願合三去山	ɣĭwɐn
	掾	(古)餘元		ʎĭwan
		(廣)以絹切	餘線合三去山	jĭwɛn
	願顯傆愿(謹也)	(古)疑元		ŋĭwan
		(廣)魚怨切	疑願合三去山	ŋĭwɐn
	餇	(古)影元		iwan
		(廣)烏縣切	影霰合四去山	iwen
juān 陰	朘(縮,減)	(古)精文		tsĭwən
		(廣)子泉切	精仙合三平山	tsĭwɛn
	睃	(古)精文		tsĭwən
		(集)遵全切	精仙合三平山	tsĭwɛn
	娟	(古)影元		ĭwan
		(廣)於緣切	影仙合三平山	ĭwɛn
	捐	(古)餘元		ʎĭwan
		(廣)與專切	餘仙合三平山	jĭwɛn
	鐫	(古)精元		tsĭwan
		(廣)子泉切	精仙合三平山	tsĭwɛn
	涓睊蠲稍焆(明)	(古)見元		kiwan
		(廣)古玄切	見先合四平山	kiwen

		䨳	(古)見元		kiwan
			(集)圭玄切	見先合四平山	kiwen
juǎn	上	卷(收藏)菤捲	(古)見元		kĭwan
			(廣)居轉切	見獮合三上山	kĭwɛn
		臇蠿	(古)精元		tsĭwan
			(廣)子兖切	精獮合三上山	tsĭwɛn
		埍羂	(古)見元		kiwan
			(廣)姑泫切	見銑合四上山	kiwen
juàn	去	鄄	(古)見文		kĭwən
			(廣)吉掾切	見線合三去山	kĭwɛn
		圈(畜圈)䕰	(古)羣元		gĭwan
			(廣)渠篆切	羣獮合三上山	gĭwɛn
		蜎(孑孓)	(古)羣元		gĭwan
			(廣)狂兖切	羣獮合三上山	gĭwɛn
		錈	(古)羣元		gĭwan
			(廣)窘遠切	羣阮合三上山	gĭwɐn
		䜌	(古)見元		kĭwan
			(廣)居願切	見願合三去山	kĭwɐn
		雋	(古)從元		dzĭwan
			(廣)徂兖切	從獮合三上山	dzĭwɛn
		眷睠桊卷(書卷)桊帣絭䄅弮			
			(古)見元		kĭwan
			(廣)居倦切	見線合三去山	kĭwɛn
		罥棬(桊)縳(絹)婘(眷)	(古)見元		kĭwan
			(集)古倦切	見線合三去山	kĭwɛn

		絹狷		(古)見元	kĭwan
			(廣)吉掾切	見線合三去山	kĭwɛn
		倦勌		(古)羣元	gĭwan
			(廣)渠卷切	羣線合三去山	gĭwɛn
		券(勞也)惓(病危)		(古)羣元	gĭwan
			(集)逵眷切	羣線合三去山	gĭwɛn
		羂罥懁獧		(古)見元	kiwan
			(廣)古縣切	見霰合四去山	kiwen
quān	陰	悛(悔改)䑏		(古)清文	tsʻĭwən
			(廣)此緣切	清仙合三平山	tsʻĭwɛn
		棬(桮棬)		(古)溪元	kʻĭwan
			(廣)丘圓切	溪仙合三平山	kʻĭwɛn
		圈(杯圈)埢		(古)溪元	kʻĭwan
			(集)驅圓切	溪仙合三平山	kʻĭwɛn
quán	陽	權拳齤顴踡婘(貌美)蠸䊎卷(曲也)弮矔鬈䟒蜷			
		捲(氣勢也)		(古)羣元	gĭwan
			(廣)巨員切	羣仙合三平山	gĭwɛn
		惓(惓惓)		(古)羣元	gĭwan
			(集)逵圓切	羣仙合三平山	gĭwɛn
		詮銓痊佺駩筌絟恮荃鐉		(古)清元	tsʻĭwan
			(廣)此緣切	清仙合三平山	tsʻĭwɛn
		全泉牷		(古)從元	dzĭwan
			(廣)疾緣切	從仙合三平山	dzĭwɛn
		輇		(古)禪元	ʑĭwan
			(廣)市緣切	禪仙合三平山	ʑĭwɛn

quǎn	上	綣蘿棬	(古)溪元		kʻĭwan
			(廣)去阮切	溪阮合三上山	kʻĭwɐn
		𡿨甽畎汱	(古)見元		kiwan
			(廣)姑泫切	見銑合四上山	kiwen
		犬	(古)溪元		kʻiwan
			(廣)苦泫切	溪銑合四上山	kʻiwen
quàn	去	券(契也)勸韏	(古)溪元		kʻĭwan
			(廣)去願切	溪願合三去山	kʻĭwɐn
		縓	(古)清元		tsʻĭwan
			(廣)七絹切	清線合三去山	tsʻĭwɛn
xuān	陰	軒	(古)曉元		xĭan
			(廣)虛言切	曉元開三平山	xĭɐn
		翾儇蠉嬛(輕麗貌)譞	(古)曉元		xĭwan
			(廣)許緣切	曉仙合三平山	xĭwɛn
		暄萱諼吅喧諠鸛䁔	(古)曉元		xĭwan
			(廣)況袁切	曉元合三平山	xĭwɐn
		藼蕿蘐萲	(古)曉元		xĭwan
			(集)許元切	曉元合三平山	xĭwɐn
		宣愃瑄	(古)心元		sĭwan
			(廣)須緣切	心仙合三平山	sĭwɛn
		亘	(古)心元		sĭwan
			(說)須緣切	心仙合三平山	sĭwɛn
		鋗駽	(古)曉元		xiwan
			(廣)火玄切	曉先合四平山	xiwen
xuán	陽	玄玹玆(黑也)昡	(古)匣真		ɣiwen

			(廣)胡涓切	匣先合四平山	ɣiwen
		旋(旋轉)檈璿淀(漩)琁璇⿰木還圓睻嫙			
			(古)邪元		zĭwan
			(廣)似宣切	邪仙合三平山	zĭwɛn
		䍃(轉折)	(古)邪元		zĭwan
			(集)旬宣切	邪仙合三平山	zĭwɛn
		縣(古"懸"字)懸	(古)匣元		ɣiwan
			(廣)胡涓切	匣先合四平山	ɣiwen
xuǎn	上	癬	(古)心元		sĭan
			(廣)息淺切	心獮開三上山	sĭɛn
		⿸疒𤴓(癬)	(古)心元		sĭan
			(集)息淺切	心獮開三上山	sĭɛn
		暖咺烜(烜赫)[illegible]	(古)曉元		xĭwan
			(廣)況晚切	曉阮合三上山	xĭwɐn
		選巽	(古)心元		sĭwan
			(廣)思兗切	心獮合三上山	sĭwɛn
xuàn	去	絢讂	(古)曉真		xiwen
			(廣)許縣切	曉霰合四去山	xiwen
		泫鉉贙	(古)匣真		ɣiwen
			(廣)胡畎切	匣銑合四上山	ɣiwen
		袨眩炫衒衙旬眴	(古)匣真		ɣiwen
			(廣)黄絢切	匣霰合四去山	ɣiwen
		昡	(古)匣真		ɣiwen
			(集)熒絹切	匣霰合四去山	ɣiwen
		鏇縼旋(旋風)	(古)邪元		zĭwan

	（廣）辝戀切	邪線合三去山	zĭwɛn
楥（楦）	（古）曉元		xĭwan
	（廣）虛願切	曉願合三去山	xĭwɐn
繏	（古）心元		sĭwan
	（廣）息絹切	心線合三去山	sĭwɛn
琄繯縣鞙	（古）匣元		ɣiwan
	（廣）胡畎切	匣銑合四上山	ɣiwen
闋	（古）匣元		ɣiwan
	（集）胡畎切	匣銑合四上山	ɣiwen

en（ㄣ）韻

ēn	陰	恩	（古）影真	en
			（廣）烏痕切　影痕開一平臻	ən
		衮	（古）影文	ən
			（廣）烏痕切　影痕開一平臻	ən
èn	去	饐	（古）疑文	ŋən
			（廣）五根切　疑根開一去臻	ŋən
gēn	陰	根跟哏	（古）見文	kən
			（廣）古痕切　見痕開一平臻	kən
gěn	上	頣	（古）見文	kən
			（廣）古很切　見很開一上臻	kən
gèn	去	亙（俗作“亘”）	（古）見蒸	kəŋ
			（廣）古鄧切　見嶝開一去曾	kəŋ
		栭（亙）	（古）見蒸	kəŋ
			（集）居鄧切　見嶝開一去曾	kəŋ
		艮	（古）見文	kən
			（廣）古恨切　見恨開一去臻	kən
kěn	上	肯肎（肯）	（古）溪蒸	k‘əŋ
			（廣）苦等切　溪等開一上曾	k‘əŋ
		墾齦（啃）豤	（古）溪文	k‘ən

			(廣)康很切	溪很開一上臻	kʻən
		頎(哀痛)	(古)溪文		kʻən
			(集)口很切	溪很開一上臻	kʻən
hén	陽	痕鞎	(古)匣文		ɣən
			(廣)户恩切	匣痕開一平臻	ɣən
hěn	上	很⿱艹很	(古)匣文		ɣən
			(廣)胡墾切	匣很開一上臻	ɣən
		詪	(古)匣文		ɣən
			(集)下墾切	匣很開一上臻	ɣən
		佷	(古)匣文		ɣən
			(玉)户懇切	匣很開一上臻	ɣən
hèn	去	恨	(古)匣文		ɣən
			(廣)胡艮切	匣恨開一去臻	ɣən
zhēn	陰	貞楨禎湞⿰阝貞	(古)端耕		tĭeŋ
			(廣)陟盈切	知清開三平梗	ȶĭɛŋ
		偵	(古)透耕		tʻĭeŋ
			(廣)丑貞切	徹清開三平梗	ȶʻĭɛŋ
		臻蓁溱潧(通"溱")亲榛轃	(古)莊真		tʃen
			(廣)側詵切	莊臻開三平臻	tʃĭen
		真禛	(古)章真		ȶĭen
			(廣)職鄰切	章真開三平臻	tɕĭĕn
		珍	(古)端文		tĭən
			(廣)陟鄰切	知真開三平臻	ȶĭĕn
		趁(趁驙)	(古)端文		tĭən
			(集)知鄰切	知真開三平臻	ȶĭĕn

		甄籈桭脣(鷩)蘣	(古)章文		ȶĭən
			(廣)職鄰切	章真開三平臻	tɕĭĕn
		砛振(振振,盛也)	(古)章文		ȶĭən
			(集)之人切	章真開三平臻	tɕĭĕn
		斟針鍼鱵箴葴	(古)章侵		ȶĭəm
			(廣)職深切	章侵開三平深	tɕĭĕm
		椹	(古)端侵		tĭəm
			(廣)知林切	知侵開三平深	ȶĭĕm
		砧	(古)端談		tiwam
			(集)知林切	知侵開三平深	ȶĭĕm
zhěn	上	縝鬒槙黰稹	(古)章真		ȶien
			(廣)章忍切	章軫開三上臻	tɕĭĕn
		軫胗疹畛今紾診袗裖眕畛鬒夙			
			(古)章文		ȶĭən
			(廣)章忍切	章軫開三上臻	tɕĭĕn
		抮	(古)章文		ȶĭən
			(集)止忍切	章軫開三上臻	tɕĭĕn
		煁扰	(古)端侵		ȶĭəm
			(集)陟甚切	知寢開三上深	tĭĕm
		枕(枕席)煩	(古)章侵		ȶĭəm
			(廣)章荏切	章寢開三上深	tɕĭĕm
zhèn	去	紖	(古)定真		dĭen
			(廣)直引切	澄軫開三上臻	ȡĭĕn
		絼(紖)	(古)定真		dĭwen
			(集)丈忍切	澄準合三上臻	ȡĭuĕn

		鎮瑱(瑱圭)	(古)端真		tĭen
			(廣)陟刃切	知震開三去臻	ȶĭĕn
		敶陳(陣法)陣[illegible]	(古)定真		dĭen
			(廣)直刃切	澄震開三去臻	ȡĭĕn
		挋	(古)章真		ȶien
			(廣)章刃切	章震開三去臻	tɕĭĕn
		震振(舉)賑侲踬	(古)章文		ȶĭən
			(廣)章刃切	章震開三去臻	tɕĭĕn
		眹	(古)定侵		dĭəm
			(廣)直引切	澄軫開三上臻	ȡĭĕn
		朕栚	(古)定侵		dĭəm
			(廣)直稔切	澄寑開三上深	ȡĭĕm
		[illegible]	(古)定侵		dĭəm
			(集)直稔切	澄寑開三上深	ȡĭĕm
		揕	(古)端侵		tĭəm
			(廣)知鴆切	知沁開三去深	ȶĭĕm
		鴆	(古)定侵		dĭəm
			(廣)直禁切	澄沁開三去深	ȡĭĕm
		枕(動詞)	(古)章侵		ȶĭəm
			(廣)之任切	章沁開三去深	tɕĭĕm
chēn	陰	[illegible]	(古)透真		ȶʻien
			(集)癡鄰切	徹真開三平臻	tɕʻĭĕn
		瞋謓瞋	(古)昌真		ȶʻien
			(廣)昌真切	昌真開三平臻	tɕʻĭĕn
		琛棽彤覾綝郴	(古)透侵		tʻĭəm

			(廣)丑林切	徹侵開三平深	ȶʻĭĕm
chén	陽	陳(陳列)塵	(古)定真		dĭen
			(廣)直珍切	澄真開三平臻	ȡĭĕn
		螴	(古)定真		dĭen
			(集)池鄰切	澄真開三平臻	ȡĭĕn
		茞臣[illegible]	(古)禪真		ʑĭen
			(廣)植鄰切	禪真開三平臻	ʑĭĕn
		辰晨晨宸[illegible]屒	(古)禪文		ʑĭən
			(廣)植鄰切	禪真開三平臻	ʑĭĕn
		曟	(古)禪文		ʑĭən
			(集)丞真切	禪真開三平臻	ʑĭĕn
		沈(沈没)沉莐[illegible]霃湛(浮湛)鈂	(古)定侵		dĭəm
			(廣)直深切	澄侵開三平深	ȡĭĕm
		諶訦忱煁	(古)禪侵		ʑĭəm
			(廣)氏任切	禪侵開三平深	ʑĭĕm
chěn	上	[illegible]	(古)透文		tʻĭən
			(廣)丑忍切	徹軫開三上臻	ȶʻĭĕn
		踸鍖	(古)透侵		tʻĭəm
			(廣)丑甚切	徹寑開三上深	ȶʻĭĕm
		趻	(古)透侵		tʻĭəm
			(集)丑甚切	徹寑開三上深	ȶʻĭĕm
chèn	去	稱(符合)	(古)昌蒸		ȶʻĭəŋ
			(廣)昌孕切	昌證開三去曾	tɕʻĭəŋ
		疢	(古)透真		tʻĭen

			(廣)丑刃切	徹震開三去臻	ȶ'ĭĕn
		櫬(棺)齔齓	(古)初真		tʃ'ien
			(廣)初覲切	初震開三去臻	tʃ'ĭĕn
		闖(馬出門貌)	(古)透侵		t'ĭəm
			(廣)丑禁切	徹沁開三去深	ȶ'ĭĕm
		讖	(古)初談		tʃ'iwam
			(廣)楚譖切	初沁開三去深	tʃ'ĭĕm
shēn	陰	莘(長貌)扟甡兟屾燊痒	(古)山真		ʃen
			(廣)所臻切	山臻開三平臻	ʃĭen
		崋	(古)山真		ʃen
			(集)疏臻切	山臻開三平臻	ʃĭen
		申伸紳呻眒胂侁身柛	(古)書真		ɕĭen
			(廣)失人切	書真開三平臻	ɕĭĕn
		倛	(古)書真		ɕĭen
			(集)升人切	書真開三平臻	ɕĭĕn
		娠	(古)書文		ɕĭən
			(廣)失人切	書真開三平臻	ɕĭĕn
		駪詵侁	(古)山文		ʃĭən
			(廣)所臻切	山臻開三平臻	ʃĭən
		姺(古氏族名)	(古)山文		ʃĭən
			(集)疏臻切	山臻開三平臻	ʃĭen
		參(星,人參)蓡葠	(古)山侵		ʃĭəm
			(廣)所今切	山侵開三平深	ʃĭĕm
		褑幓	(古)山侵		ʃĭəm
			(集)疏簪切	山侵開三平深	ʃĭĕm

		深蔘	（古）書侵		ɕĭəm
			（廣）式針切	書侵開三平深	ɕĭĕm
		罙	（古）書侵		ɕĭəm
			（集）式針切	書侵開三平深	ɕĭĕm
shén	陽	神	（古）船真		ȡĭen
			（廣）食鄰切	船真開三平臻	dʑĭĕn
		魁	（古）船真		ȡĭen
			（集）乘人切	船真開三平臻	dʑĭĕn
shěn	上	矤（"矧"古體）矧弞頣	（古）書真		ɕĭen
			（廣）式忍切	書軫開三上臻	ɕĭĕn
		哂	（古）書文		ɕĭən
			（廣）式忍切	書軫開三上臻	ɕĭĕn
		瀋	（古）昌侵		ȶʻĭəm
			（廣）昌枕切	昌寑開三上深	tɕʻĭĕm
		沈（國名，姓）邥宷審瞫諗淰（水中驚走）	（古）書侵		ɕĭəm
			（廣）式荏切	書寑開三上深	ɕĭĕm
shèn	去	腎	（古）禪真		ʑĭen
			（廣）時忍切	禪軫開三上臻	ʑĭĕn
		慎昚（古"慎"字）	（古）禪真		ʑĭen
			（廣）時刃切	禪震開三去臻	ʑĭĕn
		眘（古"慎"字）	（古）禪真		ʑĭen
			（集）時刃切	禪震開三去臻	ʑĭĕn
		蜃裖脤歁	（古）禪文		ʑĭən
			（廣）時忍切	禪軫開三上臻	ʑĭĕn

		滲		(古)山侵	ʃĭəm
			(廣)所禁切	生沁開三去深	ʃĭĕm
		葚		(古)船侵	ȡĭəm
			(廣)食荏切	船寑開三上深	dʑĭĕm
		甚		(古)禪侵	ʑĭəm
			(廣)常枕切	禪寑開三上深	ʑĭĕm
rén	陽	仁人		(古)日真	ȵĭen
			(廣)如鄰切	日真開三平臻	nʑĭĕn
		儿(人)		(古)日真	ȵĭen
			(集)而鄰切	日真開三平臻	nʑĭĕn
		任(抱,姓)壬鵀		(古)日侵	ȵĭəm
			(廣)如林切	日侵開三平深	nʑĭĕm
rěn	上	忍荵		(古)日文	ȵĭən
			(廣)而軫切	日軫開三上臻	nʑĭĕn
		荏稔棯恁棯羊腍		(古)日侵	ȵĭəm
			(廣)如甚切	日寑開三上深	nʑĭĕm
rèn	去	刃肕靭仞軔牣杒訒		(古)日文	ȵĭən
			(廣)而振切	日震開三去臻	nʑĭĕn
		帉		(古)日文	ȵĭən
			(集)而振切	日震開三去臻	nʑĭĕn
		紉		(古)泥文	nĭən
			(廣)女鄰切	泥真開三平臻	nĭĕn
		飪		(古)日侵	ȵĭəm
			(廣)如甚切	日寑開三上深	nʑĭĕm
		妊紝鵀任(委任,責任)衽		(古)日侵	ȵĭəm

			(廣)汝鴆切	日沁開三去深	nʑĭĕm
		紝	(古)日侵		ȵĭəm
			(集)如鴆切	日沁開三去深	nʑĭĕm
zèn	去	譖	(古)莊侵		tʃĭəm
			(廣)莊蔭切	莊沁開三去深	tʃĭĕm
cēn	陰	嵾參(參差)	(古)初侵		tʃʻĭəm
			(廣)楚簪切	初侵開三平深	tʃʻĭĕm
		篸	(古)初侵		tʃʻĭəm
			(集)初簪切	初侵開三平深	tʃʻĭəm
cén	陽	岑涔(積水)穴梣鐕	(古)崇侵		dʒĭəm
			(廣)鋤針切	崇侵開三平深	dʒĭĕm
sēn	陰	森槮(櫹槮)	(古)山侵		ʃĭəm
			(廣)所今切	山侵開三平深	ʃĭĕm
sèn	去	罧	(古)山侵		ʃĭəm
			(廣)所禁切	山沁開三去深	ʃĭĕm
bēn	陰	奔賁(虎賁,勇士)犇	(古)幫文		puən
			(廣)博昆切	幫魂合一平臻	puən
běn	上	本苯	(古)幫文		puən
			(廣)布忖切	幫混合一上臻	puən
		畚畚	(古)幫元		puan
			(廣)布忖切	幫混合一上臻	puən
bèn	去	笨	(古)並文		buən
			(廣)蒲本切	並混合一上臻	buən
		坌	(古)並文		buən
			(廣)蒲悶切	並慁合一去臻	buən

pēn	陰	濆(噴水)噴(噴射)歕	(古)滂文	p‘uən
		(廣)普魂切	滂魂合一平臻	p‘uən
pén	陽	盆葐湓	(古)並文	buən
		(廣)蒲奔切	並魂合一平臻	buən
pèn	去	噴(鼓鼻)	(古)滂文	p‘uən
		(廣)普悶切	滂慁合一去臻	p‘uən
mén	陽	門捫虋(穈)亹(地名)䫒	(古)明文	muən
		(廣)莫奔切	明魂合一平臻	muən
		穈(虋)汶(汶汶)悶(悶然)	(古)明文	muən
		(集)謨奔切	明魂合一平臻	muən
		璊毧	(古)明元	muan
		(廣)莫奔切	明魂合一平臻	muən
měn	上	惋(無心貌)	(古)明元	muan
		(集)母本切	明混合一上臻	muən
mèn	去	悶(煩悶)	(古)明文	muən
		(廣)莫困切	明慁合一去臻	muən
		殙(氣絶)	(古)明文	muən
		(集)莫困切	明恨合一去臻	muən
		懣(煩懣)	(古)明元	muan
		(廣)莫困切	明慁合一去臻	muən
fēn	陰	分(分開)饙餴	(古)幫文	pĭwən
		(廣)府文切	幫文合三平臻	pĭuən
		朌	(古)幫文	pĭwən
		(集)方文切	幫文合三平臻	pĭuən
		芬紛衯帉衯棻岎氛雰闅	(古)滂文	p‘ĭwən

			(廣)撫文切 滂文合三平臻	p‘ĭuən
		枌	(古)滂文	p‘ĭwən
			(集)敷文切 滂文合三平臻	p‘ĭuən
fén	陽	汾墳(大防)蕡轒濆(水邊)焚燌羒豶頒(大頭)豮鳻枌蕡(草香)棼賁(大也)魵妢鐼豶蚡轒		
			(古)並文	bĭwən
			(廣)符分切 並文合三平臻	bĭuən
		隫幩鳻黂葐	(古)並文	bĭwən
			(集)符分切 並文合三平臻	bĭuən
fěn	上	粉黺扮(并也,握也)	(古)幫文	pĭwən
			(廣)方吻切 幫吻合三上臻	pĭuən
fèn	去	憤墳(土肥沃)弅膹幩坋	(古)並文	bĭwən
			(廣)房吻切 並吻合三上臻	bĭuən
		糞僨奮瀵	(古)幫文	pĭwən
			(廣)方問切 幫問合三去臻	pĭuən
		忿	(古)滂文	p‘ĭwən
			(廣)匹問切 滂問合三去臻	p‘ĭuən
		分(本份)	(古)並文	bĭwən
			(廣)扶問切 並問合三去臻	bĭuən
		坌(坋)拚(掃除)	(古)幫元	pĭwan
			(廣)方問切 幫問合三去臻	pĭuən

in（ㄧㄣ）韻

yīn 陰 因茵鞇駰氤絪洇姻婣裀捆 （古）影真 ĭen

（廣）於真切 影真開三平臻 ĭĕn

禋闉垔陻堙歅 （古）影文 ĭən

（廣）於真切 影真開三平臻 ĭĕn

緸硜 （古）影文 ĭən

（集）伊真切 影諄開三平臻 ĭĕn

殷（盛）慇 （古）影文 iən

（廣）於斤切 影欣開三平臻 ĭən

音陰瘖霠喑（緘默） （古）影侵 ĭəm

（廣）於金切 影侵開三平深 ĭĕm

侌蔭（樹蔭） （古）影侵 ĭəm

（集）於金切 影侵開三平深 ĭĕm

愔 （古）影侵 ĭəm

（廣）挹淫切 影侵開三平深 ĭĕm

yín 陽 寅夤黃 （古）餘真 ʎĭen

（廣）翼真切 餘真合三平臻 jĭĕn

齗嚚 （古）疑真 ŋĭen

（廣）語巾切 疑真開三平臻 ŋĭĕn

		埜(垠)慭(古地名)	(古)疑真		ŋĭen
			(集)魚巾切	疑真開三平臻	ŋĭĕn
		銀狺鄞荶珢垠泿	(古)疑文		ŋĭən
			(廣)語巾切	疑真開三平臻	ŋĭĕn
		沂(古樂器)	(古)疑文		ŋĭən
			(集)魚巾切	疑真開三平臻	ŋĭĕn
		虒狀圻(垠)齗齦(牙齦)听	(古)疑文		ŋiən
			(廣)語斤切	疑欣開三平臻	ŋĭən
		狺誾闇麐	(古)疑元		ŋĭan
			(廣)語巾切	疑真開三平臻	ŋĭĕn
		淫霪婬蟫鷣冘鄿垩鱏	(古)餘侵		ʎĭəm
			(廣)餘針切	餘侵開三平深	jĭĕm
		吟唫(吟)崟霠乑(衆立也)	(古)疑侵		ŋĭəm
			(廣)魚金切	疑侵開三平深	ŋĭĕm
		厰	(古)疑談		ŋĭam
			(廣)魚金切	疑侵開三平深	ŋĭĕm
yǐn	上	引蚓螾濥廴戭釿靷	(古)餘真		ʎĭen
			(廣)余忍切	餘軫開三上臻	jĭĕn
		隱悳櫽乚轒	(古)影文		iən
			(廣)於謹切	影隱開三上臻	ĭən
		讔濦殷(雷聲)檼(櫽)讔	(古)影文		iən
			(集)倚謹切	影隱開三上臻	ĭən
		听(笑貌)	(古)疑文		ŋĭən
			(廣)宜引切	疑軫開三上臻	ŋĭĕn
		輑(車前横木)	(古)疑文		ŋĭwən

(集)牛尹切 疑準合三上臻 ŋĭuĕn

尹 (古)餘文 ʎiwən

(廣)余準切 餘準合三上臻 jĭuĕn

㱃飲(喝) (古)影侵 ĭəm

(廣)於錦切 影寑開三上深 ĭĕm

噤(仰頭貌)趛 (古)疑侵 ŋĭəm

(廣)牛錦切 疑寑開三上深 ŋĭĕm

yìn 去 印 (古)影真 ĭen

(廣)於刃切 影震開三去臻 ĭĕn

𦍍朄 (古)餘真 ʎĭen

(廣)羊晉切 餘震開三去臻 jĭĕn

酳 (古)餘真 ʎĭen

(集)羊進切 餘稕開三去臻 jĭĕn

憖(且也)猌 (古)疑真 ŋĭen

(廣)魚覲切 疑震開三去臻 ŋĭĕn

[illegible] (古)影文 ĭən

(廣)於刃切 影震開三去臻 ĭĕn

胤酳 (古)餘文 ʎĭən

(廣)羊晉切 餘震開三去臻 jĭĕn

檼(屋棟) (古)影文 iən

(廣)於靳切 影焮開三去臻 ĭən

垽 (古)疑文 ŋiən

(集)吾覲切 疑焮開三去臻 ŋĭən

蔭(遮蔭)窨喑(喑噁)廕飲(給喝)

(古)影侵 ĭəm

			(廣)於禁切	影沁開三去深	ĭēm
jīn	陰	矜(矜持)	(古)見真		kĭen
			(説)巨巾切	羣真開三平臻	gĭēn
			(廣)居陵切	見蒸開三平曾	kĭəŋ
		津𦘦	(古)精真		tsĭen
			(廣)將鄰切	精真開三平臻	tsĭēn
		㶳	(古)精真		tsĭen
			(集)資辛切	精真開三平臻	tsĭēn
		巾	(古)見文		kĭən
			(廣)居銀切	見真開三平臻	kĭēn
		斤筋釿	(古)見文		kĭən
			(廣)舉欣切	見欣開三平臻	kĭən
		筀	(古)見文		kĭən
			(集)舉欣切	見欣開三平臻	kĭən
		金今衿襟裣黅	(古)見侵		kĭəm
			(廣)居吟切	見侵開三平深	kĭēm
		紟(衿,帶)	(古)見侵		kĭəm
			(集)居吟切	見侵開三平深	kĭēm
		祲浸埐	(古)精侵		tsĭəm
			(廣)子心切	精侵開三平深	tsĭēm
jǐn	上	巹	(古)見蒸		kĭəŋ
			(廣)居隱切	見隱開三上臻	kĭən
		緊	(古)見真		kĭen
			(廣)居忍切	見軫開三上臻	kĭēn
		盡(儘)	(古)精真		tsĭen

			(廣)即忍切	精軫開三上臻	tsĭĕn
		謹槿堇(菫堇)卺(巹)	(古)見文		kiən
			(廣)居隱切	見隱開三上臻	kĭən
		菫瑾	(古)見文		kiən
			(集)几隱切	見隱開三上臻	kĭən
		僅饉廑(僅)	(古)羣文		gĭən
			(廣)渠遴切	羣震開三去臻	gĭĕn
		[illegible](僅)	(古)羣文		gĭən
			(集)渠吝切	羣震開三去臻	gĭĕn
		錦	(古)見侵		kĭəm
			(廣)居飲切	見寑開三上深	kĭĕm
		[illegible]	(古)精侵		tsĭəm
			(廣)子朕切	精寑開三上深	tsĭĕm
jìn	去	晉[illegible]搢縉進璡	(古)精真		tsĭen
			(廣)即刃切	精震開三去臻	tsĭĕn
		鄑	(古)精真		tsĭen
			(集)即刃切	精震開三去臻	tsĭĕn
		盡(竭,終)	(古)從真		dzĭen
			(廣)慈忍切	從軫開三上臻	dzĭĕn
		賮燼㶳藎濜璶	(古)邪真		zĭen
			(廣)徐刃切	邪震開三去臻	zĭĕn
		贐	(古)邪真		zĭen
			(集)徐刃切	邪震開三去臻	zĭĕn
		近(與"遠"相對)	(古)羣文		giən
			(廣)其謹切	羣隱開三上臻	gĭən

		靳墐	(古)見文	kiən
			(廣)居焮切　見焮開三去臻	kĭən
		近(親近)	(古)羣文	giən
			(廣)巨靳切　羣焮開三去臻	gĭən
		覲殣廑*(僅)墐	(古)羣文	gĭən
			(廣)渠遴切　羣震開三去臻	gĭĕn
		唫(閉口不言)	(古)羣侵	gĭəm
			(廣)渠飲切　羣寑開三上深	gĭĕm
		埐	(古)精侵	tsĭəm
			(廣)即刃切　精震開三去臻	tsĭĕn
		禁僸(音樂名)	(古)見侵	kĭəm
			(廣)居蔭切　見沁開三去深	kĭĕm
		phone牸噤紟(單被)	(古)羣侵	gĭəm
			(廣)巨禁切　羣沁開三去深	gĭĕm
		妗	(古)羣侵	gĭəm
			(集)巨禁切　羣沁開三去深	gĭĕm
		浸(浸泡)寖(滲透)	(古)精侵	tsĭəm
			(廣)子鴆切　精沁開三去深	tsĭĕm
qīn	陰	親寴	(古)清真	ts'ĭen
			(廣)七人切　清真開三平臻	ts'ĭĕn
		欽衾嶔顉	(古)溪侵	k'ĭəm
			(廣)去金切　溪侵開三平深	k'ĭĕm
		侵駸浸(浸淫)綅(線也)	(古)清侵	ts'ĭəm
			(廣)七林切　清侵開三平深	ts'ĭĕm
		寖(漸)	(古)清侵	ts'ĭəm

			(集)千尋切	清侵開三平深	ts'ĭĕm
qín	陽	秦蠀	(古)從真		dzĭen
			(廣)匠鄰切	從真開三平臻	dzĭĕn
		矜(穫,矛柄)	(古)羣真		gĭen
			(集)渠巾切	羣諄開三平臻	gĭĕn
		勤芹懃慬瘽	(古)羣文		giən
			(廣)巨斤切	羣欣開三平臻	gĭən
		菦堇(黏土)	(古)羣文		giən
			(集)渠巾切	羣諄開三平臻	gĭĕn
		琴捦擒禽芩檎庈庈聆黔	(古)羣侵		gĭəm
			(廣)巨金切	羣侵開三平深	gĭĕm
		朎(斂)鈙菳	(古)羣侵		gĭəm
			(集)渠金切	羣侵開三平深	gĭĕm
		鮗䰼醦	(古)從侵		dzĭəm
			(廣)昨淫切	從侵開三平深	dzĭĕm
qǐn	上	趣	(古)溪真		k'ĭwen
			(廣)弃忍切	溪準合三上臻	k'ĭuĕn
		螼	(古)溪文		k'ĭwən
			(廣)弃忍切	溪準合三上臻	k'ĭuĕn
		赾	(古)溪文		k'iən
			(廣)丘謹切	溪隱開三上臻	k'ĭən
		坅	(古)溪侵		k'ĭəm
			(廣)丘甚切	溪寢開三上深	k'ĭĕm
		寑寢梫蘉鋟	(古)清侵		ts'ĭəm
			(廣)七稔切	清寢開三上深	ts'ĭĕm

qìn	去	菣	(古)溪真	kʻĭen
			(廣)去刃切　溪震開三去臻	kʻĭĕn
		瀙	(古)清真	tsʻĭen
			(廣)七遴切　清震開三去臻	tsʻĭĕn
		櫬(棺也)	(古)初真	tʃʻĭen
			(廣)初覲切　初震開三去臻	tʃʻĭĕn
		櫬(木名)	(古)清真	tsʻĭen
			(集)七刃切　清稕開三去臻	tsʻĭĕn
		沁	(古)清侵	tsʻĭəm
			(廣)七鴆切　清沁開三去深	tsʻĭĕm
xīn	陰	馨	(古)曉耕	xieŋ
			(廣)呼刑切　曉青開四平梗	xieŋ
		新辛薪	(古)心真	sĭen
			(廣)息鄰切　心真開三平臻	sĭĕn
		[女辛]	(古)心真	sĭen
			(集)斯人切　心真開三平臻	sĭĕn
		欣忻昕訢炘	(古)曉文	xiən
			(廣)許斤切　曉欣開三平臻	xĭən
		歆廞	(古)曉侵	xĭəm
			(廣)許金切　曉侵開三平深	xĭĕm
		心	(古)心侵	sĭəm
			(廣)息林切　心侵開三平深	sĭĕm
xìn	去	信囟	(古)心真	sĭen
			(廣)息晉切　心震開三去臻	sĭĕn
		憖(笑貌)	(古)曉真	xĭen

			(集)香靳切	曉焮開三去臻	xĭən
		衅釁舋	(古)曉文		xĭən
			(廣)許覲切	曉震開三去臻	xĭĕn
		焮脪	(古)曉文		xiən
			(廣)香靳切	曉焮開三去臻	xĭən
lín	陽	粦燐鄰轔嶙粼磷麟鱗璘獜瞵獜(犬健)驎鷩			
			(古)來真		lĭen
			(廣)力珍切	來真開三平臻	lĭĕn
		厸(鄰)粦	(古)來真		lĭen
			(集)離珍切	來真開三平臻	lĭĕn
		林琳淋臨痳瀶霖	(古)來侵		lĭəm
			(廣)力尋切	來侵開三平深	lĭĕm
		碄惏(惏慄)	(古)來侵		lĭəm
			(集)犂針切	來侵開三平深	lĭĕm
lǐn	上	橉	(古)來真		lĭen
			(廣)良忍切	來軫開三上臻	lĭĕn
		廩亩懍菻凜醟	(古)來侵		lĭəm
			(廣)力稔切	來寑開三上深	lĭĕm
		稟(亩)	(古)來侵		lĭəm
			(集)力錦切	來寑開三上深	lĭĕm
lìn	去	遴閵藺轥甐躏瞵躙	(古)來真		lĭen
			(廣)良刃切	來震開三去臻	lĭĕn
		僯蹸閔贚	(古)來真		lĭen
			(集)良刃切	來稕開三去臻	lĭĕn
		吝悋廖	(古)來文		lĭən

			(廣)良刃切	來震開三去臻	lĭěn
		悋	(古)來文		lĭən
			(集)良刃切	來稕開三去臻	lĭěn
		賃	(古)泥侵		nĭəm
			(廣)乃禁切	泥沁開三去深	nĭěm
bīn	陰	賓濱䚔儐(敬)矉𩴾	(古)幫真		pĭen
			(廣)必鄰切	幫真開三平臻	pĭěn
		瀕	(古)幫真		pĭen
			(集)卑民切	幫真開三平臻	pĭěn
		璸	(古)幫真		pĭen
			(集)悲巾切	幫真開三平臻	pĭěn
		繽	(古)滂真		p‘ĭen
			(廣)匹賓切	滂真開三平臻	p‘ĭěn
		彬斌份(同“彬”)玢豳邠汃(水名)攽虨			
			(古)幫文		pĭən
			(廣)府巾切	幫真開三平臻	pĭěn
		豩	(古)幫文		pĭən
			(集)悲巾切	幫真開三平臻	pĭěn
bìn	去	儐(引導)擯殯鬢	(古)幫真		pĭen
			(廣)必刃切	幫震開三去臻	pĭěn
		髕臏	(古)並真		bĭen
			(廣)毗忍切	並軫開三上臻	bĭěn
pīn	陰	姘	(古)滂耕		p‘ieŋ
			(廣)普丁切	滂青開四平梗	p‘ieŋ
		闠	(古)滂真		p‘ĭen

			(廣)匹賓切	滂真開三平臻	p'ĭĕn
		驞	(古)滂真		p'ien
			(集)紕民切	滂真開三平臻	p'ĭĕn
		砏	(古)滂文		p'ĭən
			(廣)普巾切	滂真開三平臻	p'ĭĕn
pín	陽	頻蘋蘋嬪檳玭蠙顰矉嚬	(古)並真		bĭen
			(廣)符真切	並真開三平臻	bĭĕn
		貧	(古)並文		bĭən
			(廣)符巾切	並真開三平臻	bĭĕn
pǐn	上	品	(古)滂侵		p'ĭəm
			(廣)丕飲切	滂寑開三上深	p'ĭĕm
pìn	去	聘	(古)滂耕		p'ieŋ
			(廣)匹正切	滂勁開三去梗	p'ĭɛŋ
		牝	(古)並脂		bĭei
			(廣)扶履切	並旨開三上止	bi
			(又)毗忍切	並軫開三上臻	bĭĕn
		朩(麻片)	(古)滂真		p'ien
			(廣)匹刃切	滂震開三去臻	p'ĭĕn
mín	陽	珉岷罠緡痻(瘖)揞鶥	(古)明真		mĭen
			(廣)武巾切	明真開三平臻	mĭĕn
		瑉碈饚暋(煩悶)捪鍲	(古)明真		mĭen
			(集)眉貧切	明真開三平臻	mĭĕn
		民怋	(古)明真		mĭen
			(廣)彌鄰切	明真開三平臻	mĭĕn
		旻閩忞	(古)明文		mĭən

			(廣)武巾切　明真開三平臻	mĭĕn
		玟(石之次玉)	(古)明文	mĭən
			(集)眉貧切　明真開三平臻	mĭĕn
mǐn	上	敏繁	(古)明之	mĭwə
			(廣)眉殞切　明軫合三上臻	mĭwĕn
		黽(黽勉)	(古)明蒸	meəŋ
			(廣)武幸切　明耿開二上梗	mæŋ
			(又)武盡切　明軫開三上臻	mĭĕn
		僶(僶俛)	(古)明蒸	meəŋ
			(廣)武盡切　明軫開三上臻	mĭĕn
		皿	(古)明陽	mĭɑŋ
			(廣)武永切　明梗開三上梗	mĭɐŋ
		泯笢	(古)明真	mĭen
			(廣)武盡切　明軫開三上臻	mĭĕn
		愍敃暋(勉)	(古)明真	mĭen
			(廣)眉殞切　明軫開三上臻	mĭĕn
		湣(湣湣)	(古)明真	mĭwen
			(集)美隕切　明準合三上臻	mĭuĕn
		憫閔潣簢轗	(古)明文	mĭən
			(廣)眉殞切　明軫開三上臻	mĭĕn

uen（ㄨㄣ）韻

wēn	陰	昷溫轀薀(水草)殟豱緼(赤黄色)			
				(古)影文	uən
			(廣)烏渾切	影魂合一平臻	uən
wén	陽	文聞彣紋駁蟁蚊鳼闅閺魰			
				(古)明文	mǐwən
			(廣)無分切	明文合三平臻	mǐuən
		芠		(古)明文	mǐwən
			(集)無分切	明文合三平臻	mǐuən
wěn	上	吻刎抆		(古)明文	mǐwən
			(廣)武粉切	明吻合三上臻	mǐuən
		㖧(吻)		(古)明文	mǐwən
			(集)武粉切	明吻合三上臻	mǐuən
		紊		(古)明文	mǐwən
			(廣)亡運切	明問合三去臻	mǐuən
wèn	去	揾饂		(古)影文	uən
			(廣)烏困切	影慁合一去臻	uən
		問璺汶(水名)紊* 聞(聲譽)			
				(古)明文	mǐwən
			(廣)亡運切	明問合三去臻	mǐuən

		文(文飾)	(古)明文		mĭwən
			(集)文運切	明問合三去臻	mĭuən
gǔn	上	㯻衮緄鯀鮌輥緷蓘丨碮錕(車釭)			
			(古)見文		kuən
			(廣)古本切	見混合一上臻	kuən
		渾(渾渾,水流貌)	(古)見文		kuən
			(集)古本切	見混合一上臻	kuən
gùn	去	睔睴	(古)見文		kuən
			(廣)古困切	見慁合一去臻	kuən
kūn	陰	昆晜罤菎㡓褌崑琨鵾鶤鯤蚰[illegible]騉			
			(古)見文		kuən
			(廣)古渾切	見魂合一平臻	kuən
		焜蘔混(混夷,西戎名)	(古)見文		kuən
			(集)公渾切	見魂合一平臻	kuən
		坤巛(古文"坤")髡顐(顐)			
			(古)溪文		k‘uən
			(廣)苦昆切	溪魂合一平臻	k‘uən
kǔn	上	閫壼稇悃梱(門限)	(古)溪文		k‘uən
			(廣)苦本切	溪混合一上臻	k‘uən
		捆綑䠅(䠅)	(古)溪文		k‘uən
			(集)苦本切	溪混合一上臻	k‘uən
kùn	去	困	(古)溪文		k‘uən
			(廣)苦悶切	溪慁合一去臻	k‘uən
		梱(弄齊)	(古)溪文		k‘uən
			(集)苦悶切	溪慁合一去臻	k‘uən

hūn 陰 昏惛婚閽殙(昏亂) (古)曉文 xuən

(廣)呼昆切 曉魂合一平臻 xuən

⿸厂憂惛涽 (古)曉文 xuən

(集)呼昆切 曉魂合一平臻 xuən

葷(葷素) (古)曉文 xĭwən

(廣)許云切 曉文合三平臻 xĭuən

hún 陽 魂⿰馬軍鼲楎渾⿰亻軍䡣堚⿰扌圂煇(赤色)

(古)匣文 ɣuən

(廣)户昆切 匣魂合一平臻 ɣuən

昆(昆侖,混沌貌)⿱昆車溷(惛溷)

(古)匣文 ɣuən

(集)胡昆切 匣魂合一平臻 ɣuən

hùn 去 混棍(捆束)⿰昆頁⿰木圂⿰阝系掍 (古)匣文 ɣuən

(廣)胡本切 匣混合一上臻 ɣuən

眃 (古)匣文 ɣuən

(集)户衮切 匣混合一上臻 ɣuən

慁溷(混濁)圂 (古)匣文 ɣuən

(廣)胡困切 匣慁合一去臻 ɣuən

俒 (古)匣元 ɣuan

(廣)胡困切 匣慁合一去臻 ɣuən

zhūn 陰 屯(艱難)窀迍⿰巾盾 (古)端文 tiwən

(廣)陟綸切 知諄合三平臻 ȶĭuĕn

諄⿰目享肫(肫肫) (古)章文 ȶiwən

(廣)章倫切 章諄合三平臻 tɕĭuĕn

啍(多言)忳(忳忳)淳(清)

			(古)章文		ȶiwən
			(集)朱倫切	章諄合三平臻	tɕiuěn
zhǔn	上	準准埻(箭靶)純(鑲邊)	(古)章文		ȶiwən
			(廣)之尹切	章準合三上臻	tɕiuěn
		綧(布帛幅廣)	(古)章文		ȶiwən
			(集)主尹切	章準合三上臻	tɕiuěn
zhùn	去	稕訰	(古)章文		ȶiwən
			(廣)之閏切	章稕合三去臻	tɕiuěn
chūn	陰	椿輴䡅鶞杶櫄	(古)透文		tʻiwən
			(廣)丑倫切	徹諄合三平臻	ȶʻǐuěn
		芚(敦謹貌)	(古)透文		tʻiwən
			(集)敕倫切	徹諄合三平臻	ȶʻǐuěn
		春	(古)昌文		ȶʻiwən
			(廣)昌脣切	昌諄合三平臻	tɕʻǐuěn
		萅(春)	(古)昌文		ȶʻiwən
			(集)樞倫切	昌諄合三平臻	tɕʻǐuěn
chún	陽	㥮	(古)禪真		ʑǐwen
			(集)殊倫切	禪諄合三平臻	ʑǐuěn
		脣漘	(古)船文		ȡiwən
			(廣)食倫切	船諄合三平臻	dʑǐuěn
		唇(脣)	(古)船文		ȡiwən
			(集)船倫切	船諄合三平臻	dʑǐuěn
		純醇鶉𦎧(熟)陙錞(錞于,樂器)淳奄			
			(古)禪文		ʑiwən
			(廣)常倫切	禪諄合三平臻	ʑǐuěn

		肫(祭牲後體)	(古)禪文	ʑĭwən
			(集)殊倫切　禪諄合三平臻	ʑĭuĕn
chǔn	上	蠢惷偆	(古)昌文	ȶʻiwən
			(廣)尺尹切　昌準合三上臻	tɕʻĭuĕn
shǔn	上	揗吮楯盾*	(古)船文	ȡiwən
			(廣)食尹切　船準合三上臻	dʑĭuĕn
shùn	去	瞚眴	(古)書真	ɕĭwen
			(廣)舒閏切　書稕合三去臻	ɕĭuĕn
		順	(古)船文	ȡiwən
			(廣)食閏切　船稕合三去臻	dʑĭuĕn
		舜蕣眹鬊	(古)書文	ɕiwən
			(廣)舒閏切　書稕合三去臻	ɕĭuĕn
rún	陽	瞤	(古)日真	ȵĭwen
			(廣)如勻切　日諄合三平臻	nʑĭuĕn
		犉	(古)日文	ȵiwən
			(廣)如勻切　日諄合三平臻	nʑĭuĕn
rùn	去	閏潤	(古)日真	ȵĭwen
			(廣)如順切　日稕合三去臻	nʑĭuĕn
zūn	陰	尊鐏樽嶟繜	(古)精文	tsuən
			(廣)祖昆切　精魂合一平臻	tsuən
		鐏	(古)從文	dzuən
			(廣)徂悶切　從慁合一去臻	dzuən
			(集)租昆切　精魂合一平臻	tsuən
		遵鷷	(古)精文	tsiwən
			(廣)將倫切　精諄合三平臻	tsĭuĕn

		僎(僎人)	(古)精元	tsǐwan
			(廣)將倫切　精諄合三平臻	tsǐuĕn
zǔn	上	刌撙噂譐蕁僔	(古)精文	tsuən
			(廣)兹損切　精混合一上臻	tsuən
zùn	去	焌捘	(古)精文	tsuən
			(廣)子寸切　精慁合一去臻	tsuən
		焞(焌)	(古)精文	tsuən
			(集)祖寸切　精恨合一去臻	tsuən
		鱒	(古)從文	dzuən
			(廣)徂悶切　從慁合一去臻	dzuən
cūn	陰	邨(村)	(古)清文	ts'uən
			(説)此尊切　清魂合一平臻	ts'uən
cún	陽	存郁	(古)從文	dzuən
			(廣)徂尊切　從魂合一平臻	dzuən
		踆(踼)	(古)從文	dzuən
			(集)徂昆切　從魂合一平臻	dzuən
		蹲(蹲蹲)	(古)清文	ts'iwən
			(集)七倫切　清諄合三平臻	ts'ǐuĕn
cǔn	上	忖刌	(古)清文	ts'uən
			(廣)倉本切　清混合一上臻	ts'uən
		墫	(古)清文	ts'uən
			(集)粗本切　清混合一上臻	ts'uən
cùn	去	寸	(古)清文	ts'uən
			(廣)倉困切　清慁合一去臻	ts'uən
sūn	陰	孫(子孫)蓀飧蕵	(古)心文	suən

			(廣)思渾切	心魂合一平臻	suən
sǔn	上	筍(笋)篔箰	(古)心真		sǐwen
			(廣)思尹切	心準合三上臻	sǐuěn
		栒(以懸鐘鼓)	(古)心真		sǐwen
			(集)聳尹切	心準合三上臻	sǐuěn
		損膭	(古)心文		suən
			(廣)蘇本切	心混合一上臻	suən
		雓隼簨	(古)心文		siwən
			(廣)思尹切	心準合三上臻	sǐuěn
dūn	陰	敦(敦厚)惇弴	(古)端文		tuən
			(廣)都昆切	端魂合一平臻	tuən
		蜳蜳	(古)端文		tuən
			(集)都昆切	端魂合一平臻	tuən
		蹲(坐)	(古)從文		dzuən
			(廣)徂尊切	從魂合一平臻	dzuən
dùn	去	頓	(古)端文		tuən
			(廣)都困切	端慁合一去臻	tuən
		笹盾沌(混沌)庉	(古)定文		duən
			(廣)徒損切	定混合一上臻	duən
		鈍遁遯	(古)定文		duən
			(廣)徒困切	定慁合一去臻	duən
		遂(遯)	(古)定文		duən
			(集)杜本切	定混合一上臻	duən
tūn	陰	吞	(古)透文		t‘ən
			(廣)吐根切	透痕開一平臻	t‘ən

噉涒黗　　(古)透文　　t‘uən

(廣)他昆切　透魂合一平臻　t‘uən

啍(啍啍)焞(明)炖(火盛)

(古)透文　　t‘uən

(集)他昆切　透魂合一平臻　t‘uən

tún　陽　屯(聚集)豚豘臀屍軘豵沌(小流貌)邨(地名)忳芚

(古)定文　　duən

(廣)徒渾切　定魂合一平臻　duən

純(包纏)囤(廩也)　(古)定文　　duən

(集)徒渾切　定魂合一平臻　duən

lún　陽　崙(崘)掄　(古)來文　　luən

(廣)盧昆切　來魂合一平臻　luən

淪倫論(《論語》)輪陯鯩蜦棆綸(經綸)惀侖

(古)來文　　liwən

(廣)力迍切　來諄合三平臻　lĭuĕn

lùn　去　論(議論)　(古)來文　　luən

(廣)盧昆切　來魂合一平臻　luən

(又)盧困切　來慁合一去臻　luən

ün（ㄩㄣ）韻

yūn	陰	熅氳蒀壼	（古）影文		ĭwən
			（廣）於云切	影文合三平臻	ĭuən
		頵蝹	（古）影文		iwən
			（廣）於倫切	影真合三平臻	ĭwĕn
yún	陽	筠	（古）匣真		ɣĭwen
			（廣）爲贇切	雲真合三平臻	ɣĭwĕn
		匀畇	（古）餘真		ʎĭwen
			（廣）羊倫切	餘諄合三平臻	jĭuĕn
		囩緼	（古）匣文		ɣiwən
			（廣）爲贇切	雲真合三平臻	ɣĭwĕn
		雲芸耘耘鄖妘紜溳澐云䢵員（增益，伍員）愪沄䞫			
			（古）匣文		ɣĭwən
			（廣）王分切	雲文合三平臻	ɣĭuən
		熉	（古）匣文		ɣĭwən
			（集）王分切	雲文合三平臻	ɣĭuən
yǔn	上	玧	（古）匣真		ɣĭwen
			（廣）于敏切	雲軫合三上臻	ɣĭwĕn
		殞碩隕賱	（古）匣文		ɣiwən
			（廣）于敏切	雲軫合三上臻	ɣĭwĕn

		䪳允狁駞玧鞰	(古)餘文		ʎiwən
			(廣)余準切	餘準合三上臻	jĭuĕn
		阭銃	(古)餘文		ʎiwən
			(集)庾準切	餘準合三上臻	jĭuĕn
		抎	(古)匣文		ɣĭwən
			(廣)云粉切	雲吻合三上臻	ɣĭuən
		齳会嗶	(古)疑文		ŋĭwən
			(廣)魚吻切	疑吻合三上臻	ŋĭuən
yùn	去	孕	(古)餘蒸		ʎĭəŋ
			(廣)以證切	餘證開三去曾	jĭəŋ
		䏴(孕)	(古)餘蒸		ʎĭəŋ
			(集)以證切	餘證開三去曾	jĭəŋ
		均(韻,音階)	(古)匣真		ɣĭwen
			(集)王問切	雲問合三去臻	ɣĭuən
		尉(熨平布帛)尉	(古)影物		ĭwə̄t
			(廣)於胃切	影未合三去止	ĭwəi
		熨(熨斗)	(古)影物		ĭwə̆t
			(廣)紆物切	影物合三入臻	ĭuət
		惲韞褞	(古)影文		ĭwən
			(廣)於粉切	影吻合三上臻	ĭuən
		醞愠緼(紼)藴(積)	(古)影文		ĭwən
			(廣)於問切	影問合三去臻	ĭuən
		藴(積)	(古)影文		ĭwən
			(集)紆問切	影問合三去臻	ĭuən
		運暈餫(運糧)輝韗鄆韻覞㿥			

			(古)匣文		ɣĭwən
			(廣)王問切	雲問合三去臻	ɣĭuən
jūn	陰	均(平均)鈞袀汮	(古)見真		kĭwen
			(廣)居匀切	見諄合三平臻	kĭuĕn
		旬(均)姰	(古)見真		kĭwen
			(集)規倫切	見諄合三平臻	kĭuĕn
		麏麇麕	(古)見文		kiwən
			(廣)居筠切	見真合三平臻	kĭwĕn
		君軍皸莙	(古)見文		kĭwən
			(廣)舉云切	見文合三平臻	kĭuən
jùn	去	竣	(古)清文		ts'iwən
			(廣)七倫切	清諄合三平臻	ts'ĭuĕn
		箘菌䐃蜠	(古)羣文		giwən
			(廣)渠殞切	羣軫合三上臻	gĭwĕn
		攈捃	(古)見文		kĭwən
			(廣)居運切	見問合三去臻	kĭuən
		攟	(古)見文		kĭwən
			(集)俱運切	見問合三去臻	kĭuən
		郡	(古)羣文		gĭwən
			(廣)渠運切	羣問合三去臻	gĭuən
		儁俊晙餕畯駿	(古)精文		tsiwən
			(廣)子峻切	精稕合三去臻	tsĭuĕn
		陖峻濬(容)浚陖鵔	(古)心文		siwən
			(廣)私潤切	心稕合三去臻	sĭuĕn
		容(深通川也)濬(濬)	(古)心文		sĭwən

			(集)須閏切	心稕合三去臻	sĭuĕn
qūn	陰	囷輑(車軸連接)	(古)溪文		k'iwən
			(廣)去倫切	溪真合三平臻	k'ĭwĕn
		峮(𡷫)碅	(古)溪文		k'iwən
			(集)區倫切	溪諄合三平臻	k'ĭwĕn
		逡[illegible]踆(退)夋	(古)清文		ts'iwən
			(廣)七倫切	清諄合三平臻	ts'ĭuĕn
		後趍	(古)清文		ts'iwən
			(集)七倫切	清諄合三平臻	ts'ĭuĕn
qún	陽	羣帬裠(裙)宭𤸋	(古)羣文		gĭwən
			(廣)渠云切	羣文合三平臻	gĭuən
		麇	(古)羣文		gĭwən
			(集)衢云切	羣文合三平臻	gĭuən
qǔn	上	䞈	(古)溪文		k'ĭwən
			(廣)丘粉切	溪吻合三上臻	k'ĭuən
xūn	陰	薰曛勳勛熏燻獯纁醺葷(葷粥)焄臐	(古)曉文		xĭwən
			(廣)許云切	曉文合三平臻	xĭuən
		塤壎	(古)曉文		xĭwən
			(廣)況袁切	曉元合三平山	xĭwɐn
xún	陽	荀郇詢峋珣洵恂槆	(古)心真		sĭwen
			(廣)相倫切	心諄合三平臻	sĭuĕn
		槆	(古)心真		sĭwen
			(說)相倫切	心諄合三平臻	sĭuĕn
		栒(木名)㡅	(古)心真		sĭwen

			(集)須倫切	心諄合三平臻	sĭuĕn
		旬(十天)趨		(古)邪真	zĭwen
			(廣)詳遵切	邪諄合三平臻	zĭuĕn
		袧徇(巡行)樳		(古)邪真	zĭwen
			(集)松倫切	邪諄合三平臻	zĭuĕn
		巡馴循紃驫		(古)邪文	ziwən
			(廣)詳遵切	邪諄合三平臻	zĭuĕn
		尋𢓭鐔潯鄩襑鬵		(古)邪侵	zĭəm
			(廣)徐林切	邪侵開三平深	zĭĕm
		燖		(古)邪侵	zĭəm
			(集)徐心切	邪侵開三平深	zĭĕm
xùn	去	訊卂汛阠		(古)心真	sĭen
			(廣)息晉切	心震開三去臻	sĭĕn
		迅		(古)心真	sĭen
			(廣)息晉切	心震開三去臻	sĭĕn
			(又)私閏切	心稕合三去臻	sĭuĕn
		迿		(古)心真	sĭwen
			(廣)私閏切	心稕合三去臻	sĭuĕn
		殉徇(示衆)侚㣄		(古)邪真	zĭwen
			(廣)辭閏切	邪稕合三去臻	zĭuĕn
		遜愻		(古)心文	suən
			(廣)蘇困切	心慁合一去臻	suən
		訓		(古)曉文	xĭwən
			(廣)許運切	曉問合三去臻	xĭuən
		梭(木名)		(古)心文	siwən

	(集)須閏切	心稕合三去臻	sĭuĕn
巽羿	(古)心元		suan
	(廣)蘇困切	心慁合一去臻	suən
蕈(菌類)	(古)從侵		dzĭəm
	(廣)慈荏切	從寑開三上深	dzĭĕm

ang（尢）韻

āng	陰	姎		（古）影陽	ɑŋ
			（廣）烏郎切	影唐開一平宕	ɑŋ
áng	陽	卬（我）駠昂茚鞅		（古）疑陽	ŋɑŋ
			（廣）五剛切	疑唐開一平宕	ŋɑŋ
ǎng	上	坱泱（泱漭）軮		（古）影陽	ɑŋ
			（廣）烏朗切	影蕩開一上宕	ɑŋ
àng	去	盎醠		（古）影陽	ɑŋ
			（廣）烏浪切	影宕開一去宕	ɑŋ
		瓮醠		（古）影陽	ɑŋ
			（集）於浪切	影宕開一去宕	ɑŋ
		枊（馬柱）		（古）疑陽	ŋɑŋ
			（廣）五浪切	疑宕開一去宕	ŋɑŋ
gāng	陰	扛（扛鼎）杠釭矼（橋）		（古）見東	keoŋ
			（廣）古雙切	見江開二平江	kɔŋ
		舡		（古）見東	keoŋ
			（集）古雙切	見江開二平江	kɔŋ
		缸瓨（長頸盛器）		（古）匣東	ɣeoŋ
			（廣）下江切	匣江開二平宕	ɣɔŋ
		岡剛笐綱亢（星名）犅堽甌（缸）			

			(古)見陽		kaŋ
			(廣)古郎切	見唐開一平宕	kaŋ
		吭頏(頸)蔺瓶	(古)見陽		kaŋ
			(集)居郎切	見唐開一平宕	kaŋ
kāng	陰	康穅糠歞嵻槺漮	(古)溪陽		k‘aŋ
			(廣)苦岡切	溪唐開一平宕	k‘aŋ
kǎng	上	慷忼	(古)溪陽		k‘aŋ
			(廣)苦朗切	溪蕩開一上宕	k‘aŋ
		骯(骯髒,剛直貌)	(古)溪陽		k‘aŋ
			(集)口朗切	溪蕩開一上宕	k‘aŋ
kàng	去	抗閌炕(乾)犺伉亢(高也)邟			
			(古)溪陽		k‘aŋ
			(廣)苦浪切	溪宕開一去宕	k‘aŋ
hāng	陰	炕(張也)朚	(古)曉陽		xaŋ
			(廣)呼郎切	曉唐開一平宕	xaŋ
háng	陽	航笐桁(刑具)行(道路,行列)迒頏(頡頏)魧杭蚢			
		肮芫	(古)匣陽		ɣaŋ
			(廣)胡郎切	匣唐開一平宕	ɣaŋ
		斻盳	(古)匣陽		ɣaŋ
			(集)寒剛切	匣唐開一平宕	ɣaŋ
hàng	去	沆鏃(淺)	(古)匣陽		ɣaŋ
			(廣)胡朗切	匣蕩開一上宕	ɣaŋ
zhāng	陰	張(張弓,張大)餦粻	(古)端陽		tĭaŋ
			(廣)陟良切	知陽開三平宕	ȶĭaŋ
		章漳樟璋彰麞獐鄣蔁	(古)章陽		ȶĭaŋ

			(廣)諸良切	章陽開三平宕	tɕĭaŋ
		傽(傽偟)	(古)章陽		ȶiɑŋ
			(集)諸良切	章陽開三平宕	tɕĭaŋ
zhǎng	上	長(生長)	(古)端陽		tĭɑŋ
			(廣)知丈切	知養開三上宕	ȶĭaŋ
		掌仉宂	(古)章陽		ȶĭɑŋ
			(廣)諸兩切	章養開三上宕	tɕĭaŋ
zhàng	去	帳脹張(自大)	(古)端陽		tĭɑŋ
			(廣)知亮切	知漾開三去宕	ȶĭaŋ
		丈杖仗	(古)定陽		dĭɑŋ
			(廣)直兩切	澄養開三上宕	ȡĭaŋ
		障瘴墇	(古)章陽		ȶĭɑŋ
			(廣)之亮切	章漾開三去宕	tɕĭaŋ
chāng	陰	昌倡(歌者)猖閶菖	(古)昌陽		ȶʻĭɑŋ
			(廣)尺良切	昌陽開三平宕	tɕʻĭaŋ
		倀裮	(古)透陽		tʻĭɑŋ
			(廣)褚羊切	徹陽開三平宕	ȶĭaŋ
cháng	陽	長(長短)萇腸場	(古)定陽		dĭɑŋ
			(廣)直良切	澄陽開三平宕	ȡĭaŋ
		常裳嘗鱨償徜	(古)禪陽		ʑĭɑŋ
			(廣)市羊切	禪陽開三平宕	ʑĭaŋ
chǎng	上	昶	(古)透陽		tʻĭɑŋ
			(廣)丑兩切	徹養開三上宕	ȶʻĭaŋ
		敞惝	(古)昌陽		ȶʻĭɑŋ
			(廣)昌兩切	昌養開三上宕	tɕʻĭaŋ

		惝	(古)昌陽		ȶʻĭaŋ
			(集)齒兩切	昌養開三上宕	tɕʻĭaŋ
chàng	去	悵暢韔韔蕩暘	(古)透陽		tʻĭaŋ
			(廣)丑亮切	徹漾開三去宕	ȶʻĭaŋ
		瑒(酒器)	(古)透陽		tʻĭaŋ
			(集)丑亮切	徹漾開三去宕	ȶʻĭaŋ
		唱倡(倡導)	(古)昌陽		ȶʻĭaŋ
			(廣)尺亮切	昌漾開三去宕	tɕʻĭaŋ
shāng	陰	商賫傷殤慯觴湯(湯湯,流貌)蔏禓鬺塲(蟻鼠掘的土堆)	(古)書陽		ɕĭaŋ
			(廣)式羊切	書陽開三平宕	ɕĭaŋ
		蔏鬺鴙慯(慯慯)	(古)書陽		ɕĭaŋ
			(集)尸羊切	書陽開三平宕	ɕĭaŋ
shǎng	上	賞鴙餳	(古)書陽		ɕĭaŋ
			(廣)書兩切	書養開三上宕	ɕĭaŋ
shàng	去	上(升,登)	(古)禪陽		ʑĭaŋ
			(廣)時掌切	禪養開三上宕	ʑĭaŋ
		尚上(上面)	(古)禪陽		ʑĭaŋ
			(廣)時亮切	禪漾開三去宕	ʑĭaŋ
ráng	陽	穰禳攘(排斥)鑲(鑄模)鄉躟瀼儴蘘簑鬤瓤孃(亂也)	(古)日陽		ȵĭaŋ
			(廣)汝陽切	日陽開三平宕	nʑĭaŋ
rǎng	上	壤曭攘(擾亂)	(古)日陽		ȵĭaŋ
			(廣)如兩切	日養開三上宕	nʑĭaŋ
ràng	去	讓懹	(古)日陽		ȵĭaŋ

			(廣)人樣切	日漾開三去宕	nʑĭaŋ
		讓(餉,饋)		(古)日陽	ȵiaŋ
			(集)人樣切	日漾開三去宕	nʑĭaŋ
zāng	陰	臧牂(牂)贓		(古)精陽	tsɑŋ
			(廣)則郎切	精唐開一平宕	tsɑŋ
zǎng	上	駔		(古)精陽	tsɑŋ
			(廣)子朗切	精蕩開一上宕	tsɑŋ
zàng	去	葬		(古)精陽	tsɑŋ
			(廣)則浪切	精宕開一去宕	tsɑŋ
		奘		(古)從陽	dzɑŋ
			(廣)徂朗切	從蕩開一上宕	dzɑŋ
		藏(寶藏)		(古)從陽	dzɑŋ
			(廣)徂浪切	從宕開一去宕	dzɑŋ
cāng	陰	倉蒼鶬滄傖匨		(古)清陽	ts'ɑŋ
			(廣)七岡切	清唐開一平宕	ts'ɑŋ
cáng	陽	藏(保藏)		(古)從陽	dzɑŋ
			(廣)昨郎切	從唐開一平宕	dzɑŋ
		臧(收藏)		(古)從陽	dzɑŋ
			(集)慈郎切	從唐開一平宕	dzɑŋ
sāng	陰	桑喪(婚喪)		(古)心陽	sɑŋ
			(廣)息郎切	心唐開一平宕	sɑŋ
sǎng	上	顙		(古)心陽	sɑŋ
			(廣)蘇朗切	心蕩開一上宕	sɑŋ
sàng	去	喪(喪失)		(古)心陽	sɑŋ
			(廣)蘇浪切	心宕開一去宕	sɑŋ

dāng	陰	當(應當)鐺璫蟷		(古)端陽	taŋ
			(廣)都郎切	端唐開一平宕	taŋ
dǎng	上	黨讜		(古)端陽	taŋ
			(廣)多朗切	端蕩開一上宕	taŋ
		攩(朋羣)鄭		(古)端陽	taŋ
			(集)底朗切	端蕩開一上宕	taŋ
dàng	去	蕩崵(碭山)婸簜潒像愓(放蕩)盪盪簜螗			
				(古)定陽	daŋ
			(廣)徒朗切	定蕩開一上宕	daŋ
		傷		(古)定陽	daŋ
			(集)待朗切	定蕩開一上宕	daŋ
		嵣當(妥當)		(古)端陽	taŋ
			(廣)丁浪切	端宕開一去宕	taŋ
		宕踼碭逷薚		(古)定陽	daŋ
			(廣)徒浪切	定宕開一去宕	daŋ
tāng	陰	湯(熱水)鏜闛(鼓聲)蝪鼞蕩蔼			
				(古)透陽	t‘ɑŋ
			(廣)吐郎切	透唐開一平宕	t‘ɑŋ
		蕩(水名)倘(驚疑)		(古)透陽	t‘ɑŋ
			(集)他郎切	透唐開一平宕	t‘ɑŋ
táng	陽	唐煻堂棠餹螗螳塘鶶闛(盛貌)溏鄌鎕糖			
				(古)定陽	daŋ
			(廣)徒郎切	定唐開一平宕	daŋ
tǎng	上	帑(庫金)		(古)泥魚	nɑ
			(廣)乃都切	泥模合一平遇	nu

			（又）他朗切	透蕩開一上宕	tʻaŋ
		曭儻（倘）戃曭爣		（古）透陽	tʻaŋ
			（廣）他朗切	透蕩開一上宕	tʻaŋ
tàng	去	湯（燙）		（古）透陽	tʻaŋ
			（廣）他浪切	透宕開一平宕	tʻaŋ
náng	陽	囊蠰		（古）泥陽	naŋ
			（廣）奴當切	泥唐開一平宕	naŋ
nǎng	上	曩		（古）泥陽	naŋ
			（廣）奴朗切	泥蕩開一上宕	naŋ
láng	陽	郎蓈稂桹廊鋃硠浪（滄浪）蜋琅瑯㝗狼莨（草名）筤䍚			
		閬（門高）		（古）來陽	laŋ
			（廣）魯當切	來唐開一平宕	laŋ
lǎng	上	朗朖		（古）來陽	laŋ
			（廣）盧黨切	來蕩開一上宕	laŋ
		悢（慷悢）		（古）來陽	laŋ
			（集）里黨切	來蕩開一上宕	laŋ
làng	去	浪閬（閬中，地名）埌		（古）來陽	laŋ
			（廣）來宕切	來宕開一去宕	laŋ
		罠		（古）來陽	laŋ
			（集）郎宕切	來宕開一去宕	laŋ
bāng	陰	彭（彭彭，盛多貌）		（古）幫陽	paŋ
			（集）逋旁切	幫唐開一平宕	paŋ
		邦		（古）幫東	peoŋ
			（廣）博江切	幫江開二平江	pɔŋ
bàng	去	棓（棒）玤蚌蜯		（古）並東	beoŋ

			(廣)步項切	並講開二上江	bɔŋ
		謗	(古)幫陽		paŋ
			(廣)補曠切	幫宕開一去宕	paŋ
		傍(依附)徬(依附)	(古)並陽		baŋ
			(廣)蒲浪切	並宕開一去宕	baŋ
		髈	(古)並陽		baŋ
			(集)蒲浪切	並宕開一去宕	baŋ
pāng	陰	滂雱磅(砰磅,象聲詞)斛	(古)滂陽		p‘aŋ
			(廣)普郎切	滂唐開一平宕	p‘aŋ
páng	陽	龐	(古)並東		beoŋ
			(廣)薄江切	並江開二平江	bɔŋ
		逄(姓)	(古)並冬		boəm
			(廣)薄江切	並江開二平江	bɔŋ
		傍(側也)彷(徬)膀髈房(阿房)旁鄚榜	(古)並陽		baŋ
			(廣)步光切	並唐開一平宕	baŋ
		徬(徬徨)	(古)並陽		baŋ
			(集)蒲光切	並唐開一平宕	baŋ
		仿(仿偟)	(古)並陽		bĭwaŋ
			(集)符方切	並陽合三平宕	bĭwaŋ
máng	陽	厖駹尨浝哤牻蛖	(古)明東		meoŋ
			(廣)莫江切	明江開二平江	mɔŋ
		茫盲汒邙芒宋蘉	(古)明陽		maŋ
			(廣)莫郎切	明唐開一平宕	maŋ
		幒	(古)明陽		maŋ
			(集)謨郎切	明唐開一平宕	maŋ

盲 (古)明陽 meaŋ
(廣)武庚切 明庚開二平梗 mɐŋ

mǎng 上 莽茻蟒漭𡺹 (古)明陽 maŋ
(廣)模朗切 明蕩開一上宕 mɑŋ

fāng 陰 方汸(併船)邡枋鈁牥趽(曲脛馬)匚(受物器)
(古)幫陽 pǐwaŋ
(廣)府良切 幫陽合三平宕 pǐwaŋ
芳妨* (古)滂陽 p'ǐwaŋ
(廣)敷方切 滂陽合三平宕 p'ǐwaŋ

fáng 陽 妨 (古)滂陽 p'ǐwaŋ
(廣)敷方切 滂陽合三平宕 p'ǐwaŋ
房(房屋)防坊(堤防)魴肪
(古)並陽 bǐwaŋ
(廣)符方切 並陽合三平宕 bǐwaŋ

fǎng 上 昉倣放(倣)瓬 (古)幫陽 pǐwaŋ
(廣)分兩切 幫養合三上宕 pǐwaŋ
髣旊 (古)幫陽 pǐwaŋ
(集)甫兩切 幫養合三上宕 pǐwaŋ
髣彷(彷彿)仿(仿佛)紡 (古)滂陽 p'ǐwaŋ
(廣)妃兩切 滂養合三上宕 p'ǐwaŋ
舫(併合的船)旊 (古)幫陽 pǐwaŋ
(廣)甫妄切 幫漾合三去宕 pǐwaŋ
訪 (古)滂陽 p'ǐwaŋ
(廣)敷亮切 滂漾合三去宕 p'ǐwaŋ

fàng 去 放(放逐) (古)幫陽 pǐwaŋ
(廣)甫妄切 幫漾合三去宕 pǐwaŋ

iang（丨尢）韻

yāng	陰	央鴦殃鉠秧泱(泱泱)	(古)影陽	ĭaŋ
			(廣)於良切　影陽開三平宕	ĭaŋ
		鞅	(古)影陽	ĭaŋ
			(廣)於兩切　影養開三上宕	ĭaŋ
yáng	陽	陽暘楊揚颺昜羊佯徉洋(洋洋)煬(鎔金)鍚敭瘍禓(祭名)崵(首陽山)瑒(玉名)	(古)餘陽	ʎĭaŋ
			(廣)與章切　餘陽開三平宕	jĭaŋ
		鐊	(古)餘陽	ʎĭaŋ
			(集)余章切　餘陽開三平宕	jĭaŋ
		痒(病也)	(古)邪陽	zĭaŋ
			(廣)似羊切　邪陽開三平宕	zĭaŋ
yǎng	上	鞅* 柍(木名)岟駚紻	(古)影陽	ĭaŋ
			(廣)於兩切　影養開三上宕	ĭaŋ
		抰佒	(古)影陽	ĭaŋ
			(集)倚兩切　影養開三上宕	ĭaŋ
		養(養育)癢	(古)餘陽	ʎĭaŋ
			(廣)餘兩切　餘養開三上宕	jĭaŋ
		蛘(癢)	(古)餘陽	ʎĭaŋ
			(説)余兩切　餘養開三上宕	jĭaŋ

		卬(仰)仰		(古)疑陽	ŋĭaŋ
			(廣)魚兩切	疑養開三上宕	ŋĭaŋ
yàng	去	怏詇		(古)影陽	ĭaŋ
			(廣)於亮切	影漾開三去宕	ĭaŋ
		柍(農具)		(古)影陽	ĭaŋ
			(集)於亮切	影漾開三去宕	ĭaŋ
		漾恙羕煬(烘烤)養(供養)瀁			
				(古)餘陽	ʎĭaŋ
			(廣)餘亮切	餘漾開三去宕	jĭaŋ
		樣鸉		(古)餘陽	ʎĭaŋ
			(集)弋亮切	餘漾開三去宕	jĭaŋ
jiāng	陰	江茳		(古)見東	keoŋ
			(廣)古雙切	見江開二平江	kɔŋ
		薑薑畺疆畕橿韁韁殭橿姜僵			
				(古)見陽	kĭaŋ
			(廣)居良切	見陽開三平宕	kĭaŋ
		將(扶)漿(飲料)蔣(茭白)螿牂			
				(古)精陽	tsĭaŋ
			(廣)即良切	精陽開三平宕	tsĭaŋ
jiǎng	上	講		(古)見東	keoŋ
			(廣)古項切	見講開二上江	kɔŋ
		顜		(古)見東	keoŋ
			(集)古項切	見講開二上江	kɔŋ
		奬蔣蔣(國名,姓)		(古)精陽	tsĭaŋ
			(廣)即兩切	精養開三上宕	tsĭaŋ

		[illegible]		(古)精陽	tsĭaŋ
			(集)子兩切	精養開三上宕	tsĭaŋ
jiàng	去	絳降(下降)洚(水名,下也)			
				(古)見冬	koəm
			(廣)古巷切	見絳開二去江	kɔŋ
		袶(袯袶,草名)		(古)見冬	koəm
			(集)古巷切	見絳開二去江	kɔŋ
		滰		(古)羣陽	gĭaŋ
			(廣)其兩切	羣養開三上宕	gĭaŋ
		彊(倔强)		(古)見陽	kĭaŋ
			(廣)居亮切	見漾開三去宕	kĭaŋ
		醬將(將帥,率領)		(古)精陽	tsĭaŋ
			(廣)子亮切	精漾開三去宕	tsĭaŋ
		匠趥		(古)從陽	dzĭaŋ
			(廣)疾亮切	從漾開三去宕	dzĭaŋ
qiāng	陰	控(打)椌(樂器)		(古)溪東	k'eoŋ
			(廣)苦江切	溪江開二平江	k'ɔŋ
		矼(堅實)		(古)溪東	k'eoŋ
			(集)枯江切	溪江開二平江	k'ɔŋ
		羌蜣		(古)溪陽	k'ĭaŋ
			(廣)去羊切	溪陽開三平宕	k'ĭaŋ
		慶(發語詞)		(古)溪陽	k'ĭaŋ
			(集)墟羊切	溪陽開三平宕	k'ĭaŋ
		鏘瑲槍(武器)蹌蹡斨牄將搶(突也)			
				(古)清陽	ts'ĭaŋ

			(廣)七羊切	清陽開三平宕	ts'ĭaŋ
		鎗(鎗鎗)將(請)	(古)清陽		ts'ĭaŋ
			(集)千羊切	清陽開三平宕	ts'ĭaŋ
qiáng	陽	强(强弱)彊	(古)羣陽		gĭaŋ
			(廣)巨良切	羣陽開三平宕	gĭaŋ
		牆廧佯嫱(嬪嬙)薔戕奘	(古)從陽		dzĭaŋ
			(廣)在良切	從陽開三平宕	dzĭaŋ
		嶈	(古)從陽		dzĭaŋ
			(集)慈良切	從陽開三平宕	dzĭaŋ
qiǎng	上	繈襁	(古)見陽		kĭaŋ
			(廣)居兩切	見養開三上宕	kĭaŋ
		勥彊(勉强)弜	(古)羣陽		gĭaŋ
			(廣)其兩切	羣養開三上宕	gĭaŋ
		强(勉强)	(古)羣陽		gĭaŋ
			(集)巨兩切	羣養開三上宕	gĭaŋ
qiàng	去	唴	(古)溪陽		k'ĭaŋ
			(集)丘亮切	溪漾開三去宕	k'ĭaŋ
xiāng	陰	舡	(古)曉東		xeoŋ
			(廣)許江切	曉江開二平江	xɔŋ
		香皀(香)薌鄉膷	(古)曉陽		xĭaŋ
			(廣)許良切	曉陽開三平宕	xĭaŋ
		襄廂湘相(互相)緗纕驤瓖箱			
			(古)心陽		sĭaŋ
			(廣)息良切	心陽開三平宕	sĭaŋ
xiáng	陽	栙降(降伏)夅	(古)匣冬		ɣoəm

			(廣)下江切　匣江開二平江	ɣɔŋ
		詳洋(水名)翔庠祥	(古)邪陽	zĭaŋ
			(廣)似羊切　邪陽開三平宕	zĭaŋ
xiǎng	上	響饗蠁亯(享)亨(同"享")嚮(享受)		
			(古)曉陽	xĭaŋ
			(廣)許兩切　曉養開三上宕	xĭaŋ
		享	(古)曉陽	xĭaŋ
			(集)許兩切　曉養開三上宕	xĭaŋ
		想	(古)心陽	sĭaŋ
			(廣)息兩切　心養開三上宕	sĭaŋ
		餉(饟)	(古)書陽	ɕĭaŋ
			(廣)式亮切　書漾開三去宕	ɕĭaŋ
			(集)始兩切　書養開三上宕	ɕĭaŋ
xiàng	去	項銗	(古)匣東	ɣeoŋ
			(廣)胡講切　匣講開二上江	ɣɔŋ
		巷衖	(古)匣東	ɣeoŋ
			(廣)胡絳切　匣絳開二去江	ɣɔŋ
		鄀	(古)匣東	ɣeoŋ
			(集)胡降切　匣絳開二去江	ɣɔŋ
		向珦曏嚮嚮(向)	(古)曉陽	xĭaŋ
			(廣)許亮切　曉漾開三去宕	xĭaŋ
		相(視也,助也)	(古)心陽	sĭaŋ
			(廣)息亮切　心漾開三去宕	sĭaŋ
		像象蟓橡襐勨	(古)邪陽	zĭaŋ
			(廣)徐兩切　邪養開三上宕	zĭaŋ

		樣(橡子)		(古)邪陽	zĭaŋ
			(集)似兩切	邪養開三上宕	zĭaŋ
niáng	陽	孃(娘,母親)		(古)泥陽	nĭaŋ
			(廣)女良切	泥陽開三平宕	nĭaŋ
niàng	去	釀醸		(古)泥陽	nĭaŋ
			(廣)女亮切	泥漾開三去宕	nĭaŋ
liáng	陽	良梁粱粮糧涼颹(飆)量(量度)椋輬醇輬			
				(古)來陽	lĭaŋ
			(廣)吕張切	來陽開三平宕	lĭaŋ
		俍		(古)來陽	lĭaŋ
			(集)吕張切	來陽開三平宕	lĭaŋ
liǎng	上	兩(二)脼緉蜽魎		(古)來陽	lĭaŋ
			(廣)良獎切	來養開三上宕	lĭaŋ
		从裲		(古)來陽	lĭaŋ
			(集)里養切	來養開三上宕	lĭaŋ
liàng	去	亮諒兩(輛)踉量(容量)就(𤡮)眼涼(薄也)			
				(古)來陽	lĭaŋ
			(廣)力讓切	來漾開三去宕	lĭaŋ
		𤡮(薄也)倞(索取)		(古)來陽	lĭaŋ
			(集)力讓切	來漾開三去宕	lĭaŋ

uang（ㄨㄤ）韻

wāng	陰	汪尣尢尪		(古)影陽	uaŋ
			(廣)烏光切	影唐合一平宕	uaŋ
wáng	陽	王		(古)匣陽	ɣĭwaŋ
			(廣)雨方切	雲陽合三平宕	ɣĭwaŋ
		亡莣		(古)明陽	mĭwaŋ
			(廣)武方切	明陽合三平宕	mĭwaŋ
wǎng	上	瀇		(古)影陽	uaŋ
			(廣)烏晃切	影蕩合一上宕	uaŋ
		枉敱		(古)影陽	ĭwaŋ
			(廣)紆往切	影養合三上宕	ĭwaŋ
		往(往來)		(古)匣陽	ɣĭwaŋ
			(廣)于兩切	雲養合三上宕	ɣĭwaŋ
		淮		(古)匣陽	ɣĭwaŋ
			(集)羽兩切	雲養合三上宕	ɣĭwaŋ
		网網罔輞惘魍誷蛧		(古)明陽	mĭwaŋ
			(廣)文兩切	明養合三上宕	mĭwaŋ
		蝄		(古)明陽	mĭwaŋ
			(集)文紡切	明養合三上宕	mĭwaŋ
wàng	去	迋(往也)旺暀王(稱王)		(古)匣陽	ɣĭwaŋ

			(廣)于放切	雲漾合三去宕	ɣĭwaŋ
		往(歸向)	(古)匣陽		ɣĭwaŋ
			(集)于放切	雲漾合三去宕	ɣĭwaŋ
		妄忘望朢謊	(古)明陽		mĭwaŋ
			(廣)巫放切	明漾合三去宕	mĭwaŋ
guāng	陰	光洸(水涌光)胱侊	(古)見陽		kuaŋ
			(廣)古黄切	見唐合一平宕	kuaŋ
guǎng	上	廣(寬廣)	(古)見陽		kuaŋ
			(廣)古晃切	見蕩合一上宕	kuaŋ
		獷	(古)見陽		kĭwaŋ
			(廣)居往切	見養合三上宕	kĭwaŋ
		臦	(古)見陽		kĭwaŋ
			(集)俱往切	見養合三上宕	kĭwaŋ
guàng	去	桄廣(楚兵車制度,度廣)	(古)見陽		kuaŋ
			(集)古曠切	見宕合一去宕	kuaŋ
		迋逛	(古)見陽		kĭwaŋ
			(廣)居況切	見漾合三去宕	kĭwaŋ
		俇(俇俇)	(古)羣陽		gĭwaŋ
			(廣)求往切	羣養合三上宕	gĭwaŋ
kuāng	陰	匡邼筐恇洭軭	(古)溪陽		k'ĭwaŋ
			(廣)去王切	溪陽合三平宕	k'ĭwaŋ
		誆	(古)羣陽		gĭwaŋ
			(廣)渠放切	羣漾合三去宕	gĭwaŋ
kuáng	陽	狂軖	(古)羣陽		gĭwaŋ
			(廣)巨王切	羣陽合三平宕	gĭwaŋ

		俇(俇儴)		(古)羣陽	gǐwaŋ
			(集)渠王切	羣陽合三平宕	gǐwaŋ
		誑		(古)見陽	kǐwaŋ
			(廣)居況切	見漾合三去宕	kǐwaŋ
kuǎng	上	懭		(古)溪陽	k'uaŋ
			(廣)苦晃切	溪蕩合一上宕	k'uaŋ
kuàng	去	曠爌(爌熀)壙纊		(古)溪陽	k'uaŋ
			(廣)苦謗切	溪宕合一去宕	k'uaŋ
		絖廣		(古)溪陽	k'uaŋ
			(集)苦謗切	溪宕合一去宕	k'uaŋ
		礦鑛穬		(古)見陽	koaŋ
			(廣)古猛切	見梗合二上梗	kwɐŋ
		磺丱		(古)見陽	koaŋ
			(集)古猛切	見梗合二上梗	kwɐŋ
		況(况)貺		(古)曉陽	xǐwaŋ
			(廣)許訪切	曉漾合三去宕	xǐwaŋ
		軦		(古)曉陽	xǐwaŋ
			(集)許放切	曉漾合三去宕	xǐwaŋ
huāng	陰	荒衁肓盳巟(駹)統㡛𠃧		(古)曉陽	xuaŋ
			(廣)呼光切	曉唐合一平宕	xuaŋ
		萠		(古)曉陽	xuaŋ
			(集)呼光切	曉唐合一平宕	xuaŋ
huáng	陽	黃皇璜惶遑潢煌餭騜簧隍湟徨篁蝗凰偟蟥諻翌程䴉堭趪		(古)匣陽	ɣuaŋ
			(廣)胡光切	匣唐合一平宕	ɣuaŋ

		熿圼鷬	(古)匣陽		ɣuaŋ
			(集)胡光切	匣唐合一平宕	ɣuaŋ
		鐄喤鍠	(古)匣陽		ɣoaŋ
			(廣)户盲切	匣庚合二平宕	ɣwɐŋ
huǎng	上	慌(慌忽)爌(明亮)謊(謊)	(古)曉陽		xuaŋ
			(廣)呼晃切	曉蕩合一上宕	xuaŋ
		恍	(古)曉陽		xuaŋ
			(集)虎晃切	曉蕩合一上宕	xuaŋ
		晃櫎	(古)匣陽		ɣuaŋ
			(廣)胡廣切	匣蕩合一上宕	ɣuaŋ
		晄洸(洸洋)	(古)匣陽		ɣuaŋ
			(集)户廣切	匣蕩合一上宕	ɣuaŋ
		怳	(古)曉陽		xĭwaŋ
			(廣)許昉切	曉養合三上宕	xĭwaŋ
zhuāng	陰	莊妝裝	(古)莊陽		tʃĭaŋ
			(廣)側羊切	莊陽開三平宕	tʃĭaŋ
		粧	(古)莊陽		tʃĭaŋ
			(集)側羊切	莊陽開三平宕	tʃĭaŋ
zhuàng	去	戇	(古)端東		teoŋ
			(廣)陟降切	知絳開二去江	ȶɔŋ
		撞(撞擊)	(古)定東		deoŋ
			(廣)宅江切	澄江開二平江	ȡɔŋ
			(廣)直絳切	澄絳開二去江	ȡɔŋ
		憧(愚)幢(舟車的帷幕)	(古)定東		deoŋ
			(廣)直絳切	澄絳開二去江	ȡɔŋ

	字	反切	音韻地位	擬音
	壯	(古)莊陽		tʃĭɑŋ
		(廣)側亮切	莊漾開三去宕	tʃĭaŋ
	狀	(古)崇陽		dʒĭɑŋ
		(廣)鋤亮切	崇漾開三去宕	dʒĭaŋ
chuāng 陰	覩	(古)透東		tʻeoŋ
		(廣)丑江切	徹江開二平江	ȶʻɔŋ
	囱(天窗)窻摐	(古)初東		tʃʻeoŋ
		(廣)楚江切	初江開二平江	tʃʻɔŋ
	窗	(古)初東		tʃʻeoŋ
		(集)初江切	初江開二平江	tʃʻɔŋ
	創(創傷)瘡	(古)初陽		tʃʻĭɑŋ
		(廣)初良切	初陽開三平宕	tʃʻĭaŋ
	刅(古"創"字)	(古)初陽		tʃʻĭɑŋ
		(集)初良切	初陽開三平宕	tʃʻĭaŋ
chuáng 陽	幢(一種旗幟)撞*(撞擊)橦(帳柱)	(古)定東		deoŋ
		(廣)宅江切	澄江開二平江	ȡɔŋ
	牀	(古)崇陽		dʒĭɑŋ
		(廣)士莊切	崇陽開三平宕	dʒĭaŋ
chuǎng 上	瓾傖(傖怳)	(古)初陽		tʃʻĭɑŋ
		(廣)初兩切	初養開三上宕	tʃʻĭaŋ
chuàng 去	刱創(創造)愴(悲傷)	(古)初陽		tʃʻĭɑŋ
		(廣)初亮切	初漾開三去宕	tʃʻĭaŋ
shuāng 陰	雙	(古)山東		ʃeoŋ
		(廣)所江切	山江開二平江	ʃɔŋ

		霜鷞孀	（古）山陽		ʃiaŋ
			（廣）色莊切	山陽開三平宕	ʃiaŋ
		爽（肅爽）	（古）山陽		ʃiaŋ
			（集）師莊切	山陽開三平宕	ʃiaŋ
shuǎng	上	爽（明朗）	（古）山陽		ʃiaŋ
			（廣）踈兩切	山養開三上宕	ʃiaŋ

eng（ㄥ）韻

gēng	陰	搄絙(大索)		(古)見蒸	kəŋ
			(廣)古恆切	見登開一平曾	kəŋ
		緪		(古)見蒸	kəŋ
			(集)居曾切	見登開一平曾	kəŋ
		庚鶊更(更改)秔* 稉* 賡羹埂(坑)浭			
				(古)見陽	keaŋ
			(廣)古行切	見庚開二平梗	kɐŋ
		耕		(古)見耕	keŋ
			(廣)古莖切	見耕開二平梗	kæŋ
		畊		(古)見耕	keŋ
			(集)古莖切	見耕開二平梗	kæŋ
gěng	上	梗哽郠綆鯁骾		(古)見陽	keaŋ
			(廣)古杏切	見梗開二上梗	kɐŋ
		絅		(古)見陽	keaŋ
			(集)古杏切	見梗開二上梗	kɐŋ
		耿		(古)見耕	keŋ
			(廣)古幸切	見耿開二上梗	kæŋ
gèng	去	亙* 堩緪(竟)		(古)見蒸	kəŋ
			(廣)古鄧切	見嶝開一去曾	kəŋ

		栕(亙)恆(上弦)		(古)見蒸	kəŋ
			(集)居鄧切	見隥開一去曾	kəŋ
		更(更加)		(古)見陽	keɑŋ
			(廣)古孟切	見映開二去梗	kɐŋ
kēng	陰	阬坑		(古)溪陽	kʻeɑŋ
			(廣)客庚切	溪庚開二平梗	kʻɐŋ
		硻誙牼峌硜䡩		(古)溪耕	kʻeŋ
			(廣)口莖切	溪耕開二平梗	kʻeŋ
		鏗娙		(古)溪真	kʻen
			(廣)口莖切	溪耕開二平梗	kʻeŋ
kěng	上	肯*肎*		(古)溪蒸	kʻəŋ
			(廣)苦等切	溪等開一上曾	kʻəŋ
hēng	陰	亨(通)		(古)曉陽	xeɑŋ
			(廣)許庚切	曉庚開二平梗	xɐŋ
héng	陽	恆(經常)		(古)匣蒸	ɣəŋ
			(廣)胡登切	匣登開一平曾	ɣəŋ
		衡䯒胻洐珩桁蘅		(古)匣陽	ɣeɑŋ
			(廣)户庚切	匣庚開二平梗	ɣɐŋ
		横(縱横)潢		(古)匣陽	ɣoɑŋ
			(廣)户盲切	匣庚合二平庚	ɣwɐŋ
hèng	去	横(凶暴)		(古)匣陽	ɣoɑŋ
			(廣)户孟切	匣映合二去梗	ɣwɐŋ
zhēng	陰	徵(召)癥		(古)端蒸	tĭəŋ
			(廣)陟陵切	知蒸開三平曾	ȶĭəŋ
		蒸烝脀		(古)章蒸	ȶĭəŋ

(廣)煮仍切　章蒸開三平曾　tɕĭəŋ

丁(丁丁,伐木聲)　(古)端耕　teŋ

(廣)中莖切　知耕開二平梗　ȶæŋ

爭箏埩綒綪(屈曲)猙(獸名)

(古)莊耕　tʃeŋ

(廣)側莖切　莊耕開二平梗　tʃæŋ

崢竫峥　(古)崇耕　dʒeŋ

(廣)士耕切　崇耕開二平梗　dʒæŋ

貞* 楨* 禎* 隕*　(古)端耕　tĭeŋ

(廣)陟盈切　知清開三平梗　ȶĭɛŋ

偵*　(古)透耕　t‘ĭeŋ

(廣)丑貞切　知清開三平梗　ȶ‘ĭɛŋ

征延鉦怔正(正月)鉦佂　(古)章耕　ȶĭeŋ

(廣)諸盈切　章清開三平梗　tɕĭɛŋ

延　(古)章耕　ȶĭeŋ

(集)諸盈切　章清開三平梗　tɕĭɛŋ

zhěng　上　拯抍撜丞　(古)章蒸　ȶĭəŋ

(廣)“無韵切,音蒸上聲”　章拯開三上曾　tɕĭəŋ

整　(古)章耕　ȶĭeŋ

(廣)之郢切　章静開三上梗　tɕĭɛŋ

zhèng　去　證　(古)章蒸　ȶĭəŋ

(廣)諸應切　章證開三去曾　tɕĭəŋ

諍　(古)莊耕　tʃeŋ

(廣)側迸切　莊諍開二去梗　tʃæŋ

爭(諍)　(古)莊耕　tʃeŋ

			(集)側迸切	莊諍開二去梗	tʃæŋ
		鄭	(古)定耕		dĭeŋ
			(廣)直正切	澄勁開三去梗	ȡĭɛŋ
		政正証(諫)	(古)章耕		ȶĭeŋ
			(廣)之盛切	章勁開三去梗	tɕĭɛŋ
chēng	陰	噌	(古)初蒸		tʃʻeəŋ
			(廣)楚耕切	初耕開二平梗	tʃʻæŋ
		稱(稱量)爯偁	(古)昌蒸		ȶʻĭəŋ
			(廣)處陵切	昌蒸開三平曾	tɕʻĭəŋ
		撐	(古)端陽		teɑŋ
			(集)中庚切	知庚開二平梗	ȶɐŋ
		瞠樘	(古)透陽		tʻeɑŋ
			(廣)丑庚切	徹庚開二平梗	ȶʻɐŋ
		𣥺牚(支撐)	(古)透陽		tʻeɑŋ
			(集)抽庚切	徹庚開二平梗	ȶʻɐŋ
		槍(星名)	(古)初陽		tʃʻeaŋ
			(集)楚庚切	初庚開二平梗	tʃʻɐŋ
		竀	(古)透耕		tʻeŋ
			(廣)丑庚切	徹庚開二平梗	ȶʻɐŋ
		琤錚	(古)初耕		tʃʻeŋ
			(廣)楚耕切	初耕開二平梗	tʃʻæŋ
		檉赬經	(古)透耕		tʻĭeŋ
			(廣)丑貞切	徹清開三平梗	tʻĭɛŋ
		浾泟	(古)透耕		tʻĭeŋ
			(集)癡貞切	徹清開三平梗	ȶʻĭɛŋ

chéng	陽	橙		(古)定蒸	deəŋ
			(廣)宅耕切	澄耕開二平梗	ȡæŋ
		澂澄憕懲		(古)定蒸	dĭəŋ
			(廣)直陵切	澄蒸開三平曾	ȡĭəŋ
		乘(乘坐)窽(乘)塍騬		(古)船蒸	ȡĭəŋ
			(廣)食陵切	船蒸開三平曾	dʑĭəŋ
		承丞		(古)禪蒸	ʑĭəŋ
			(廣)署陵切	禪蒸開三平曾	ʑĭəŋ
		棖		(古)定陽	deaŋ
			(廣)直庚切	澄庚開二平梗	ȡɐŋ
		揨朾		(古)定耕	deŋ
			(廣)宅耕切	澄耕開二平梗	ȡæŋ
		呈程酲珵裎		(古)定耕	dĭeŋ
			(廣)直貞切	澄清開三平梗	ȡĭɛŋ
		脭		(古)定耕	dĭeŋ
			(集)馳貞切	澄清開三平梗	ȡĭɛŋ
		淨(地名)		(古)崇耕	dʒeŋ
			(集)鋤耕切	崇耕開二平梗	dʒæŋ
		成城誠宬郕盛(盛受也)		(古)禪耕	ʑĭeŋ
			(廣)是征切	禪清開三平梗	ʑĭɛŋ
chěng	上	逞騁鞓		(古)透耕	t'ĭeŋ
			(廣)丑郢切	徹静開三上梗	ȶ'ĭɛŋ
		徎		(古)透耕	t'ĭeŋ
			(集)丑郢切	徹静開三上梗	t'ĭɛŋ
chèng	去	稱(衡器)		(古)昌蒸	ȶ'ĭəŋ

			(廣)昌孕切	昌證開三去曾	tɕʻĭəŋ
		橖(柱)	(古)透陽		tʻeaŋ
			(集)恥孟切	徹映開二去梗	ȶʻɐŋ
shēng	陰	升昇陞勝(勝任)	(古)書蒸		ɕĭəŋ
			(廣)識蒸切	書蒸開三平曾	ɕĭəŋ
		生笙牲甥鼪狌(鼪)	(古)山耕		ʃeŋ
			(廣)所庚切	山庚開二平梗	ʃɐŋ
		聲	(古)書耕		ɕĭeŋ
			(廣)書盈切	書清開三平梗	ɕĭɛŋ
shéng	陽	繩譝憴鱦澠(水名)	(古)船蒸		ȡĭəŋ
			(廣)食陵切	船蒸開三平曾	dʑĭəŋ
shěng	上	省(節省)眚媘渻	(古)山耕		ʃĭeŋ
			(廣)所景切	山梗開三上梗	ʃĭɐŋ
		蛸	(古)山耕		ʃĭeŋ
			(集)所景切	山梗開三上梗	ʃĭɐŋ
shèng	去	乘(車乘)賸	(古)船蒸		ȡĭəŋ
			(廣)實證切	船證開三去曾	dʑĭəŋ
		勝(戰勝)	(古)書蒸		ɕĭəŋ
			(廣)詩證切	書證開三去曾	ɕĭəŋ
		縢	(古)書蒸		ɕĭəŋ
			(集)詩證切	書證開三去曾	ɕĭəŋ
		椉(車乘)	(古)禪蒸		ʑĭəŋ
			(集)石證切	禪證開三去曾	ʑĭəŋ
		聖	(古)書耕		ɕĭeŋ
			(廣)式正切	書勁開三去梗	ɕĭɛŋ

		盛(興盛)晟		(古)禪耕	ʑĭeŋ
			(廣)承政切	禪勁開三去梗	ʑĭɛŋ
réng	陽	仍艿訒扔(引也)�		(古)日蒸	ȵĭəŋ
			(廣)如乘切	日蒸開三平曾	nʑĭəŋ
		陾卤		(古)日蒸	ȵĭəŋ
			(集)如蒸切	日蒸開三平曾	nʑĭəŋ
zēng	陰	增憎磳曾(姓)矰罾熷橧(橧巢)譄			
				(古)精蒸	tsəŋ
			(廣)作滕切	精登開一平曾	tsəŋ
		繒鄫		(古)從蒸	dzĭəŋ
			(廣)疾陵切	從蒸開三平曾	dzĭəŋ
zèng	去	贈		(古)從蒸	dzəŋ
			(廣)昨亙切	從嶝開一去曾	dzəŋ
		甑䰝		(古)精蒸	tsĭəŋ
			(廣)子孕切	精證開三去曾	tsĭəŋ
		綜(機縷)		(古)精冬	tsuəm
			(廣)子宋切	精宋合一去通	tsuoŋ
céng	陽	層曾(曾經)		(古)從蒸	dzəŋ
			(廣)昨棱切	從登開一平曾	dzəŋ
		鄫* 橧(豬圈)竲嶒		(古)從蒸	dzĭəŋ
			(廣)疾陵切	從蒸開三平曾	dzĭəŋ
dēng	陰	登璒燈簦		(古)端蒸	təŋ
			(廣)都滕切	端登開一平曾	təŋ
		鐙(燈)豋		(古)端蒸	təŋ
			(集)都騰切	端登開一平曾	təŋ

děng	上	等		(古)端之	tə
			(廣)多改切	端海開一上蟹	tɑi
			(又)都肯切	端等開一上曾	təŋ
dèng	去	隥		(古)端蒸	təŋ
			(廣)都鄧切	端嶝開一去曾	təŋ
		鄧		(古)定蒸	dəŋ
			(廣)徒亙切	定嶝開一去曾	dəŋ
		瞪		(古)定蒸	dĭəŋ
			(廣)丈證切	澄證開三去曾	ȡĭəŋ
téng	陽	騰滕縢幐謄䲍螣		(古)定蒸	dəŋ
			(廣)徒登切	定登開一平曾	dəŋ
		疼		(古)定冬	duəm
			(廣)徒冬切	定冬合一平通	duoŋ
néng	陽	能(熊屬)		(古)泥蒸	nəŋ
			(廣)奴登切	泥登開一平曾	nəŋ
		䏻䨺		(古)泥陽	neɑŋ
			(廣)乃庚切	泥庚開二平梗	nɐŋ
léng	陽	棱稜輘		(古)來蒸	ləŋ
			(廣)魯登切	來登開一平曾	ləŋ
lěng	上	冷		(古)來耕	leŋ
			(廣)魯打切	來梗開二上梗	lɐŋ
bēng	陰	崩		(古)幫蒸	pəŋ
			(廣)北滕切	幫登開一平曾	pəŋ
		絣		(古)幫蒸	peəŋ
			(廣)北萌切	幫耕開二平梗	pæŋ

		閍祊鬃嵭		(古)幫陽	peaŋ
			(廣)甫盲切	幫庚開二平梗	pɐŋ
		絣		(古)幫耕	peŋ
			(廣)北萌切	幫耕開二平梗	pæŋ
		抨(支使)		(古)幫耕	peŋ
			(集)悲萌切	幫耕開二平梗	pæŋ
běng	上	琫菶		(古)幫東	poŋ
			(廣)邊孔切	幫董合一上通	puŋ
		紺		(古)幫東	poŋ
			(集)補孔切	幫董合一上通	puŋ
		唪(唪唪,大笑貌)		(古)並東	boŋ
			(廣)蒲蠓切	並董合一上通	buŋ
bèng	去	堋		(古)幫蒸	pəŋ
			(廣)方隥切	幫嶝開一去曾	pəŋ
		塴		(古)幫蒸	pəŋ
			(集)逋鄧切	幫嶝開一去曾	pəŋ
		榜(船槳)		(古)幫陽	peaŋ
			(廣)北孟切	幫映開二去梗	pɐŋ
		迸		(古)幫耕	peŋ
			(廣)北諍切	幫諍開二去梗	pæŋ
		跰		(古)幫耕	peŋ
			(廣)北孟切	幫映開二去梗	pɐŋ
pēng	陰	亨(古"烹"字)		(古)滂陽	p'eaŋ
			(廣)撫庚切	滂庚開二平梗	p'ɐŋ
		烹		(古)滂陽	p'eaŋ

			(集)披庚切	滂庚開二平梗	p'ɐŋ
		怦	(古)滂耕		p'eŋ
			(廣)撫庚切	滂庚開二平梗	p'ɐŋ
		怦怦伻抨(彈)砰	(古)滂耕		p'eŋ
			(廣)普耕切	滂耕開二平梗	p'æŋ
		苹(苹縈)軯駍	(古)滂耕		p'eŋ
			(集)披耕切	滂耕開二平梗	p'æŋ
péng	陽	朋鵬棚倗	(古)並蒸		bəŋ
			(廣)步崩切	並登開一平曾	bəŋ
		傰	(古)並蒸		bəŋ
			(集)蒲登切	並登開一平曾	bəŋ
		輣	(古)並蒸		beəŋ
			(廣)薄庚切	並庚開二平梗	bɐŋ
		弸	(古)並蒸		beəŋ
			(廣)薄萌切	並耕開二平梗	bæŋ
		芃	(古)並冬		bĭwəm
			(廣)薄紅切	並東合一平通	buŋ
		蓬	(古)並東		boŋ
			(廣)薄紅切	並東合一平通	buŋ
		彭(鼓聲,國名)澎(地名)榜(矯正弓弩的器具)搒			
		蒡(草名)篣騯	(古)並陽		beɑŋ
			(廣)薄庚切	並庚開二平梗	bɐŋ
pěng	上	捧	(古)滂東		p'ĭwoŋ
			(廣)敷奉切	滂腫合三上通	p'ĭwoŋ
		跰	(古)滂耕		p'eŋ

			(廣)普幸切	滂耿開二上梗	pʻæŋ
méng	陽	儚	(古)明蒸		məŋ
			(集)彌登切	明登開一平曾	məŋ
		鄳	(古)明蒸		meəŋ
			(廣)武庚切	明庚開二平梗	mɐŋ
		甍	(古)明蒸		meəŋ
			(廣)莫耕切	明耕開二平梗	mæŋ
		夢	(古)明蒸		muəŋ
			(廣)莫紅切	明東合一平通	muŋ
		瞢(目不明)夢(不明也)	(古)明蒸		mĭwəŋ
			(廣)莫中切	明東合三平通	mĭuŋ
		蒙冡濛朦矇饛醿懞㦽霿	(古)明東		moŋ
			(廣)莫紅切	明東合一平通	muŋ
		𩦺駹龙(龙茸)懞(慤厚皃)			
			(古)明東		moŋ
			(集)謨蓬切	明東合一平通	muŋ
		鯍	(古)明陽		mɑŋ
			(廣)彌登切	明登開一平曾	məŋ
		蝱莔	(古)明陽		meɑŋ
			(廣)武庚切	明庚開二平梗	mɐŋ
		鼆(夜)虻	(古)明陽		meɑŋ
			(集)眉耕切	明庚開二平梗	mɐŋ
		萌氓(民)甿	(古)明陽		meɑŋ
			(廣)莫耕切	明耕開二平梗	mæŋ
		盟盟	(古)明陽		miɑŋ

			(廣)武兵切	明庚開三平梗	mĭɐŋ
měng	上	懵	(古)明蒸		muəŋ
			(廣)莫孔切	明董合一上通	muŋ
		蠓	(古)明東		moŋ
			(廣)莫孔切	明董合一上通	muŋ
		幪(幪幪,茂盛貌)	(古)明東		moŋ
			(集)母揔切	明董合一上通	muŋ
		猛	(古)明陽		meɑŋ
			(廣)莫杏切	明梗開二上梗	mɐŋ
		黽(句黽)黽(蛙的一種)	(古)明陽		meɑŋ
			(廣)武幸切	明耿開二上梗	mæŋ
mèng	去	懜	(古)明蒸		məŋ
			(廣)武亙切	明嶝開一去曾	məŋ
		㝱夢(作夢)鄸	(古)明蒸		mĭwəŋ
			(廣)莫鳳切	明送合三去通	mĭuŋ
		孟	(古)明陽		meɑŋ
			(廣)莫更切	明映開二去梗	mɐŋ
fēng	陰	風飌楓猦	(古)幫冬		pĭwəm
			(廣)方戎切	幫東合三平通	pĭuŋ
		豐酆蘴灃寷豐	(古)滂冬		p‘ĭwəm
			(廣)敷隆切	滂東合三平通	p‘ĭuŋ
		封犎葑	(古)幫東		pĭwoŋ
			(廣)府容切	幫鍾合三平通	pĭwoŋ
		峯鋒丰夆妦蠭蜂漨烽	(古)滂東		p‘ĭwoŋ
			(廣)敷容切	滂鍾合三平通	p‘ĭwoŋ

		鑝	(古)滂東		pʻĭwoŋ
			(集)敷容切	滂鍾合三平通	pʻĭwoŋ
féng	陽	馮(姓)鄷	(古)並蒸		bĭwəŋ
			(廣)房戎切	並東合三平通	bĭuŋ
		汎(汎淫)梵(梵梵)	(古)並冬		bĭwəm
			(廣)房戎切	並東合三平通	bĭuŋ
		逢縫(縫綴)漨夆挳	(古)並東		bĭwoŋ
			(廣)符容切	並鍾合三平通	bĭwoŋ
		摓	(古)並東		bĭwoŋ
			(集)符容切	並鍾合三平通	bĭwoŋ
fěng	上	諷風(諷)	(古)幫冬		pĭwəm
			(廣)方鳳切	幫送合三去通	pĭuŋ
		覂	(古)幫談		pĭwam
			(廣)方勇切	幫腫合三上通	pĭwoŋ
fèng	去	諷* 風*(諷)	(古)幫冬		pĭwəm
			(廣)方鳳切	幫送合三去通	pĭuŋ
		賵	(古)滂冬		pʻĭwəm
			(廣)撫鳳切	滂送合三去通	pʻĭuŋ
		鳳	(古)並冬		bĭwəm
			(廣)馮貢切	並送合三去通	bĭuŋ
		奉	(古)並東		bĭwoŋ
			(廣)扶隴切	並腫合三上通	bĭwoŋ
		俸縫(縫合處)	(古)並東		bĭwoŋ
			(廣)扶用切	並用合三去通	bĭwoŋ

ing（ㄧㄥ）韻

yīng	陰	膺應(應當)軈鷹	(古)影蒸	ĭəŋ
			(廣)於陵切　影蒸開三平曾	ĭəŋ
		癰	(古)影蒸	ĭəŋ
			(集)於陵切　影蒸開三平曾	ĭəŋ
		英瑛	(古)影陽	iɑŋ
			(廣)於驚切　影庚開三平梗	ĭɐŋ
		央(央央,鮮明貌)	(古)影陽	iɑŋ
			(集)於驚切　影庚開三平梗	ĭɐŋ
		罃罌甇鶯嚶櫻鸚罌	(古)影耕	eŋ
			(廣)烏莖切　影耕開二平梗	æŋ
		嬰纓攖鄍賏蘡	(古)影耕	ĭeŋ
			(廣)於盈切　影清開三平梗	ĭɛŋ
		縈嫈	(古)影耕	ĭweŋ
			(廣)於營切　影清合三平梗	ĭwɛŋ
yíng	陽	蠅	(古)餘蒸	ʎĭəŋ
			(廣)余陵切　餘蒸開三平曾	jĭəŋ
		迎	(古)疑陽	ŋiɑŋ
			(廣)語京切　疑庚開三平梗	ŋĭɐŋ
		盈嬴瀛籯楹贏	(古)餘耕	ʎĭeŋ

(廣)以成切 餘清開三平梗 jĭɛŋ

籯 (古)餘耕 ʎĭeŋ

(説)以成切 餘清開三平梗 jĭɛŋ

桯(車蓋柄下節) (古)餘耕 ʎĭeŋ

(集)怡成切 餘清開三平梗 jĭɛŋ

縈 (古)影耕 ĭweŋ

(廣)於營切 影清合三平梗 ĭwɛŋ

禜瑩 (古)匣耕 ɣĭweŋ

(廣)永兵切 雲庚合三平梗 ɣĭwɐŋ

營塋謍(謍謍,小聲) (古)餘耕 ʎĭweŋ

(廣)余傾切 餘清合三平梗 jĭwɛŋ

熒(光)螢䁝 (古)匣耕 ɣiweŋ

(廣)户扃切 匣青合四平梗 ɣiweŋ

yǐng 上 影撎 (古)影陽 iɑŋ

(廣)於丙切 影梗開三上梗 ĭɐŋ

景(影子) (古)影陽 iɑŋ

(集)於境切 影梗開三上梗 ĭɐŋ

廮癭 (古)影耕 ĭeŋ

(廣)於郢切 影静開三上梗 ĭɛŋ

郢梬 (古)餘耕 ʎĭeŋ

(廣)以整切 餘静開三上梗 jĭɛŋ

濙 (古)影耕 ieŋ

(廣)烏迥切 影迥開四上梗 ieŋ

𢍉 (古)影耕 ieŋ

(集)烏迥切 影迥開四上梗 ieŋ

		潁穎	(古)餘耕	ʎĭweŋ
			(廣)餘頃切　餘静合三上梗	jĭwɛŋ
yìng	去	應(應對)	(古)影蒸	ĭəŋ
			(廣)於證切　影證開三去曾	iəŋ
		膺	(古)影蒸	ĭəŋ
			(集)於證切　影證開三去曾	ĭəŋ
		媵倂	(古)餘蒸	ʎĭəŋ
			(廣)以證切　餘證開三去曾	jĭəŋ
		映	(古)影陽	iɑŋ
			(廣)於敬切　影映開三去梗	ĭɐŋ
		鎣	(古)影耕	ieŋ
			(廣)烏定切　影徑開四去梗	ieŋ
jīng	陰	兢	(古)見蒸	kĭəŋ
			(廣)居陵切　見蒸開三平曾	kĭəŋ
		秔稉粳	(古)見陽	keɑŋ
			(廣)古行切　見庚開二平梗	kɐŋ
		京鏖麖	(古)見陽	kiɑŋ
			(廣)舉卿切　見庚開三平梗	kĭɐŋ
		莖	(古)匣耕	ɣeŋ
			(廣)户耕切　匣耕開二平梗	ɣæŋ
		驚荆	(古)見耕	kĭeŋ
			(廣)舉卿切　見庚開三平梗	kĭɐŋ
		精菁鶄蜻(蜻蛚)晶鼱睛旌旍	(古)精耕	tsĭeŋ
			(廣)子盈切　精清開三平梗	tsĭɛŋ
		經涇(水名)鵛巠	(古)見耕	kieŋ

			（廣）古靈切	見青開四平梗	kieŋ
jǐng	上	景（日光，景物）		（古）見陽	kiaŋ
			（廣）居影切	見梗開三上梗	kǐɐŋ
		憬		（古）見陽	kiwaŋ
			（廣）俱永切	見梗合三上梗	kǐwɐŋ
		警儆璥蟼憼		（古）見耕	kǐeŋ
			（廣）居影切	見梗開三上梗	kǐɐŋ
		頸		（古）見耕	kǐeŋ
			（廣）居郢切	見静開三上梗	kǐɛŋ
		井郱		（古）精耕	tsǐeŋ
			（廣）子郢切	精静開三上梗	tsǐɛŋ
		穽阱		（古）從耕	dzǐeŋ
			（廣）疾郢切	從静開三上梗	dzǐɛŋ
		剄		（古）見耕	kieŋ
			（廣）古挺切	見迥開四上梗	kieŋ
jìng	去	境		（古）見陽	kiaŋ
			（廣）居影切	見梗開三上梗	kǐɐŋ
		竟鏡		（古）見陽	kiaŋ
			（廣）居慶切	見映開三去梗	kǐɐŋ
		競誩倞（强）		（古）羣陽	giaŋ
			（廣）渠敬切	羣映開三去梗	gǐɐŋ
		傹		（古）羣陽	giaŋ
			（集）渠映切	羣映開三去梗	gǐɐŋ
		痙		（古）羣耕	gǐeŋ
			（廣）巨郢切	羣静開三上梗	gǐɛŋ

		靜彭靖婙竫	(古)從耕		dzĭeŋ
			(廣)疾郢切	從靜開三上梗	dzĭɛŋ
		敬	(古)見耕		kĭeŋ
			(廣)居慶切	見映開三去梗	kĭɐŋ
		勁	(古)見耕		kĭeŋ
			(廣)居正切	見勁開三去梗	kĭɛŋ
		葝(草名)	(古)見耕		kĭeŋ
			(集)堅正切	見勁開三去梗	kĭɛŋ
		淨(瀞)靚婧竫	(古)從耕		dzĭeŋ
			(廣)疾政切	從勁開三去梗	dzĭɛŋ
		脛	(古)匣耕		ɣieŋ
			(廣)胡定切	匣徑開四去梗	ɣieŋ
		徑逕俓桱	(古)見耕		kieŋ
			(廣)古定切	見徑開四去梗	kieŋ
		涇(直波)	(古)見耕		kieŋ
			(集)古定切	見徑開四去梗	kieŋ
qīng	陰	卿	(古)溪陽		k'iaŋ
			(廣)去京切	溪庚開三平梗	k'ĭɐŋ
		卯	(古)溪陽		k'iaŋ
			(集)丘京切	溪庚開三平梗	k'ĭɐŋ
		輕鑋	(古)溪耕		k'ĭeŋ
			(廣)去盈切	溪清開三平梗	k'ĭɛŋ
		清圊	(古)清耕		ts'ĭeŋ
			(廣)七情切	清清開三平梗	ts'ĭɛŋ
		青蜻(蜻蜓)	(古)清耕		ts'ieŋ

			（廣）倉經切	清青開四平梗	ts'ieŋ
		菁（菁菁，茂盛貌）	（古）清耕		ts'ieŋ
			（集）倉經切	清青開四平梗	ts'ieŋ
		傾頃（側也）	（古）溪耕		k'ĭweŋ
			（廣）去營切	溪清合三平梗	k'ĭwɛŋ
		頤	（古）溪耕		k'ĭweŋ
			（集）窺營切	溪清合三平梗	k'ĭwɛŋ
qíng	陽	勍黥剠䲔鯨	（古）羣陽		gɪɑŋ
			（廣）渠京切	羣庚開三平梗	gĭɐŋ
		擎檠（正弓弩）葝（山薤）	（古）羣耕		gĭeŋ
			（廣）渠京切	羣庚開三平梗	gĭɐŋ
		鯨	（古）羣耕		gĭeŋ
			（廣）巨成切	羣清開三平梗	gĭɛŋ
		情晴殅（古"晴"字）	（古）從耕		dzĭeŋ
			（廣）疾盈切	從清開三平梗	dzĭɛŋ
		暒	（古）從耕		dzĭeŋ
			（集）慈盈切	從清開三平梗	dzĭɛŋ
qǐng	上	請	（古）清耕		ts'ĭeŋ
			（廣）七静切	清静開三上梗	ts'ĭɛŋ
		謦	（古）溪耕		k'ieŋ
			（廣）去挺切	溪迥開四上梗	k'ieŋ
		𣝗	（古）溪耕		k'ieŋ
			（集）弃挺切	溪迥開四上梗	k'ieŋ
		頃（少頃，頃刻）檾	（古）溪耕		k'ĭweŋ
			（廣）去潁切	溪静合三上梗	k'ĭwɛŋ

		高廎	(古)溪耕		k‘ĭweŋ
			(集)犬潁切	溪静合三上梗	k‘ĭwɛŋ
qìng	去	慶(祝賀)	(古)溪陽		k‘iɑŋ
			(廣)丘敬切	溪映開三去梗	k‘ĭɐŋ
		清	(古)清耕		ts‘ĭeŋ
			(廣)七政切	清勁開三去梗	ts‘ĭɛŋ
		濶	(古)初耕		tʃ‘ĭeŋ
			(廣)楚敬切	初映開三去梗	tʃ‘ĭɐŋ
		胜(胜遇,鳥名)	(古)清耕		ts‘ĭeŋ
			(集)七正切	清勁開三去梗	ts‘ĭɛŋ
		罄窒磬殸	(古)溪耕		k‘ieŋ
			(廣)苦定切	溪徑開四去梗	k‘ieŋ
xīng	陰	興(興起)鄄	(古)曉蒸		xĭəŋ
			(廣)虚陵切	曉蒸開三平曾	xĭəŋ
		騂垶觲	(古)心耕		sĭeŋ
			(廣)息營切	心清開三平梗	sĭɛŋ
		觪(觲)垟(垶)	(古)心耕		sĭeŋ
			(集)思營切	心清開三平梗	sĭɛŋ
		星腥胜(犬臭)鮏猩(犬吠聲)	(古)心耕		sieŋ
			(廣)桑經切	心青開四平梗	sieŋ
		猩(猩猩,獸名)狌(同猩)	(古)山耕		ʃeŋ
			(廣)所庚切	山庚開二平梗	ʃɐŋ
			(集)桑經切	心青開四平梗	sieŋ
		馨皀蛵	(古)曉耕		xieŋ
			(廣)呼刑切	曉青開四平梗	xieŋ

xíng	陽	行(行走)		(古)匣陽	ɣeaŋ
			(廣)户庚切	匣庚開二平梗	ɣɐŋ
		行(行爲,品性)		(古)匣陽	ɣeaŋ
			(廣)下更切	匣映開二去梗	ɣɐŋ
		餳		(古)邪陽	zĭaŋ
			(廣)徐盈切	邪清開三平梗	zĭɛŋ
		刑形邢滎鉶型陘侀硎婞鈃鋞			
				(古)匣耕	ɣieŋ
			(廣)户經切	匣青開四平梗	ɣieŋ
		岼		(古)匣耕	ɣieŋ
			(集)乎經切	匣青開四平梗	ɣieŋ
		滎		(古)匣耕	ɣiweŋ
			(廣)户扃切	匣青合四平梗	ɣiweŋ
xǐng	上	省(察也)		(古)心耕	sĭeŋ
			(廣)息井切	心静開三上梗	sĭɛŋ
		醒		(古)心耕	sieŋ
			(廣)蘇挺切	心迥開四上梗	sieŋ
xìng	去	興(比興)嬹		(古)曉蒸	xĭəŋ
			(廣)許應切	曉證開三去曾	xĭəŋ
		行*(行爲,品行)		(古)匣陽	ɣeaŋ
			(廣)下更切	匣映開二去梗	ɣɐŋ
		杏莕荇		(古)匣陽	ɣeaŋ
			(廣)何梗切	匣梗開二上梗	ɣɐŋ
		幸㚔倖		(古)匣耕	ɣeŋ
			(廣)胡耿切	匣耿開二上梗	ɣæŋ

		悻		(古)匣耕	ɣeŋ
			(集)下耿切	匣耿開二上梗	ɣæŋ
		性姓		(古)心耕	sĭeŋ
			(廣)息正切	心勁開三去梗	sĭɛŋ
		婞涬悻緈		(古)匣耕	ɣieŋ
			(廣)胡頂切	匣迥開四上梗	ɣieŋ
dīng	陰	丁(天干)釘玎靪虰		(古)端耕	tieŋ
			(廣)當經切	端青開四平梗	tieŋ
		阠		(古)端耕	tieŋ
			(集)當經切	端青開四平梗	tieŋ
dǐng	上	頂耵鼎薡酊葶		(古)端耕	tieŋ
			(廣)都挺切	端迥開四上梗	tieŋ
dìng	去	定(額)頲錠(油燈)		(古)端耕	tieŋ
			(廣)丁定切	端徑開四去梗	tieŋ
		訂(評議)		(古)定耕	dieŋ
			(廣)徒鼎切	定迥開四上梗	dieŋ
		定(安定)		(古)定耕	dieŋ
			(廣)徒徑切	定徑開四去梗	dieŋ
tīng	陰	汀桯(牀前几)聽(聆)艼(草名)綎			
				(古)透耕	t'ieŋ
			(廣)他丁切	透青開四平梗	t'ieŋ
		聽(聽任)		(古)透耕	t'ieŋ
			(廣)他定切	透徑開四去梗	t'ieŋ
tíng	陽	庭停鼮莛筳亭霆渟綎婷(貌美)甹楟蜓廷珽			
				(古)定耕	dieŋ

			(廣)特丁切	定青開四平梗	dieŋ
tǐng	上	珽脡侹頲侱壬町(田界)	(古)透耕		t‘ieŋ
			(廣)他鼎切	透迥開四上梗	t‘ieŋ
		挺艇鋌梃娗(女出病)	(古)定耕		dieŋ
			(廣)徒鼎切	定迥開四上梗	dieŋ
tìng	去	聽*(聽任)	(古)透耕		t‘ieŋ
			(廣)他定切	透徑開四去梗	t‘ieŋ
		濎	(古)透耕		t‘ieŋ
			(集)他定切	透徑開四去梗	t‘ieŋ
níng	陽	凝	(古)疑蒸		ŋĭəŋ
			(廣)魚陵切	疑蒸開三平曾	ŋĭəŋ
		薴	(古)泥耕		neŋ
			(廣)女耕切	泥耕開二平梗	næŋ
		藍	(古)泥耕		neŋ
			(集)尼耕切	泥耕開二平梗	næŋ
		寧(安寧)盜鸋甯聹	(古)泥耕		nieŋ
			(廣)奴丁切	泥青開四平梗	nieŋ
		寗(願)	(古)泥耕		nieŋ
			(集)囊丁切	泥青開四平梗	nieŋ
nǐng	上	薴	(古)泥耕		nieŋ
			(廣)乃挺切	泥迥開四上梗	nieŋ
nìng	去	甯(姓)佞濘(泥濘)	(古)泥耕		nieŋ
			(廣)乃定切	泥徑開四去梗	nieŋ
		寧(寧可)	(古)泥耕		nieŋ
			(集)乃定切	泥徑開四去梗	nieŋ

líng	陽	陵淩夌綾凌蔆菱倰鯪棱餕掕	(古)來蒸		lǐəŋ
			(廣)力膺切	來蒸開三平曾	lǐəŋ
		靈霊舲齡𪇆囹鴒蛉鈴霝苓櫺柃伶泠瓴蠕玲鐳𩕄聆蘦軨笭零䉖令(令狐)龗駖酃岭(山深貌)魿	(古)來耕		lieŋ
			(廣)郎丁切	來青開四平梗	lieŋ
		酃	(古)來耕		lieŋ
			(集)郎丁切	來青開四平梗	lieŋ
lǐng	上	領嶺衿	(古)來耕		lǐeŋ
			(廣)良郢切	來静開三上梗	lǐɛŋ
lìng	去	令(命令,善)	(古)來耕		lǐeŋ
			(廣)力政切	來勁開三去梗	lǐɛŋ
bīng	陰	冫(仌)冰掤	(古)幫蒸		pǐəŋ
			(廣)筆陵切	幫蒸開三平曾	pǐəŋ
		兵	(古)幫陽		piaŋ
			(廣)甫明切	幫庚開三平梗	pǐɐŋ
		并(并州)栟屏(屏營)	(古)幫耕		pǐeŋ
			(廣)府盈切	幫清開三平梗	pǐɛŋ
bǐng	上	丙昞怲邴炳秉	(古)幫陽		piaŋ
			(廣)兵永切	幫梗開三上梗	pǐɐŋ
		鲆	(古)幫陽		piaŋ
			(集)補永切	幫梗開三上梗	pǐɐŋ
		柄棅	(古)幫陽		piaŋ
			(廣)陂病切	幫映開三去梗	pǐɐŋ
			(集)補永切	幫梗開三上梗	pǐɐŋ

		餅屏(除也;蔽也)鉼	(古)幫耕		pieŋ
			(廣)必郢切	幫静開三上梗	pĭɛŋ
		偋	(古)幫耕		pĭeŋ
			(集)必郢切	幫静開三上梗	pĭɛŋ
		鞞(刀劍鞘)	(古)幫耕		pieŋ
			(廣)補鼎切	幫迥開四上梗	pieŋ
		稟(禀)	(古)幫侵		pĭəm
			(廣)筆錦切	幫寑開三上深	pĭĕm
bìng	去	病	(古)並陽		biɑŋ
			(廣)皮命切	並映開三去梗	bĭeŋ
		寎	(古)並陽		biɑŋ
			(集)皮命切	並映開三去梗	bĭeŋ
		竝並	(古)並陽		biɑŋ
			(廣)蒲迥切	並迥開四上梗	bieŋ
		併幷(兼併)	(古)幫耕		pĭeŋ
			(廣)畀政切	幫勁開三去梗	pĭɛŋ
		庰	(古)並耕		bĭeŋ
			(廣)防正切	並勁開三去梗	bĭɛŋ
pīng	陰	俜甹甹艵頩(美貌)	(古)滂耕		p‘ieŋ
			(廣)普丁切	滂青開四平梗	p‘ieŋ
píng	陽	凭馮(乘)凴淜(徒涉)	(古)並蒸		bĭəŋ
			(廣)扶冰切	並蒸開三平曾	bĭəŋ
		平評苹(草名)枰泙坪	(古)並耕		bĭeŋ
			(廣)符兵切	並庚開三平梗	bĭɐŋ
		瓶缾(餅)蛢軿屏(屏障)荓輧萍蓱郱駢洴			

				(古)並耕	bieŋ
			(廣)薄經切	並青開四平梗	bieŋ
		帲		(古)並耕	bieŋ
			(集)旁經切	並青開四平梗	bieŋ
pǐng	上	頩(斂容)		(古)滂耕	p'ieŋ
			(廣)匹迥切	滂迥開四上梗	p'ieŋ
pìng	去	聘*娉		(古)滂耕	p'ĭeŋ
			(廣)匹正切	滂勁開三去梗	p'ĭɛŋ
míng	陽	明		(古)明陽	miɑŋ
			(廣)武兵切	明庚開三平梗	mĭɐŋ
		朙		(古)明陽	miɑŋ
			(集)眉兵切	明庚開三平梗	mĭɐŋ
		鳴		(古)明耕	mieŋ
			(廣)武兵切	明庚開三平梗	mĭɐŋ
		名洺		(古)明耕	mĭeŋ
			(廣)武并切	明清開三平梗	mĭɛŋ
		冥銘鄍溟(海)螟蓂(蓂莢)瞑嫇覭暝			
				(古)明耕	mieŋ
			(廣)莫經切	明青開四平梗	mieŋ
mǐng	上	皿*盌		(古)明陽	miɑŋ
			(廣)武永切	明梗開三上梗	mĭɐŋ
		酩溟(溟涬)眳		(古)明耕	mieŋ
			(廣)莫迥切	明迥開四上梗	mieŋ
mìng	去	命		(古)明耕	mĭeŋ
			(廣)眉病切	明映開三去梗	mĭɐŋ

ueng，ong（ㄨㄥ）韻

wēng	陰	翁螉鰪蓊篛	（古）影東		oŋ
			（廣）烏紅切	影東合一平通	uŋ
wěng	上	滃塕	（古）影東		oŋ
			（廣）烏孔切	影董合一上通	uŋ
wèng	去	瓮甕罋齆	（古）影東		oŋ
			（廣）烏貢切	影送合一去通	uŋ
gōng	陰	肱	（古）見蒸		kuəŋ
			（廣）古弘切	見登合一平曾	kuəŋ
		厷	（古）見蒸		kuəŋ
			（集）姑弘切	見登合一平曾	kuəŋ
		弓	（古）見蒸		kĭwəŋ
			（廣）居戎切	見東合三平通	kĭuŋ
		船躬宮	（古）見冬		kĭwəm
			（廣）居戎切	見東合三平通	kĭuŋ
		公功工攻	（古）見東		koŋ
			（廣）古紅切	見東合一平通	kuŋ
		恭龔供(供給)共(供,恭)	（古）見東		kĭwoŋ
			（廣）九容切	見鍾合三平通	kĭwoŋ
		龏	（古）見東		kĭwoŋ

			(集)居容切	見鍾合三平通	kǐwoŋ
		觵觥	(古)見陽		koɑŋ
			(廣)古橫切	見庚合二平梗	kwɐŋ
gǒng	上	澒(水銀)汞	(古)匣東		ɣoŋ
			(廣)胡孔切	匣董合一平通	ɣuŋ
		拱拲𥐟鞏蛬廾(収)拜㤨拲巩栱輁			
			(古)見東		kǐwoŋ
			(廣)居悚切	見腫合三上通	kǐwoŋ
		礦*	(古)見陽		koɑŋ
			(廣)古猛切	見梗合二上梗	kwɐŋ
gòng	去	筭	(古)見冬		kuəm
			(廣)古送切	見送合一去通	kuŋ
		贛	(古)見冬		kuəm
			(集)古送切	見送合一去通	kuŋ
		貢贛玒𨟚(小杯)	(古)見東		koŋ
			(廣)古送切	見送合一去通	kuŋ
		供(陳設)	(古)見東		kǐwoŋ
			(廣)居用切	見用合三去通	kǐwoŋ
		共(同)	(古)羣東		gǐwoŋ
			(廣)渠用切	羣用合三去通	gǐwoŋ
kōng	陰	空箜崆悾倥(倥侗)涳	(古)溪東		k‘oŋ
			(廣)苦紅切	溪東合一平通	k‘uŋ
kǒng	上	孔倥(倥偬)	(古)溪東		k‘oŋ
			(廣)康董切	溪東合一上通	k‘uŋ
		恐	(古)溪東		k‘ǐwoŋ

			(廣)丘隴切 溪腫合三上通	k'ĭwoŋ
kòng	去	控(引也)	(古)溪東	k'oŋ
			(廣)苦貢切 溪送合一去通	k'uŋ
hōng	陰	薨儚	(古)曉蒸	xuəŋ
			(廣)呼肱切 曉登合一平曾	xuəŋ
		烘谾	(古)曉東	xoŋ
			(廣)呼東切 曉東合一平通	xuŋ
		啂	(古)曉東	xoŋ
			(集)呼公切 曉東合一平通	xuŋ
		揘	(古)曉陽	xoɑŋ
			(集)呼横切 曉庚合二平梗	xwɐŋ
		轟輷訇	(古)曉耕	xueŋ
			(廣)呼宏切 曉耕合二平梗	xwæŋ
		謍(大聲)巆	(古)曉耕	xueŋ
			(集)呼宏切 曉耕合二平梗	xwæŋ
hóng	陽	弘鞃	(古)匣蒸	ɣuəŋ
			(廣)胡肱切 匣登合一平曾	ɣuəŋ
		泓	(古)影蒸	oəŋ
			(廣)烏宏切 影耕合二平梗	wæŋ
		宏紘閎竑耾竤弦吰翃	(古)匣蒸	ɣoəŋ
			(廣)户萌切 匣耕合二平梗	ɣwæŋ
		洚(洪水)	(古)匣冬	ɣuəm
			(廣)户公切 匣東合一平通	ɣuŋ
		洪訌紅虹仜鴻粠陎堆	(古)匣東	ɣoŋ
			(廣)户公切 匣東合一平通	ɣuŋ

		瑦玒		(古)匣東	ɣoŋ
			(集)胡公切	匣東合一平通	ɣuŋ
		黌瑝		(古)匣陽	ɣoaŋ
			(廣)户盲切	匣庚合二平梗	ɣweŋ
hǒng	上	澒(澒洞)		(古)匣東	ɣoŋ
			(廣)胡孔切	匣董合一上通	ɣuŋ
hòng	去	港(港洞)鬨闀		(古)匣東	ɣoŋ
			(廣)胡貢切	匣送合一去通	ɣuŋ
zhōng	陰	中(中間)衷(内衣,内心)忠节			
				(古)端冬	tĭwəm
			(廣)陟弓切	知東合三平通	ȶĭuŋ
		終螽鼨蔠		(古)章冬	ȶĭwəm
			(廣)職戎切	章東合三平通	tɕĭuŋ
		汷(泈)		(古)章冬	tĭwəm
			(集)之戎切	章東合三平通	tɕĭuŋ
		鍾鐘忪彸伀鐘妐		(古)章東	ȶĭwoŋ
			(廣)職容切	章鍾合三平通	tɕĭwoŋ
		憁		(古)章東	ȶĭwoŋ
			(集)諸容切	章鍾合三平通	tɕĭwoŋ
zhǒng	上	冢		(古)端東	tĭwoŋ
			(廣)知隴切	知腫合三上通	ȶĭwoŋ
		尰瘇		(古)禪東	ʑĭwoŋ
			(廣)時宂切	禪腫合三上通	ʑĭwoŋ
		瘇		(古)禪東	ʑĭwoŋ
			(集)竪勇切	禪腫合三上通	ʑĭwoŋ

		腫種(種類)踵歱㣫	(古)章東		ȶĭwoŋ
			(廣)之隴切	章腫合三上通	tɕĭwoŋ
zhòng	去	中(射中)衷(適當)	(古)端冬		tĭwəm
			(廣)陟仲切	知送合三去通	ȶiuŋ
		仲	(古)定冬		dĭwəm
			(廣)直衆切	澄送合三去通	ȡĭuŋ
		衆(眾)	(古)章冬		ȶĭwəm
			(廣)之仲切	章送合三去通	tɕiuŋ
		重(輕重)⿰忄重	(古)定東		dĭwoŋ
			(廣)直隴切	澄腫合三上通	ȡĭwoŋ
		種(種植)	(古)章東		ȶĭwoŋ
			(廣)之用切	章用合三去通	tɕĭwoŋ
		穜(種植)	(古)章東		ȶĭwoŋ
			(集)朱用切	章用合三去通	tɕĭwoŋ
chōng	陰	忡盅(空虛)	(古)透冬		tʻĭwəm
			(廣)敕中切	徹東合三平通	ȶʻiuŋ
		沖	(古)定冬		dĭwəm
			(廣)直弓切	澄東合三平通	ȡiuŋ
		傭(均也)	(古)透東		tʻĭwoŋ
			(廣)丑凶切	徹鍾合三平通	ȶʻĭwoŋ
		充統	(古)昌東①		ȶʻioŋ
			(廣)昌終切	昌東合三平通	tɕʻĭuŋ
		⿲彳童亍衝憧(不定貌)艟䡴	(古)昌東		ȶʻĭwoŋ

① 充聲字原依《漢語史稿》列冬部，現依《詩經韻讀》改列東部。下同。

			(廣)尺容切	昌鍾合三平通	tɕʻĭwoŋ
		橦(擊)𧝓	(古)昌東		ȶʻĭwoŋ
			(集)昌容切	昌鍾合三平通	tɕʻĭwoŋ
		舂惷摏	(古)書東		ɕĭwoŋ
			(廣)書容切	書鍾合三平通	ɕĭwoŋ
chóng	陽	蟲种(姓)爞	(古)定冬		dĭwəm
			(廣)直弓切	澄東合三平通	ȡiuŋ
		崇密	(古)崇冬		dʒĭwəm
			(廣)鋤弓切	崇東合三平通	dʒĭuŋ
		重(複也)緟	(古)定東		dĭwoŋ
			(廣)直容切	澄鍾合三平通	ȡĭwoŋ
chǒng	上	寵	(古)透東		tʻĭwoŋ
			(廣)丑隴切	徹腫合三上通	ȶʻĭwoŋ
róng	陽	融肜	(古)餘冬		ʎĭwəm
			(廣)以戎切	餘東合三平通	jĭuŋ
		戎戜駥	(古)日冬		ȵĭwəm
			(廣)如融切	日東合三平通	nʑĭuŋ
		容溶鎔瓻蓉傛褣搈頌(儀容)	(古)餘東		ʎĭwoŋ
			(廣)餘封切	餘鍾合三平通	jĭwoŋ
		顒*	(古)疑東		ŋĭwoŋ
			(廣)魚容切	疑鍾合三平通	ŋĭwoŋ
		茸鞲髶(亂髮)搑	(古)日東		ȵĭwoŋ
			(廣)而容切	日鍾合三平通	nʑĭwoŋ
		醋	(古)日東		ȵĭwoŋ

			(集)如容切	日鍾合三平通	nʑǐwoŋ
		嵘		(古)匣耕	ɣueŋ
			(廣)户萌切	匣耕合二平梗	ɣwæŋ
			(又)永兵切	雲庚合三平梗	ɣǐwɐŋ
		榮嶸		(古)匣耕	ɣǐweŋ
			(廣)永兵切	雲庚合三平梗	ɣǐwɐŋ
rǒng	上	宂軵(推車)髋		(古)日東	ȵǐwoŋ
			(廣)而隴切	日腫合三上通	nʑǐwoŋ
		䄾		(古)日東	ȵǐwoŋ
			(集)乳勇切	日腫合三上通	nʑǐwoŋ
		毴(毹)		(古)日文	ȵǐwən
			(廣)而尹切	日準合三上臻	nʑǐuĕn
			(集)乳勇切	日腫合三上通	nʑǐwoŋ
		毹(毴)		(古)日文	ȵǐwən
			(集)乳尹切	日準合三上臻	nʑǐuĕn
			(廣)而隴切	日腫合三上通	nʑǐwoŋ
zōng	陰	宗		(古)精冬	tsuəm
			(廣)作冬切	精冬合一平通	tsuoŋ
		綜(綜合)		(古)精冬	tsuəm
			(廣)子宋切	精宋合一去通	tsuoŋ
		葼騣嵕豵椶蝬艐堫猣緵翪稯(禾四十把)			
				(古)精東	tsoŋ
			(廣)子紅切	精東合一平通	tsuŋ
		惾賧		(古)精東	tsoŋ
			(集)祖叢切	精東合一平通	tsuŋ

		縱*(縱橫)蹤	(古)精東		tsĭwoŋ
			(廣)即容切	精鍾合三平通	tsĭwoŋ
		從(縱橫)縱鏦	(古)精東		tsĭwoŋ
			(集)將容切	精鍾合三平通	tsĭwoŋ
zǒng	上	總摠憽蓗瞛熜傯	(古)精東		tsoŋ
			(廣)作孔切	精董合一上通	tsuŋ
		稯(稯稯聚貌)	(古)精東		tsoŋ
			(集)祖動切	精董合一上通	tsuŋ
zòng	去	綜*(機縷,綜合)	(古)精冬		tsuəm
			(廣)子宋切	精宋合一去通	tsuoŋ
		緵(一種漁網)	(古)精東		tsoŋ
			(廣)作弄切	精送合一去通	tsuŋ
		縱(縱橫)	(古)精東		tsĭwoŋ
			(廣)即容切	精鍾合三平通	tsĭwoŋ
		縱(舍也)瘲	(古)精東		tsĭwoŋ
			(廣)子用切	精用合三去通	tsĭwoŋ
		從(隨行)	(古)從東		dzĭwoŋ
			(廣)疾用切	從用合三去通	dzĭwoŋ
cōng	陰	悤葱聰繱璁驄蟌囪鏓㢔	(古)清東		tsʻoŋ
			(廣)倉紅切	清東合一平通	tsʻuŋ
		恖	(古)清東		tsʻoŋ
			(集)麤叢切	清東合一平通	tsʻuŋ
		樅鏦從(從容)	(古)清東		tsʻĭwoŋ
			(廣)七恭切	清鍾合三平通	tsʻĭwoŋ
cóng	陽	慒	(古)邪幽		zĭəu

			(廣)似由切　邪尤開三平流	z ĭəu
			(又)藏宗切　從冬合一平通	dzuoŋ
		賨琮悰潨淙	(古)從冬	dzuəm
			(廣)藏宗切　從冬合一平通	dzuoŋ
		叢藂藂	(古)從東	dzoŋ
			(廣)徂紅切　從東合一平通	dzuŋ
		從(跟隨)从	(古)從東	dzĭwoŋ
			(廣)疾容切　從鍾合三平通	dzĭwoŋ
sōng	陰	嵩娀	(古)心冬	sĭwəm
			(廣)息弓切　心東合三平通	sĭuŋ
		崧	(古)心東	sĭoŋ
			(廣)息弓切　心東合三平通	sĭuŋ
		蜙	(古)心東	sĭwoŋ
			(廣)息恭切　心鍾合三平通	sĭwoŋ
		蚣(蚣蝑)	(古)心東	sĭwoŋ
			(集)思恭切　心鍾合三平通	sĭwoŋ
		松	(古)邪東	zĭwoŋ
			(廣)祥容切　邪鍾合三平通	zĭwoŋ
sǒng	上	悚竦慫聳駷愯傱	(古)心東	sĭwoŋ
			(廣)息拱切　心腫合三上通	sĭwoŋ
		㨦嵷	(古)心東	sĭwoŋ
			(集)筍勇切　心腫合三上通	sĭwoŋ
sòng	去	宋	(古)心冬	suəm
			(廣)蘇統切　心宋合一去通	suoŋ
		送	(古)心東	soŋ

			(廣)蘇弄切	心送合一去通	suŋ
		頌(頌揚)誦訟	(古)邪東		zǐwoŋ
			(廣)似用切	邪用合三去通	zǐwoŋ
dōng	陰	冬苳	(古)端冬		tuəm
			(廣)都宗切	端冬合一平通	tuoŋ
		東辣涷蝀	(古)端東		toŋ
			(廣)德紅切	端東合一平通	tuŋ
dǒng	上	董蕫	(古)端東		toŋ
			(廣)多動切	端董合一上通	tuŋ
dòng	去	凍棟湩(鼓聲)	(古)端東		toŋ
			(廣)多貢切	端送合一去通	tuŋ
		動姛硐(通)	(古)定東		doŋ
			(廣)徒揔切	定董合一上通	duŋ
		洞(疾流,洞穿)恫(懼也)詷筒(洞簫)駧	(古)定東		doŋ
			(廣)徒弄切	定送合一去通	duŋ
tōng	陰	通恫(痛也)	(古)透東		t‘oŋ
			(廣)他紅切	透東合一平通	t‘uŋ
tóng	陽	彤鴝憹痋鉵鼨(鼅名)赨	(古)定冬		duəm
			(廣)徒冬切	定冬合一平通	duoŋ
		谻	(古)定冬		duəm
			(集)徒冬切	定冬合一平通	duoŋ
		同童僮銅桐峒(崆峒)筒*(竹筒)瞳罿橦筩*潼曈 洞(澒洞)侗挏鮦眮穜(先種後熟)	(古)定東		doŋ

			(廣)徒紅切	定東合一平通	duŋ
		湩(湩容)硐	(古)定東		doŋ
			(集)徒東切	定東合一平通	duŋ
tǒng	上	統	(古)透東		toŋ
			(廣)他綜切	透宋合一去通	t‘uoŋ
		筒(竹筒)箭	(古)定東		doŋ
			(廣)徒紅切	定東合一平通	duŋ
		桶	(古)透東		t‘oŋ
			(廣)他孔切	透董合一上通	t‘uŋ
tòng	去	痛	(古)透東		t‘oŋ
			(廣)他貢切	透送合一去通	t‘uŋ
		慟衕(通街)迵	(古)定東		doŋ
			(廣)徒弄切	定送合一去通	duŋ
nóng	陽	農噥獳膿	(古)泥冬		nuəm
			(廣)奴冬切	泥冬合一平通	nuoŋ
		醲鬞濃襛穠	(古)泥冬		nĭwəm
			(廣)女容切	泥鍾合三平通	nĭwoŋ
nòng	去	癑	(古)泥冬		nuəm
			(廣)奴凍切	泥送合一去通	nuŋ
		弄	(古)來東		loŋ
			(廣)盧貢切	來送合一去通	luŋ
lóng	陽	隆癃霳	(古)來冬		lĭwəm
			(廣)力中切	來東合三平通	lĭuŋ
		籠礲槞礱瀧(瀧瀧,雨滴貌)聾礱嚨蘢櫳寵襱瓏龔			
			(古)來東		loŋ

			(廣)盧紅切	來東合一平通	luŋ
		巃(巃嵸,壯實貌)	(古)來東		loŋ
			(集)盧東切	來東合一平通	luŋ
		龍鶩	(古)來東		lĭwoŋ
			(廣)力鍾切	來鍾合三平通	lĭwoŋ
lǒng	上	隴壟塳	(古)來東		lĭwoŋ
			(廣)力踵切	來腫合三上通	lĭwoŋ
lòng	去	弄* 梇	(古)來東		loŋ
			(廣)盧貢切	來送合一去通	luŋ

iong（ㄩㄥ）韻

yōng 陰	邕雍噰澭灉癰廱饔壅雝	（古）影東		ĭwoŋ
		（廣）於容切	影鍾合三平通	ĭwoŋ
	饔臃	（古）影東		ĭwoŋ
		（集）於容切	影鍾合三平通	ĭwoŋ
	擁	（古）影東		ĭwoŋ
		（廣）於隴切	影腫合三上通	ĭwoŋ
	⿰扌雝（擁）	（古）影東		ĭwoŋ
		（集）委勇切	影腫合三上通	ĭwoŋ
	滽庸𩫖⿰豸庸㺢⿰牜庸墉鏞鄘傭⿰馬庸鱅	（古）餘東		ʎĭwoŋ
		（廣）餘封切	餘鍾合三平通	jĭwoŋ
	鰫	（古）餘東		ʎĭwoŋ
		（集）餘封切	餘鍾合三平通	jĭwoŋ
yóng 陽	顒喁	（古）疑東		ŋĭwoŋ
		（廣）魚容切	疑鍾合三平通	ŋĭwoŋ
yǒng 上	擁*	（古）影東		ĭwoŋ
		（廣）於隴切	影腫合三上通	ĭwoŋ
	⿰扌雝*（擁）	（古）影東		ĭwoŋ
		（集）委勇切	影腫合三上通	ĭwoŋ

		勇恿涌甬踊慂[illegible]USED蛹俑	(古)餘東		ʎĭwoŋ
			(廣)余隴切	餘腫合三上通	jĭwoŋ
		踴湧嵱	(古)餘東		ʎĭwoŋ
			(集)尹竦切	餘腫合三上通	jĭwoŋ
		永	(古)匣陽		ɣiwɑŋ
			(廣)于憬切	雲梗合三上梗	ɣĭwɐŋ
		詠咏泳	(古)匣陽		ɣiwɑŋ
			(廣)爲命切	雲映合三去梗	ɣĭwɐŋ
yòng	去	用	(古)餘東		ʎĭwoŋ
			(廣)余頌切	餘用合三去通	jĭwoŋ
		醟	(古)匣耕		ɣĭweŋ
			(廣)爲命切	雲映合三去梗	ɣĭwɐŋ
jiōng	陰	扃(門栓)駉駫坰冋	(古)見耕		kiweŋ
			(廣)古螢切	見青合四平梗	kiweŋ
		冂("坰"本字)	(古)見耕		kiweŋ
			(集)涓熒切	見青合四平梗	kiweŋ
jiǒng	上	囧(冏)	(古)見陽		kiwɑŋ
			(廣)俱永切	見梗合三上梗	kĭwɐŋ
		迥泂	(古)匣耕		ɣiweŋ
			(廣)户頂切	匣迥合四上梗	ɣiweŋ
		熲炅(光也)炯	(古)見耕		kiweŋ
			(廣)古迥切	見迥合四上梗	kiweŋ
		褧烓顈絅	(古)溪耕		k‘iweŋ
			(廣)口迥切	溪迥合四上梗	k‘iweŋ
		扃(扃扃,明察)	(古)溪耕		k‘iweŋ

			(集)犬迥切	溪迥合四上梗	k'iweŋ
		宭僒	(古)羣文		gĭwən
			(廣)渠殞切	羣軫合三上臻	gĭwĕn
qiōng	陰	銎	(古)溪東		k'ĭwoŋ
			(廣)曲恭切	溪鍾合三平通	k'ĭwoŋ
qióng	陽	穹	(古)溪蒸		k'ĭwəŋ
			(廣)去宮切	溪東合三平通	k'ĭuŋ
		窮藭竆	(古)羣冬		gĭwəm
			(廣)渠弓切	羣東合三平通	gĭuŋ
		蛩邛筇桏	(古)羣東		gĭwoŋ
			(廣)渠容切	羣鍾合三平通	gĭwoŋ
		跫閧	(古)羣東		gĭwoŋ
			(集)渠容切	羣鍾合三平通	gĭwoŋ
		瓊璚煢睘惸藑嬛(孤苦也)赹橩䓖			
			(古)羣耕		gĭweŋ
			(廣)渠營切	羣清合三平梗	gĭwɛŋ
qiòng	去	㷀(小貌)	(古)溪東		k'ĭwoŋ
			(集)去仲切	溪送合三去通	k'ĭuŋ
xiōng	陰	芎营	(古)溪冬		k'ĭwəm
			(廣)去宮切	溪東合三平通	k'ĭuŋ
		胷(胸)凶殉洶兇詾匈	(古)曉東		xĭwoŋ
			(廣)許容切	曉鍾合三平通	xĭwoŋ
		詾	(古)曉東		xĭwoŋ
			(集)許容切	曉鍾合三平通	xĭwoŋ
		兄	(古)曉陽		xiwaŋ

			（廣）許榮切	曉庚合三平梗	xĭwɐŋ
xióng	陽	雄熊	（古）匣蒸		ɣĭwəŋ
			（廣）羽弓切	雲東合三平通	ɣĭuŋ
xiòng	去	趬	（古）曉幽		xĭəu
			（廣）香仲切	曉送合三去通	xĭuŋ
		敻詗夐	（古）曉耕		xĭweŋ
			（廣）休正切	曉勁合三去梗	xĭwɛŋ

附録：部首檢字

〔説明〕由於本手册是用繁體字，所以這個檢字表仍按傳統的214部歸字，同部首的字按筆畫多少排列。

部首目録

（部首右邊的號碼指檢字表的頁碼）

檢　字　表

（字右邊的號碼指正文的頁碼）

儿部

巛(く、巜)部

工部

己部

巾部

干部

幺部

广部

廴部

廾部

支部

攴(攵)部

曰部

月(月)部

木部

火（灬）部

爪(爫)部

疋(⺪)部

疒部

示(ネ)部

内部

禾部

穴部

聿部

肉(月)部

虍部

虫部

襾(西)部

見部

辛部

辰部

辵(辶)部